全国优秀教材二等奖

物流学概论（第五版）

Introduction to Logistics

崔介何 编著

北京大学出版社
PEKING UNIVERSITY PRESS

图书在版编目(CIP)数据

物流学概论/崔介何编著. —5 版. —北京:北京大学出版社,2015.6
(21 世纪经济与管理规划教材·物流管理系列)
ISBN 978－7－301－25941－2

Ⅰ. ①物… Ⅱ. ①崔… Ⅲ. ①物流—高等学校—教材 Ⅳ. ①F252

中国版本图书馆 CIP 数据核字(2015)第 118017 号

书　　　名	物流学概论(第五版)
著作责任者	崔介何　编著
责 任 编 辑	周　莹
标 准 书 号	ISBN 978－7－301－25941－2
出 版 发 行	北京大学出版社
地　　　址	北京市海淀区成府路 205 号　100871
网　　　址	http://www.pup.cn
电 子 信 箱	编辑部 em@pup.cn　总编室 zpup@pup.cn
新 浪 微 博	@北京大学出版社　@北京大学出版社经管图书
电　　　话	邮购部 62752015　发行部 62750672　编辑部 62752926
印 刷 者	北京圣夫亚美印刷有限公司
经 销 者	新华书店
	787 毫米×1092 毫米　16 开本　23.5 印张　570 千字
	1988 年 10 月第 1 版　1997 年 8 月第 2 版
	2004 年 8 月第 3 版　2010 年 5 月第 4 版
	2015 年 6 月第 5 版　2023 年 8 月第 14 次印刷
印　　　数	72001—74000 册
定　　　价	65.00 元

未经许可,不得以任何方式复制或抄袭本书之部分或全部内容。
版权所有,侵权必究
举报电话: 010－62752024　电子信箱: fd@pup.cn
图书如有印装质量问题,请与出版部联系,电话: 010－62756370

代　　序

物流业是融合运输、仓储、货代、信息等产业的复合型服务业,是支撑国民经济发展的基础性、战略性产业。加快发展现代物流业,对于促进产业结构调整、转变发展方式、提高国民经济竞争力和建设生态文明具有重要意义。

以邓小平理论、"三个代表"重要思想、科学发展观为指导,深入贯彻党的十八大和十八届二中、三中全会精神,全面落实党中央、国务院各项决策部署,按照加快转变发展方式、建设生态文明的要求,适应信息技术发展的新趋势,以提高物流效率、降低物流成本、减轻资源和环境压力为重点,以市场为导向,以改革开放为动力,以先进技术为支撑,积极营造有利于现代物流业发展的政策环境,着力建立和完善现代物流服务体系,加快提升物流业发展水平,促进产业结构调整和经济提质增效升级,增强国民经济竞争力,为全面建成小康社会提供物流服务保障。

到2020年,基本建立布局合理、技术先进、便捷高效、绿色环保、安全有序的现代物流服务体系。

物流的社会化、专业化水平进一步提升。物流业增加值年均增长8%左右,物流业增加值占国内生产总值的比重达到7.5%左右。第三方物流比重明显提高。新的物流装备、技术广泛应用。

物流企业竞争力显著增强。一体化运作、网络化经营能力进一步提高,信息化和供应链管理水平明显提升,形成一批具有国际竞争力的大型综合物流企业集团和物流服务品牌。

物流基础设施及运作方式衔接更加顺畅。物流园区网络体系布局更加合理,多式联运、甩挂运输、共同配送等现代物流运作方式保持较快发展,物流集聚发展的效益进一步显现。

物流整体运行效率显著提高。全社会物流总费用与国内生产总值的比率由2013年的18%下降到16%左右,物流业对国民经济的支撑和保障能力进一步增强。

——摘自《物流业发展中长期规划(2014—2020年)》

第三版前言

1982年2月作者从北京经济学院物资管理系毕业后留校任教,从事物资经济学和物资管理学等课程的教学工作。1983年年初,在北京西单商场新华书店偶然购得一本1982年由广西人民出版社出版的《物流知识》,该书是由日本通运综合研究所山野边义方、市来清也、太田正道等作者共同完成的。这本书对作者后来从事物流研究和教学工作具有极大的影响。

1988年10月,作者出版了第一部著作《物流概论》(中国商业出版社)。进入90年代后,物流在我国得到了广泛的宣传和认识,西方物流发达国家的物流思想和著作更多地被引进,我国相继有一些院校开始开办物流专业,为了满足人们对物流专业知识的需求,作者于1997年8月又出版了《物流学概论》(中国计划出版社)。该著作在社会上产生了较大影响,被许多高等院校物流专业和相关专业选择为教材。在物流科学迅速发展的今天,物流理念、物流技术、物流管理和物流模式等都在不断地更新和进步,重新撰写一部既能全面介绍物流理论和知识又具有我国特色的新《物流学概论》是作者的理想,也是我的读者和许多从事物流专业教学的老师对我的希望。今天,在北京大学出版社的鼎力协助下,《物流学概论》(第三版)终于出版了。该著作在教学体系和内容方面经过16年三个阶段的创建、修改、更新、引进和创新,应该说已日趋成熟。

《物流学概论》(第三版)力求做到观念新、概念新、内容新、结构新、技术新。与1997年版本相比,除了在物流管理上突出系统化、合理化;在物流技术上突出集装化、自动化;在物流模式上突出一体化、合理化;在物流信息上突出数字化、电子化;在物流运作上体现合理化、效益化;在物流发展上注重国际化、全球化;还新增了城市物流、绿色物流、精益物流、第三方物流、电子商务与物流、供应链管理、物流业、物流外包等新的章节。尽管作者希望能奉献给读者一部好书,但是,由于物流的内涵极其丰富,外延极其广阔,作者在结构和内容的把握上深感力不从心,尤其在体系建设上和研究方法上都有待于进一步的探讨、深化和完善。

"物流学概论"是物流专业和其他相关专业的专业基础课。作者所讲授的"物流学概论"课程于2001年以最高分被评为北京物资学院优秀课程,2003年又被北京市教育委员会评为北京市精品课程。

作者在本书编写过程中参考了大量的文献资料,借鉴和吸收了国内外众多学者的研究成果,对他们辛勤劳动的成果深表谢意。在《物流学概论》(第三版)即将出版之际,作者对多年来培养过自己的老师、帮助过自己的同事、关心自己的朋友和同学均表示诚挚的谢意。

此时,作者又想起了1981年最早将物流理论全面介绍到我国的《物流知识》一书的译者邓英、大文、肇鸿及校者庄丞时、夏里等先生。近20年来,作者有机会认识了该书远在日本的作者山野边义方、市来清也等著名物流学者,却没有机会拜见上述几位译者,在此特向他们表示敬意。

在过去的十几年里,作者收到了许多读者的来信和电子邮件,他们对作者的著作和文章,包括最近出版的《企业物流》《电子商务与物流》和《物流学》等著作给予了很多指教和鼓励。作者诚恳地希望各位读者再对新《物流学概论》提出批评和指正。

在教学过程中,作者的研究生和本科生对物流教学提出过中肯的建议和希望,对他们热爱和关注物流事业的一片痴心,作者十分感动,也非常期待他们对新《物流学概论》一书的反馈意见。

中国工程院院士李京文研究员对作者从事物流教学工作给予了巨大的帮助和鼓励,特此向这位物流界的老前辈表示深深的谢意。

感谢中国科学院、中国工程院院士师昌绪院士对作者在学风和学术方面给予的谆谆教诲、指导和鼓励,这些使作者终身受益。当新《物流学概论》一书完成的时候,获悉师昌绪老先生又荣获"光华工程科技奖成就奖",在此,特向这位中国著名的老科学家表示衷心的祝贺和深深的敬意。

对我倾心进行科研和教学工作,夫人黄芒琳女士一直给予了巨大的支持和帮助,作者对她的鼓励和关心表示深深的谢意。作者要特别感激敬爱的父亲、母亲,他们一生劳苦养育和培养了我。大哥为我能读书学习,过早、过多地承担起家庭的重担,弟弟、妹妹孝敬父母,使我有更多的时间安心教学、科研。作者愿将此书献给他们并告慰严父和慈母的在天之灵。

由于编者水平所限,书中疏漏之处,恳请读者批评和赐教。

北京物资学院教授

崔介何

于北京西坝河畔衔权亭

第四版说明

《物流学概论》(第四版)自2007年获"北京高等教育精品教材建设项目立项"后,2008年又被教育部指定为普通高等教育"十一五"国家级规划教材,由此追溯到2003年由作者主讲的"物流学概论"课程被北京市教育委员会评为北京市精品课程,该著作获得了太多的荣誉,同时也肩负着光荣的使命。为了不辜负读者和学生的期望,作者一直在对教材进行修改和完善工作,希望尽好尽快地实现出版《物流学概论》(第四版)的愿望。

经过几年的努力,今天《物流学概论》(第四版)的写作工作终于完成了。

《物流学概论》(第四版)在第三版的基础上进行了较大的修改,完善了全书的结构体系,丰富了物流学的理论基础。与第三版相比,修订、增加和补充的新内容约占新教材的四分之一,修改的部分涉及全书的每一章节。全书分为四个模块,具体如下:

第一模块是物流学的理论基础体系。主要内容包括绪论、物流概念的内涵与外延、物流管理、物流工程和物流经济。

第二模块是物流的形式。从物流活动的范围大小划分,依次为企业物流、城市物流、区域物流、国民经济物流和国际物流等。

第三模块是物流的功能。分别为包装与集装化、装卸与搬运、仓储管理与储存技术、现代运输、流通加工、配送与配送中心和物流信息系统。

第四模块是现代物流活动的组织与运作。包括绿色物流、第三方物流、电子商务与物流和供应链管理。

本版《物流学概论》的撰写力求与我国物流产业的发展相适应,除了在全书充分体现中国物流的特色外,还注重我国重大物流事件的客观介绍。尤其是《物流业调整和振兴规划》的发布,必将对我国物流产业未来的发展产生里程碑式的影响。

第四版中,凡涉及推荐性国家标准《物流术语》(GB/T 18354-2006)中的名词,原则上力求采用,并替换了第三版中的(GB/T 18354-

2001)的内容。此外,还注意加大了物流系统量化分析和物流技术方法的介绍。

2004年、2005年和2006年,作者分别在峨眉山、珠海和昆明,在教育部组织的"全国高等学校物流教师培训班"上进行物流学课程的辅导教学。期间,我结识了很多从事物流教育的高校老师。多年来,他们非常关心物流学的建设,并提出了许多非常好的意见和建议,使本人受益匪浅,在此向他们表示深深的谢意,也希望他们再对《物流学概论》(第四版)提出批评和指正。

《物流学概论》(第三版)自从2004年8月在北京大学出版社出版发行后,得到了国内许多有物流专业和其他相关专业的高等院校老师的信赖,截止到2008年1月已经进行了12次印刷,发行数量达到了七万多册。《物流学概论》(第四版)的出版得到了北京大学出版社的大力支持,被北京大学出版社列为"21世纪经济与管理精编教材"。林君秀女士、石慧敏女士为本书的再版做了大量的工作,在此向她们表示深深的谢意。我在本书编写过程中参考了大量的文献资料,借鉴和吸收了国内外众多学者的研究成果,在此向原作者致以诚挚的谢意。

光阴荏苒,时间如梭。从1982年2月,我大学毕业后被分配到北京物资学院从事物流教学和科研工作,已快30年了。2008年年初,我已达到了退休的年龄,考虑到工作的需要,学校对我进行了延聘,至今又快两年了。我爱我的学校,我爱我的专业,我爱我的讲台,我更爱我的学生。在《物流学概论》(第四版)即将出版之际,我想把它献给我的学校,献给培养过自己的老师、献给帮助过自己的同事、献给关心我的朋友和同学以及我的学生们。

随着中国经济的快速发展,我国的物流业也得到了蓬勃的发展。2003年我国开设物流本科专业的高校只有47所,到2009年开设物流本科专业的高校已达到330多所,加强物流高等教育,加快对物流人才的培养,成为社会各界共同的呼声和经济快速发展的客观需要。我深切希望《物流学概论》(第四版)能为我国的物流高等教育作出一点贡献。

为了能够提供一部大家满意的著作,我尽了很大的努力,但是由于作者水平所限,错误和缺点在所难免,恳请物流同行和广大读者批评指正。

北京物资学院教授
崔介何
共和国60年国庆
于北京西坝河畔衔权亭

第五版说明

2014年即将过去,新的一年即将到来。2014是中国物流行业的变革之年,是转型升级的重要一年。这一年,国务院颁布了《物流业中长期发展规划(2014—2020年)》;商务部印发了《关于促进商贸物流发展的实施意见》和《关于加快推进商贸物流标准化工作的意见》等推进商贸物流发展的系列文件;国家发展改革委、国家能源局发布了《煤炭物流发展规划》;交通运输部发布了《交通运输物流信息互联共享标准(2014)》。工业4.0推动物流智慧化,物流互联网时代已来临;中国电商在海外的成功上市,带动了资本向物流业的涌入,电子商务物流在2014年持续升温;跨境电商的兴起给企业的海外发展带来强大动力……在一轮又一轮的物流业利好消息中,本书完成了修订工作。

继《物流学概论》(第四版)于2008年被教育部指定为普通高等教育"十一五"国家级规划教材后,2014年又被教育部指定为"十二五"普通高等教育本科国家级规划教材。荣誉的背后是巨大的责任,也是作为一名从事物流学科教学的教师应承担的光荣使命。

《物流学概论》(第五版)是在第四版的基础上进行修订的。为了适应我国物流的快速发展,本教材既突出了当前的新概念、新观念、新内容和新技术,又力求做到对物流未来发展前瞻性的探讨。

《物流学概论》(第五版)在内容上与我国物流产业的发展紧密结合,除了充分体现中国物流特色外,还特别注重对我国重大物流事件的客观介绍。而国务院印发的《物流业发展中长期规划(2014—2020年)》以及2014年中央经济工作会议提出的区域经济发展战略,必将对我国未来物流产业的发展产生里程碑式的重大影响。

为了进一步完善全书的结构体系,丰富物流学的理论基础,与第四版相比,第五版增加和补充了许多新的内容。比如,为了适应我国物流业的发展,特别是物流业发展中长期规划的实施,新增了"国民经济物流"一章,并着重体现出"加快发展现代物流业,对于促进产业结构调整、转变发展方式、提高国民经济竞争力和建设生态文明具有重要意义";为了配合国家区域经济发展战略的实施,在"区域物流"一章中增加了第三节"经济带物流",并以长江经济带、珠江—西江经济带和京津冀协同发展为对象,对经济带物流理论和实践进行了探索;2014年12月11日,中央经济工作会议提出2015年重点实施"丝绸之路经济带"和"21世纪海上丝绸之路"战略,在"一带一路"建设当中,物流将从后台保障走向前台引导,教材对此专门在"国际物流"一章的课外阅读中进行了介绍。

作为物流专业课程体系中的首门专业课,"物流学概论"承担着为后续专业课程的推进打好基础的任务。鉴于要求学生掌握物流的基本原理和熟悉物流各主要功能的作业内容及特点等,《物流学概论》(第五版)有意识地将阐述物流功能的章节提前。需要说明的是,鉴于流通加工与配送之间的密切关系,特将原来两章合并为一章。"电子商务与物流"一章大大丰富了电子商务运行模式的内容,尤其是增加了当前备受人们关注的O2O(线上到线下)模式。

《物流学概论》(第五版)修订过程中最大的变化是在每一章的后面都增加了课外阅读。教师可以将此内容融入日常的教学中,也可以指导学生课下学习。在选择阅读内容方面,作者坚持了以下原则:第一,力求做到与章节内容紧密结合;第二,丰富学习的内容,提高学生对物流学的学习兴趣;第三,让学生更多地了解物流发展历史、现状及发展趋势;第四,呈现最新的国家物流发展的方针、政策和影响我国物流发展的重大事件;第五,有选择地介绍国内外物流企业先进的运作经验和物流技术等。例如,中国早期的"物流实践"与"物流思想";将包装放到仓储中完成,为什么可以有效地解决库存不均匀问题?自动搬运车介绍;美国冷链物流公司采用超高频RFID技术追踪冷冻托盘等。

此次再版中,凡涉及推荐性国家标准《物流术语》(GB/T 18354-2006)中的名词,原则上力求采用。2013年12月31日重新修改,并于2014年7月1日实施的《物流企业分类与评估指标》(GB/T 19680-2013)替换了第四版中GB/T 19680-2005的内容。在绿色物流一章中,使用了GB 3095-2012环境空气质量标准,用空气质量指数(Air Quality Index,AQI)代替了空气污染指数(Air Pollution Index,API)。

2002年的夏末秋初,北京大学出版社的领导率队走访了我国最早开设物流专业的北京物资学院。作为物流专业的教师,我与他们进行了诚恳、愉快的交流,并达成了出版《物流学》的合作协议。要知道2002年全国开设物流专业的高校仅仅有10所,当时北京大学出版社出版物流系列教材的决定不能不说是一个高瞻远瞩的决策。2003年全国开设物流专业的高校突增到47所。根据《中国教育报》2012年5月报道:"截至目前,我国有430所大学、824所高职院校和2000多所中职学校开设了物流专业,形成了中职、高职、本科、硕士、博士分层次的物流教育体系。"11年间,我在北京大学出版社陆续出版了8本教材,其中《物流学概论》的印数已超过13万册,北京大学出版社为我国物流高等教育所作出的贡献是十分巨大的。还需说明,在与出版社真诚、快乐的合作过程之中,我曾亲身体会到责任编辑严肃认真的工作态度,曾亲眼目睹了校对编辑一丝不苟的工作情景,以及出版社在《物流学概论》被评为"国家级规划教材"过程中所作出的辛勤努力。在此,让我充满感激之情、诚挚地向北京大学出版社,向为《物流学概论》各版作出贡献的林君秀老师、陈莉老师、石会敏老师、周莹老师以及其他老师们表示深深的谢意。

2014年11月15日,中国科学院、中国工程院资深院士,国家最高科学技术奖获得者师昌绪先生在北京逝世。从20世纪90年代,师院士多次对我在学风和学术方面给予了谆谆的教诲、指导和鼓励。2012年5月6日,我有机会再次拜见了这位已94岁高龄的功勋卓著的科学家,向老人家汇报了自己的工作情况,并奉上《物流学》和《企业物流》两部著作,师昌绪院士高兴地收下后,还赠送我他的自传《在人生道路上》,并题词、签名留念。我深深地怀念师昌绪先生,感谢他留给我的巨大的精神财富,现将即刻出版的《物流学概论》(第五版)献给他。

作者在本书编写过程中参考了大量的文献资料,借鉴和吸收了国内外众多学者的研究成果,对他们的辛勤劳动的成果深表谢意。作者对多年来培养过自己的老师、帮助过自己的同事、关心自己的朋友和同学均表示诚挚的谢意。

本教材的编写按照《高等学校课程思政建设指导纲要》等文件精神,将课程思政内容融入教材,以坚持正确导向,强化价值引领,落实立德树人根本任务,立足中国实践,形成具有中国特色的物流学教材。

为了能够提供一部大家满意的著作,我付出了很大的努力,但是由于作者水平所限,诚请物流同行和广大读者批评、指正。

北京物资学院教授

崔介何

甲午年冬至

于北京西坝河畔街权亭

目 录

第一章 物流的概念 ··· 1
　第一节 物流的定义 ······································· 2
　第二节 商流与物流 ······································· 9
　第三节 物流形式及其分类 ································ 13

第二章 物流学概述 ·· 21
　第一节 物流学的学科定位 ································ 22
　第二节 物流经济 ·· 23
　第三节 物流工程 ·· 32
　第四节 物流管理 ·· 37

第三章 包装与集装 ·· 47
　第一节 现代包装概述 ···································· 48
　第二节 现代包装技术和包装机械 ·························· 53
　第三节 集装化与集合包装 ································ 58

第四章 装卸与搬运 ·· 71
　第一节 装卸搬运概述 ···································· 72
　第二节 装卸搬运机械 ···································· 75
　第三节 物资装卸搬运组织 ································ 80

第五章 仓储管理与储存技术 ································ 93
　第一节 储存概述 ·· 94
　第二节 储存技术 ·· 98
　第三节 现代物流中心 ··································· 107

第六章 运输方式与综合运输 ······························· 115
　第一节 运输概述 ······································· 116
　第二节 现代运输方式 ··································· 118
　第三节 综合运输 ······································· 129

第七章 流通加工与配送 139
- 第一节 流通加工的地位 140
- 第二节 流通加工的经济效益 143
- 第三节 配送的概念 149
- 第四节 配送的类型 152
- 第五节 配送中心 158

第八章 物流信息与信息系统 167
- 第一节 物流信息概述 168
- 第二节 物流信息系统的构成 175
- 第三节 物流信息系统管理 178

第九章 企业物流 187
- 第一节 企业物流管理 188
- 第二节 制造企业物流 192
- 第三节 流通企业物流 199

第十章 区域物流 207
- 第一节 区域物流 208
- 第二节 城市物流 212
- 第三节 经济带物流 218

第十一章 国民经济物流 231
- 第一节 国民经济物流概述 232
- 第二节 我国物流业发展现状与面临的形势 238
- 第三节 《物流业发展中长期规划(2014—2020年)》的主要内容 240

第十二章 国际物流 253
- 第一节 国际物流概述 254
- 第二节 国际物流中的通关 257
- 第三节 国际货运输送方式 262

第十三章 绿色物流 273
- 第一节 绿色物流的内涵 274
- 第二节 逆向物流与回收物流 276
- 第三节 运输与环保 284

第十四章 电子商务与物流 293
- 第一节 电子商务与物流的关系 294
- 第二节 电子商务下的物流作业流程 298
- 第三节 电子商务运行方式及物流支持 307

第十五章 第三方物流 ·· 319
第一节 第三方物流的概念与内涵 ······································· 320
第二节 物流业 ··· 323
第三节 物流外包 ··· 333

第十六章 供应链管理 ·· 341
第一节 供应链与供应链管理 ··· 342
第二节 供应链设计 ··· 348
第三节 供应链战略管理 ·· 352

参考书目 ·· 360

第一章 物流的概念

学习目的

全面认识物流的概念,从多角度、多方位、多层面了解物流的内涵与外延。

技能要求

掌握中华人民共和国国家标准《物流术语》(GB/T 18354-2006)对物流的定义及物流活动的基本职能;深入理解物流的社会属性和现代物流理念,以及涉及的如"第三利润源"、精益物流、一体化物流服务、第三方物流、物流外包等物流概念;掌握依据物流活动的空间范围和企业中物流作用的不同,物流对应的分类方式和内容;了解商流与物流的关系。

我国自 20 世纪 70 年代末期开始从国外引进物流的概念以后,世界上有关物流的定义越来越多。不同的机构从自身需要出发,给出的物流的定义包含了不同内容并涵盖了不同的范围,这里既有各国物流协会的定义,也有学术界、企业界的定义;既有物流发展早期的定义,又有建立在现代科学技术和管理理论基础上的定义;甚至有些学者在研究物流定义时提出了管理派、工程派、军事派和企业派的分类观点,更是说明了人们从不同的角度,以不同的视角观察和审视物流的结果。

第一节 物流的定义

作者在 1988 年出版的《物流概论》一书中,曾将物流定义为:"物流是物质资料从供应者到需要者的物理性(实物性)流动,是创造时间和空间价值的经济活动。"这个定义明显受到历史上两大物流定义的影响。其一是 1935 年美国市场营销协会(AMA)对物流的定义:物流是包含于销售之中的物质资料和服务,从生产地点到消费地点流动过程中伴随的种种经济活动。其二是日本行政管理厅统计审议会对物流的定义:物的流通是与商品的物理性流动相关联的经济活动,包括物资流通和情报流通。

一、两个物流的定义

(一) 中国国家标准对物流的定义

国家质量监督检验检疫总局颁布的中华人民共和国国家标准《物流术语》(GB/T 18354-2006)中对物流的解释为"物品从供应地向接收地的实体流动过程。根据实际需要,将运输、储存、装卸、搬运、包装、流通加工、配送、信息处理等基本功能实施有机结合"。

(二) 美国物流管理协会对物流的定义

1998 年,美国物流管理协会将物流定义为"物流是供应链过程的一部分,是对商品、服务及相关信息从起源地到消费地的高效率、高效益的流动及储存,进行的计划、执行与控制的过程,其目的是满足客户要求"。

CLM (COUNCIL OF LOGISITCS MANAGEMENT): Logistis is that part of the supply chainprocess that plans, implements, and controls the efficient, effective forward and reverse flow and storage of goods, services, and related information between the point of origin and the point of consumption in order to meet customers requirements.

二、物流的自然属性

物流的自然属性是与生产力发展直接联系的属性,它由物资自身的物理、化学性能和物资的流量、流向和流程所决定。实现物资的空间位移需要具备生产力的三要素,即劳动力、劳动资料和劳动对象,从这个意义上说,物流活动就是具有一定物流工作技能的劳动者通过各种物流设施、物流机械、劳动工具对物资的空间位移而进行的生产活动。

物流技术体现了物流生产力的水平,它包括物流硬技术和物流软技术。物流硬技术是指物流发展初期起主导作用的技术,主要指在物流活动中所涉及的各种机械设备、运输工具、仓库建筑、场站设施、车站码头等。物流软技术是指组织高效率的物流系统而使用的应用技术,是对物流生产力的合理调配和使用。物流软技术能够在不改变物流硬技术的情况下,充分地发挥现有物流生产力的能力,主要是物流各种专业技术的开发、推广和引进,物流作业流程的制定,技术情报和技术文件的处理,物流技术人员的开发和培训等。

物流自然属性的集中表现是物流活动的构成。

物流活动由物资包装、装卸和搬运、运输、储存、流通加工、配送、物流信息等七项工作构成,上述这些构成也常被称为"物流活动的基本职能"。

(一)包装活动

国家标准所定义的包装概念是"为在流通过程中保护产品、方便储运、促进销售,按一定技术方法而采用的容器、材料及辅助物等的总体名称。也指为了达到上述目的而采用容器、材料和辅助物的过程中施加一定技术方法等的操作活动"(GB/T 18354-2006)。

包装包括产品的出厂包装,生产过程中制品、半成品的包装以及在物流过程中换装、分装、再包装等活动。包装大体可分为商品包装与工业包装。工业包装纯属物流的范围。它是为了便于物资的运输、保管,提高装卸效率、装载率而进行的。商业包装是把商品分装成方便客户购买和易于消费的商品单位,其目的是向消费者显示出商品的内容,这属于销售学研究的内容。包装与物流的其他职能有密切的关系,对于推动物流合理化有重要作用。

(二)装卸和搬运活动

装卸是指"物品在指定地点以人力或机械载入或卸出运输工具的作业过程"(GB/T 18354-2006)。搬运是指"在同一场所内,对物品进行空间移动的作业过程"(GB/T 18354-2006)。

装卸活动包括物资在运输、保管、包装、流通加工等物流活动中进行衔接的各种机械或人工装卸活动。在全部物流活动中只有装卸活动伴随物流活动的始终。运输和保管活动的两端作业是离不开装卸的,其内容包括物品的装上卸下、移送、拣选、分类等。对装卸活动的管理包括选择适当的装卸方式,合理配置和使用装卸机具,减少装卸事故和损失等内容。

(三)运输活动

运输是指"用专业运输设备将物品从一地点向另一地点运送。其中包括集货、分配、搬运、中转、装入、卸下、分散等一系列操作"(GB/T 18354-2006)。运输活动是将物品进行空间的移动。物流部门依靠运输克服生产地与需求地之间的空间距离,创造商品的空间效用。运输是物流的核心,因而在许多场合,它成为整个物流的代名词。运输活动包括供应和销售中的用车、船、飞机等方式的输送,生产中管道、传送带等方式的输送。对运输活动的管理要求选择技术与经济综合效果最好的输送方式及联运方式,合理地确定输送路线,以达到运输的安全、迅速、准时、廉价的要求。

(四)储存活动

储存是指"保护、管理、贮藏物品"(GB/T 18354-2006)。

储存活动也称为保管活动,是为了克服生产和消费在时间上的距离而形成的。物品通过储存活动产生了商品的时间效用。保管活动是借助各种仓库,完成物资的保管、保养、码堆、维护等工作,以使物品的使用价值下降到最小的程度。保管活动要求合理确定仓库的库存量,建立各种物资的保管制度,确定保管流程,改进保管设施和保管技术等。储存活动也是物流的核心,与运输活动具有同等重要的地位。

（五）流通加工活动

流通加工是指"根据客户的需要，在流通过程中对产品实施的简单加工作业活动（如包装、分割、计量、分拣、刷标志、拴标签、组装等）的总称"（GB/T 18354-2006）。流通加工活动又称为流通过程的辅助加工。流通加工是在物品从生产者向消费者流动的过程中，为了促进销售、维护产品质量、实现物流的高效率所采取的使物品发生物理和化学变化的功能。商业和物流企业为了弥补生产过程中加工程度的不足，以便更有效地满足消费者的需要，更好地衔接产需，往往需要进行各种不同形式的流通加工活动。

（六）配送活动

配送是指"在经济合理区域范围内，根据客户要求，对物品进行拣选、加工、包装、分割、组配等作业，并按时送达指定地点的物流活动"（GB/T 18354-2006）。配送活动是按用户的订货要求，在物流据点进行分货、配货工作，并将配好的货物送交收货人的物流活动。配送活动以配送中心为始点，且配送中心本身具备储存的功能。分货和配货工作是为满足用户要求而进行的，因而在必要的情况下要对配送货物进行流通加工。配送的最终实现离不开运输，这也是人们把面向城市内和区域范围内的运输称为"配送"的原因。

（七）物流信息活动

物流信息是指"反映物流各种活动内容的知识、资料、图像、数据、文件的总称"（GB/T 18354-2006）。在物流活动中大量信息的产生、传送、处理活动为合理组织物流活动提供了可能性。物流情报对上述各种物流活动的相互联系起着协调作用。物流情报包括有关上述各种活动的计划、预测、动态信息，以及相关费用情况、生产信息、市场信息等。对物流情报的管理，要求建立情报系统和情报渠道，正确选定情报科目和情报收集、汇总、统计、使用方法，以保证指导物流活动的可靠性和及时性。现代情报采用网络技术、电子计算机处理手段，为达到物流的系统化、合理化、高效率化提供了技术条件。

二、物流的社会属性

物流的社会属性是由一定的社会生产关系决定的属性。在不同的社会、经济形态中，物流除受到它自身运动规律的影响之外，也常常受到物资所有者、物流组织者、物流供给方和物流需求方意志的影响。这种由社会形态和一定生产关系所决定的物流的社会属性，提醒人们在研究物流时应注重社会形态的研究，使物流能满足我国社会主义市场经济建设的需要，能反映我国社会主义市场经济的交换关系，并为运行物流的主体提供经济效益。

物流的社会属性体现和推动了现代物流理念的产生和不断发展。

（一）物流是市场的延伸理念

物流的实践活动是与人类的生产、生活活动始终联系在一起的。1922年，著名营销专家弗莱德·E. 克拉克（Fred E. Clark）在他所著的《市场营销原理》一书中，将市场营销定义为商品所有权转移所发生的包含物流在内的各种活动，从而将物流纳入日常经营行为的研究范畴之中。因此包括物资运输、储存等业务的实物供应（physical supply）这一名词在一些有关市场营销的教材中反复出现。应当说，这一时期对物流的认识虽然开始得到人们的重视,但是在地位上,物流是包含于销售之中的物质资料和服务,从生产地点到消费地点流通过程中伴随的种种经济活动,它被视为流通的附属机能。此时人们从有利于商品销售的愿望出发,探讨如何进行"物资的配给"和怎样加强对"物质分布过程"的合理化管理,其核心部分正如日本学者羽田升史所说,物流被看成是市场的延伸。

"物流被看成是市场的延伸"这一理念,今天人们又赋予了其新的内涵:

(1) 通过为用户提供物流服务来开拓市场;

(2) 将物流功能和物流设施的建设,视为潜在的市场机会;

(3) 物流被视为市场竞争的手段和策略;

(4) 物流被视为企业的核心竞争力之一。

(二) "军事后勤"与物流服务理念

在第二次世界大战期间,美国根据军事上的需要,在军火和军需品的战时供应中,运用后勤管理(logistics managment)方法,对军火的运输、补给、屯驻、调配等实物运动进行全面管理,此举对战争的胜利起到了保障作用。第二次世界大战后,后勤学逐步形成了相对独立的学科体系,并不断发展出"后勤工程"(logistics engineering)"后勤分配"(logistics of distribution)等领域。

后勤管理的理念和方法,被引入到工业部门和商业部门后,其定义中包括下列一些业务活动:原材料的流通、产品分配、运输、购买与库存控制、贮存、用户服务等。

军事后勤为部队和战争服务,工业后勤为制造业的生产和经营服务,商业后勤为商业运行和客户服务,总之,物流的核心是服务观念。1985 年下半年,物流也完成了从 Physical Distribution 向 Logistics 的转变,更加说明了物流的服务地位。

物流服务是"为满足客户需求所实施的一系列物流活动过程及其产生的成果"(GB/T 18354-2006)。该成果包括供方为客户提供人员劳务活动完成的结果;供方为客户提供通过人员对实物付出劳务活动完成的结果;供方为客户提供实物实用活动完成的结果。随着服务理念的深化,物流服务出现了层次性变化,从物流的基本服务延伸到增值服务、高水平的"零缺陷"服务和高投入高产出的高端服务。

(三) 物流价值与利润理念

物流既独立于商品市场,又包含于商品市场。当我们从市场供求配置资源的财富观认识物流时,物流实际上是商品市场的延伸,它不仅实现和转移价值,而且不断地创造着更多的社会价值。

1962 年,美国著名管理学家彼得·德鲁克(Peter F. Druker)在《财富》(*Fortune*)杂志上发表了题为《经济的黑暗大陆》(*The Economy's Dark Continent*)一文,他将物流比做"一块未开垦的处女地",强调应高度重视流通及流通过程中的物流管理、物流的价值和利润,这一理念在实业界引发了巨大的震动。

1973 年,席卷全球的石油危机使全世界范围内的石油价格扶摇而上。石油消费量占 20%—30% 的运输业处于十分困难的境地,运输费和包装费分别上升了 20% 和 30%。由此还连锁导致其他原材料价格的猛涨和人工费用支出的不断增加。西方国家依靠廉价原材料、燃料、动力而获取高额利润的传统方式面临挑战。它们转而在物流方面采用强有力的管理措施,以大幅度降低流通费用,在一定程度上弥补由于原材料、燃料、人工费用上涨而失去的利润。

日本早稻田大学教授西泽修在其所写的《流通费用》一书中,把改进物流系统称为尚待挖掘的"第三利润源"。

美国管理学家彼得·德鲁克指出,物流是"降低成本的最后边界"。物流价值和利润的观念逐渐为人们所接受,人们对物流价值和利润的认识不断加深,正如西泽修教授在《主要社会的物流战》一书中所阐述的:"现在的物流费用犹如冰山,大部分潜在海底,可见费用只是露在海面的小部分。"

(四)精益物流理念

精益物流是起源于日本丰田汽车公司的一种物流管理思想,其核心是追求消灭包括库存在内的一切浪费,并围绕此目标发展的一系列具体方法。物流管理学家则从物流管理的角度对此进行了大量的工作,并与供应链管理的思想紧密结合起来,提出了精益物流的新概念。

精益物流的内涵是运用精益思想对企业物流活动进行管理,其基本原则是:
(1) 从客户的角度而不是从企业或职能部门的角度来研究什么可以产生价值;
(2) 按整个价值流确定供应、生产和配送产品中所有必需的步骤和活动;
(3) 创造无中断、无绕道、无等待、无回流的增值活动流;
(4) 及时创造仅由客户拉动的价值;
(5) 不断消除浪费,追求完善。

精益物流的目标可概括为:企业在提供满意的客户服务水平的同时,把浪费降到最低程度。

(五)物流一体化理念

1. 从纵向一体化到横向一体化

20世纪80年代中期前的传统管理模式是纵向一体化,即表现为企业对制造资源的占有要求和对生产过程的控制要求。企业运用扩大自身规模、参股到供应商企业等做法,去实现经营目标。纵向一体化带来了诸如增加企业投资负担、迫使企业从事不擅长的业务活动、每个业务领域都直接面临众多对手和增大企业的行业风险等问题,使管理模式走向横向一体化。

横向一体化是指形成从供应商到制造商,再到分销商的贯穿所有企业的"链"。横向一体化是从利用企业外部资源快速响应市场需求和从事企业擅长的核心业务为出发点,形成了"从供应商到制造商,再到分销商的贯穿所有企业的链"的管理模式。

2. 从企业内物流一体化到供应链一体化

企业内物流一体化管理是根据商品的市场销售动向决定商品的生产和采购,从而保证生产、采购和销售的一致性。企业内物流系统一体化管理受到关注的背景来自于市场的不透明化。

随着消费者需求的多样化和个性化,市场的需求动向将越来越难以把握:如果企业生产的产品比预想的销售状况要好的话,马上就会出现缺货;反之如果企业生产的产品的数量超过预测的销售量,部分产品就会积压在仓库里。解决这个问题,需要正确把握每一种商品的市场销动向,尽可能根据销售动向来安排生产和采购,改变过去那种按预测进行生产和采购的方法。企业内物流系统一体化管理正是建立在这样一种思考上的物流管理方式,如图1-1所示。

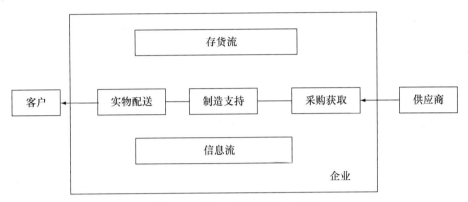

图1-1 企业内物流系统一体化

物流是被视为使企业与客户和供应商相联系的能力,这个能力的强弱直接影响着企业的发展。当来自客户的订单、产品需求信息,通过销售活动、预测及其他各种形式传遍整个企业,然后将这种信息提炼成具体的制造计划和采购计划,被启动的增值存货流最终将制成品的所有权转给客户。也就是说,将所有涉及物流的功能和工作结合起来,形成企业内部物流一体化作业方式。

虽然内部物流一体化是企业取得成功的必要条件,但它并不足以保证厂商实现其经营目标。要在今天的竞争中达到充分有效,厂商必须将其物流活动扩大到客户和供应商相结合的方面,这种通过外部物流一体化的延伸被称为供应链一体化,如图1-2所示。

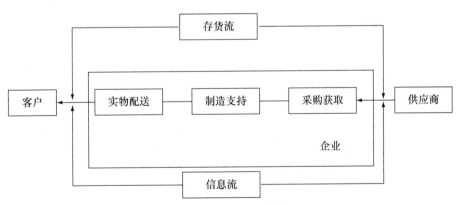

图1-2 供应链一体化

实现一体化物流服务,即"根据客户需求所实施的多功能、全过程的物流服务"(GB/T 18354-2006),改变了狭义的物流管理主要涉及实物资源的组织和企业内部最优化的流动,而成为从供应链角度看物流管理是整个过程中物资流与资金流、信息流的协调,以满足用户的需求和充分实现用户的价值为目标。

（六）联盟与合作理念

20世纪80年代至90年代，美国为了物流复兴，提出"基于物流的联盟作为最可观的合作"的理念，把发展物流联盟和广泛开展合作关系的思想作为物流实践的基础。在过去的几十年时间里，物流业务关系的特点是建立在权利基础上的对手间的谈判，而今，合作最基本的形式是发展有效的组织间联合作业，形成多种形式的业务伙伴关系。一方面促使企业从外部资源寻求物流服务以提高效率，降低成本；另一方面促使实现物流联盟，即"两个或两个以上的经济组织为实现特定的物流目标而采取的长期联盟与合作"（GB/T 18354-2006）。

1. 物流企业

物流企业是指"从事物流基本功能范围内的物流业务设计及系统运作，具有与自身业务相适应的信息管理系统，实行独立核算、独立承担民事责任的经济组织"（GB/T 18354-2006）。物流业系指物流企业的集合。在商品流通中，商流与物流已实现分流，物流已经形成独立的组织化、系统化、规模化的新兴产业。物流企业是物流联盟的主体，我国目前物流企业主要的类型有由传统运输公司或仓储公司演变的物流企业、新兴内资跨区域的物流企业和大型外资跨区域物流企业。

2. 第三方物流

中华人民共和国国家标准《物流术语》（GB/T 18354-2006）中给出了"第三方物流"的概念，即"独立于供需双方，为客户提供专项或全面的物流系统设计或系统运营的物流服务模式"。"第三方"就是指提供物流交易双方的部分或全部物流功能的外部服务提供者。现代的第三方物流主要是指能够提供现代的、系统的物流服务的第三方的物流活动，其具体标志是：

（1）有提供现代化的、系统物流服务的企业素质；

（2）可以向货主提供包括供应链物流在内的全程物流服务和特定的、定制化服务的物流活动；

（3）不是货主向物流服务商偶然的、一次性的物流服务购销活动，而是采取委托—承包形式的业务外包的长期物流活动；

（4）不是向货主提供的一般性物流服务，而是提供增值物流服务的现代化物流活动。

3. 物流外包

业务外包是企业为了获得比单纯利用内部资源更多的竞争优势，将其非核心业务交由合作企业完成的企业经营运作方式。企业业务外包使企业将主要精力放在其关键业务上，即企业在充分发挥自己的核心竞争力的同时，与其他企业建立合作伙伴关系，将企业中的非核心业务交给合作伙伴来完成。

物流外包是"企业将其部分或全部物流的业务合同交由合作企业完成的物流运作模式"（GB/T 18354-2006）。物流业务外包是由物流企业作为承包方，物流需求企业为发包方的物流联盟形式。物流外包已成为各个国家企业物流管理的主流模式。

4. 供应链管理

供应链是指"生产和流通过程中，涉及将产品或服务提供给最终用户所形成的网链结构"（GB/T 18354-2006）。

供应链管理是"对供应链涉及的全部活动进行计划、组织、协调与控制"(GB/T 18354-2006)。

供应链理论要求企业内外的广泛合作,需要一种与传统组织观念不一样的、创新的组织定位,从而形成一套科学的、相对独立的集物流、商流、信息流的统一体系。在产品的生产和流通过程中,所涉及的原材料供应商、生产企业、批发商、零售商和最终用户,建立起信息共享、计划共有、风险分担、业务共同化的积极为合作者提供利益的业务伙伴关系。

5. 全球化物流

随着全球化的发展,世界大市场概念已成现实,经济全球化对企业的作业方式产生了巨大影响。企业从世界市场获取原材料、在世界各地的工厂组织生产,然后将产品运送到世界各地的用户手中。这种在不同国家建立生产基地,并将这些全球化产品销往国际市场,必然导致物流的全球化。全球化物流是企业全球战略的支持与保证,是世界范围内的物流的联盟与合作。

(七) 绿色物流理念

1987年,世界环境与发展委员会(WECD)发表了名为"我们共同的未来"的研究报告。这份报告提出,当代资源的开发和利用必须有利于下一代环境的维护及资源的持续利用。因此,为了实现长期、持续、稳定的发展,就必须采取各种措施来维护我们的自然环境。这种可持续发展战略同样适用于物流活动。环境共生型的物流管理就是要改变原来经济发展与物流、消费生活与物流的单向作用关系,在抑制物流对环境造成危害的同时,形成一种能促进经济发展和人类健康发展的物流系统,即向绿色的物流、循环型物流转变。

第二节　商流与物流

一、商品流通过程中三流地位的转变

商务是指以商品交换为中心的各种事物及管理活动,它包含商品从生产到交换,从交换到消费的全过程中扣除纯生产和消费的各个方面,如图1-3所示。

从商务活动的演变历史看,首先是商品的买卖,然后是商业、贸易行业的兴起,再是商业贸易的管理,进而联系着商品的生产者与消费者。从图1-3可以看出,现代商务活动是联系产、供、销等社会再生产各个环节的纽带。

图1-3　商贸活动示意图

商品交换中必然包含商流、物流和信息流。在商品流通的原始阶段只能采取"以物易物"的方式进行产品交换,从"三流"来看,主要以物流为主,而商流、信息流紧紧伴随其间。随着生产力的进步、货币的产生,在商品流通的第二阶段出现了"以钱买物"的方式,但人们遵守的交货原则是"一手交钱,一手交货"。当经济进一步发展,商品交换规模进一步扩大,商业信用随着发展起来了,商品流通的第三阶段出现了"钱庄""银行"这样专门从事货币中介服务和货币买卖业务的行业,使得物流可以与商流分离,出现了多种交易付款方式,如预付款方式、定金方式、支票、汇票、分期付款、延期付款、托收承付等方式。随着商流与物流的分离,商品流通的水平进一步提高,人们可按照资金(货币)和实物各自的运行规律去交易,从而不仅提高了流通的速度,也提高了方便性和安全性。此间,信息流的地位也突出地表现出来。在商品交换的前期、中期、后期,交易的双方为了各自的利益,都要尽力掌握对方和中介方的有关商品交易的各种信息,如商品信息、支付能力、商业信誉等。随着电子技术的高度发展,在商品流通的第四阶段,信息流已明显处于最重要的地位,它对整个商品的流通进行了革命性的变革。图1-4 表现了"三流"地位的演变过程,从图中可以看出当今社会的商品流通过程中的商流、物流、信息流的互相依存关系。

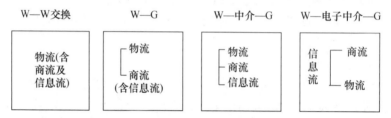

图1-4 商品流通过程中三流的演变

注:W 表示商品;G 表示货币。

二、商流的概念

商品流通是人类社会出现商品生产和商品交换的产物。在生产和消费水平规模不太高、不太大的时候,流通的重要性并不显著,商品流通对整个社会的进步也不会发生太大的影响。

工业革命以后,社会生产和消费的水平及规模越来越高、越来越大,流通对生产的反作用越来越突出,以至于在特殊条件下流通对生产起着决定性作用。

现代的生产和消费在空间、时间和人这三个要素上都表现为分离的形式。在空间场所上的分离表现为生产和消费不在同一地点,而是有一定距离。随着市场的范围不断扩大,生产与消费的距离也在不断增加,甚至相距万里之遥。要将生产与消费在空间上联结起来,就必须进行物资输送。在时间上的分离表现为生产和消费的时间不同步,要使生产和消费在时间上联结起来就需要进行物资储存。现代的商品生产,生产和消费的人(或单位)也是分离的:某些人生产的产品供给成千上万人消费,而某些人消费的产品又来自其他许多生产者。将生产和消费的人联结起来,就需要进行买卖与交换,通过买卖与交换,商品从一方所有转变为另一方所有。

上述买卖、输送、储存这三方面的基本功能综合在一起构成了流通。围绕着上述三个方面的基本功能发生了一系列活动,大体可分为两个方面:一个方面是表现为以产品的所有权转移为前提,通过买卖活动而发生商品价值形式的变化,叫做商业流通,简称商流。另一方面则是商品的运输、储存,以及与此相联系的包装、装卸等物资的实物流动,即物流。可见,流通活动是由商流活动和物流活动两部分构成的。

商流活动主要包含商业交易活动和商流信息活动两个方面。商业交易活动或以批发的形式,或以零售的形式完成所有权的转移。而围绕着买卖活动而进行的订货、合同签订、交易安排、采购销售、售后服务等,又体现了现代商业交易活动的特征。商流信息活动是由服务于商流活动的商流计划、市场调查、资源调查、市场预测及广告宣传、资料处理等多项工作组成的。

三、商流与物流的关系

商流和物流是商品流通活动的两个方面。它们互相联系又互相区别,互相结合又互相分离。

(一) 商流与物流的统一

商流是物流的前提。商品交换活动没有产品所有权的转移,即买卖活动的发生,那么实物的空间位移则无从谈起。实物运动方向与商品交易方向具有一致性的普遍规律。

物流是商流的保证。商品发生所有权的转移,从根本上来讲购买者是对商品的使用价值情有独钟。如果由于物流条件的不具备或实物运动过程受阻,商品不能到达购买者手中,那么商流就失去了保证。

在小额零星的交易活动中,"一手交钱,一手交货"的情况下,商流和物流会始终结合在一起。但是,随着商品经济的发展,上述商流与物流结合在一起的情况虽然仍存在,但是站在现代流通管理和科学技术上考察商品流通的全过程,会发现商流和物流并不完全一致。

(二) 商流与物流的分离

图 1-5 是经过一次批发的简单流通形式。生产厂商所生产的产品,从商流方面其路线为工厂→批发→用户,这是很普遍的情况。在物流和商流渠道一致的时候(双箭头线所示),物流路线亦是如此。然而经过考察,人们发现生产厂商和用户之间的实物流动存在着直达的渠道,即图中双线箭头所表示的。如果物流通过这一渠道,物资实物运动路程则明显变短、装卸次数减少、运送速度加快。现代的商品交易活动频繁,有时某种物资要经过多次买卖交易,而物流完全可以不因交易活动的次数而改变最短的运行路线。

商流与物流产生分离的根本原因是商流运动的基础,即资金与物流运动的实体——物资——具有相对独立性。物资的运动是通过资金的运动来实现的,也就是说资金的分配是物资运动的前提。但是,正是受到实物形态的限制,物资的运动渠道、运动形式与资金运动不尽相同。比如:资金的运动是通过财政、信贷、价格、工资等形式进行,而物资运动则是通过空间位移来实现;资金的转移可以通过邮局汇款、银行转账瞬息完成,而物资的空间位移,则需经过运输、储存等一系列漫长的过程来实现。

在商品交易中,也存在只有商流而没有物流的特殊现象,这就是房屋、建筑物等的交

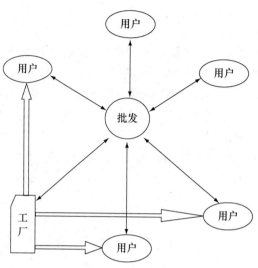

图 1-5 商流与物流的分离

易。这些商品虽然会发生所有权转移,但并不发生位置上的转移。

总之,商流和物流构成了商品流通的两大支柱。商流搞活了,能加速物流的速度,给物流带来活力。而物流的畅通无阻能使商品源源不断地送到消费者手中。商流与物流分离的积极意义在于,充分发挥资金运动和实物运动各自的规律性和有效性,从而推动商品流通向更现代化的方向发展。

四、商流与物流分离的表现形式

（一）结算程序引起的分流形式

采用"信汇""电汇"进行结算时,一旦买方付款行为发生,买方就从法律上获得了商品的所有权,这时商流发生了。但是卖方在收到货款后可能要延迟一段时间才能发运物资,此时物流尚未开始,形成了商流在前、物流在后的分流形式。

采用"托收承付"结算时,卖方先发运物资,再凭运输凭证通过银行办理托收手续,这时物流已经开始,但买方可能还未向卖方付款,或者卖方虽然已经办理了托收手续,而实际意义的商流尚未发生,即商品所有权的转让没有真正实现,出现了物流在前、商流在后的情况。

"三角结算"指商品交换的三方当事人采用三方结算货款,商品实行直达供应的购销方式。这种交易行为多发生在批发企业的经营活动中。如一批物资在 A、B、C 三方之间发生交易时,先是 B 付给 A 货款,但商品仍然停留在 A 的仓库中,这时商品的所有权已从 A 转移到 B 手中,而 A 与 B 之间并没有发生物流；此后,B 又将商品的所有权转让给 C,C 付给 B 货款,C 与 B 也只发生了商流而没有发生物流,最后 A 把商品直接发运给 C,A 与 C 之间没有商流却有物流,形成商流迂回、物流直达的分流形式。

（二）购销方式引起的分流形式

商品购销方式引起的商流与物流的分离,主要有三种情况：

第一种是预购,即买者预先将货款支付给卖者,一段时间后,卖者向买者交货。这是一种商流在前、物流在后的分流形式。

第二、三种分别为赊销和分期付款。这两种商业信用方式是卖者先把商品交给买者,买者延期或分期付款,形成物流在前、商流在后的分流。赊销和分期付款的购销方式在现代商品经济中已经普遍为人们所用。尤其当商品总供给不断增长,甚至出现供过于求的时候,这种分离形式表现得尤其突出。

(三) 期货市场形成而引起的商物分流

期货市场所表现的商流与物流的分离形式可谓是一种极端形式。期货交易是指买卖双方支付一定数量的保证金,通过商品交易所进行的在将来规定的某一特定时间和地点交割某一特定品质、规格的商品的标准合约的买卖。此时,买卖双方关心的不是期货合约背后的真实商品,而是市场波动的商品价格差,即利用市场价格的波动进行套期保值或者利用价格差投机。只有当实物交割时,才发生物流行为。

(四) 电子商务条件下商流与物流的分离

电子商务是集信息流、商流、资金流、物流为一身的完整的贸易交易过程。但是我们必须看到,在电子商务环境下,信息流、商流、资金流可通过轻轻点击鼠标瞬息完成。而物流、物质资料的空间位移,即具体的运输、储存、装卸、配送等各种活动是不可能直接通过网络传输的方式来完成的。物流是电子商务的组成部分,缺少了现代化的物流系统,电子商务过程就不完整并会受到巨大的制约。

第三节 物流形式及其分类

由于物流几乎涉及社会再生产的各个领域,从生产、流通、消费直至废弃物的回收、处理和再利用等,因而物流存在多种形式。在众多的物流形态下,物流表现出不同的技术特征和运作形式。

一、按物流活动的空间范围分类

(一) 企业物流

企业物流是指"生产和流通企业围绕其经营活动所发生的物流活动"(GB/T 18354-2006)。

美国后勤管理协会认为企业物流是"研究对原材料、半成品、产成品、服务以及相关信息从供应始点到消费终点的流动与存储进行有效计划、实施和控制,以满足客户需要的科学"。

企业物流属于微观物流。

(二) 城市物流

城市物流可表述为:在一定的城市行政规划条件下,为满足城市经济的发展要求和城市发展特点而组织的城市范围内的物流活动。城市物流属于中观物流,其研究目标是实现一个城市的物流合理化问题。

（三）区域物流

区域经济是按照自然经济联系、民族、文化传统以及社会发展需要而形成的经济联合体，是社会经济活动专业化分工与协作在空间上的反映。区域物流是指在一定区域范围内的物流活动，属于中观物流。

区域物流与区域经济是相互依存的统一体，区域物流是区域经济的主要构成要素，是区域经济系统形成与发展的一种主导力量。它对提高生产领域、流通领域的效率和经济效益，提高区域市场竞争能力，改变生产企业的布局和生产方式都发挥着积极的作用。

（四）国民经济物流

国民经济物流是指在一国范围内由国家统一计划、组织或指导下的物流，属于宏观物流。它是一国范围内最高层次的物流，其涉及的范围广、部门多、问题复杂，因而必须从整个系统上加强研究和组织。

（五）国际物流

中华人民共和国国家标准《物流术语》（GB/T 18354-2006）将国际物流（international logistics）定义为"跨越不同国家（地区）之间的物流"。即供应和需求分别处在不同的国家（地区）时，为了克服供需时间上和空间上的矛盾而发生的商品物质实体在国家与国家之间跨越国境的流动。

国际贸易是国际物流的前提。具体来说，当生产和消费分别在两个以上国家（或地区）进行时，为了克服生产和消费之间的空间隔离和时间距离，将会产生对物资进行物理性移动的国际商品贸易或交流活动。在我国加入WTO后，根据具体条件，构筑既体现我国特色，又与世界接轨的国际物流体系已成为我国物流界的共识。

二、企业中按照物流作用的不同分类

（一）供应物流

原材料及设备的供应物流是指"为生产企业提供原材料、零部件或其他物品时，物品在提供者与需要者之间的实体流动"。这是企业为组织生产所需要的各种物资供应而进行的物流活动，它包括组织物品生产者送达本企业的企业外部物流和本企业仓库将物资送达生产线的企业内部物流。随着采购供应一体化及第三方物流分工专业化的发展，供应物流直接扩展到了企业车间、工段，即生产所需物料可以被直接从供应商仓库（货场）送到生产第一线。应当指出，在非生产企业，如流通企业为组织产品的营销活动，同样存在供应物流。

（二）生产物流

生产物流指"生产过程中的原材料、在制品、半成品和产成品等在企业内部的实体流动"。零部件或其他物品的物流是按企业生产流程的要求，在各生产环节之间组织和安排物资进行的内部物流。生产阶段的物流主要包括物流的速度，即物资停顿的时间尽可能的短、周转尽可能的加快；物流的质量，即物资损耗少、搬运效率高；物流的运量，即物资的运距短、无效劳动少等方面的内容。

(三) 销售物流

销售物流是"生产企业、流通企业出售商品时,物品在供方与需方之间的实体流动"。销售物流是企业为实现产品销售,组织产品送达用户或市场供应点的外部物流。商品生产的目的在于销售,能否顺利实现销售物流是关系到企业经营成果的大问题。销售物流对工业企业物流经济效果的影响很大,应当成为企业物流研究和改进的重点。

(四) 返品的回收物流

所谓返品的回收物流是指由于产品本身的质量问题或用户因其他原因的拒收,而使产品返回原工厂或发生节点而形成的物流,其流程如图1-6所示。

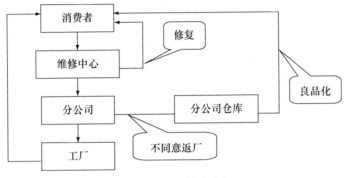

图1-6 返品物流流程

(五) 废旧物资物流

废旧物资物流主要是指对生产过程中的废旧物品,"根据实际需要进行收集、分类、加工、包装、搬运、储存,并分送到专门处理场所时所形成的物品实体流动"。

废旧物资物流又可分为废品回收物流和废弃物流两个部分。废品回收物流是指对生产中所产生的废旧物品经过回收、加工等可转化为新的生产要素的流动过程;而废弃物流则是指不能回收利用的废弃物,只能通过销毁、填埋等方式予以处理的流通过程。

三、根据物流运作的主体不同分类

(一) 自营物流

自营物流是一种传统的物流模式,它是由企业依赖自有的物流设施和人员的物流模式。自营物流具有较大的灵活性,由于企业自身是物流的组织者,所以可以按照企业的要求和产品的特点对物流进行设计与布局。

如果自有物流设施能得到充分的利用,物流成本将低于外包物流,这是由于长期使用自有物流资源会降低单位货物的物流成本,在某种程度上说这也是一种规模经济的表现。但是由于自营物流使企业物流资源不能随着需求的增加或减少而增加或减少,因而它存在着很大的局限性。当企业的物流需求减少时,仍需承担自有物流设施中未利用部分的成本;反之,当企业对物流资源有额外需求时,自有物流却无法满足。总之,在市场经济环境下自营物流存在巨大的风险。

(二) 第三方物流

第三方物流通常又称为"契约物流"或"物流联盟",是指从生产到销售的整个流通过程中进行服务的第三方,通过签订合作协定或结成合作联盟,在特定的时间段内按照特定的价格向客户提供个性化的物流代理服务。

(三) 第四方物流

第四方物流服务的提供者是一个供应链的集成商,它对公司内部和具有互补性的物流服务提供者所拥有不同的物流资源、能力和技术进行整合和管理,提供一整套供应链解决方案。

第四方物流的前景非常诱人,但是成为第四方物流的门槛也非常高。欧美国家的经验表明,要想进入第四方物流领域,企业必须在某一个或几个方面具备很强的核心竞争力,并且有能力通过战略合作伙伴关系顺利进入其他领域。

四、按照物流组织的特征分类

(一) 虚拟物流

虚拟物流是"以计算机网络技术进行物流运作与管理,实现企业间物流资源共享和优化配置的物流模式"。虚拟物流要求把物流资源视为商品,这就意味着物流资源可以被借进、借出或交易、合并和配置,从而为物流系统的设计创造了具有强大潜力的可能性,也意味着可能在物流资源的配置效率方面取得重大突破。

(二) 定制物流

定制物流是"根据客户的特定要求而设计的物流服务模式"。定制物流是物流企业快速响应客户个性化的物流需求,并及时按照客户的特定需求进行物流服务的设计与提供,从而在不牺牲成本和效率的基础上提供客户个性化的物流服务。定制物流产生的动力源于物流服务购买者的物流外包,而且是独一无二的物流产品。因此,物流服务提供者必须根据每个潜在客户的需要制订不同的解决方案。

(三) 精益物流

精益物流是"消除物流过程中的无效和不增值作业,以尽量少的投入满足客户需求,实现客户的最大价值,并获得高效率、高效益的物流"(GB/T 18354-2006)。

精益物流的目标可概括为:企业在提供给客户满意的服务水平的同时,把浪费降到最低程度。

(四) 绿色物流

绿色物流是"在物流过程中抑制物流对环境造成危害的同时,实现对物流环境的净化,使物流资源得到最充分利用"。

五、其他物流分类

第一,按物流的对象的划分,包括农产品物流、煤炭物流、钢铁物流和医药物流等。

第二,按对物流环境和运作有无特殊要求划分,包括军事物流、危险品物流、冷链物流、集装箱物流和托盘物流等。

第三,按物流服务方式的划分,包括门到门物流、快递物流和电子商务配送等。

课外阅读(一)

中国早期的"物流实践"与"物流思想"

1. 万里长城

"上下两千年、纵横十万里"。规模宏大而又工程艰巨的万里长城,在规划设计、劳动力的调配、材料来源、物料的搬运输送、施工组织与工程管理等方面都是相当庞大复杂的。如北齐天宝年间(公元555年)征发180万民夫修筑从居庸关南口至大同九百多华里的长城;明代修筑长城用了5000万立方米的砖石和1.5亿立方米的土方。长城的修筑发明并应用了许多先进的物料搬运技术,如类似当今架空索道的"飞筐走索",以跨过深沟狭谷运送砖瓦和石灰;传递运输式的人力搬运,提高运输的效率;采用滚木和撬棍搬运大件物料;安置绞盘3米多长,重2000多斤的条石和巨大石块绞运送上山脊。

2. 京杭大运河

中国的先民投入了大量人力物力开凿大运河,并经历了一个由短到长、由局部到整体,不断完善、不断扩大的上千年过程。京杭大运河是世界上最长的人工运河,它比举世闻名、沟通太平洋和大西洋的巴拿马运河长21倍、建造时间早2245年;比连接地中海和红海的苏伊士运河长10倍、建造时间早2364年。京杭大运河全长1794公里,跨越浙江、江苏、山东、河北、天津和北京四省两市,通达黄河、淮河、长江、钱塘江、海河五大水系,是中国古代南北交通的大动脉。大运河的开通改变了中国的地理环境,打通了中国东南沿海和华北平原的水上运输通道,进而形成了一个南北东西全方位的水上运输网,是中国古代劳动人民创造的一项伟大的水利建设工程。

3. 丝绸之路

丝绸之路在我国境内实际上是一个交通网,包括草原森林丝绸之路(从黄河中游北上,穿蒙古高原,越西伯利亚南部至中亚,波斯湾、黑海和地中海沿岸国家)、高山峡谷丝绸之路、沙漠绿洲丝绸之路及海上丝绸之路。沙漠绿洲丝绸之路长达7000公里,是丝绸之路的主干道,其起点随朝代更替的政治中心的转移而变化。长安(今西安)、洛阳、大同、开封、大都—燕京—北京曾先后为丝绸之路的起点。海上丝绸之路起于秦汉,兴于隋唐,盛于宋元,明初达到顶峰。由于海上丝绸之路在中世纪以后输出的瓷器很多,所以又名"瓷器之路"。海上丝绸之路东至朝鲜、日本,南至东南亚诸国,西至南亚、阿拉伯和东非沿海诸国。

4. 古栈道

"蜀道之难,难于上青天"。栈道,"其阁梁一头入山腹,一头立柱于水中;缘坡岭行,有缺处,以木续之成道,如桥然"。秦朝在咸阳、榆林达包头将近800公里之间建了长约160米的公路。为了保障安全,栈道靠河身的一侧和栈道的转弯处还装有栏杆,以防人、马、车辆不慎坠入河中。川陕间的栈道,是一个建造时间早于万里长城的巨大土木工程,江为横、道为纵,构成了汉江流域上游与外界沟通、联络四方的庞大网络。相邻两栈道之间,常有若干小道相连,且一条大道的两端,常有不同的出口,从而形成纵横交错的网状结构。

5. 驿运与八百里快递

在人们惊叹现代快递业的迅猛发展之时,殊不知我国早期的八百里快递已有1000多年的历史。驿运(站)起自殷商,兴于秦汉,极盛于元,清代驿传制度趋于完备。驿传设有驿站、军塘、台、所、铺。乘驿须有符信,官吏驰驿,验以邮符;军事兵役,拨兵护送,验以兵牌;递送公文,验以火票。公文递送通常日行150公里,紧急日行200—300公里,并由发书官司签名。快递有六百里、八百里加急等。杨贵妃在长安能吃到广西的鲜荔枝就是我国古代快递高度发展的生动写照。

其他诸如木牛流马、黄帝、指南针、航海罗盘和计程里车等发明,也是中国古代"物流文明"的真实写照。

(资料来源:原文详见http://www.xue163.com/4/7/44694.html,有删减。)

▶ 课外阅读(二)

几个经典的物流概念

1935年,美国市场营销协会对物流进行了定义:"物流是包含于销售之中的物质资料和服务,从生产地点到消费地点流动过程中伴随的种种经济活动"。

日本于20世纪60年代将"物流"这一概念解释为"物的流通""实物流通"的简称。日本通产省物流调查会的定义:"物流是制品从生产地到最终消费者的物理性转移活动。具体是由包装、装卸、运输、保管以及信息等活动组成"。

美国物流管理协会(National Council of Physical Distribution Management,NCPDM)于1963年对物流管理的定义为:"物流管理是为了计划、执行和控制原材料、在制品库存及制成品从起源地到消费地的有效率的流动而进行的两种或多种活动的集成。这些活动可能包括但不仅限于:客户服务、需求预测、交通、库存控制、物料搬运、订货处理、零件及服务支持、工厂及仓库的选址、采购、包装、退货处理、废弃物回收、运输及仓储管理。"

美国物流工程师学会(The Society of Logistics Engineers,SOLE)1974年的物流定义是:"物流是与需求、设计、资源供给与维护有关,以支持目标、计划及运作的科学、管理、工程及技术活动的艺术。"

1981年,美国空军(USAF)将物流定义为:"物流是计划、执行军队的调动与维护的科学。按照最全面的定义,物流与军队活动诸方面有关:① 军事物资的设计、开发、采购、储存、运输、分配、保养、疏散及废弃处理;② 军事人员的运输、疏散和安置;③ 军事装备的采购、建设、保养、运营及废弃处理;④ 军事服务的采购或提供"。

美国物流管理协会从1985年下半年将National Council of Physical Distribution Management的名称改为Council of Logistics Management(CLM)。该协会在1986年为物流管理下的经典定义是:"物流是对货物、服务以及相关信息从起源地到消费地的有效率、有效益的流动和储存,进行计划、执行和控制,以满足客户要求的过程。该过程包括进向、去向、内部和外部的移动以及以环境保护为目的的物料回收"。

加拿大物流管理协会(Canadian Association of Logistics Management, CALM)将物流定义为"物流是对原材料、在制品库存、产成品及相关信息从起源地到消费地的有效率的、有效益的流动和储存,进行计划、执行和控制,以满足客户要求的过程。该过程包括进向、去向和内部流动。"

1994年,欧洲物流协会(European Logistics Association, ELA)将物流定义为:"物流是在一个系统内对人员及商品的运输、安排及与此相关的支持活动的计划、执行与控制,以达到特定的目的"。

(资料来源:崔介何,《物流学概论》(第四版),4—6,北京大学出版社,2010。)

思考题

名词解释

物流	精益物流	一体化物流服务	物流联盟
物流企业	第三方物流	物流外包	供应链
供应链管理	包装	装卸	搬运
运输	储存	流通加工	配送
物流信息	商流		

问答题

1. 何为物流的自然属性?结合物流(GB/T 18354-2006)概念,谈谈如何认识物流的自然属性?
2. 何为物流的社会属性?结合物流(CLM)概念,谈谈如何认识物流的社会属性?
3. 请举例说明为什么"物流是市场的延伸"?
4. "精益物流"的内涵是什么?
5. 现代化物流强调"联盟与合作",请举例说明"联盟与合作"的理念与运作。
6. 请简述物流活动的构成。
7. 请举例阐述物流与商流的关系。
8. 按物流活动的空间范围,物流是如何分类的?
9. 按照企业中物流作用的不同,物流是如何分类的?
10. 在进行课外阅读后,请谈谈你对物流概念的进一步理解。

21世纪经济与管理规划教材

物流管理系列

第二章

物流学概述

学习目的

全面认识物流学的概念、研究对象、研究任务、学科性质及由物流经济、物流工程和物流管理构成的学科体系。

技能要求

掌握物流经济的经典理论、物流服务的供给与需求、物流成本的概念及构成,了解物流系统的经济效益分析;掌握物流系统的概念及物流系统的特征;掌握物流管理概念和物流管理的原则,了解物流管理的三个阶段和物流管理组织的结构形态。

1987年1月,在中国物流研究会首届年会上,与会代表们对"物流学"建立的必要性进行了热烈的讨论,大家达成共识:"当前迫切需要建立和发展物流学"。近30年来,我国物流领域的工作者们从未间断过对物流理论的研究和物流运作的实践。物流理论从物流实践中汲取营养,并伴随着经济的不断发展和科学技术的进步,物流观念、物流模式、物流技术、物流管理也在不断地创新、发展。在深入探讨物流科学的发展规律,研究物流运行本质的过程中,物流学的研究也进入到一个新的阶段。

第一节 物流学的学科定位

物流学是研究物质资料(广义的物资)在生产、流通、消费各环节的流转规律,寻求获得最大的空间效益和时间效益的科学。

经济学、管理学和工程学这三个支点,支撑起物流学科体系。

一、物流学的研究对象

物流学是以物的动态流转过程作为研究对象的。物流学的研究对象包括处于持续不断运动过程中的物资及影响物资流转的各种相关因素。它涉及社会经济各个领域物资空间位移过程中的技术问题和经济问题,以及与之相适应的物流管理和物流工程的理论和方法。

物流学的研究对象主要体现在以下几个方面:
(1) 物流的基本概念、基本原理和理论体系;
(2) 物流的结构与功能;
(3) 不同物流对象的理化特征及与其相适应的技术和方法;
(4) 物流的流量、流向、流速、流程和经济组织;
(5) 物流载体的形式、分工、合作与优化。

二、物流学的学科性质

物流科学是科学技术的一个重要组成部分。物流依赖于其他行业而存在,并为其他行业提供服务,其他行业则通过物流实现行业价值乃至企业价值。经济社会的表象是一个物的社会,其内容是物的价值的实现,这些都必须通过物流来完成。

(一) 物流学是一门综合性学科

物流学的综合性主要反映在两个方面。

其一,物流学是自然科学与社会科学的交叉,它的理论与方法是在综合多学科的基本理论上形成的,是经济学、管理学、工学、理学的集成。物流科学的发展渗透着现代科学技术、现代经济理论和现代管理方法与物流实践的结合和应用。

其二,在组织物流运行的过程中,物流涉及生产领域、流通领域(包括工业生产、农业生产)、交通运输、邮电等服务领域和消费领域。

(二) 物流学是一门系统分析的学科

物流系统本身是一个复杂的社会系统,但同时又处在国民经济、世界经济等比它更大的、更复杂的系统之中。系统的观点,如全局观念、发展和变化观念、环境对系统的影响和制约等观念和系统分析方法、系统综合方法等,都是物流研究中极为重要的观点和方法。

(三) 物流学是一门应用性学科

物流学的产生与发展同社会经济与生产密切相关,其研究的出发点和归宿都在于满足社会实践需求。正是由于物流学的实际应用所体现的巨大经济意义而广受人们的高度评价,所以研究、分析、论证每一个物流问题,都必须从实际出发,为社会经济发展服务。

物流学所具备的广泛的社会应用价值,决定了物流学具有极强的生命力。

三、物流学研究的任务

物流学研究的根本任务是实现在物流活动中适时、合理地采用先进的物流技术和管理方法,使物流投入与物流目标达到平衡,使物流经济效益得到最大的体现。

物流学研究的目的可概括如下:

(一) 促进物流学科的发展

在深入探讨物流学科的发展规律,研究物流运行本质的过程中,物流学从提出、建立,到尝试、发展,再到完善,要经过很长的历程。到目前为止,物流学尚未构建起相对规范的体系,大量的问题仍未研究清楚。因此,需要更多的同仁进行更深入的研究,尤其在我国物流理论和物流实践都相对落后的情况下,显得更为重要。

(二) 促进物流学科专业人才的培养,提高物流从业者的综合素质

物流学科的发展必然需要培养一批物流人才。物流学的科学理论、工程技术、经济分析、管理方法等是物流专业学生必备的专业知识,是物流人才的基本素质。多年来,由于人们认识的偏见,以及我国长期落后的物流发展水平,物流从业人员的综合素质普遍偏低。物流学研究为从业人员提供学习物流专业知识的平台,它必将对提高我国整体物流人员的综合素质的发挥重要作用。

(三) 促进物流产业的发展

对于物流产业而言,物流学肩负如下任务:
(1) 提高物流企业的服务水平,降低物流的服务成本;
(2) 充分整合并合理利用物流资源;
(3) 提高物流企业的核心竞争力,推动物流产业整体水平的提高;
(4) 提高国民经济物流宏观管理水平,为我国经济建设服务。

第二节 物流经济

物流学研究大量的物流资源优化配置、物流市场的供给与需求、宏观物流产业的发展与增长等问题,解决这些问题需要借助经济学理论,包括宏观经济学和微观经济学理论在物流研究中的具体应用。

一、物流经济的经典理论

(一) "黑大陆"学说

1962 年,美国著名管理学家彼得·德鲁克在《财富》(*Fortune*)杂志上发表了题为《经济的黑暗大陆》一文,他将物流比做"一块未开垦的处女地",强调流通及流通过程中的物流管理、物流的价值。

"黑大陆"学说主要是指尚未认识、尚未了解物流的"经济"意义,是对 20 世纪经济学

界愚昧认识的批驳和反对,指出在市场经济繁荣和发达的情况下高度重视物流的必要性。

（二）"物流成本冰山"学说

西泽修教授的"物流成本冰山"学说从物流成本核算的角度,具体地说明了德鲁克的"物流黑暗大陆"说。西泽修教授在研究物流成本时发现,财务会计制度和会计核算方法都不能反映物流费用的实际情况,企业在计算盈亏时,销售费用和管理费用项目所列的"运输费用"和"保管费"的金额一般只包括企业支付给其他企业的运输费用和仓库保管费用,而这些外付费用不过是企业整个物流成本的"冰山一角",如图2-1所示。

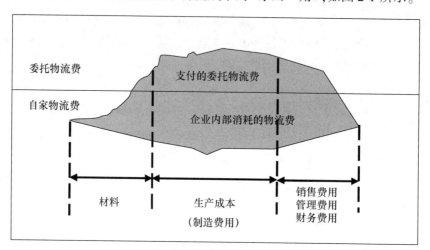

图2-1 物流冰山示意图

物流成本之所以可以用冰山学说来解释,一般认为主要有以下三个方面的原因:其一,是物流成本的可计算范围太宽,包括供应物流、生产物流、销售物流、返品物流、回收物流和废弃物流等,要将"物流活动的始终"的成本计算清楚的难度很大。其二,物流运作环节太多,包括包装、装卸、运输、储存、流通加工、配送、物流信息和物流管理等。其三,物流成本的支付形态太复杂。除了对外支付的费用之外,内部支出形态,如材料费、人工费、设备设施的折旧费、维护修理费、燃料费、水电费、管理费等,这几乎涵盖了会计核算中的所有支付形态。正是由于上述原因,物流成本难以计算,更何况我们看到的仅仅是物流成本的一部分。

（三）"第三利润源"学说

第三利润源(the third profits source)是研究物流经济效益时使用的物流术语,也是由西泽修教授在1970年提出的。从历史的发展来看,人类社会经济的发展曾经出现过两个比较重要的提供大量利润的领域:物质资源与人力资源领域、销售领域。

在物质资源与人力资源领域,企业通过降低制造成本来谋求利润的提高。此二者习惯性地被人们称为"第一利润源"。

使用先进的营销技术来提高企业的销售额,从而为企业带来丰厚的利润,成为了企业经营的"第二利润源"。

随着科学技术、营销手段的不断进步以及市场机制的日臻完善,第一利润源和第二利润源已日趋枯竭。人们将目光从生产领域投向流通领域。物流成为企业的第三利润源是由其自身的特点及它在经济领域发挥的作用所决定的。要更好地挖掘企业的"第三利润源",应该从物流系统获得战略优势的长远角度出发,设计和配置出性能良好的物流系统,降低企业物流成本,提高综合服务质量,进而增强企业竞争力。

（四）物流成本"效益背反"学说

1. 物流功能之间的效益背反

以成本为核心的物流系统,就是按照最低成本的要求,使整个物流系统优化。它强调的是调整各个要素之间的矛盾,把它们有机地结合起来,使物流总成本最小化。

2. 物流成本与服务水平的交替损益

当物流服务的高水平在带来企业业务量和收入增加的同时,也带来了企业物流成本的增加,即高水平的物流服务必然伴随着高水平的物流成本。反之亦然。把物流看成是由多个效益背反的要素构成的系统,避免了片面达到某一单一目的,而损害企业整体利益。

企业物流管理通常肩负着"降低物流成本"和"提高物流服务水平"两大任务,这是一对相互矛盾的对立关系。物流合理化与否,不但需要反映企业物流系统的合理化,还要反映企业整体目标的合理化。

（五）"成本中心"学说

物流是企业成本的重要产生点,因而解决物流问题不仅是为了支持和保证其他活动,重要的是通过物流管理和物流的一系列活动降低成本。所以,物流"成本中心"学说既是指主要成本的产生点,也是指降低成本的关注点。物流是"降低成本的宝库"等说法,正是对这种认识的形象表述。

二、物流服务的供给与需求

美国著名经济学家萨缪尔森曾经说过:"经济学……你只要掌握两件事情,一个叫供给,一个叫需求。"很明显,对于经济问题,只研究和关注供给是不行的;同样,只研究和关注需求也是不行的,必须掌握矛盾的双方,对物流研究也是如此。经济学认为,供给和需求是一对矛盾的双方,是矛盾的统一体。

（一）物流服务的供给

在整个国民经济中,物流企业是物流供给服务的提供商。供给方要切实把本身定位于"服务",按照物流需求方拉动要求提供的有效的供给,并且根据物流需求方潜在的理性物流需求对物流供给进行创新,这才能出现和谐发展的良好局面。

物流的供给是分层次的,其层次结构有如下四种:

1. 满足普遍物流需求的基本供给

这是物流的普遍服务,其对象是绝大多数能够接受普遍认同的物流服务标准的一般物流需求。

2. 满足不同领域不同要求的有针对性的基本供给

不同领域物流的对象存在差别,当其规模足够大时,也要求普遍服务具有一定的针对性。这种针对性的服务,在初期的创新形成了有效的增值服务和特殊供给,但是随着规模的扩大,会逐渐变成这个领域的普遍服务,变成一种有针对性的基本供给。

3. 满足增值服务要求的特殊供给

增值服务是现在的热门话题,物流的这种供给形式是需要条件的,一是物流需求方在实行物流管理之后,对本身的物流需求更加理性,有此需求并且能够承受;二是物流供给方确有水平能够提供这种创新的服务。因而,这种供给显然不存在普遍的适用性。

4. 满足系统服务要求的系统供给

"为客户提供专项或全面的物流系统设计或系统运营的物流服务",这是目前最高层次的物流供给,其面对的是高端客户系统的物流需求。当然,对我国现在的经济领域而言,这更缺乏普遍的适用性。

对于提供物流供给的物流企业,不断更新服务理念、创新服务体制、使用先进的物流技术和采取多种服务方式是物流产业的科学发展的具体体现。

(二) 物流服务的需求

从物流的概念来看,物流行为至少包含两个基本的行为主体,即物流服务提供者和物流需求者。对于提供物流服务的一方,以自己提供的物流服务作为商品参与物流市场的竞争。对于需要物流服务的一方,以企业或者个人嗜好在物流市场上去寻求适合自己需要的物流服务,从而满足己方的物流需求。

物流服务的需求,一般会从如下几个因素来考虑:

1. 物流的价格

不同的物流供应商可能具有不同的物流服务的价格。而对于不同的物流服务,价格也不一样。对于物流需求者来说,在决策时,必然会考虑到物流的价格特性,价格越高,物流外包的需求越小;价格越低,物流外包的需求越大。

2. 企业的经济效益

企业的经济效益越好,生产规模越大,企业对外包物流的需求越大。企业的效益越低,生产越不景气,企业对外包物流的需求越小。

3. 物流需求者的行为信心

多年的协作关系,企业领导者的新旧更替,以及其他一些因素,都会影响到物流需求者对物流商品选择是否有信心。

4. 物流形态的变化

一种新的物流商品的出现与繁荣,必定会影响到另外的物流商品的需求变化,因为新的物流形态可以作为替代品来替代原有的物流形态。比如,空运成本的降低必定会影响到汽车或者铁路运输量的变化。

5. 物流质量的预期

对于服务较好的物流供应商,企业可能会给予更多的服务需求。反之,对于物流质量较差的物流供应商,企业就会给予较少的或者是不给予物流需求。

以上因素的影响效果可以用表 2-1 来表示:

表 2-1　影响物流市场需求的因素

排序	影响因素	影响趋势
1	物流价格	价格上升,需求减少;价格降低,需求增加
2	经济效益	效益上升,需求增加;效益降低,需求减少
3	行为信心	信心上升,需求增加;信心下降,需求减少
4	形态变化	形态变化快,需求减少;形态变化慢,需求不变
5	质量预期	质量好,需求增加;质量差,需求减少

(三) 物流服务的供给与需求关系

在物流市场上,物流需求与物流服务的供给大体平衡时,就决定了物流服务企业的存在总量。因此,物流企业的保有总量是由物流需求的总量决定的。由于市场的平衡是以价格为基准的,也就是在某一临界价格点上,企业可能对进出物流行业作出选择。

在物流市场上,物流服务供应商通过给物流需求者提供各种各样的物流服务,从而获取物流收入,取得物流利润。物流服务提供者和物流需求者通过物流市场的需求与供给的市场调节来共同繁荣与维持物流市场。

三、物流成本的管理与控制

(一) 物流成本

国民收入或国民总产值是所有要素投入的价值总和,这里当然包括物流行业的要素投入。在市场经济条件下,一定时期的全部最终产品的价值的计算,包含着所有物流行业为生产和流通这些产品所创造的增加值。然而,在国民收入这一总量的抽象分析和计算中,物流所创造的国民收入却是隐含的,这就给人们一个错觉,似乎物流仅仅涉及财富的转移。其实,所有的物流行业都是通过投入生产要素而运转的。

物流成本是"物流活动中所消耗的物化劳动和活劳动的货币表现"(GB/T 18354-2006)。

从物流费用支出的形式看,物流成本是由下列几个方面构成的:

(1) 从事物流工作人员的工资、奖金及各种形式的补贴等;

(2) 物流过程中的物质消耗,如固定资产的磨损、包装材料、电力、燃料消耗等;

(3) 物资在保管、运输等过程中的合理损耗;

(4) 用于保证物流顺畅的资金成本,如支付银行贷款的利息等;

(5) 在组织物流的过程中发生的其他费用,如有关物流活动进行的差旅费、办公费等。

交易是市场经济存在的基础,经济学用"交易费用"这一概念来说明完成市场交易所需要的费用。由于交易费用的存在,交易者在价格之外必须另行支付一笔费用,这笔费用如果太大会致使交易不能进行。因此,交易费用的降低直接关系到经济运行的效率和物流业的发展。

(二) 物流成本管理的基本内容

物流成本管理系统由三个层次构成,如图 2-2 所示。

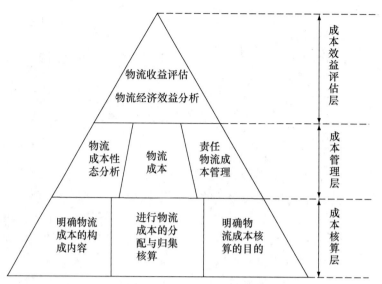

图2-2 物流成本管理系统的层次结构与基本内容

1. 物流成本核算层

物流成本核算层的主要工作包括:

(1) 明确物流成本的构成内容。物流成本的各项目之间存在此消彼长的关系,某一项目成本的下降将会带来其他项目成本的上升。因此,在达到一定服务标准的前提下,不明确物流总成本的全部构成,仅仅对其中的某一部分或某几部分进行调整和优化,未必会带来全部物流成本的最优。所以明确物流成本的构成,将全部物流成本从原有的会计资料中分离出来是十分必要的。在此基础上,才能进行有效的物流成本核算、物流成本管理和物流成本的比较分析。

(2) 对物流总成本按一定标准进行分配与归集核算。物流总成本可以按照不同的标准进行归集。较常用的方式有:根据不同的产品、不同的客户或不同的地区等成本核算对象来进行归集;根据装卸费用、包装费用、运输费用、信息费用等物流职能来进行归集;按照材料费、人工费等费用支付形式来进行归集。这些归集方法与目前的财务会计核算口径是一致的。现在,越来越多的企业在推行作业成本(activity-based costing,ABC)法,这也是一种进行物流成本归集核算的有效方法。

(3) 明确物流成本核算的目的。在进行企业物流成本核算时,要明确物流成本核算的目的,使得整个核算过程不仅仅停留在会计核算层面上,而且能够充分运用这些成本信息,开展多种形式的物流成本管理,对企业的用途和意义更大。

2. 物流成本管理层

物流成本管理层是指在物流成本核算的基础上,采用各种成本管理与管理会计方法,来进行物流成本的管理与控制。结合物流成本的特征,可以采用的成本管理方法主要包括:物流标准成本管理、物流成本性态及盈亏平衡分析、物流成本预算管理、物流责任中心和物流责任成本管理等。

3. 物流成本效益评估层

这是指在物流成本核算的基础上,进行物流系统对企业收益贡献程度的评价,并进行物流系统经济效益的评估。在此基础上,对物流系统的变化或改革作出模拟模型,寻求最佳物流系统的设计。

(三) 物流成本的控制

物流成本控制是物流成本管理的中心环节。

根据现代成本管理与控制理论,企业物流成本管理是由物流成本的预测、决策、计划、核算、控制、分析和考核等多个环节组成的一个有机整体。物流成本管理的各环节相互联系、相互作用,通过其不断循环构成物流成本管理控制体系,这一体系的中心环节便是物流成本的日常控制。物流成本控制的对象有很多种,在实际工作中,物流成本的控制一般可以分为以下三种主要形式:

1. 以物流成本的形成阶段作为控制对象

以制造企业为例,就是对供应物流成本、生产物流成本、销售物流成本和废弃物物流成本作为成本控制的对象,从物流成本的形成阶段寻求物流技术的改善和物流管理水平的提高,来控制和降低各个阶段的物流成本。

2. 以物流服务的不同功能来作为成本控制对象

以物流服务的不同功能来作为成本控制对象,就是对仓储、运输、包装、装卸、流通加工等各个物流作业或物流功能的角度来寻求物流管理水平的提高和物流技术的创新,控制和降低物流成本。

3. 以物流成本的不同项目作为物流成本的控制对象

以物流成本的不同项目作为物流成本的控制对象是以材料费、人工费、燃油费、差旅费、办公费、折旧费、利息费、委托物流费及其他物流费等物流成本项目为控制对象,通过控制各项费用项目的节约,谋求物流总成本的降低。当然,企业在进行物流成本的日常控制过程中,这三种物流成本的控制形式并非孤立的,而是结合在一起的,某一种形式的成本控制方式也会影响到另一种形式的物流成本。三者的关系如图2-3所示。

物流成本的综合管理与控制,就是要将物流成本管理系统与日常控制系统结合起来,形成一个不断优化的物流系统的循环。通过一次次循环、计算、评价,使整个物流系统不断优化,最终找出总成本最低的最佳方案。物流成本综合管理与控制方法如图2-4所示。

四、物流系统经济效益分析

物流系统是由相互关联、相互作用的物流活动要素构成的具有物流功能的有机整体。

(一) 物流系统的投入与产出分析

物流系统是在一定的物流设施基础上进行的,包括运输线路、港站码头、仓储设施等。物流转移过程是物质实体通过这些物流设施从供应者经过若干节点和连线到达需求者的过程。一个物流系统可以基于物流网络节点的储存能力、连线的通过能力(如运输线路的货物运输能力)来实现物流活动的产出,即某一时刻各节点的库存量和储存时间,以及某一时期内物质实体的流入流出量(物流量)、储存周转量和运输周转量等。

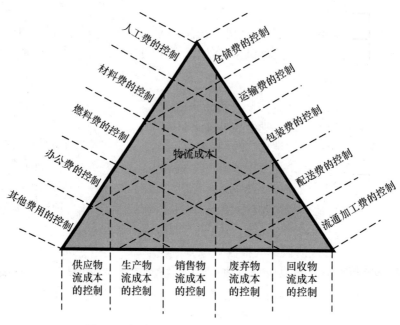

图 2-3 物流成本控制系统的对象与基本内容

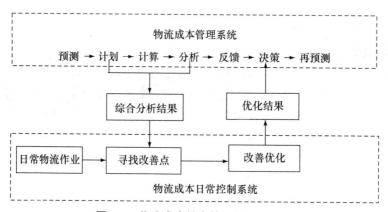

图 2-4 物流成本综合管理与控制方法

物流系统有两项基本功能,即物质实体的时间转移和空间(或称地点)转移,它们分别主要通过储存和运输活动来完成。除此之外,物流系统中还需要包装、装卸搬运、流通加工和物流信息处理等几项功能活动,配合储存和运输以完成物质实体的时间和空间转移。物质实体的时间和空间转移消除了供给者和需求者在同一物质实体上存在的时间和空间差异,从而创造了该物质实体的时间和空间效用。而从物流系统的形成看,需要建设一个完善的物流网络,同时需要投入一定的劳动量,这些都构成了物流系统的成本。

对物流系统进行总体效益评价要解决的问题是:一定的劳动投入量能形成多大的物流能力;一定量的物流能力又能完成多大的物流工作量;一定的工作量又能取得多大的物流效用或效益。物流系统的效益分析,就是要分析物流系统的投入与产出之比。图 2-5 就是物流系统的投入与产出关系图。

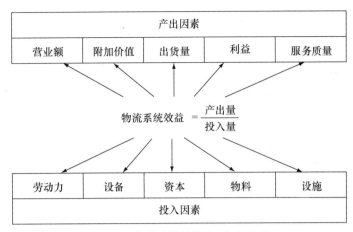

图 2-5 物流系统的投入-产出关系

(二) 物流系统投资的经济效益分析

物流系统投资的经济效益分析是指在进行物流项目长期投资时,通过一定的财务分析方法,来进行投资回收和投资效益等方面的经济评价。

随着我国物流业的快速发展,越来越多的物流投资项目要投入建设。这些项目主要包括:由各地政府部门或者企业投资兴建的物流园区;由各物流企业或货主企业投资兴建的物流中心和配送中心;企业投资兴建的各种现代化仓储设施和企业物流系统的整体改造等。这些物流系统投资建设的特点是初始投资额大、投资回收期长。因此,在进行投资决策时,除了进行市场定位分析、技术可行性分析、投资环境等的分析之外,对其投资的成本、投资建设期、资金来源、投资建成后的收入、运营成本及其投资回收期、投资收益率等经济效益指标进行评价,保证投资项目在经济效益上的可行性。

长期投资决策一般都具有一定的风险,一旦决策失误,就会严重影响投资主体的财务状况和现金流量,甚至会使企业破产。因此,进行物流项目长期投资的决策不能在缺乏调查研究的情况下轻易制定,而必须按照一定的程序,运用科学的方法进行可行性分析,以保证决策的正确有效。

(三) 物流系统运营的经济效益分析

物流系统运营的经济效益分析,是指一个物流系统建设完成投入使用之后,对其投资收益率和运营效益进行的评价。

物流系统运营投入运营使用后,可以通过其定期编制的财务会计报告,采用专门的方法,系统地分析和评价企业的经营成果、财务状况的变动情况。

通过投资额、股东权益数、营业收入、营业利润、净利润和税金等指标和相应的比率计算和趋势分析,来评价整个企业物流系统的运营效益情况。

通过财务分析透彻地观察物流系统的生产、经营全过程,不断揭示生产经营及财务运行过程中的问题,查明原因,纠正偏差,总结业绩,快速发展。

第三节 物流工程

物流工程指在物流管理中,从物流系统整体出发,把物流、信息流融为一体,看做一个系统,把生产、流通和消费全过程看做一个整体,运用系统工程的理论和方法进行物流系统的规划、管理、控制,选择最优方案,以低的物流费用、高的物流效率、好的客户服务,达到提高社会经济效益和企业经济效益目标的综合性组织管理活动过程。

一、物流工程概述

(一)"物流工程"是一个高技术含量的学科

物流工程被视为"从工程角度研究物流系统的设计与实现"。

大型的物流中心和配送中心一般都是高度自动化的物流设施,建设前需要大量的工程技术人员进行分析和工程设计,建成后需要工程技术人员进行维护和管理。

物流的载体——运输车辆、自动立体仓库、装卸搬运设施的建设等,也需要进行科学的规划和设计。

物流系统分析、设计、实施都涉及大量的工程和技术。

"物流工程"涉及工学的许多学科方向,如机械、建筑、电子、信息、材料、交通运输等。

(二)物流工程的研究对象

物流工程的研究对象是多目标决策的、复杂的动态物流系统,主要从工程角度研究上述系统的设计和实现。

物流工程主要是对物流系统的规划、设计、实施与管理的全过程进行研究。设施设计是工程的灵魂,规划设计是物流系统优劣的先决条件。

物流工程为物流系统提供了软件和硬件平台。一个良好的物流系统不能仅停留在规划阶段,而需要通过具体的工程建设来实现。物流工程的实施过程就是完成整个系统的硬件设计、制造、安装、调试等过程,同时也需要规划软件的功能。

在进行物流系统分析、设计和实现的过程中,既要考虑其经济性指标,又要考虑技术上的先进性、科学性。因此,物流工程主要是以工学学科作为其理论基础,既是技术学科,也有经济学科和管理学科的渗透。

(三)物流工程的目标

物流工程学科具备自然科学与社会科学相互交叉的跨学科特征。物流工程的研究方法,不仅要运用自然科学中常用的科学逻辑推理和逻辑计算,同时,也常采用对系统进行模型化、仿真与分析的方法。研究中常采用定量计算与定性分析相结合的综合研究方法。

物流工程学科的目标可概述为:运用工学的理论、方法和工具,根据物流系统的基本要求,对复杂物流系统进行分析、设计和实施,以提高物流技术水平,更好地服务于人类社会。

物流工程需要培养一批具有工科背景的物流人才。物流业的发展需要大批掌握物流工程知识,同时掌握管理方面基础理论和专业知识,能够熟练运用现代物流工程理论、系统规划设计方法和计算机技术,具备独立从事大型物流工程项目规划、实施、管理等工作能力的专门技术人才。

二、物流工程的两大系统

物流工程是支撑物流活动的总体工程系统,可以分成具体的技术工程系统和总体的网络工程系统两大类。

(一) 物流技术工程

按物流技术所支持的活动不同,具体的物流技术工程系统可以细分以下几个主要的工程领域:

1. 包装工程

这个工程系统是运用各种材料、装备、设施,以形成各种形态的包装,进一步支撑物流。

包装工程主要分成一般物流包装工程和集装工程两大领域。支撑物流的包装工程,主要是对被包装物具有防护性和便于物流操作两个功能。

集装工程是包装工程向现代化发展的产物。很多研究者认为,集装工程已经不再属于包装工程的一项内容,而是可以完全独立形成体系。集装工程包括托盘工程、集装箱工程、集装袋工程等。

2. 储存工程

储存工程是运用仓库和其他存储设备、设施以使储存这一项物流环节按物流的总体要求运作。

储存工程系统是物流领域向现代化发展最强劲的系统之一,也是自动化的重点领域。高层立体货架系统、自动化存取系统、无人搬运系统、计算机库存管理系统等是储存工程系统的重要内容。

3. 输送工程

输送工程包含了整个传统交通运输领域,并从现代物流角度,运用系统的物流技术,对传统的交通运输工程进行了大幅度的提升。除了一般的公路运输工程、铁路运输工程、水路运输工程、航空运输工程之外,现代物流系统的输送工程,特别重视不同的传统运输方式综合的、最优的组合,出现了"门到门""库到库"甚至"线到线"的高水平输送方式。在一体化的物流系统范围内,出现了跨越不同传统运输方式的"驮背运输""滚装运输""多式联运"等输送方式和工程系统。

4. 装卸搬运工程

装卸搬运工程系统是运用各种装卸搬运机具及设备,以实现物的运动方式转变和场所内物的空间位移。

装卸搬运工程经常是物流其他工程的分支或附属,对于大量物流的系统而言,装卸搬运工程有相当强的独立性和很高的技术要求。比如港口的集装箱装卸工程,煤炭、矿石装卸工程等。

5. 配送工程

配送工程系统是通过配送中心、配送装备,把物最终送到用户。

配送工程系统曾经是输送工程的一个组成部分,是末端输送工程。由于这个工程系统在管理方式、科学技术、装备设施方面有别于干线输送工程,同时,现代社会强调服务水平,因此需要特别构筑直接面向用户的工程系统,配送工程是最近特别引起物流界重视的工程系统。配送工程的重要性还在于,它是直接和电子商务连成一体的物流工程系统,所以与新经济的联系更为密切。配送工程也是保障新经济体系的"零库存生产方式"的一个系统,配送工程所依赖的科学技术,主要有配送装备、网络技术和系统规划技术。

6. 流通加工工程

流通加工工程是通过流通过程的加工活动,提高物的附加价值和物流操作的便利程度。流通加工工程所依托的科学技术、机械装备,源于各种产品的生产和应用领域,由于被流通物涉及面广,使得流通加工工程系统非常复杂。比较重要的流通加工工程有冷链工程、混凝土工程、钢板剪板工程等。

(二) 物流网络工程

物流网络所起的作用是支撑各种物流活动,支撑各种物流经营方式进行运作的平台。这个平台由两部分构成。

1. 信息网络工程

物流信息网络工程是通过大范围的信息生成、收集、处理和传递,以支持物流系统的管理和经营,支持所有的物流活动。物流系统的主要特点是跨地区、大范围、多节点,因此,只有在信息技术和网络技术的支持下,才会解决物流系统的构筑问题。物流信息网络工程是维持这个庞大且复杂的系统进行运转的不可或缺的手段。

除了基本的管理信息系统、决策支持系统、库存管理系统、条形码系统之外,全球卫星定位系统、远程数据交换系统、分销配送系统等信息工程技术,近年来特别受到人们的关注。

2. 实物流网络工程

资源配置最终的、具体的实现,必须要通过实物流网络。实物流网络是实现物流的重要生产力要素,它集中了物流系统的主要设备、设施、技术、管理、劳动人员。这些生产力要素配置在由物流节点和物流线路构筑成的实物流网络上,并以此覆盖生产企业、供应商、用户。

实物流网络的构筑和运行是物流系统建设和运行的主要资本投入领域,也是对人力、物力、能源消耗最大的领域,因此,这是成本集中的领域。实物流网络工程是个复杂的系统工程,它的水平体现了综合物流的水平。

三、物流系统工程

(一) 物流系统的概念

物流系统是指在一定的时间和空间里,由所需位移的物资与包装设备、搬运装卸机械、运输工具、仓储设施、人员和通信联系等若干相互制约的动态要素,所构成的具有特定功能的有机整体。物流系统的目的是实现物资的空间和时间效益,在保证社会再生产顺利进行的前提条件下,实现各种物流环节的合理衔接,并取得最佳的经济效益。

人、财、物、设备、信息等这些对物流发生的作用和影响的被称为外部环境对物流系统的"输入"。物流系统本身所拥有的各种手段和特定功能,在外部环境的某种干扰作用下,对输入进行必要的转化活动,如物流管理、物流业务活动、信息处理等,使系统产生对环境有用的产成品,提供给外部环境,这便是物流系统的"输出"。显然,物流系统的输出是物资产品的位移、各种劳务服务和各种信息。从输入到输出的中间转化过程,称为物流系统的"转换处理",如图2-6所示。需要指出,川流不息的物流信息是以物流输入为相对起点的,经过一个物流周期的运动,以反馈的形式回到原来的起点。

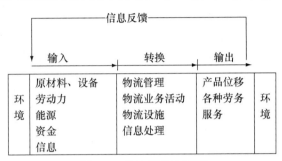

图2-6 物流系统的运行

物流系统从四个方面构成了物流系统的基本原理:

(1) 物流系统的约束条件。怎样通过调节物流系统的输入来控制物流系统的输出?

(2) 物流系统的内部结构。怎样的物流系统组成要素及其内部构造,是物流系统成立和运作的必要条件和充分条件?

(3) 物流系统的内部运作。物流系统的内部运作的规范、程序遵循什么规律?降低运作成本,优化内部运作的规律是什么?

(4) 物流系统的输出。物流系统的输出与输入的相关性的规律是什么?物流系统的规划和管理怎样影响物流系统的输出等?

(二) 物流系统的特征

物流系统是一个复杂的、庞大的系统。在这个大系统中又有众多的子系统,系统间又具有广泛的横向和纵向的联系。物流系统具有一般系统所共有的特点,即整体性、相关性、目的性、环境适应性,同时还具有规模庞大、结构复杂、目标众多等大系统所具有的特征。

1. 物流系统是一个"人—机系统"

物流系统由人和形成劳动手段的设备、工具所组成。它表现为物流劳动者运用运输设备、搬运装卸机械、货物、仓库、港口、车站等设施,作用于物资的一系列生产活动。在这一系列的物流活动中,人是系统中的主体。因此在研究物流系统的各方面问题时,要把人和物有机地结合起来,作为不可分割的整体,加以考察和分析,而且始终把如何发挥人的主观能动作用放在首位。

2. 物流系统是一个可分系统

作为物流系统,无论其规模多么庞大,都是由若干个相互联系的子系统组成的。这些子系统的多少、层次的阶数,是随着人们对物流的认识和研究的深入而不断扩充的。系统与子系统之间、子系统与子系统之间,存在着时间和空间、资源利用方面的联系,也存在总的目标、总的费用及总的运行结果等方面的相互联系。

3. 物流系统是一个动态系统

物流活动受到社会生产和社会需求的广泛制约。这就是说,社会物资的生产状况、社会的物资需求变化、社会能源的波动,以及企业间的合作关系,都随时随地影响着物流;物流系统是一个具有满足社会需要、适应环境能力的动态系统。为适应经常变化的社会环境,为使物流系统良好地运行,人们必须对物流系统的各组成部分不断地修改、完善。在较大的社会变化情况下,甚至需要重新进行物流系统的设计。

4. 物流系统的复杂性

物流系统拥有大量的资源,资源的大量化和多样化,带来了物流的复杂化。从物资资源上看,品种成千上万,数量极大;从从事物流活动的人来看,需要数以百万计的庞大队伍;从资金占用看,占用着大量的流动资金;从物资供应经营网点上看,遍及全国城乡各地。这些人力、物力、财力、资源的组织和合理利用,是一个非常复杂的问题。

在物流活动的全过程中,始终贯穿着大量的物流信息。物流系统要通过这些信息把各个子系统有机地联合起来。如何把信息收集、处理好,并使之指导物流活动,这也是非常复杂的。

物流系统的边界是广阔的。物流的范围横跨了生产、流通、消费三大领域。这一庞大的范围,给物流组织系统带来了很大的困难。而且随着科学技术的进步、生产的发展、物流技术的提高,物流系统的边界范围还将不断地向内深化,向外扩张。

5. 物流系统是一个多目标函数系统

物流系统的总目标是实现物资空间位置的转移。但是,围绕这个总目标也常常会出现一些矛盾。对物流数量,人们希望最多;对物流时间,希望最短;对服务质量,希望最好;对物流成本,希望最低。显然,要满足上述所有要求是很难的。这些相互矛盾的问题,在物流系统中广泛存在,而物流系统又恰恰要求在这些矛盾中运行。要使物流系统在各方面满足人们的要求,显然要建立物流多目标函数,并在多目标中求得物流的最佳效果。

(三) 物流系统工程的概念

系统工程不是研究某一种技术,而是为了完成某项特定任务,使用若干事物组织成一项完整的过程集合体。它是以系统为研究对象,把要研究和管理的事物用分析、判断、推理等方式,用概率、统计、运筹、模拟等方法,经过"工程"处理,给出定量的最优化结果。

物流系统工程是指在物流管理中,从物流系统的整体利益出发,把物流与信息流融为一体,运用系统工程的理论和方法,为物流系统的规则、管理和控制选择最优方案的综合性组织管理技术。

(四) 物流系统工程的基本方法

系统工程方法论的基础就是运用各种数学方法、计算技术和控制论,实现系统的模型化和最优化,来进行系统分析和系统设计。

1. 模型化技术

所谓模型就是由实体系统经过变换而得到的一个映象,是对系统的描述、模仿或抽象。模型化就是通过说明系统的结构和行为,采用适当的数学方程、图像甚至是以物理的形式来表达系统实体的一种科学方法。模型表现了实际系统的各组成因素及其相互间的因果关系,反映实际系统的特征。

模型可分为形象模型和数学模型两大类。形象模型包括实体模型和类比模型。实体模型即系统本身,它能较好地反映实物的某些特征。类比模型又称图形模型,包括点线图、矩阵图、流程图、方框图、树枝图、曲线图等。数学模型是指运用数学方法描述系统变量之间相互作用和因果关系的模型,它用各种数学符号、数值,描述工程、管理、技术和经济等有关因素及它们之间的数量关系。它最抽象,应用最广,效果也较好。

对于物流系统工程,综合使用类比模型和数学模型的效果比较显著。比如,物资的合理调运以及网点设置等采用的均是既有类比模型的矩阵图、点线图等,又有调运数学模型。

2. 最优化理论和方法

最优化的观念贯穿于物流系统工程始终,也是物流系统工程的指导思想和力争的目标。

物流系统工程在提出任务时,应根据社会生产发展的需要和发展水平,根据物流的规模及流通的各种装备情况和可能,提出预期实现的任务目标。但是,仅有实现的目标,而不具备实现的条件,目标就成为空话。建立一个物流系统工程的模型,应充分考虑到客观条件是否具备,并进行全面分析以达到合理地提出任务。如何使物流系统在外界环境约束条件下,正确处理好众多因素之间的关系,需要采用系统优化技术,才能得到满意的结果。

物流系统优化方法很多,如数学规划法、动态规划法、分割法、运筹法等。在物流系统中大部分是以数学模型来处理问题的,如物资调运的最短路径问题、最大流量问题、最小物流费用问题、最佳储存量问题、物流网点的合理选择问题等。数学模型把设计目标归纳成目标函数 $F(x)$,把工作条件归纳为约束条件:

$$\begin{cases} g_i(x) = 0, & i = 1,2,3,\cdots,p \\ h_j(x) \geq 0, & j = 1,2,3,\cdots,m \end{cases}$$

利用最优化方法,选择出满足约束方程的最优化方案,使 $\max F(x)$ 成立。

其中:x——最优设计方案;

$F(x)$——评价系统好坏的标准;

$g_i(x)$,$h_j(x)$——系统工作环境约束方程,也就是允许的工作条件。

第四节 物流管理

物流管理是指"为达到既定的目标,对物流的全过程进行计划、组织、协调与控制"(GB/T 18354-2006)。物流管理是对物流的计划—实施—评价,并反复进行。

美国管理学家彼得·德鲁克认为,物流管理是"降低成本的最后边界"。

一、物流管理的三个阶段

物流管理按管理进行的顺序可以划分为三个阶段,即计划阶段、实施阶段和评价阶段。

(一) 物流计划阶段的管理

物流计划是为了实现物流预想达到的目标所做的准备性工作。

首先,物流计划要确定物流所要达到的目标,以及为实现这个目标所进行的各项工作的先后次序。

其次,要分析在实现物流目标的过程中可能发生的各种外界影响,尤其是不利因素,并确定应对这些不利因素的对策。

最后,决定实现物流目标的人力、物力、财力的具体措施。

(二) 物流的实施阶段管理

物流计划确定以后,为实现物流目标,终将要把物流计划付诸实施。物流的实施管理就是对正在进行的各项物流活动进行管理,在物流各阶段的管理中具有最突出的地位。这是因为在这个阶段各项计划将通过具体的执行而受到检验。同时,它也把物流管理与物流各项具体活动紧密结合在一起。

1. 对物流活动的组织和指挥

为了使物流活动按物流计划所规定的目标正常地发展和运行,对物流的各项活动进行组织和指挥是必不可少的。物流的组织是指在物流活动中把各个相互关联的环节合理地结合起来形成一个有机的整体,以便充分发挥物流中的每个部门、每个物流工作者的作用。物流的指挥是指在物流过程中对各个物流环节、部门、机构进行的统一调度。

2. 对物流活动的监督和检查

物流活动实施的结果必须通过检查和监督才能得到充分的了解。监督的作用是考核物流执行部门或执行人员工作完成的情况,监督各项物流活动有无偏离既定目标。各级物流部门都有被监督和检查的义务,也有监督、检查其他部门的责任。通过监督和检查了解物流的实施情况,揭露物流活动中的矛盾,找出存在的问题,分析问题发生的原因并提出解决方法。

3. 对物流活动的调节

在执行物流计划的过程中,物流的各部门、各环节总会出现不平衡的情况。遇到上述问题,就需要根据物流的影响因素,对物流各部门、各个环节的能力作出新的综合平衡,重新布置实现物流目标的力量。这就是对物流活动的调节。通过物流调节可以解决各部门、各环节之间,上、下级之间,物流内部和物流外部之间的矛盾,而使物流各部门、各环节协调一致,以便紧紧围绕物流总目标开展活动,从而保证物流计划的实现。

(三) 物流评价阶段的管理

在一定时期内,人们对物流实施后的结果与原计划的物流目标进行对照、分析,这便是物流评价。通过对物流活动的全面剖析,人们可以确定物流计划的科学性、合理性如何,确认物流实施阶段的成果与不足,从而为今后制订新的计划、组织新的物流活动提供宝贵的经验和资料。

按照对物流评价的范围不同,物流评价可分为专门性评价和综合性评价。专门性评价是指对物流活动中的某一方面或某一具体活动作出的分析,如仓储中的物资吞吐量完成情况,运输中的吨公里完成情况,物流中的设备完好情况等。物流的综合性评价是对在某一物流管理部门或机构的物流活动进行全面衡量的综合性分析,如某仓库的全员劳动生产率,某运输部门的运输成本,某部门对物流各环节的综合性分析等。

按照物流各部门之间的关系,物流评价又可分为物流纵向评价和物流横向评价。所谓物流纵向评价是指上一级物流部门对下一级部门和机构的物流活动进行的分析。这种分析通常表现为本期完成情况与上期或历史完成情况的对比。所谓物流横向评价是指执行某一相同物流业务的部门之间的各种物流结果的对比。它通常能表示出某物流部门在社会上所处的水平高低。

应当指出无论采取什么样的评价方法,其评价手段都要借助具体的评价指标。这种指标通常表示为实物指标和综合指标。

二、物流管理的原则

(一) 物流管理的总原则——物流合理化

物流管理的具体原则很多,但最根本的指导原则是保证物流合理化的实现。所谓物流合理化,就是对物流设备配置和物流活动组织进行调整改进,实现物流系统整体优化的过程,具体表现在兼顾成本与服务上。物流成本是物流系统为提高物流服务所投入的活劳动和物化劳动的货币表现,物流服务是物流系统投入后的产出。合理化是投入和产出比的合理化,即以尽可能低的物流成本,获得可以接受的物流服务,或以可以接受的物流成本达到尽可能高的服务水平。

物流活动各种成本之间经常存在着此消彼长的关系,物流合理化的一个基本的思想就是"均衡"的思想,从物流总成本的角度权衡得失。不求极限,但求均衡,均衡造就合理。例如,对物流费用的分析,均衡的观点是从总物流费用入手,即使某一物流环节要求高成本的支出,但如果其他环节能够降低成本或获得利益,就认为是均衡的,即是合理可取的。在物流管理实践中,切记物流合理化的原则和均衡的思想,有利于我们防止"只见树木,不见森林",做到不仅注意局部的优化,更注重整体的均衡。这样的物流管理对于企业取得最大经济效益才是最有成效的。

(二) 物流管理经济核算原则

全面经济核算是讲究经济效果,提高经济效益的重要手段,也是物流经济管理的重要内容。全面经济核算是运用货币和实物的计量方法对整个物流的各环节进行的经济核算。经济核算的方法有:

(1) 会计核算,主要指物流资金流动过程、结果的核算;

(2) 统计核算,是指对物流活动中的大量经济现象,如产量、质量、消耗、成本、利润、劳动生产率等主要经济指标,进行综合计算和分析;

(3) 业务核算,是指物流企业中对每个单项业务、技术经济活动的核算。

(三) 经济、技术、法律相结合的原则

经济原则是指利用经济杠杆，如价格、利润、贷款、税金、罚款等经济手段进行物流管理。

技术原则是指采用技术手段，如计算机网络技术、信息技术、经济计量模型技术等物流管理手段和方法等。

法律原则是指利用法律、法规等手段加强物流管理的方法，包括物流管理立法的内容和效力，政府关于物流的规章制度、政策等。

经济、技术和法律原则是相互联系、相互补充、相互结合发挥作用的。

三、物流管理组织

物流管理组织是指从事物流管理的机构设置、管理权限及范围划分的组织形式。

(一) 物流管理组织的分类

1. 根据物流组织所处的领域不同,可划分为生产领域的物流组织和流通领域的物流组织

各生产企业的物流管理机构即生产领域的物流组织。它的主要职责是组织生产所需的各种生产资料的进货物流、产品的出厂物流,以及生产工序间的物流等。

流通领域的物流组织是指那些专门从事产品空间位移的组织机构,因此也可称为专业性的物流组织。专业性物流组织的特点是:各项机构的设置,完全是以实现各项物流活动为目的的。

2. 按物流组织在物流管理中的任务不同,可以划分物流管理的行政机构和物流管理的业务机构

物流管理的行政机构是指那些负责制定物流管理的制度和办法,管理和编制物流计划并组织实施的组织。

物流管理的业务机构是指那些负责执行物流计划,具体进行各项物流活动的组织,如运输管理组织、仓储管理组织等。

3. 按物流管理组织的设置与职权划分

现代物流是一个极其广泛、极其复杂的系统。物流形式的多样性要求物流管理组织必须是多层次的。

(1) 中央一级的物流管理组织。我国中央一级的物流管理组织是国家直接设立和领导的物流管理组织。它享有物流管理的最高权限,负有制定物流政策,下达物流计划,指导国民经济物流任务完成的职责。中央一级的物流管理组织因专业化程度不同可分为两类:其一,表现为物流是全部的或主要的业务功能;其二,是物流功能仅为其主要生产业务服务的物流管理组织。上述中央一级的物流管理组织之间不存在互相领导的关系,而是表现为相互协作、相互补充的关系。

(2) 地方的物流管理组织。地方的物流管理组织是指在各省、自治区、直辖市以至各区、县的地方物流管理机构。这种物流管理组织的特点表现为管理权限主要集中在地方。同级地方与地方的物流管理组织之间的联系较少或不存在联系。地方的物流管理组织负

责在其管辖范围内的物流组织活动并有权制定地方物流活动的政策、方法,组织完成物流活动。地方物流管理组织有承担中央一级物流管理组织下达物流任务的义务,并有权向中央提出物流合理化的建议。

(3) 企业的物流管理组织。生产企业的物流管理组织是生产企业的一个部门,它的主要职责是完成生产所需要的原材料的供应、产品的销售及半成品的物流任务。流通企业的物流组织是围绕着流通活动的各种职能设置的,通常是流通企业生产活动的组织保证。

(二) 物流管理组织的结构形态

1. 顾问式结构

顾问式结构是一种过渡型、物流整体功能最弱的物流组织结构。

物流部门只是作为顾问的角色,只负责整体物流的规划、分析、协调和物流工程,并产生决策性建议,对各部门的物流活动起指导作用,但物流活动的具体运作管理仍由所属的原部门负责,物流部无权管理,如图2-7 所示。

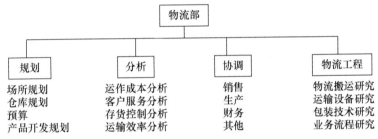

图 2-7　物流管理组织顾问式结构

2. 直线式结构

直线式结构是指物流部门对所有物流活动具有管理权和指挥权的物流组织结构,是一种较为简单的组织结构形式,如图2-8 所示。

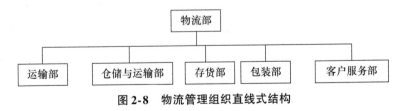

图 2-8　物流管理组织直线式结构

在直线式结构下,物流总经理一方面管理下属部门的日常业务工作,另一方面又要兼顾物流系统的分析、设计和规划,这对物流经理的业务水平提出了较高的要求。

物流管理组织直线式结构由物流经理全权负责,职权分明,物流效率较高。

3. 直线顾问式结构

单纯顾问式结构和直线式结构都存在一定的缺陷,逻辑上的解决办法是将两者结构形式合二为一。在直线顾问式的物流组织结构中,物流部对业务部门均实行垂直式领导,且有指挥和命令权利,如图2-9 所示。

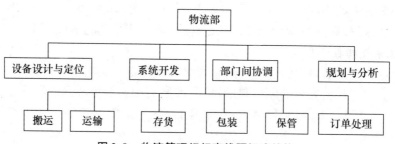

图 2-9 物流管理组织直线顾问式结构

物流部门中诸如规划、协调等活动中,存在与其他部门的合作问题,才能使企业物流整体得到改进。

4. 矩阵式组织结构

矩阵式组织结构是由美国学者丹尼尔·W.蒂海斯和罗伯特·L.泰勒于1972年提出的。其设计原理是将物流作为思考问题的角度和方法,而不是把它作为企业内的另外一种功能。完成物流业务需要跨越多个部门、历时长,涉及人员广,所以在某种程度上,一个物流业务也可以视为一个项目。

矩阵式组织结构表现为完成物流业务所需要的各种物流活动仍由原部门(垂直方向)管理,但水平方向又加入了类似于项目管理的部门(也称为物流部门),负责管理一个完整的物流业务,从而形成了纵横交错的矩阵式物流组织结构。

在矩阵式组织结构下,物流项目经理在一定的时间、成本、数量和质量约束下,负责整个物流"项目"的实施(水平方向),各个部门负责对物流项目的支持(垂直方向)。

▶ **课外阅读**

中国物流业景气指数

2013年3月5日,中国物流与采购联合会在北京召开了中国物流业景气指数(LPI)发布会。中国物流业景气指数是中国物流与采购联合会在国家发展与改革委员会、国家统计局的支持下取得的一项新的重要成果。作为贯彻落实国务院《物流业调整与振兴规划》的具体措施,中国物流与采购联合会于2010年完成了《中国物流业景气指数编制与研究》课题报告,于2011年完成了《中国物流业景气指数调查实施方案》,并开始组织调查。经过三年多的精心准备和一年多的试运行,取得了重要的成果。

中国物流业景气指数在广泛调查研究、吸收并借鉴国内外相关经验的基础上,结合我国国情,建立了物流业景气指数指标体系,以科学地反映物流业的景气状况,对物流业发展和未来变化趋势进行总体的定量判断、动态监测和分析预警,从而推动我国物流统计工作的进一步发展,更好地适应我国现代物流业与国际接轨的需要。中国物流业景气指数一定能够发挥对物流业乃至宏观经济的监测、预测和预警作用,成为观察和分析研究中国物流与中国经济的"风向标"。

中国物流业景气指数体系主要由业务总量、新订单、从业人员、库存周转次数、设备利用率、平均库存量、资金周转率、主营业务成本、主营业务利润、物流服务价格、固定资产投资完成额、业务活动预期12个分项指数和1个合成指数构成。其中,合成指数由业务总量、新订单、从业人员、库存周转次数、设备利用率5个指数加权合成,这个合成指数称为中国物流业景气指数。

中国物流业景气指数用来反映物流业发展运行的总体情况。该指数自2011年12月以来均保持在50%以上,平均值为54.4%,这反映出我国物流业总体仍处于平稳较快发展的周期。

在中国物流业景气指数体系中,新订单指数是反映物流业需求变化情况的一项重要指数。该指数自2011年12月以来,一直保持在50%以上,平均值为55%,这反映出当前我国物流业需求较为旺盛。从具体行业来看,邮政物流业平均值为67.3%,高于全国平均水平12.3个百分点;仓储业平均值为55.7%,高于全国平均水平0.7个百分点;交通运输物流业平均值为51.7%,低于全国平均水平3.3个百分点。

业务总量指数是反映物流业务活动活跃程度的重要指数。该指数自2011年12月以来,一直保持在50%以上,平均值为57.9%,这表明我国物流业务活动继续呈现相对活跃的状态,我国实体经济保持了稳定发展的态势。从具体行业来看,邮政物流业平均值为72.1%,高于全国平均水平14.2个百分点;仓储业平均值为59.3%,高于全国平均水平1.4个百分点;交通运输物流业平均值为53.8%,低于全国平均水平4.1个百分点。

从业人员指数是反映物流企业对从业人员需求增减变化情况的重要指数。该指数自2011年12月以来,平均值为50.8%,这反映出当前我国物流业从业人员保持基本稳定的增长态势。从具体行业来看,邮政物流业平均值为58.7%,高于全国平均水平7.9个百分点;仓储业平均值为53.9%,高于全国平均水平2.9个百分点;交通运输物流业平均值为48.5%,低于全国平均水平2.3个百分点。

库存周转次数指数是反映物流企业储存保管的客户货物周转次数变化情况的重要指数。该指数自2011年12月以来,平均值为53.1%,这反映出我国物流环节商品库存周转效率不断提升的态势。从具体行业来看,邮政物流业平均值为52.8%,低于全国平均水平0.3个百分点;仓储业平均值为54.4%,高于全国平均水平1.3个百分点;交通运输物流业平均值为49%,低于全国平均水平4.1个百分点。

设备利用率指数是反映物流企业在经营活动中相关设备、设施利用程度变化情况的重要指数。该指数自2011年12月以来,平均值为53.4%,这既反映出当前我国物流业业务活动较为活跃,设备利用水平有所上升,也反映出我国物流业业务管理水平有所提升。从具体行业来看,邮政物流业平均值为54.9%,高于全国平均水平1.5个百分点;仓储业平均值为55%,高于全国平均水平1.7个百分点;交通运输物流业平均值为52%,低于全国平均水平1.4个百分点。

平均库存量指数是反映物流企业储存保管的客户货物数量变化情况的重要指数。该指数自2011年12月以来,平均值为51%,这反映出我国物流环节的商品库存规模呈现出稳步扩大的态势。

资金周转率指数是反映物流企业流动资金周转次数变化情况的重要指数。该指数自2011年12月以来,平均值为52.8%,这反映出我国物流环节资金管理利用水平有所提升,资金周转效率有所提高。从具体行业来看,邮政物流业平均值为59.2%,仓储业平均值为51.6%,交通运输物流业平均值为51%。

固定资产投资完成额指数是反映物流企业新增固定资产投入变化情况的重要指数。该指数自2011年12月以来,平均值为55.3%,这反映出我国物流业作为国民经济的基础行业,仍然保持较为快速的发展状态,物流环境与条件继续呈现改善的态势。

主营业务成本指数是反映物流业成本费用变动的重要指数。该指数自2011年12月以来,一直保持高位,平均值为65.7%,这反映出我国物流业经营成本上涨较快。从具体行业来看,邮政物流业平均值为70.7%,仓储业平均值为63.8%,交通运输物流业平均值为59.9%。从各地区来看,东、中、西部普遍较高,均达到60%以上,这反映出当前我国物流业发展正在承受着较为沉重的成本上升压力。

物流服务价格指数是反映物流业对外服务收费价格变动的重要指数。该指数自2011年12月以来,有6个月位于50%以下,平均值为50.5%,这反映出我国物流业在经营成本快速上涨、企业效益不断下滑的情况下,收费价格只有微幅提升,整个行业处于缺乏价格话语权的弱势状态。

主营业务利润指数是反映物流业效益变动的主要指数。该指数自2011年12月以来,平均值为49.2%,低于50%,这反映出我国物流业经营成本快速上涨,企业效益不断下滑,行业总体经营困难。

业务活动预期指数是反映业内人士对行业发展趋势的预期看法。该指数自2011年12月以来,一直保持在50%以上,平均值达到60.7%,这反映出业内人士普遍看好未来物流业的发展。

总体来看,中国物流业景气指数试运行以来,主要表现出两大特点:一是主要指数普遍较高。在中国物流业景气指数体系中,只有主营业务利润指数低于50%,其余各指数均保持在50%以上,尤以主营业务成本指数和业务活动预期指数最为突出,两项指数平均值均达到60%以上。二是从变化趋势来看,主要指数如业务总量指数、新订单指数虽有波动,但基本保持稳中有升的态势。从这两个特点来看,当前我国物流业总体处于平稳较快发展的周期,特别是与人民生活密切相关的民生物流更是呈现出快速发展势头。

(资料来源:原文详见 http://www.clic.org.cn/yw/197061.jhtml,有删减。)

思考题

名词解释

物流学　　　　　物流管理　　　　　物流管理组织　　　　物流专门性评价
物流综合性评价　　物流纵向评价　　　物流横向评价　　　　物流管理行政机构
物流管理业务机构　物流工程　　　　　物流系统　　　　　　物流系统工程
物流成本

问答题

1. 请谈谈你对物流学研究对象的理解。
2. 请阐述物流管理有哪几个阶段?每个阶段管理的主要内容都包括哪些?
3. 请简述物流管理的原则。
4. 物流管理的总原则是什么?如何理解这一原则?

5. 请说明各种不同的物流管理组织的结构形态,并阐述各自的特点。
6. 物流技术工程系统可以细分为哪几个主要的工程领域?
7. 请结合实际谈谈物流系统的特征。
8. 请解释何为"物流成本冰山"学说。
9. 谈谈你对"第三利润源"的认识。
10. 物流的供给是分层次的,谈谈其层次结构如何划分。
11. 在选择物流服务时,一般会从哪些因素来考虑?
12. 从物流费用支出的形式看,物流成本是由哪几个方面构成的?
13. 请谈谈物流成本管理的基本内容。
14. 谈谈你对物流系统经济效益分析的认识。

第三章

包装与集装

学习目的

包装的物质形态和盛装商品时所采取的技术手段及工艺操作过程是现代物流活动的基础,通过该章的学习,学生能从概念到操作了解现代包装和集装箱等集合包装的知识。

技能要求

掌握包装的基本知识,如包装的功能、现代包装的分类、包装标记、包装标志等;了解包装材料、包装技法、常用的包装机械;重点认识以集装箱、托盘为代表的集装化技术与集合包装形式。

现代包装把包装的物质形态和盛装商品时所采取的技术手段、工艺操作过程,乃至装潢形式和包装的作用连成一体。中华人民共和国国家标准《物流术语》(GB 4122-83)明确指出,"所谓包装是指在流通过程中保护产品、方便储存、促进销售,按一定技术方法而采用的容器、材料及辅助物等的总体名称",并且包括为了达到上述目的而进行的操作活动。

第一节 现代包装概述

一、包装的功能

(一) 保护功能

包装的保护功能,即保护物品不受损伤的功能,它体现了包装的主要目的。

1. 防止物资的破损变形

为了防止物资的破损变形,物资包装必须能承受在装卸、运输、保管等过程中的各种冲击、振动、颠簸、压缩、摩擦等外力的作用,形成对外力的防护。

2. 防止物资发生化学变化

为防止物资受潮、发霉、变质、生锈等化学变化,物资包装必须能在一定程度上起到阻隔水分、潮气、光线,以及空气中各种有害气体的作用,避免外界不良因素的影响。

3. 防止有害生物对物资的影响

鼠、虫及其他有害生物对物资有很大的破坏性。包装封闭不严,会给细菌、虫类造成侵入之机,导致物资变质、腐败,特别是对食品危害性更大。

4. 防止异物混入、污物污染、丢失、散失

(二) 方便功能

物资包装具有方便流通、方便消费的功能。

1. 方便储存

从搬运、装卸的角度看,包装的规格尺寸、重量、形态要适合作业。从物资保管角度看,物资的包装为保管工作提供了方便条件,便于维护物资本身的原有使用价值。包装物的各种标志,使管理者易于识别,易于存取,易于盘点,有特殊要求的物资易于引起注意;从验收角度上看,易于开包、便于重新打包的包装方式为验收提供了方便。包装的集合方法、定量性,以及为节约验收时间,而加快验收速度也会起到十分重要的作用。

2. 方便装卸

物资经适当的包装后便于各种装卸、搬运机械的使用,有利于提高装卸、搬运机械的生产效率。包装的规格尺寸标准化后,为集合包装提供了条件,从而能极大地提高装载效率。

3. 方便运输

包装的规格、形状、重量等与货物运输关系密切。包装尺寸与运输车辆、船、飞机等运输工具箱、仓容积的吻合性,方便了运输,提高了运输效率。

(三) 销售功能

销售功能是促进物资销售的包装功能。在商业交易中促进物资销售的手段很多,其中包装的装潢设计占有重要地位。精美的包装能唤起人们的购买欲望。包装的外部形态是商品很好的宣传品,能刺激客户的购买行为。

综上所述,包装的保护功能和方便功能是与物流密切相关的两大功能。销售功能是

与商流相关的功能。

二、现代包装的分类

现代包装门类繁多,品种复杂,这是由于要适应各种物资性质差异和不同运输工具等各种不同的要求和目的,使包装在设计、选料、包装技法、包装形态等方面出现了多样化。

(一) 按包装功能不同分类

1. 工业包装

工业包装又称为运输包装,是物资运输、保管等物流环节所要求的必要包装。工业包装以强化运输、保护商品、便于储运为主要目的。

2. 商业包装

商业包装是以促进商品销售为主要目的的包装。这种包装的特点是:外形美观,有必要的装潢,包装单位应适合客户购买量和商店设施的要求。

(二) 按包装层次不同分类

1. 个包装

个包装是指以一个商品为一个销售单位的包装形式。个包装直接与商品接触,在生产中与商品装配成一个整体。它以销售为主要目的,一般随同商品销售给客户,又称为销售包装或小包装。

2. 中包装(内包装)

中包装是指若干个单体商品包装组成一个小的整体包装。它是介于个包装与外包装的中间包装,属于商品的内层包装。中包装在销售过程中,一部分随同商品出售,一部分则在销售中被消耗掉,因而被列为销售包装。在商品流通过程中,中包装起着进一步保护商品、方便使用和销售的作用,方便商品分拨和销售过程中的点数和计量,方便包装组合等。

3. 外包装(运输包装或大包装)

外包装是指商品的最外层包装。在商品流通过程中,外包装起着保护商品,方便运输、装卸和储存等方面的作用。

(三) 按包装使用范围分类

1. 专用包装

专用包装是指专供某种或某类商品使用的一种或一系列的包装。

2. 通用包装

通用包装是指一种包装能盛装多种商品,被广泛使用的包装容器。通用包装一般不进行专门设计制造,而是根据标准系列尺寸制造的包装,用以包装各种无特殊要求的或标准规格的产品。

(四) 按包装使用的次数分类

1. 一次用包装

一次用包装是指只能使用一次,不再回收复用的包装。它是随同商品一起出售或销售过程中被消费掉的销售包装。

2. 多次用包装

多次用包装是指回收后经适当地加工整理,仍可重复使用的包装。多次用包装主要是商品的外包装和一部分中包装。

3. 周转用包装

周转用包装是指工厂和商店用于固定周转、多次复用的包装容器。

(五) 包装的其他分类方法

按运输方式不同,包装可分为铁路运输包装、卡车货物包装、船舶货物包装、航空货物包装及零担包装和集合包装等。

按包装防护目的不同,包装可分为防潮包装、防锈包装、防霉包装、防震包装、防水包装、遮光包装、防热包装、真空包装、危险品包装等。

按包装操作方法不同,包装可分为罐装包装、捆扎包装、裹包包装、收缩包装、压缩包装和缠绕包装等。

三、现代包装材料

包装材料是指构成包装实体的主要物质。由于包装材料的物理性能和化学性能的千差万别,所以包装材料的选择对保护产品有着非常重要的作用。包装材料的性能,一方面取决于包装材料本身的性能,另一面还取决于各种材料的加工技术。

(一) 金属包装材料

金属包装材料主要指钢材和铝材,其形式为薄板、金属箔、捆扎带、捆扎丝(绳)等。

金属材料用于包装的优点有:

(1) 金属材料牢固、不易破碎、不透气、防潮、防光,能有效地保护内装物;

(2) 金属有良好的延展性,容易加工成型,其加工技术成熟;钢板镀上锌、锡、铬等具有很好的防锈能力;

(3) 金属表面有特殊的光泽,使金属包装容器具有良好的装潢效果;

(4) 金属材料易于再生使用。

但是,金属材料在包装上的应用受到成本高、能耗大,在流通中易变形、生锈等因素的限制。

(二) 玻璃包装材料

玻璃用于包装的优点是:

(1) 玻璃的保护性能良好,不透气、不透湿,有紫外线屏蔽性,化学稳定性高,耐风化、不变形、耐热、耐酸、耐磨,无毒无异味,有一定强度,能有效地保存内装物;

(2) 玻璃的透明性好,易于造型,具有特殊的真实展现商品的效果;

(3) 玻璃易于加工,可制成各种样式,对产品商品性的适应性强;

(4) 随着玻璃的强化、轻量化技术及复合技术的发展,更加强了对产品包装的适应性,尤其是在一次性使用的包装材料中有较强的竞争力;

(5) 玻璃包装容器易于复用、回收,便于洗刷、消毒、灭菌,能保持良好的清洁状态,一般不会造成公害;

(6)玻璃原材料资源丰富且便宜,价格较稳定。

但是,玻璃用作包装材料存在着耐冲击强度低、碰撞时易破碎、自身重量大、运输成本高、能耗大等缺点,限制了玻璃的应用。

(三)木制包装材料

木材是一种天然材料,因树种不同、生长环境不同、树干部位不同而在性质上有很大差异,因此使用时应进行合理地选择和处理。

木材用于包装的主要优点有:

(1)木材具有优良的强度/重量比,有一定的弹性,能承受冲击、振动、重压等作用;

(2)木材加工方便,不需要复杂的加工机械设备;

(3)木材可加工成胶合板,外观好,可减轻包装重量,提高木材的均匀性,因此扩大了木材的应用范围。

但是,木材又存在易于吸收水分、易于变形开裂、易腐朽、易受白蚁蛀蚀等缺点,再加之受资源限制、价格高等因素的影响,限制了木材在包装中的应用。

(四)纸和纸板

纸和纸板用于包装的优点有:

(1)成型性和折叠性优良,便于加工并能高速连续生产;

(2)容易达到卫生要求;

(3)易于印刷,便于介绍和美化商品;

(4)价格较低,不论是单位面积价格还是单位容积价格,与其他材料相比都是经济的;

(5)本身重量轻,能降低运输费用;

(6)质地细腻、均匀、耐摩擦、耐冲击、容易黏合,不受温度影响,无毒、无味、易于加工,适用于不同包装的需要。

但是,纸和纸板也有一些弱点,如受潮后强度下降,气密性、防潮性、透明性差等。

(五)塑料包装材料

塑料用于包装的主要优点有:

(1)塑料具有优良的物理机械性能,如有一定的强度、弹性、耐折叠、耐摩擦、抗震动、防潮和气体阻漏等性能;

(2)塑料的化学稳定性好,具有耐酸碱、耐化学试剂、耐油脂、防锈蚀、无毒等特点;

(3)塑料属于轻质材料,其比重约为金属的1/5,玻璃的1/2;

(4)塑料加工成型简单,可制成薄膜、片材、管材、编织布、无纺布、发泡材料等多种样式;

(5)塑料具有优良的透明性和表面光泽,印刷和装饰性良好。

塑料作为包装材料也有不少弱点,如强度不如钢铁,耐热性不及玻璃等;塑料最大的缺陷是易产生公害,造成白色污染等。

(六)复合包装材料

复合包装材料是将两种或两种以上具有不同特性的材料,通过各种方法复合在一起,以改进单一材料的性能,发挥更多材料的优点的包装材料。复合包装材料在包装领域有广泛的应用。目前已开发研制出的复合材料有三四十种,使用较多的是塑料与玻璃复合材料、塑料与金属箔复合材料、塑料与塑料复合材料等。另外还有纸基复合材料、塑料基复合材料、金属基复合材料等。

四、包装标记和包装标志

（一）包装标记

包装标记是根据物资本身的特征用文字和阿拉伯数字等在包装上标明规定的记号。

1. 一般包装标记

一般包装标记也称为包装的基本标记。它是指在包装上写明物资的名称、规格、型号、计量单位、数量(毛重、净重、皮重)、尺寸(长、宽、高)、出厂时间等说明。

对于使用时效性较强的物资还要写明储存期或保质期限。

2. 表示收发货地点和单位的标记

这是注明商品起运、到达地点和收、发货单位的文字记号,反映的内容是收、发货具体地点(收货人地点、发货人地点、收货到站、到港和发货站、发货港等),收、发货单位的全称。

对于进口物资,经贸部还统一编制了向国外订货的代号,称为收货人唛头。这种标记主要有三方面的作用：① 加强保密性,有利于物流中商品的安全；② 减少了签订合同和运输过程中的翻译工作；③ 在运输中具有导向作用,可减少错发、错运事故。

3. 标牌标记

标牌标记是在物资包装上涂打说明商品性质特征、规格、质量、产品批号、生产厂家等内容的标识牌。标牌一般用金属制成。

（二）包装标志

包装标志是用来指明被包装物资的性质和物流活动安全,以及理货分运的需要进行的文字和图像的说明。

1. 指示标志

指示标志用来指示运输、装卸、保管人员在作业时需注意的事项,以保证物资的安全。这种标志主要表示物资的性质,物资堆放、开启、吊运等的方法。

根据国家标准(GB 190-73)规定,在有特殊要求的货物外包装上粘贴、涂打、钉附以下不同名称的标志。如向上、防湿、小心轻放、由此吊起、由此开启、重心点、防热、防冻等。

在国际物流中则要求在包装上正确绘制货物的运输标志和必要的指示标志。标志至少应包括下列内容:

（1）目的地:收货人的最终地址、中转地点、订货单号；

（2）装卸货指示标志,特别是对于易碎商品,更应在包装上标记出装卸操作的方向以防商品损坏。

2. 危险品标志

危险品标志是用来表示危险品的物理、化学性质,以及危险程度的标志。它可提醒人们在运输、储存、保管、搬运等活动中引起注意。

根据国家标准(GB 190-2009)规定,在水陆、空运危险货物的外包装上拴挂、印刷或标打以下不同的标志,如爆炸品、氧化剂、无毒不燃压缩气体、易燃压缩气体、有毒压缩气体、易燃物品、自燃物品、遇水燃烧品、有毒品、剧毒品、腐蚀性物品、放射性物品等。

(三)包装标记和包装标志的要求

(1)必须按照国家有关部门的规定办理。我国对物资包装标记和标志所使用的文字、符号、图形及使用方法,都有统一的规定。

(2)必须简明清晰、易于辨认。包装标记和标志要文字少,图案清楚,易于制作,一目了然,方便查对。标记和标志的文字、字母及数字号码的大小应和包装件的标记和标志的尺寸相称,笔画粗细要适当。

(3)涂刷、拴挂、粘贴记和标志的部位要适当。所有的标记和标志,都应位于搬运、装卸作业时容易看得见的地方。为防止在物流过程中某些标记和标志被抹掉或不清楚而难以辨认,应尽可能在同一包装物的不同部位制作两个相同的标记和标志。

(4)要选用明显的颜色作标记和标志。制作标记和标志的颜料应具备耐温、耐晒、耐摩擦等性能,以不发生褪色、脱落等现象。

(5)标志的尺寸一般分为三种:用于拴挂的标志为74 mm×52.5 mm;用于印刷和标打的标志为105 mm×74 mm 和148 mm×105 mm 两种。必须说明的是,特大和特小的包装不受此尺寸限制。

第二节 现代包装技术和包装机械

一、产品包装技法

产品包装技法是指包装作业时所采用的技术和方法。

(一)产品包装的一般技法

1. 对内装物进行合理置放、固定等

外形规则的产品,要注意套装;薄弱的部件,要注意加固;包装内重力分布要均衡;产品与产品之间要隔离和固定等。

2. 对松泡产品进行压缩

松泡产品如不进行压缩则占用包装的容积太大,还会导致运输、储存费用的增大。其有效的方法是采用真空包装技法,它可大大缩小松泡产品的体积。

3. 合理选择包装的形状尺寸

在外包装形状尺寸的选择中,应采用包装模数系列,要避免过高、过扁、过大、过重。运输包装件尺寸要与托盘、集装箱的尺寸相配合,能在托盘码放、装箱时减少空隙。

内包装(盒)在选择其形状尺寸时,要与外包装(尺寸)相配合。

4. 包装外的捆扎

捆扎的直接目的是将单个物件或数个物件捆紧,以便于运输、储存和装卸。捆扎能压缩货物体积,还能使容器的强度得到提高。

(二) 产品包装的特殊技法

1. 缓冲包装技法

缓冲包装技法又称防震包装技法,是使被包装物品免受外界的冲击力、振动力等作用,从而防止损伤的包装技术和方法。产品在流通过程中发生破损的主要原因是受运输中的振动、冲击及在装卸作业过程中的跌落等外力作用。不同物品承受外力的作用程度虽然有所不同,但若超过一定程度便会发生毁损。为使外力不完全作用在产品上,采用某些缓冲的办法,使外力对产品的作用限制在损坏限度之内。缓冲包装技法一般分为全面缓冲、部分缓冲和悬浮式缓冲三类方法。

全面缓冲是指产品或内包装的整个表面都用缓冲材料衬垫的包装方法。如压缩包装法、模盒包装法、就地发泡包装法等。

部分缓冲是指仅在产品或内包装的拐角或局地方使用缓冲材料衬垫。通常对整体性好的产品或有内包装容器的产品特别适用。部分缓冲可以有天地盖、左右套、四棱衬垫、八角衬垫和侧衬垫几种。

悬浮式缓冲是指先将产品置于纸盒中,产品与纸盒间各面均用柔软的泡沫塑料衬垫妥当,盒外用帆布包装装入胶合板箱,然后用弹簧张吊在外包装箱内,使其悬浮吊起。这样可以通过弹簧和泡沫塑料同时起缓冲作用。这种方法适用于极易受损的产品,如精密机电设备、仪器、仪表等。

2. 防潮包装技法

防潮包装技法就是采用防潮材料对产品进行包装,以隔绝外部空气相对湿度变化对产品的影响,使包装内的相对湿度符合产品的要求,从而保护产品质量。实施防潮包装是用低透湿度或透湿度为零的材料,将被包装物与外界潮湿大气相隔绝。主要防潮包装技法有刚性容器密封包装、加干燥剂密封包装、不加干燥剂密封包装、多层密封包装、复合薄膜真空包装、复合薄膜充气包装和热收缩薄膜包装等。

3. 防锈包装技法

防锈包装技法是运输储存金属制品与零部件时,为了防止其生锈而降低使用价值或性能所采用的包装技术和方法。其目的是:消除和减少致锈的各种因素,采取适当的防锈处理;在运输和储存中除了要防止防锈材料的功能受到损伤外,还要防止一般性的外部的物理性破坏。

金属防锈可在金属表面涂覆防锈材料,或采用气相蚀剂、塑料封存、充氮和干燥空气等方法。

4. 防霉包装技法

防霉包装是为了防止因真菌侵袭内包装物长霉而影响产品质量,所采取的一定防护措施的包装技法。耐低温包装一般是用耐冷耐潮的包装材料制成,经过耐冷处理过的包装能较长时间在低温下存放,而包装材料在低温下不会变质,从而达到以低温抑制微生物的生理活动,达到内装物不霉腐的目的。采用陶瓷、金属、玻璃等高密封容器进行真空和其他防腐处理(如加适量防腐剂),是防止真菌侵袭的好方法。

(三) 包装操作技术

1. 充填技术

充填是将商品装入包装容器的操作,分为装放、填充与灌装三种形式。

(1) 装放。装放是按照一定的顺序将商品置于包装容器中的操作,可分为一次装放(将成件商品直接放入容器中)和多层装放(将小包装的单位商品再放入大的容器中)。装放的特点是商品在容器中的有序性。装放按装入容器的不同分为装箱、装盒、装袋等。

(2) 填充。填充是将干燥的粉状、片状或颗粒状商品装入包装中。其主要特点是商品具有流动性,商品在容器中没有一定顺序,主要是对盒、袋、瓶等进行填充。填充时一般要进行定量。

(3) 灌装。灌装是将液体或半液体商品灌入容器内。灌装商品具有更强的流动性,容器要有不渗漏的特点,主要有桶、罐、瓶等容器。灌装有定位与定量两种基本方法:定位灌装是将商品灌到瓶口或容器的某一部位(液体平面保持在一定位置上);定量灌装是通过定量装置准确地灌入一定容量的液体。

2. 封口和捆扎技术

(1) 包装封口。包装的封口是包装操作的一道重要工序,它直接关系着包装作业的质量与包装密封性能。不同容器的密封性能要求不同,有不同的封口方法,主要有黏合封口、胶带封口、捆扎封口、热熔封口、压接封口、缝合封口等。

(2) 捆扎。捆扎是将商品或包装件用适当材料扎紧、固定或增强的操作,主要有直接捆扎、夹板捆扎、成件捆扎和密缠捆扎等形式。

3. 裹包

裹包是用一层挠性材料包覆商品或包装件的操作。用于裹包的材料主要有纸张、织品、塑料薄膜等。裹包的方法主要有直接裹包、多件裹包、压缩捆包等形式。

4. 加标和检重

加标就是将标签粘贴或拴挂在商品或包装件上,标签是包装装潢的标志。检重是检查包装内容物的重量,目前大多采用电子检重机进行检测。

二、包装机械

(一) 包装机械的分类

按包装操作方法分为充填、捆包、裹包、泡罩、缠绕、封合、加标、查重容器清洗和灭菌等机械;

按包装使用部分分为工业包装机械和商业包装机械;

按包装产品分为食品、药品、日用工业品、化工产品等包装机械;

按包装容器分为装箱、装盒、装袋、装瓶、装罐、装桶等机械;

按包装层次分为单层包、多层包机械;

按包装大小分为小包、中包、外包等包装机械;

按被包装物形态分为固体(包括块状、粒状和粉状)和液体(包括高黏度、中黏度、低黏度)等包装机械;

按传送方式分为单位包装机、间歇运动多工位包装机、单头连续运动多工位包装机、多头连续运动多工位包装机等。

此外,还有干燥机、上蜡机、包装组合机、上塞机、旋盖机等。

（二）包装机械的基本结构

1. 进给机构

进给机构包括被包装产品的进给和包装材料或容器,进给被包装物和进给需要整齐排列,是振动式装置送料。

2. 计量装置

为了保证包装工作不间断地进行,在物料供送前或供送过程中,计量装置被用来计量供给。计量方法主要有容量(积)计量法、称重计量法、计数定量法和重量流量法。

3. 传动机构

它起着动力传递的作用,直接驱动各执行机构运动,完成包装作业,在包装机械中占有重要地位。

4. 输送装置

它是包装机械上的主要部件,其任务是将待包装物品和已包装好的产品,从一个工位运送到另一个工位上或从外部结构上把自动线上的各台单机相连,以致最后把包装制品输送入库。

5. 动力部件

动力部件有电动机、液压泵、压缩机及作原动力的气缸、液缸等,其中以电动机最为普遍。

6. 控制系统

按被控制对象的状态不同,控制系统可分为流动自动化控制和机械自动化控制。流动自动化控制主要是以连续进行变化的液体或粉状物等为对象,对其温度、流量、压力、料位等参数进行长期的连续定量控制;机械自动化控制主要以固体作为控制对象,对它们的位置、尺寸、形状、姿势等因素进行定性的间断性控制。

三、几种常见的产品包装机械

1. 填充包装机械

（1）装箱机械。装箱机械以纸箱为主。根据机械工作的程序不同,有的是已装订成型的平叠纸箱,有的则是未装订接口的瓦楞平板,在包装过程中一边填装产品,一边黏合接口,如图3-1所示。

（2）灌装机械。灌装机械是指灌装液体与半液体产品或液体与固体混合制品的机械,灌装所用的容器主要有桶、罐、瓶、听、软管等。按照灌装产品的工艺可分为常压灌装机、真空灌装机、加压灌装机等。灌装机械通常与封口机、贴标机等连接使用。

（3）填充机械。填充机械主要指填袋干燥粉状、颗粒状商品于盒、瓶、罐中的机械。因被装的产品不同,机械的结构也不相同。刚性或半刚性容器(瓶或罐)是由各种抬板、推板和链板的传送带自动送入填充装置。填充机包括直接填充机和制袋填充机两种;直接填充机是利用预先成型的纸袋或塑料袋进行填充,也可以直接填充于其他容器;制袋填充机则既要完成袋容器的成型,又要完成将产品填充入容器内的包装机械。

2. 裹包和捆扎机械类

裹包和捆扎机械及加标机械不同于充填机械,它们是直接使用材料来包装产品的。

(1) 裹包机械。裹包机械又称为挠性材料裹包机械,如图3-2所示。裹包机械主要用于包装单件商品,也可用于包装多件商品。常见的裹包机械有扭结式包装机、枕式包装机、信封式包装机和拉伸式包装机等。

图3-1 装箱机示意图

图3-2 裹包机示意图

(2) 捆扎机械。捆扎机械是供纸箱、木箱或包封物品,利用纸、塑料、纺织纤维和金属的绳、带进行捆扎的机械。捆扎机械的种类繁多,类型各异,大小也不相同。根据被捆扎产品的特点和捆扎要求不同,可分为带状捆扎机、线状或绳状捆扎机、材料的捆扎机等。

(3) 贴标机械。贴标机械主要用于在容器加标,如图3-3所示。贴标机械分为标签未上胶和上胶两种,其操作方法各有不同。

(4) 封口机械。封口机械用于各种包装容器的封口。按封口的工艺不同,可分为玻璃加盖机械、布袋口缝纫机械、封箱机械、各种塑料袋和纸袋的封口机械。

3. 包装技术机械的种类

由于收缩、拉伸和热成型等包装机械与塑料包装材料和包装容器的工艺特性密切相关,因而统称包装技术机械。

(1) 收缩包装机械。收缩包装机械是经过拉伸的热收缩薄膜包装产品,对薄膜进行适当的加热处理,使薄膜收缩而紧裹物品的包装机械,如图3-4所示。这种包装机械的最大特点是通用性,适合各种形状产品的包装,特别是不规则产品的包装。它可以简化包装过程,并有紧贴透明、富有弹性、整洁卫生等良好的包装效果,同时还有包装体积小、成本低,可进行集包装的优点。收缩包装机械的收缩膜由上、下两个卷筒张紧,产品由机械部件推向薄膜,薄膜包裹产品后,由封口部件将薄膜的三面封合,随后由输送带输送,通过加热装置,裹紧产品,待冷却后形成收缩包装。

图 3-3　双面侧贴自动贴标机示意图

图 3-4　热缩包装机示意图

（2）热成型包装机械。热成型包装机械又称为吸塑包装机械，根据成型工艺的不同，可分为泡罩式包装机、贴体包装机、热压成型充填机和真空包装机等。热成型包装机械可以连续地或间歇地将聚氯乙烯等塑料薄膜（薄片）靠真空压缩成型为泡罩或盘状；当包装产品自动装进泡罩或盘内，并热合于纸板或铝箔上后，再冲裁成一定形状的片状，形成一种特殊的包装形态。热成型包装具有透明美观、防潮、隔气和防渗透等方面的优点，因此，热成型包装机械的应用范围十分广泛。

（3）拉伸包装机械。拉伸包装机械是依靠机械装置在常温下将弹性塑料薄膜围绕着待包装产品件拉伸、裹紧，并在末端进行封合的一种包装机械。这种包装机械一般是为集装在托盘上成堆的包装而设计的，所用的塑料为聚乙烯薄膜。

第三节　集装化与集合包装

集装化也称为组合化和单元化，是指将一定数量的散装或零星成件物资组合在一起，在装卸、运输等物流环节中可作为一个整件进行技术上和业务上处理的包装方式。

集装化物资的载体是集合包装。集合包装就是将若干个相同或不同的包装单位汇集起来，最后包装成一个更大的包装单位或装入一个更大的包装容器内的包装形式。

一、集装箱

（一）物流模数

国际标准化组织（ISO）已经制定了许多有关物流设施、设备等方面的技术标准，并且制订了国际物流基础尺寸的标准方案：

（1）物流基础模数尺寸：600 mm × 400 mm。

（2）物流集装箱基础模数尺寸：1 200 mm × 1 000 mm 为主，也允许 1 200 mm × 800 mm 和 1 100 mm × 1 100 mm。

（3）物流基础模数尺寸与集装箱基础模数尺寸的配合关系，如图 3-5 所示。

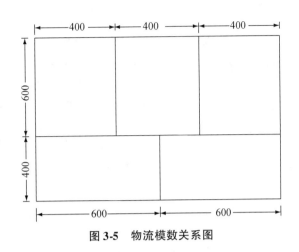

图 3-5 物流模数关系图

(二) 集装箱的定义

集装箱(container)是集合包装容器中最主要的形式,也称"货箱"或"货柜"。中华人民共和国国家标准《物流术语》(GB/T 18354-2006)对集装箱的定义是:"具有足够的强度,可长期反复使用的适于多种运输工具而且容积在 $1\ m^3$ 以上(含 $1\ m^3$)的集装单元器具。"

根据 ISO 对集装箱所下的定义和技术要求,集装箱应具有如下特点和技术要求:

(1) 具有足够的强度,能长期反复使用;

(2) 适于一种或多种运输方式运送货物,途中无须倒装;

(3) 设有供快速装卸的装置,便于从一种运输方式转到另一种运输方式;

(4) 便于箱内货物装满和卸空;

(5) 内容积等于或大于 $1\ m^3$。

(三) 集装箱的分类

1. 按集装箱的用途分类

(1) 通用集装箱。通用集装箱适用于装载运输条件无特殊要求的各种不同规格的干杂货,进行成箱、成件集装运输。这类集装箱一般有全密封防水装置,故也称为密封式集装箱。

(2) 专用集装箱。专用集装箱是在结构上有一定特点的一般货物集装箱的总称,是根据某些商品对运输条件的特殊要求而专门设计的集装箱。常见的有:① 透气式集装箱,在箱内装货空间的上部设有透气装置;② 通风式集装箱,设有为加速箱外空气流动提供条件的集装箱,但要求有专供进气和出气的通道;③ 敞顶式集装箱,为了适于装载超重超长的货物,可以卸掉箱顶的集装箱。

(3) 冷藏集装箱。冷藏集装箱箱内备有制冷装置,一般具有在设定温度条件下自动控温的功能。

(4) 罐式集装箱。这是一种全密封式的大型容器,由罐体和框架组成为装运液态、气态货物和加压干散货物而设计的有压或无压集装箱。

(5) 干散货集装箱。干散集装箱一般用钢板、铝板或铝合金制造,属于无压容器,它适用于装载散装固体货物,如粮食、化肥、砂石、化工产品等粉状或颗粒状物资。

(6) 其他方面用途的集装箱：① 折叠式集装箱。这种集装箱的箱体侧端壁和箱顶等部件能折叠或分解。回空时体积可缩小，以降低回空时的舱损，从而降低运输费用。再用时，又可重新组合。② 挂式集装箱。这种集装箱专用于装挂服装，其优点是衣服不折叠，成套直接吊挂于集装箱内，既可节省包装材料，又有利于保持服装式样，故也称为服装专用集装箱。③ 集装箱还有柱式集装箱、多层合成集装箱、抽屉式集装箱、牲畜集装箱等。

2. 按集装箱制作材质分类

(1) 钢质集装箱。这是由钢材和不锈钢焊接而成的集装箱。它具有强度大、结构牢固、水密封性好的优点；其缺点是耐腐蚀性差。目前采用不锈钢为材料，耐腐蚀性有所增强，外观也漂亮，但造价较高。

(2) 铝合金集装箱。铝合金集装箱的主要部位是用铝合金铆接而成，具有重量轻、美观、抗腐蚀等优点。

(3) 玻璃钢质集装箱。这是由玻璃纤维和树脂混合，添加适当的加强塑料后，胶附于胶合板两面而制成的集装箱。它具有强度高、刚性好、隔热性强、耐腐蚀性好的优点；其缺点是重量较大，塑料老化问题也不好解决。

3. 按集装箱的规格尺寸分类

国际标准化组织集装箱技术委员会（ISO/TC 104 International Organization for Standardization—Technical Committee No.104）所制定的各项国际标准、我国的集装箱国家标准（GB 1413-85）《货物集装箱外部尺寸和额定重量》、1998 年最新修订的国家标准（GB/T 1413-1998）将集装箱的外部尺寸和总重量表示为如表 3-1 所示。

表 3-1 集装箱的外部尺寸(mm)和最大总质量(kg)

分类	型号	高度 H (mm)	宽度 W (mm)	长度 L (mm)	最大总质量 (kg)	备注
ISO 箱系列 1	1AAA	2 896	2 438	12 192	30 480	GB/T 1413-1998 ISO 668-1995
	1AA	2 591	2 438	12 192	30 480	
	1A	2 438	2 438	12 192	30 480	
	1AX	<2 438	2 438	12 192	30 480	
	1BBB	2 896	2 438	9 125	25 400	
	1BB	2 591	2 438	9 125	25 400	
	1B	2 438	2 438	9 125	25 400	
	1BX	<2 438	2 438	9 125	25 400	
	1CC	2 591	2 438	6 058	24 000	
	1C	2 438	2 438	6 058	24 000	
	1CX	2 438	2 438	6 058	24 000	
	1D	2 438	2 438	2 991	10 160	
	1DX	2 438	2 438	2 991	10 160	
ISO 箱系列 2（方案）	2AAA	2 896	2 595	14 935	30 480	
	2AA	2 591	2 595	14 935	30 480	
	2CCC	2 896	2 595	7 430	30 480	
	2CC	2 591	2 595	7 430	30 480	
我国铁路行业标准集装箱	10D	2 650	2 500	3 070	10 000	TB/T 2114-1990 GB 3218-1982
	5D	2 438	2 438	1 800	5 000	
	1D	900	1 300	1 300	1 000	

通用集装箱的最小内部尺寸见表 3-2 所示。

表 3-2 通用集装箱的最小内部尺寸（mm）

分类	型号	高度 H	宽度 W	长度 L	门口高度	门口宽度
ISO 箱系列 1	1AAA	2 655	2 330	11 988	2 261	2 286
	1AA	2 340	2 330	11 988	2 261	2 286
	1A	2 197	2 330	11 988	2 134	2 286
	1AX	<2 197	2 330	11 988	—	2 286
	1BBB	2 655	2 330	8 931	2 261	2 286
	1BB	2 340	2 330	8 931	2 261	2 286
	1B	2 197	2 330	8 931	2 134	2 286
	1BX	<2 197	2 330	8 931	—	2 286
	1CC	2 340	2 330	5 867	2 261	2 286
	1C	2 197	2 330	5 867	2 134	2 286
	1CX	<2 197	2 330	5 867	—	2 286
	1D	2 197	2 330	2 802	2 134	2 286
	1DX	<2 197	2 330	2 802	—	2 286
ISO 箱系列 2（方案）	2AAA	2 655	2 460	14 765	Ho-330	≥2 460
	2AA	2 350	2 460	14 765	Ho-330	≥2 460
	2CCC	2 655	2 460	7 264	Ho-330	≥2 460
	2CC	2 350	2 460	7 264	Ho-330	≥2 460
我国行业标准集装箱	10D	2 396	2 400	2 920	2 266	2 348
	5D	2 213	2 354	1 826	2 213	2 354
	1D	1 144	1 246	830	1 144	1 246

ISO 体系中的 1CC 型箱,是钢制普通货物集装箱中有代表的一种箱型,在集装箱数量统计中所使用的 TEU 单位,就是以它为基础的换算单位。

（四）集装箱的结构

1. 集装箱的主要结构

集装箱通常是六面形的箱体,如图 3-6 所示。它是由两个侧壁、一个端壁、一个箱顶、一个箱底和一对箱门所组成。现将集装箱各主要部分的结构简述如下：

图 3-6 集装箱结构示意图

（1）框架。集装箱的框架有前端部框架、后端部框架和两侧的侧框架。框架是承受外力最大的集装箱构件。集装箱在经受最大载重量被吊起时,框架的作用是不会使集装箱发生永久变形。

(2) 箱壁。集装箱的箱壁一般设在箱的前端部。它是由端壁板和端柱组成。端壁镶嵌在前端部框架上,并具有密封性。

(3) 箱门。集装箱箱门设有箱的后端部,两扇门多为对分开启。用铰链与后角柱连接,具有防风、防雨的密闭性能,门上配有门锁。

(4) 侧壁。侧壁是由侧壁板和侧柱组成。侧壁板具有一定的强度,具有防水性。侧柱是以一定间距配置在侧壁板上的提高强度的材料。

(5) 箱顶。箱顶由上桁材、箱顶梁和箱顶板所组成。为了防止箱顶漏水,箱顶最好采用一张整板制作。

(6) 箱底。箱底是由下桁材下横梁和箱底板组成的。在组合时,应用填料黏缝,使之密封防水。箱底横梁是加强箱底强度的主要材料,在箱底与箱底板相连接。箱底强度要满足承受叉车进箱作业时的集中负载。

2. 集装箱的重要构件——角件

在集装箱每个箱角上都设有一个三面有孔的金属构件,即角件如图 3-7 所示。集装箱作业中出现的任何载荷,都是由角件来承受或通过它来传递的。在起吊集装箱时,角件与装卸机械上的集装箱专用吊具上的转锁(如图 3-8 所示)相连接,完成起吊装卸任务。在船舱内、甲板上、平板运输车上等,角件可用于箱与箱之间,箱与甲板、平板车等之间的连接。在集装箱设计中把它安排在箱体的最外缘,还可以起到保护其他各部件的作用。

图 3-7 集装箱角件示意图

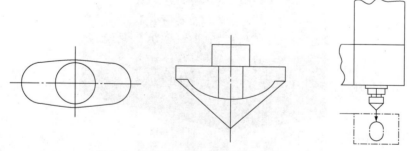

图 3-8 集装箱旋锁及与集装箱角件的配合

可见角件对于集装箱是一个十分关键的构件。它要有足够的强度,以满足装卸、固定等作业的需要。

二、托盘

（一）托盘的概念

托盘是"是在运输、搬运和储存过程中,将物品规整为货物单元时,作为承载面并包括承载面上辅助结构件的装置"(GB/T 18354-2006)。托盘具有和集装箱类似的作用,即能把零散的物资组成一个较大的整体,以利于物资的装卸和运输,如图3-9所示。

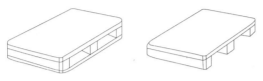

图3-9 托盘示意图

托盘既是装卸工具、储存工具,同时还是一种运输工具。托盘从企业内、车站内、港口内的使用发展到随船运输。托盘交流与联营业务组织好的国家,又使托盘发展成售货工具。托盘已深入到生产、流通、消费各领域。从生产终点将货物码上托盘开始,到货物销售给消费者或供应给新的生产线使用为止,它经过了包装、装卸、搬运、储存、运输等环节,贯穿于物流的全过程。

（二）托盘的分类

1. 按托盘实际操作和运用分类

（1）两个方向通路的托盘。这主要指叉车的货叉可以从前面和后面两个方向进出的托盘(如图3-10(a)所示)。此托盘又可分为两个方向单面用托盘和双面用托盘。

（2）四个方向通路的托盘。这主要指叉车的货叉可以从托盘的前后、左右四个方向进出的托盘(如图3-10(b)所示)。这种托盘同样又可分为四个方向单面用托盘和双面用托盘。

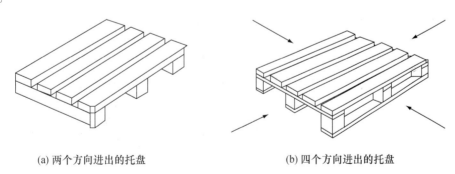

(a) 两个方向进出的托盘　　　　　(b) 四个方向进出的托盘

图3-10 托盘按实际操作和运用分类

2. 按托盘的材质分类

按托盘的材质分类,可分为木托盘、钢托盘、铝托盘、纸托盘、塑料托盘和复合材料托盘等。

3. 按托盘的结构分类

（1）平板式托盘,即平托盘,如图3-10所示。

(2) 箱式托盘,指在托盘上面带有箱式容器的托盘。箱式托盘的构造特点是,托盘的上部至少在三个面上有垂直的侧板,或采用完全封闭,也可采用条状或网状形式。箱式托盘有固定式、折叠式和盖顶式等。图3-11所示的即为普通箱式托盘。

 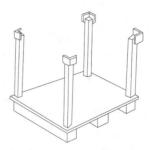

图3-11　普通箱式托盘示意图　　　　图3-12　立柱式托盘示意图

(3) 立柱式托盘。这种托盘没有侧板,但设有四根立柱,有的在柱与柱之间有连接的横梁,如图3-12所示。

(三) 托盘的规格

托盘的规格是指托盘的长与宽,通常用长×宽来表示。因为托盘的长与宽及其乘积面积,会涉及货物在托盘上的堆码,也涉及与运输工具内容尺寸和内容面积的配合,因此十分为物流界所重视。

1988年,ISO托盘委员会(ISO/TC51)将1961年(ISO/R198)推荐采用的三个规格(1200系列:1 200 mm×800 mm、1 200 mm×1 000 mm、1 000 mm×800 mm)、1963年(ISO/R329)增加采用的两个规格(1200系列:1 200 mm×1 600 mm、1 200 mm×1 800 mm),以及1971年增加的三个规格(1100系列:1 100 mm×800 mm、1 100 mm×900 mm 和1 100 mm×1 100 mm)整合为四个规格(1 200 mm×800 mm、1 200 mm×1 000 mm、1 219 mm×1 016 mm 和1 140 mm×1 140 mm)。2003年,ISO在难以协调世界各国物流标准利益的情况下,在保持原有四个规格的基础上又增加了两个规格(1 100 mm×1 100 mm 和1 067 mm×1 067 mm)。

为了推行中国标准化事业,我国专家在1996年首次对托盘尺寸标准进行了修订,并于2006年再一次提出对托盘标准进行修订。在充分考虑我国对欧美贸易、东北亚贸易和东盟贸易发展的现实需要,我国托盘使用现状,当前物流设备之间的系统性,ISO于2003年推荐的六个规格之间的互换性与相近性,以及充分借鉴国际经验和广泛听取托盘专家意见的基础上,最终于2008年确定了1 200 mm×1 000 mm 和1 100 mm×1 100 mm 两个规格作为我国托盘的国家标准,并向企业推荐优先使用前者。

(四) 托盘码放的形式

货物可在托盘上码放成各种形式。

(1) 重叠式码放。其特点是货物的四个角上下对应,承载能力大,但货物间缺乏联系,货垛牢固性差,如图3-13(a)所示。

(2) 纵横交错式码放。它与重叠式码放相似,适合码成正方形垛,其特点是货物之间的相互交错增加了摩擦力,使货垛稳固,如图3-13(b)所示。

(3) 旋转交错式码放。其特点是每两层货物之间有交叉,便于码成正方形垛,使货垛

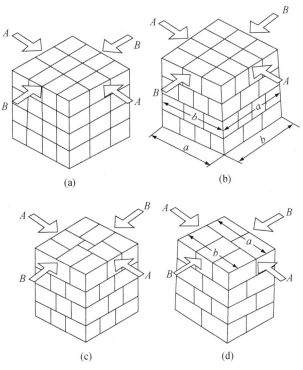

图 3-13　托盘码放的形式

更加稳固。但由于中央形成孔穴,从而容易降低托盘表面积的利用率,如图 3-13(c)所示。

（4）正反交错式码放。货垛上下左右均有联系,使货垛稳固。但由于四个角不对应,削弱了托盘的承载能力,如图 3-13(d)所示。

三、其他形式的集装化

集装箱和托盘是物流集装化最普遍、最主要的两种形式。根据货物的特性,除集装箱化和托盘化外,还有多种集装形式。

（一）集装袋

集装袋(flexible container)是一种柔性的、可折叠的包装容器。

使用集装袋的范围很广,几乎所有的粉状和颗粒状的物资都可以使用集装袋完成流通过程。

1. 集装袋的用途（按商品分类）

（1）盛装食品。可用于面粉、食糖、淀粉、食盐、大米、玉米、豆类等。

（2）盛装矿砂。可用于集装白云石烧结块、重烧菱苦土、萤石粉、水泥、黏土、石膏等。

（3）盛装化工原料和产品。可用于盛装硫酸铵、尿素、硝酸铵、化肥、纯碱、芒硝、染料及高分子塑料树脂等。

2. 集装袋的类型

（1）按袋形分，主要有圆筒形、方形两种。

（2）按吊袋位置分，可分为顶部吊袋、侧面吊袋。

（3）按制造材料分，可分为胶布集装袋、树脂加工布袋和交织布袋等。

3. 集装袋的操作过程

（1）装料。将集装袋口对准灌装料漏斗口，一般采用人工接通，有时用绳子临时扎紧，以免粉尘或颗粒滑出，顺利完成充满集装袋的任务。

（2）运输。根据集装袋的类型和种类，选用吊车、叉车、传动带进行装卸，采用卡车、船舶等车船运输，完成物资的空间转移。

（3）卸料。运输物资到达目的地以后，用吊车或叉车将集装袋吊起，对准料槽的进料口及其他堆放容器的口，打开集装袋漏料口的绳索，袋内的物资很快即可卸完。

（4）回收。能多次反复使用的集装袋卸完货物后，可进行空袋回收。

集装袋的出现和使用，是粉粒状物资运输方法的一次革命。采用集装袋代替纸袋、塑料袋及其他粉粒包装物，极大地提高了装卸、运输效率，降低了包装费用和人工费用。

（二）货捆

货捆是集装化的一种形式。它是采用各种材料的绳索，将货物进行多种形式的捆扎，使若干件单件货物汇集成一个单元。集装化的货物可以更好地利用运输工具，提高运载能力，更好地利用仓容面积，提高仓容利用率。

图 3-14 所示的是长型圆钢捆扎成集装货件的情形。当货件小于 6 米时，一般采用双捆方法，即离货件端部 1.5 米处用金属线捆绑两扎，如图 3-14（a）所示。当材料长于 6 米时，则需采用三根捆绑，捆绑金属线距离一般离货件端部为 0.3—0.5 米，如图 3-14（b）所示。对于钢板、带钢等，可采用钢质包皮包装成捆，根据包装后的长度来确定捆绑道数和位置。金属管材的集装，一般是先把管材码放在钢丝（或其他捆扎物）上后，收紧钢丝，形成端面呈圆形或梯形的集装件。

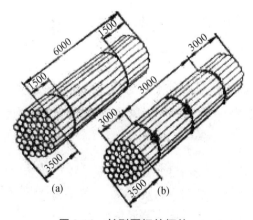

图 3-14 长型圆钢的捆扎

（三）框架

框架是集装化的一种重要手段。这是一种根据物资的外形特征选择或特制各种形式的框架，以适用于物资的集装方法。有些框架对物资的适应性较广，如门字型框架几乎所有的长形材均可使用；而有些框架则专用性很强，只适用于某种形状的物资使用。

图 3-15 所示的是用门字形框架集装钢管的情况。这种门字形集装框架是由较小的钢管制作的卡箍和木条构成。如将框架底部使用刚性材料（如钢板），而侧面和顶面贯通使用柔性材料（如金属钢丝），则适用会更广泛，而且不同的码放会形成不同的集装形式，如图 3-16 所示。

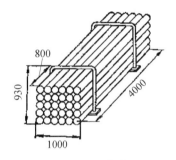

图 3-15　门字形框架示图

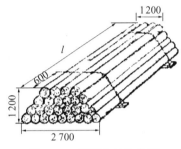

图 3-16　梯形木材集装图

对于一些外观特殊的物资要进行框架集装，往往需要专门设计框架，以适应其要求。图 3-17 所示的是捆扎铝锭的专用框架。图 3-18 所示的是一种专门集装陶瓷管件的框架。

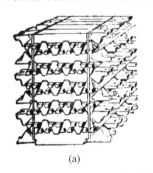

(a)

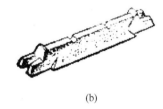

(b)

图 3-17　铝锭的专用框架图

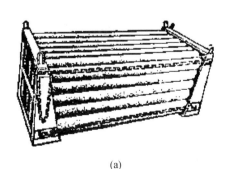

(a)

(b)

图 3-18　专用集装陶瓷管件框架图

课外阅读（一）

联邦快递为客户提供的运输技术随着医疗技术的发展而不断提升

全球最具规模的速递运输公司之一的联邦快递推出全新的"冷藏运输"包装服务，可为需要温度控制在2℃—8℃的货件提供长达96小时的冷藏环境，特别适合医疗保健行业使用。

目前该款全新包装已在亚太地区的13个市场投入使用，包括澳大利亚、中国大陆、中国香港、印度尼西亚、日本、韩国、马来西亚、新西兰、菲律宾、新加坡、中国台湾、泰国和越南。

该款由NanoCool公司设计的专利系统，无须使用凝胶包或干冰就可以实现在5分钟内将温度调节至4℃。该包装装置配备专门的冷却系统，只需轻触快递箱中的按钮便可激活该装置，使其随着时间的推移来蒸发水分，维持严格的"冷藏运输"的温度要求。

该包装可直接使用，无须复杂的装配；它更小、更轻，重量不足一些凝胶包装系统的一半；且比凝胶包装更易于处理，产生更少的包装废弃物。

（资料来源：原文详见 http://finance.china.com.cn/roll/20130826/1755958.html，有删减。）

课外阅读（二）

将包装放到仓储中完成，为什么可以有效地解决库存不均匀问题？

10年前，FRUIT TREE公司对产品的多种包装处理是瓶装果汁和罐装水果的独立包装，所有的标签都是相同的，并且只有两种标准容器：瓶和罐。然而，过去10年发生了许多变化，对果汁产品的要求也越来越多元化，这些多元化要求包括：世界各地的客户需要不同的品牌；客户不全是英语语种的消费者，因此需要有新的品牌和标签；产品的包装需要从独立的大包装变为24罐的不同包装；客户的消费习惯要求容器大小能有一个可变的范围；客户对个性化品牌包装需求呈现上升趋势；大量商品要求被重新托盘化。

在这种趋势下，公司的库存和销售出现了一些问题。单一的包装形式很难适应多元化的市场需要，从而出现了有些产品库存过多而同类的其他产品却缺货的情况。FRUIT TREE公司认识到，传统的生产、装箱、包装、打包、集合及运输入库的方法并不有效。将生产环节生产的产品与相关的各种瓶和罐一起送入仓库，在仓库实现产品的包装。在确定了每月的购买意向后，直到货物装车前两天，公司才会确认订单，并立即将订单安排到仓库四条包装线的其中一条上，完成最后的包装和发运工作。

（资料来源：原文详见 http://www.doc88.com/p-185478722725.html，有删减。）

思考题

名词解释

包装	商业包装	工业包装	包装标记
包装标志	指示标志	危险品标志集装化	集合包装
托盘	货捆	框架	

问答题

1. 请结合实例说明包装的功能。
2. 包装的分类都有哪些？分别是如何分类的？
3. 谈谈各种包装材料性能的优缺点。
4. 产品包装的主要特殊技法都有哪些？各是如何进行操作的？
5. 简述包装机械的基本结构。
6. 国际物流基础尺寸的标准是怎样规定的？
7. 集装箱应具哪些条件和技术要求？
8. 简述集装箱的分类。集装箱按规格尺寸又是如何分类的？在集装箱量统计中所使用的 TUE 单位是怎样规定的？
9. 简述集装箱的结构构成。
10. 集装箱角件的结构有哪些特点？它具有什么作用？
11. 集装箱的标记都有哪些规定？
12. 简述托盘的分类。
13. 国际标准化组织(ISO)提出的托盘建议规格标准有哪些？我国新颁布的国家标准是哪两个？
14. 托盘的流通方式都有哪些？分别是如何操作的？
15. 简述集装袋的用途和集装袋的类型。

第四章

装卸与搬运

学习目的

全面认识物资装卸和搬运活动中的技术、装备和组织与管理。装卸和搬运活动伴随着物流的始终,是提高物流效率、降低物流成本、改善物流条件、保证物流质量最重要的物流环节之一。

技能要求

掌握装卸与搬运的基本知识、作业特点和方法等;了解装卸与搬运机械主要的分类;重点掌握起重机械和装卸搬运车辆的基本性能参数;深入认识装卸作业合理化措施,如提高物资装卸搬运的灵活性、推广组合化装卸等;了解集装箱的装卸与搬运活动。

物品的装卸和搬运活动渗透到物流各环节,有联系物流各种活动的功能。装卸搬运活动伴随着物流的始终,成为提高物流效率、降低物流成本、改善物流条件、保证物流质量最重要的物流环节之一。物流各环节的前后和同一环节不同活动之间,都必须进行装卸搬运作业。

第一节 装卸搬运概述

一、装卸搬运的概念

(一)装卸

装卸(loading and unloading)是指物品在指定地点进行的以垂直移动为主的物流作业。"装卸"作用的结果是物资从一种支承状态转变为另一种支承状态,前后两种支承状态无论是否存在垂直距离差别,总是以一定的空间垂直位移的变化而得以实现。

(二)搬运

搬运(handling carrying)是指在同一场所内将物品进行的以水平移动为主的物流作业。"搬运"使物品在区域范围内(通常指在某一个物流节点,如仓库、车站或码头等)所发生的短距离、以水平方向为主的位移。

装卸和搬运就是指在某一物流节点范围内进行的,以改变物料的存放状态和空间位置为主要内容和目的的活动。

在流通领域,人们常把装卸搬运活动称为"物资装卸",而生产企业则把这种活动称为"物料搬运"。

(三)装卸和搬运伴随流通活动的始终

在第五届国际物流会议上,美国产业界人士明确指出,当前美国全部生产过程中只有5%的时间用于加工制造,95%的时间则用于装卸搬运、储存等物流过程。根据美国运输部门考察,在运输的全过程中,装卸搬运所占的时间为全部运输时间的50%。在生产企业物流中,装卸搬运成为各生产工序间连接的纽带,它是从原材料、设备等装卸搬运开始,以产品装卸搬运为止的连续作业过程。从宏观物流考察,物资从离开生产企业到进入再生产消费和生活消费,装卸搬运像影子一样伴随流通活动的始终。

现代装卸搬运必须具备劳动者、装卸搬运设备、设施、货物及信息、管理等多项因素组成的作业系统。装卸搬运作业系统中设备、设施的规划与选择取决于物资的特性和组织要求,只有按照装卸作业本身的要求,在进行装卸作业的场合,合理配备各种机械设备和合理安排劳动力,才能使装卸搬运各个环节互相协调、紧密配合。装卸搬运既是使其他物流环节相互联系的纽带,又不附属于其他环节,而是作为一项独立的作业系统而存在的。

二、装卸搬运的特点

(一)装卸搬运作业量大

人们经常谈论的物流量,实际不是一个具体的量。具体的物流量经常通过货运量和货物周转量来表现,但是很少通过装卸搬运作业量来表现,究其原因是装卸搬运的作业量几乎是无法计算清楚的。在同一地区生产和消费的产品,物资的运输量会因此而减少,然而物资的装卸搬运量却不一定减少。在远距离的供应与需求过程中,装卸作业量会随运输方法的变更、仓库的中转、货物的集疏、物流的调整等大幅度提高。

(二)装卸搬运对象复杂

在物流过程中,货物是多种多样的,它们在性质上(物理、化学性质)、形态上、重量上、体积上和包装方法上都有很大区别。即便是同一种货物,在装卸搬运前的不同处理方法,可能也会产生完全不同的装卸搬运作业。从装卸搬运的结果来考察,有些货物经装卸搬运要进入储存,有些物资装卸搬运后将进行运输,不同的储存方法和运输方式在装卸搬运设备运用、装卸搬运方式的选择上都提出了不同的要求。

(三)装卸搬运作业不均衡

在生产领域,生产企业内装卸搬运相对比较稳定。然而,物资一旦进入流通,由于受到产需衔接、市场机制的制约,物流量便会出现较大的波动性。商流是物流的前提,某种货物的畅销和滞销、远销和近销,销售批量的大与小,围绕着货物实物流量便会发生巨大变化。从物流领域内部观察,运输路线上的"限制口",也会使装卸搬运量出现忽高忽低的现象。另外,各种运输方式由于运量上的差别、运速的不同,使得港口、码头、车站等不同物流节点也会出现集中到货或停滞等待的不均衡的装卸搬运。

(四)装卸搬运对安全性要求高

装卸搬运作业需要人与机械、货物、其他劳动工具相结合,工作量大、情况变化多、很多作业环境复杂等都会导致装卸搬运作业中存在着安全隐患。装卸搬运的安全性,一方面直接涉及人身,另一面涉及物资。装卸搬运同其他物流环节相比,其安全系数较低,因此,就要求更加重视装卸搬运的安全生产问题。

(五)具有伴生性和起讫性

装卸搬运的目的总是与物流的其他环节密不可分的,因此与其他环节相比,它具有伴生性特点。如运输、储存、包装等环节,一般都以装卸搬运为起始点和终结点,因此它又有起讫性特点。

(六)具有提供保障性和劳务性

装卸搬运制约着生产与流通领域其他环节的业务活动,这个环节如果处理不好,整个物流系统将处于瘫痪状态。装卸搬运保障了生产与流通其他环节活动的顺利进行,具有保障性质,但不产生有形产品,因此具有提供劳务的性质。

三、装卸搬运的方法

(一)按装卸搬运作业对象分

1. 单件作业法

单件、逐件的装卸搬运是人工装卸搬运阶段的主要方法。即使在装卸机械几乎运用到各种装卸搬运领域的时候,单件、逐件的装卸搬运方法也依然存在。这一方面表现在某些物资出于它本身特有的属性,采用单件作业法更加安全;另一方面则表现在某些装卸搬运场合,没有设置或难以设置装卸机械而被迫单件作业。

2. 集装作业法

集装作业法是指将物资先进行集装,再对集装件进行装卸搬运的方法。

(1) 集装箱作业法。集装箱作业法分为垂直装卸和水平装卸两种作业方法：垂直装卸法即"吊上吊下"方法，指采用岸边集装箱装卸桥、轮胎龙门起重机方式、轨道龙门起重机方式等垂直装卸集装箱的方法；水平装卸法即"滚上滚下"方法，指以拖挂车和叉车为主要装卸设备平移装卸集装箱的作业方式。

(2) 托盘作业法。叉车托盘化是说明叉车是托盘装卸搬运的主要机械。水平装卸搬运托盘主要采用搬运车辆和辊子式输送机；垂直装卸采用升降机、载货电梯等。在自动化仓库中，采用巷道堆垛机和桥式堆垛机完成在仓库货架内的取、存装卸。

(3) 其他集装件作业法。货捆单元化的货物，可以使用叉车、门式起重机和桥式起重机进行装卸搬运作业。带有与各种框架集装化货物相配套的专用吊具的门式起重机和叉车等是配套的装卸搬运机械。

3. 散装作业法

煤炭、建材、矿石等大宗物资多采用散装装卸方式。谷物、水泥、化肥、原盐、食糖等随着其作业量增大，为提高装卸搬运效率，也日益走向散装装卸。散装作业法主要包括重力作业法、倾翻作业法、气力输送法和机械作业法。

(1) 重力作业法。重力法作业是利用货物的位能来完成装卸作业的方法。比如，重力法卸车是指底开门车或漏斗车在高架线或卸车坑道上自动开启车门，煤或矿石依靠重力自行流出的卸车方法。

(2) 倾翻作业法。倾翻法作业是将运载工具载货部分倾翻而将货物卸出的方法。铁路敞车被送入翻车机，夹紧固定后，敞车和翻车机一起翻动，货物倒入翻车机下面的受料槽；自卸汽车则靠液压油缸顶起货厢实现货物卸载。

(3) 气力输送法。这是利用风机在气力输送机的管内形成单向气流，依靠气体的流动或气压差来输送货物的方法。

(4) 机械作业法。机械作业法是指采用各种机械，通过送、舀、抓、铲等作业方式，达到装卸搬运的目的。常用的装卸搬运机械有带式输送机、链斗装车机、抓斗机、挖掘机等。

(二) 按作业手段和组织水平分

1. 人工作业法

人工作业法是一种完全依靠人力和人工，使用无动力机械来完成装卸搬运的方法。

2. 机械化作业法

机械化作业法指以各种装卸搬运机械，采用多种操作方法来完成物资的装卸搬运作业方法。它也是目前装卸搬运作业的主流方法。

3. 综合机械化作业

综合机械化作业是代表装卸搬运作业发展方向的作业方式。它要求作业机械设备与作业设施、作业环境的理想配合，要求对装卸搬运系统进行全面的组织、管理、协调，并采用自动化控制手段(如电子计算机控制与信息传递)，从而取得高效率、高水平的装卸搬运作业。

(三）按装卸设备作业的特点划分

1. 间歇作业法

在装卸搬运作业过程中有重程和空程两个阶段，间歇作业法即指在两次作业中存在一个空程准备过程的作业方法，如门式和桥式起重机作业。

2. 连续作业法

连续作业法指在装卸搬运过程中，设备不停地作业，物资则可连绵不断、持续流水般地实现装卸作业的方法，如带式输送机、链斗装车机作业。

第二节 装卸搬运机械

装卸搬运机械是指用来搬移、升降、装卸和短距离输送物料或货物的机械。它不仅用于完成船舶与车辆货物的装卸，而且要完成库场货物的堆码、拆垛、运输，以及舱内、车内、库内货物的起重、输送和搬运。

装卸搬运机械按机械的主要用途或结构特征分类，可分为起重机械、连续运输设备、装卸搬运车辆等。

一、起重机械

起重机械是用来垂直升降货物或兼作货物的水平移动，以满足货物的装卸、转载等作业要求。

（一）起重机械的分类

起重机械的种类很多，按照起重机械的综合特征可分为多种类型，如图 4-1 所示。

（二）起重机械的基本性能参数

起重机械的基本参数，表示起重机械的技术特征。它既是各种使用要求的反映，也是设计计算的前提，同时还是选择、配置装卸运输设备的重要依据。

1. 起重量

起重量是指起重机在正常的工作条件下（保持必需的机械结构的稳定性和牢固性的安全系数），被起升的额定载荷加取物装置的重量，如抓斗、电磁吸盘等。起重吊钩重量一般可忽略不计。

2. 起升高度

起升高度是指起重机械可以提升物品的最大有效高度。起升高度主要根据工作需要和工作环境来决定。一般是指由起重工作场地的地面至吊钩中心的最高位置之间的距离。在装卸物资时，物资被提升的实际高度，往往小于规定的起升高度参数，这是货物本身和吊索具限制的结果。

3. 工作速度

装卸机械的工作速度包括提升速度、走行速度、旋转速度等。

（1）提升速度，指被提升的物资在单位时间内垂直位移的距离。

（2）起重机械走行速度，指起重机在单位时间内走行的距离。门式起重机和桥式起

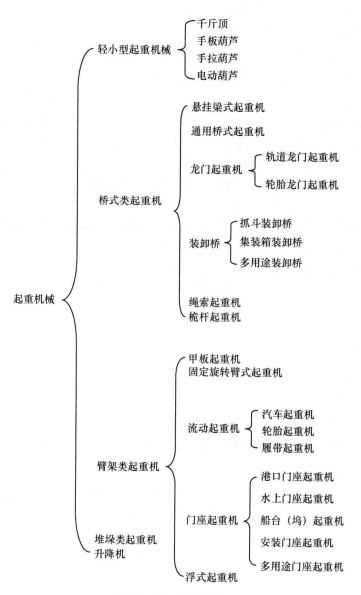

图4-1 起重机械的类型

重机视为大车运行速度。起重机小车走行速度指单位时间内起重小车走行的距离。

（3）旋转速度,指旋转式起重机的起重臂在单位时间内的旋转回数。

上述参数除旋转速度用转/分表示外,其他都用米/分表示。

4. 跨度和幅度

跨度是表示起重机吊具工作范围的参数。如桥式和门式起重机的跨度是指两根走行轨道中心线之间的距离。

幅度也是表示起重机吊具工作范围的参数。它指旋转式起重机吊钩垂直中心线至旋转轴中心线之间的水平距离。

5. 外形尺寸

外形尺寸指起重机械的最大长、宽、高尺寸。

6. 自重

自重也可用轮压表示。它是指起重机在无负载时的自身重量,或者每一走行轮所承担的重量和压力(起重机械的负载有吊索具、燃料、润滑材料、水和操作人员等)。

7. 工作制度

起重机械的工作制度是指起重机的工作时间和温度、暂载等条件。起重机按工作制度分为四种运用类型,即轻型、中型、重型、特重型。

需要说明的是,起重机械的各个机构可具有不同的工作类型,通常按起升机构的工作类型来确定整个起重机的工作类型。

二、连续运输设备

连续输送设备也称连续运输机械,是以连续的方式沿着一定的线路从装货点到卸货均匀输送货物的机械。

(一) 连续运输机械的分类

1. 按安装方式不同分

(1) 固定式输送机。固定式输送机是指整个设备固定安装在一个地方,不能再移动。它主要用于固定输送场合,如专用码头、仓库、工厂专用生产线等,具有输送量大、效率高等特点。

(2) 移动式输送机。移动式输送机是指整个设备固定安装在车轮上,可以移动,具有机动性强、利用率高和调度灵活等特点。

2. 按机械结构特点分

(1) 具有挠性牵引构件的输送机械。其工作特点是物料和货物在牵引构件的作用下,利用牵引构件的连续运动使货物向一个方向输送。常见的有带式输送机、链式输送机、斗式提升机、悬挂输送机等。

(2) 无挠性构件的输送机。其工作特点是利用工作构件的旋转运动或振动,使货物向一定方向输送。它的输送构件不具有往复循环形式。常见的有气力输送机、螺旋输送机、振动输送机等。

(二) 连续输送机械的基本性能参数

1. 生产率

生产率是指输送机械在单位时间内输送货物的质量。单位为吨/小时,它是反映输送机械工作性能的主要指标,它的大小取决于输送机械承载构件上每米长度所载物料的质量和工作速度。

2. 输送速度

输送速度是指被运输货物或物料沿输送方向的运行速度。其中,带速是指输送带或牵引带在被输送货物前进方向的运行速度;链速是指牵引链在被输送货物前进方向的运行速度;主轴速度是指传动滚筒转动或传动链轮轴的转速。

3. 充填系数

充填系数是指输送机承载件被物料或货物填满程度的系数。

4. 输送长度

输送长度是指输送机械装载点与卸载点之间的展开距离。

5. 提升高度

提升高度是指输送机械将货物或物料在垂直方向上的输送距离。

(三) 连续输送机械的作业

1. 连续输送机械的特征

连续输送机械与起重机械相比,它的特点是可以沿一定的线路不停地连续输送货物;其工作构件的装载和卸载都是在运动过程中完成的,无须车,即起制动少;被输送的散货以连续形式分布在承载构件上,输送的货物也同样按一定的次序以连续的方式移动。

2. 连续输送机械的优点

连续输送机械可采用较高的运动速度,且速度稳定;具有较高的生产率;在同样的生产率下,自重轻,外形尺寸小,成本低,驱动功率小;传动机械的零部件负荷较低,且冲击小;结构紧凑,维修容易;在工作过程中,负载均匀,所消耗的功率几乎不变。

3. 连续输送机械的缺点

它只能沿一定的线路输送,每种机型只能用于特定类型的货物,一般不适用于输送质量很大的单件物品,通用性差;大多数连续运输机械不能自行取货,因而需要配置一定的供料设备。

三、装卸搬运车辆

装卸搬运车辆是指依靠本身的运行和装卸机构的功能,实现货物的水平搬运和短距离运输、装卸的各种车辆。装卸搬运车辆机动性好、实用性强,被广泛地应用于仓库、港口、车站、货场、车间、船舱、车厢内和集装箱内作业。

(一) 装卸搬运车辆的分类

装卸搬运车辆按照作业方式不同可分为三大类,固定平台搬运车、牵引车和起升车辆。具体分类如图 4-2 所示。

按装卸搬运车辆所使用的动力进行分类,可分为电动式和内燃式。电动式搬运车辆由电动机驱动,由蓄电池供电,结构简单,操作较容易,环境污染小,维修方便;但因受电池容量的限制,驱动功率小,作业效率低,只有在对环境要求高的场合下使用。内燃式装卸搬运车辆以内燃机作为动力,结构比较复杂,维修不方便,环境污染大,但是因其车辆动率大,工作效率高,对路面的要求低,使用场合广泛。

(二) 装卸搬运车辆的基本性能参数

1. 额定载重量

额定载重量是指车辆在规定条件下正常使用时,可起升和搬运货物的最大重量。

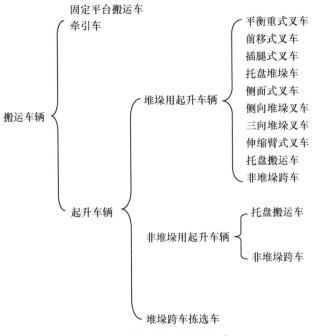

图 4-2 装卸搬运车辆的分类

2. 水平行驶速度

水平行驶速度是指车辆在平直的路面上行驶时,所能达到的最大速度。水平行驶速度的高低直接影响着车辆的作业效率。

3. 起升速度和下降速度

它们分别指车辆在一定载荷条件下,载荷装置所能上升和下降的最大速度。起升速度和下降速度的高低与搬运车辆本身的性能和制造材料有关。

4. 最小转弯半径

最小转弯半径是指车辆在空载低速行驶、打满方向盘即转向轮处于最大偏转角时,转向中心距离搬运车辆纵向中心线的距离。最小转弯半径的大小影响搬运车辆的作业的灵活性。

5. 车辆的自重

车辆的自重是指车辆空载时的总重量。

6. 搬运车辆的尺寸

搬运车辆的尺寸即搬运车辆的总长、总宽和总高。

(三) 固定平台搬运车和牵引车

1. 固定平台搬运车

固定平台搬运车是室内经常使用的短距离的搬运车辆。

2. 牵引车

牵引车是具有牵引装置,专门用于牵引载货挂车进行水平搬运的车辆。牵引车没有取物装置和载货平台,不能装卸货物,也不能单独搬运货物。它分为内燃牵引车和电动牵引车两种。

内燃牵引车一般采用经济良好的柴油机进行驱动,只有小型牵引车才采用汽油机进行驱动。

电动牵引车一般采用蓄电池和直流电动机进行驱动,主要用于室内的牵引作业。

第三节 物资装卸搬运组织

一、装卸搬运机械的选择

(一)机械选择要与物流量相吻合

在选择装卸运输机械时,由于生产发展水平的制约及作业现场物流量的需要,应力求做到机械的作业能力与现场作业量之间形成最佳的配合状态。这就是说,机械的作业能力达不到或超过这一状态点都可能形成不良后果。当机械的作业能力达不到现场作业的要求时,物流受阻;当超过现场作业的要求时,表现为生产能力过剩,机械的作用能力得不到充分发挥,超过的越多,经济损失也就越大。

影响物流现场装卸作业量的因素很多,通常有以下几个方面:

1. 吞吐量

无论是车站、码头、仓库等各种物流作业现场,吞吐量都是装卸作业量核定的最基本的因素。

2. 堆码、搬倒作业量

在装卸作业现场中,物资并非都是经过一次装卸作业就能完成入港、离港、入库、出库、入站、出站等作业的。往往由于货场的调整、保管的需要、发运的变化等因素,必须对物资进行必要的搬倒、堆码作业。堆码、搬倒的次数越多,装卸作业量也就随之增大。这部分装卸作业量当然越少、越接近于零越好。

3. 装卸作业的高峰期

由于装卸作业直接受到物资流动时的不均衡影响,导致装卸作业机械在使用上可能发生忙闲程度不同的情况。为了能适应装卸作业现场可能出现的高峰期,机械的作业能力应对此有必要且充分的准备。

(二)装卸运输机械作业发生的主要费用

1. 设备投资额

装卸机械设备投资额,是平均每年机械设备投资的总和与相应的每台机械在1年内完成装卸作业量之比。

$$C_{设} = C_{投}/365G(元/吨) \qquad (4\text{-}1)$$

式(4-1)中:

$C_{设}$——装卸机械设备投资额(元/年);

$C_{投}$——平均每年装卸机械设备的总投资(元/年);

G——装卸机械平均每日装卸作业量。

其中,$C_{投}$包括装卸机械的购置费用、机械安装费用及与机械设备直接有关的附属设备费用。即

$$C_{投} = (C_{机} + C_{装}) \cdot K_{折} + C_{附} K_{折} (元/台) \tag{4-2}$$

式(4-2)中：

$C_{机}$——装卸机械的购置费用；

$C_{装}$——装卸机械的安装费用；

$K_{折}$——各项设备的基本折旧率；

$C_{附}$——附属设备费用。此项费用包括车库、充电设备、电网、起重运行轨道等费用。

2. 装卸机械的运营费用

运营费用是指在某一种装卸机械作业现场，1 年内运营总支出和机械完成装卸量之比。

$$C_{运} = C/G_{年} (元/吨) \tag{4-3}$$

式(4-3)中：

$C_{运}$——装卸每吨货物支出的运营费用；

$G_{年}$——装卸机械年作业量；

C——1 年内运营投资总费用。此项费用包括设备维修、动力消耗、劳动力工资、照明等费用。

（1）设备维修费用。为了延长机械设备的使用年限，确保机械工作安全，不降低设备的作业效率，各项设备都需要定期进行大、中修或必要的维修保养。这部分费用即维修费用。

$$C_{修} = (C_{机} + C_{装}) \cdot (\alpha_{大} + \alpha_{中} + \alpha_{维}) + \sum C_{附} \alpha_{大} (元/年) \tag{4-4}$$

式(4-4)中：

$C_{修}$——装卸机械的维修费；

$C_{机}$——装卸机械的购置费；

$C_{装}$——装卸机械的安装费；

$C_{附}$——附属设备费用；

$\alpha_{大}$——大修折旧率；

$\alpha_{中}$——中修折旧率；

$\alpha_{维}$——日常维修、保养折旧率。它包括一、二级保养和日常养护（一般取 0.5%—20%）。

（2）劳动力工资费用。其公式表达如下：

$$C_{资} = m_{人} \cdot [12A_{基}(1 + \beta_{补} + \gamma_{奖}) + C_{保}] (元/年) \tag{4-5}$$

式(4-5)中：

$C_{资}$——工人一年劳动工资总支出；

$m_{人}$——从事物资装卸作业的工人人数；

$A_{基}$——工人的基本工资，一般按平均数计；

$\beta_{补}$——补助工资系数（包括文教、卫生、节日补贴、取暖补贴等）；

$\gamma_{奖}$——奖金系数；

$C_{保}$——每人一年的劳动保护费用。

（3）燃料和电力费用。其公式表达如下：

$$C_{燃} = 0.365 \cdot gc \cdot N_{率} K_{利} \cdot K_{损} \cdot JC \cdot T \cdot A_{燃} K_1 (元/台 \cdot 年) \tag{4-6}$$

式(4-6)中：

$C_{燃}$——每台机械一年的燃料费用;
gc——每马力耗油量(克/马力);
$N_{率}$——内燃机组功率(马力);
$K_{利}$——功率利用系数;
$K_{损}$——空转损耗系数;
JC——相对结合时间;
T——每昼夜工作时间;
$A_{燃}$——每公斤燃料单价;
K_1——时间利用系数。
0.365——换算系数(0.365 = 365/1000)

$$C_{电} = 365 W_{率} \cdot K_{利} \cdot K_{损} \cdot JC \cdot T \cdot K_1 \cdot A_{电}(元/台 \cdot 年) \quad (4-7)$$

式(4-7)中:
$C_{电}$——每台机械1年的耗电费用;
$W_{率}$——电动机组总功率(千瓦/小时);
$K_{利}$——功率利用系数;
$K_{损}$——空转损耗系数;
JC——相对结合时间;
T——每昼夜工作时间;
K_1——时间利用系数;
$A_{电}$——每度工业电费用;
365——年工作天数。

(4)照明费用。其公式表达如下:

$$C_{照} = 365 \cdot S \cdot n_0 \cdot T_0 \cdot K_{损} \cdot A_{照}(元/台 \cdot 年) \quad (4-8)$$

式(4-8)中:
$C_{照}$——每年照明费用支出;
S——照明面积;
n_0——每平方米面积需要的照明度数;
T_0——每天照明时间;
$K_{损}$——损失系数;
$A_{照}$——每度工业电费用;
365——年工作天数。

3. 装卸作业成本

装卸作业成本是指某一物流作业现场,装卸机械每装卸1吨货物所支出的费用。即每年平均设备投资支出和运营费用支出的总和与每年装卸机械作业现场完成的装卸总吨数之比:

$$C_{本} = (C_{支} + C_{运})/G_{年} \quad (4-9)$$

式(4-9)中:
$C_{本}$——装卸1吨货物的支出费用;
$C_{支}$——每年设备投资支出的费用;

$C_{运}$——每年运营的总支出费用;
$G_{年}$——装卸机械每年完成的总吨数。

(三)装卸机械的选择

1. 装卸机械的选择应满足现场作业为前提

根据物流作业现场的具体作业情况不同,可根据作业需要,选择合适的装卸机械类型。例如,在有铁路专用线的车站、仓库等,可选择门式起重机;在库房内可选择桥式起重机;在使用托盘和集装箱作业的生产条件下,可尽量选择叉车。

2. 装卸机械吨位的选择,应以现场作业量、物资特性为依据

一般来说,吞吐量较大的车站、码头、货场,应选择较大吨位的装卸机械,这样可满足在作业次数相对较少的情况下,完成较大的装卸作业量。对于体长、笨重的物资,可选择较大吨位的起重设备。对重量较轻的物资可选择相应较小吨位的机械。装卸机械吨位的具体确定,应对现场要求进行周密的计算和分析。

3. 在能完成同样作业效能的前提下,应选择性能好、节省能源、便于维修、有利于环境保护、成本较低的装卸机械

二、装卸搬运机械的配套

装卸作业往往靠一两台机械设备是不能胜任的,那么在采用几台相同设备或数台不同类型的设备协同作业时,机械设备如何做到配套合理?

(一)装卸机械在生产作业区的衔接

我们之前介绍了门式起重机等起重机械的大概情况,它们都具有各自的作业特色。门式起重机由于受到横向和纵向运行轨道的限制,其作业范围往往被限制在一定的区间内。为了能使物流顺畅地通过,各种机械就必须要相互联系、相互补充、相互衔接。

(二)装卸机械在吨位上的配套

装卸机械在作业吨位上的配套,可以使每台机械设备的能力都得到充分的发挥。这样,在单位时间里可以使装卸作业量达到最大值。在数台不同的装卸机械协同作业的时候,如有其中某个环节机械作业吨位的不协调,必然会带来整个作业过程的脱节。

(三)装卸机械在作业时间上的紧凑性

机械设备的作业时间与作业场地关系很大,一般来说,运行距离越长则时间花费得越多。要使机械设备在作业时间上配套,首先应合理安排机械的运行距离。其次,前一个装卸作业过程与后一个装卸作业过程如能满足和接近下列关系,即前一装卸机械每作业吨需要的时间与后一装卸机械每作业吨所需时间相等,即装卸速率相同,则装卸作业过程在时间上就可得到很好的衔接。例如,采用传动带进行装卸作业,其作业活动由输送带上的移动、输送带两端的装卸等三个环节组成。如果上述三个作业环节不能以同一速率进行作业,就不能达到协调和高效率。

(四)装卸机械配套的方法

1. 按装卸作业量和被装卸物资的种类进行机械配套

在确定各种机械生产能力的基础上,按每年装卸1万吨货物需要的机械台数、每台机

械所担任装卸物资的种类和每年完成装卸货物的吨数进行配套。

装卸机械配置的计算方法如下：

$$Z_配 = (\eta Q_年 - Q_地)Z_1 (台)$$

或

$$Z_配 = (\eta Q_年 - Q_地)/G_台 \quad (4\text{-}10)$$

式(4-10)中：

$Z_配$——配置装卸机械台数；

$Q_年$——年装卸总作业量；

η——某种货物占 $Q_年$ 的百分比；

$Q_地$——货主或地方单位担任的装卸量；

Z_1——每年装卸1万吨需要的机械台数；

$G_台$——1台机械每年完成的装卸作业量。

2. 运用线性规划方法，设计装卸作业机械的配套方案

运用线性规划方法是根据装卸作业现场的要求，列出数个线性不等式，并确定目标函数，然后求其最优解。

例如，以寻求物资装卸的最小费用为目标函数的设计方法，可如下所列：

$$\text{s.t.} \begin{cases} \sum_{i=1}^{n} X_i R_i \geq Q \\ \sum_{i=1}^{n} X_i T_i \leq T_e \\ \sum_{i=1}^{n} X_i U_i \leq U_e \\ X_i \geq Y \\ X_i \geq 0 \end{cases}$$

$$\text{Min} G = \sum_{i=1}^{n} G_i X_i \quad (4\text{-}11)$$

式(4-11)中：

X_i——设计方案中的各种机械设备；

R_i——各种设备的日作业量；

Q——现场要求的日最高装卸量；

T_i——各种设备的电耗定额；

T_e——现场耗电指标；

U_i——各种设备的油耗定额；

U_e——现场耗油指标；

Y——对 i 种设备的限定台数；

G_i——各种设备的作业费用。

应指出，用线性规划方法求出的各种设备的种类和台数，很可能与装卸作业现场的具体要求有一定的差距。因此，在具体设置配套机械时，可在求解的基础上作适当的、必要的调整。

3. 运用综合费用比较方法来确定装卸机械的配套方案

运用综合费用比较法的原则是先比较初步方案的作业费用，再比较初步方案的利润

情况,最后选出最佳方案。

表 4-1 中,如 $C_1 < C_2$,并且 $L_1 > L_2$,那么在方案Ⅰ、Ⅱ中,当然方案Ⅰ更好;

表 4-1 综合费用比较表

经济指标	初始方案		
	Ⅰ	Ⅱ	Ⅲ
机械年作业费用 $C_总$	$C_{总1}$	$C_{总2}$	$C_{总3}$
利润 $L = A_总 - G_总$	L_1	L_2	L_3

表中:$A_总$——仓库年度收入总额;

L——仓库年度利润总额;

$G_总$——仓库年度费用支出总额。

上表中,如 $C_{总1} < C_{总2}$,并且 $L_1 > L_2$,那么在方案Ⅰ、Ⅱ中,当然方案Ⅰ好;

如果是 $C_{总1} > C_{总2}$,但 $L_1 < L_2$,这时可比较两方案的费用比。如 $C_{总1}/C_{总2} > L_1/L_2$ 则方案Ⅰ不好;反之如 $C_{总1}/C_{总2} < L_1/L_2$,则方案Ⅰ优;

在比较初始方案时,如方案较多,可先两个一组分别进行比较,选择较好者再进行比较,直至选出最佳的方案为止。

如果是 $C_1 > C_2$,但 $L_1 < L_2$,这时可比较两方案的费用比。如 $C_1/C_2 > L_1/L_2$,则方案Ⅰ不好;反之如 $C_1/C_2 < L_1/L_2$,则方案Ⅰ优。

在比较初始方案时,如方案较多,可先两个一组分别进行比较,然后选择较好者再进行比较,直至选出最佳的方案为止。

三、装卸作业合理化措施

(一)防止和消除无效作业

所谓无效作业是指在装卸作业活动中超出必要的装卸、搬运量的作业。显然,防止和消除无效作业对装卸作业的经济效益有重要作用。为了有效地防止和消除无效作业,可从以下几个方面入手:

1. 尽量减少装卸次数

物资进入物流领域之后,常常要经过多次的装卸作业。要使装卸次数降低到最小,尤其要避免没有物流效果的装卸作业。

2. 提高被装卸物资的纯度

物资的纯度指物资中含有水分、杂质与物资本身使用无关的物质的多少。物资的纯度越高则装卸作业的有效程度越高。反之,则无效作业就会增多。

3. 包装要适宜

包装是物流中不可缺少的辅助作业手段。包装的轻型化、简单化、实用化会不同程度地减少作用于包装上的无效劳动。

(二)选择适宜的搬运路线

搬运路线通常分为直达型、渠道型和中心型,如图 4-3 所示。

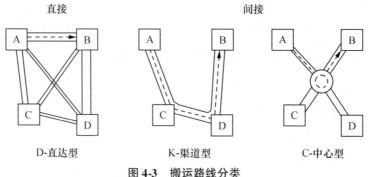

图 4-3 搬运路线分类

1. 直达型

直达型是指物料经由最近路线到达目的地。在直达型路线上，各种物料从起点到终点经过的路线最短。当物流量大、距离短或距离中等时，一般采用这种形式是最经济的，尤其当物料有一定的特殊性而时间又较紧迫时则更为有利。

2. 渠道型

渠道型是指一些物料在预定路线上移动，同来自不同地点的其他物料一起运到同一个终点。当物流量为中等或少量，而距离为中等或较长时，采用这种形式是经济的。尤其当布置是不规则且分散时则更为有利。

3. 中心型

中心型是指各种物料从起点移动到一个中心分拣处或分发地区，然后再运往终点。当物流量小而距离中等或较远时，这种形式是非常经济的。尤其当厂区外形基本上是正方形的，且管理水平较高时更为有利。

图 4-4 说明，直达型适用于距离短而物流量大的情况，渠道型或中心型适用于距离长而物流量小的情况。

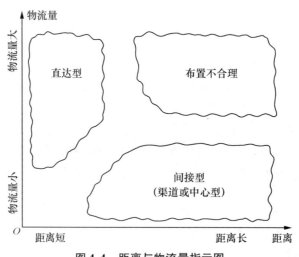

图 4-4 距离与物流量指示图

依据物料搬运的规则，若在企业内部形成的物流量大且距离又长，则说明这样的企业布置是不合理的。距离与物流量指示图有助于我们根据不同的搬运活动来确定路线系统的形式。

(三) 提高物资装卸搬运的灵活性

所谓物资装卸、搬运的灵活性,是指在装卸作业中的物资进行装卸作业的难易程度。在堆放货物时,事先要考虑到物资装卸作业的方便性。

物资装卸、搬运的灵活性,根据物资所处的状态,即物资装卸、搬运的难易程度,可分为不同的级别,如图4-5所示。

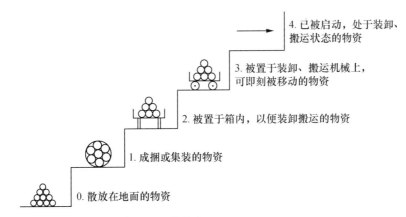

其中,0级——货物杂乱地堆在地面上的状态;
1级——物资装箱或经捆扎后的状态;
2级——装箱或被捆扎后的物资,下面放有枕木或其他衬垫,便于叉车或其他机械作业的状态;
3级——被放于台车上或用起重机吊钩钩住,即刻移动的状态;
4级——被装卸、搬运的物资,已经被启动,处于直接作业的状态。

图4-5 装卸搬运活性图

从理论上讲,活性指数越高越好,但也必须考虑到实施的可能性。例如,物资在储存阶段中,活性指数为4的输送带和活性指数为3的车辆,在一般的仓库中很少被采用,这是因为大批量的物资不可能存放在输送带和车辆上。为了说明和分析物资搬运的灵活程度,通常采用平均活性指数的方法。这个方法是对某一物流过程物资所具备的活性情况,累加后计算其平均值,用(δ)表示。δ值的大小是确定改变搬运方式的信号。如:

当$\delta<0.5$时,指所分析的搬运系统半数以上处于活性指数为0的状态,即大部分物资处于散装情况,其改进方式可采用料箱、推车等存放物资;

当$0.5<\delta<1.3$时,则是大部分物资处于集装状态,其改进方式可采用叉车和动力搬动车;

当$1.3<\delta<2.3$时,指装卸、搬运系统大多处于活性指数为2的状态,可采用单元化物资的连续装卸和运输;

当$\delta>2.7$时,则说明大部分物资处于活性指数为3的状态,其改进方法可选用拖车、机车车头拖挂的装卸搬运方式。

装卸搬运的活性分析,除了上述指数分析法外,还可采用活性分析图法。分析图法是将某一物流过程通过图示来表示出装卸、搬运的活性程度。分析图法具有明确的直观性能,使人一看就清,薄弱环节容易被发现和改进。运用活性分析图法通常分三步进行:第一步,绘制装卸搬运图;第二步,按搬运作业顺序作出物资活性指数变化图,并计算活性指数;第三步,对装卸搬运作业的缺点进行分析改进,作出改进设计图,计算改进后的活性指数。

（四）实现装卸作业的省力化

在物资装卸中应尽可能地消除重力的不利影响。在有条件的情况下利用重力进行装卸,可减轻劳动强度和能量的消耗。将设有动力的小型运输带（板）斜放在货车、卡车或站台上进行装卸,使物资在倾斜的输送带（板）上移动,这种装卸是靠重力的水平分力完成的。在搬运作业中,不用手搬,而是把物资放在台车上,由器具承担物体的重量,人们只要克服滚动阻力,使物资水平移动,这无疑是十分省力的。

利用重力式移动货架也是一种利用重力进行省力化的装卸方式之一。这种重力式货架因每层格均有一定的倾斜度,货箱或托盘可自己沿着倾斜的货架层板滑到输送机械上。为了使物资滑动的阻力越小越好,通常货架表面均处理得十分光滑。或者在货架层上装有滚轮的,也有在承重物资的货箱或托盘下装有滚轮。这样将滑动摩擦变为滚动摩擦,物资移动时所受到的阻力会更小。

（五）装卸作业的机械化

在整个物流过程中,装卸是实现机械化较为困难的环节。装卸与其他物流环节相比,其机械化水平较低。在我国,依靠人工的装卸活动还占有很大的比例。

人们从事装卸活动,首先要考虑到经济上的合理性。在整个装卸活动中,我们可以把装卸作业费用简化地看成为机械设备所花费的费用（$K_机$）和人工费用（$K_人$）两个部分。在机械正常工作的前提下,上述两种费用应符合下列曲线,如图4-6所示:

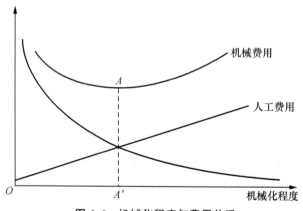

图4-6　机械化程度与费用关系

机械化水平越高,机械费用越大,而人工费用越小。在一定生产水平下,人工费用总是占有一定的比例。这样,在机械与人员的配备之间存在一个最佳的配比,即图4-6中,合成曲线A点为总费用最低值所对应的机械化程度A'。随着生产力和物流业的发展,A'点必然具有向右侧方向（即机械化程度不断提高）移动的趋势。此外,由于装卸搬运的机械化能把工人从繁重的体力劳动中解放出来,尤其对于危险品的装卸作业,机械化能保证人和货物的安全,也是装卸搬运机械化程度不断得以提高的动力。

(六)推广组合化装卸

在装卸作业过程中,根据不同物资的种类、性质、形状、重量的不同来确定不同的装卸作业方式。在物资装卸中,处理物资装卸的方法有三种:① 普通包装的物资逐个进行装卸,叫做"分块处理";② 将颗粒状物资不加小包装而原样装卸,叫做"散装处理";③ 将物资以托盘、集装箱、集装袋为单位进行组合后进行装卸,叫做"集装处理"。对于包装的物资,尽可能进行"集装处理",实现单元组合化装卸,可以充分利用机械进行操作。组合化装卸具有很多优点:① 装卸单位大、作业效率高,可节约大量装卸作业时间;② 能提高物资装卸搬运的灵活性;③ 操作单位大小一致,易于实现标准化;④ 不用手去触及各种物资,可达到保护物资的效果。

四、集装箱装卸搬运

集装箱是具有一定强度和规格,适于全天候进行储存、运输的主要集装化形式。集装箱的装卸搬运在集装箱流通中具有十分重要的地位。

(一)集装箱装卸搬运方式

1. 吊装方式

在专用集装箱码头前沿一般都配备岸边集装箱起重机械,以进行船舶的集装箱装卸作业。

完成集装箱吊装作业的集装箱起重机械一般配有集装箱吊具。集装箱通过吊具上的转锁对准集装箱顶部或底部的四个角配件孔,提取、吊运集装箱。集装箱吊具主要有固定吊具和伸缩吊具两种。固定吊具(如图4-7所示)是不可伸缩的吊具;伸缩吊具(如图4-8所示)则是为适应集装箱的尺寸可伸缩的吊具。

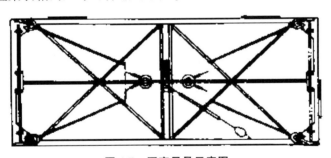

图4-7 固定吊具示意图

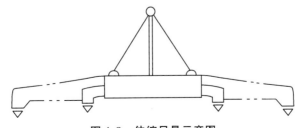

图4-8 伸缩吊具示意图

集装箱吊装方式按货场上使用的机械类型可分为跨车方式、轮胎式龙门起重机方式、轨道式龙门起重机方式和底盘车方式。

2. 滚装方式

滚装方式是将集装箱放置在底盘车(挂车)上,由牵引车拖带挂车通过与船舶门、舷门或艉门铰接的跳板,进入船舱,牵引车与挂车脱钩卸货实现装船。或者将集装箱直接码放在船舱内,船舶到港后,采用叉车和牵引列车驶入船舱,用叉车把集装箱放在挂车上,牵引列车拖带到码头货场,或者仅用叉车通过跳板装卸集装箱。

(二)岸边集装箱装卸桥

岸边集装箱装卸桥是集装箱码头前沿装卸集装箱船舶的专用起重机。它是由金属结构、机房、司机室、大车行走机构、小车行走机构、起升机构、仰俯机构、减摇装置和吊具等组成。大车沿着与岸线平行的轨道行走,起重行走小车沿桥架的轨道吊运集装箱,进行装(卸)船作业。为了便于船舶靠近码头,桥架伸出码头的前大梁可以仰俯。装卸桥上装有集装箱专用吊具。对于高速型岸边集装箱装卸桥,还装有吊具减摇装置。

(三)其他集装箱装卸搬运设备

1. 集装箱跨车

集装箱跨(运)车是在码头前沿和堆场之间搬运集装箱的专用无轴车辆。它是以门形车架跨在集装箱上,由装有集装箱吊具的液压升降系统吊起集装箱,通过车辆运行,进行搬运,并可将集装箱堆码两三层高。跨车机动性强,适用范围广,并可灵活适应作业量的变动。但集装箱跨车机构比较复杂,对操作技术要求较高,且可靠性较差。

2. 轮胎式集装箱门式起重机

轮胎式集装箱门式起重机是集装箱码头货场进行堆码作业的专用机械。它是由前后两个门形框架和左有底梁组成的门架,通过支腿支承在橡胶充气轮胎上,可在货场上直线行走,并可作90°直角转向。装有集装箱吊具的行走小车沿着门框横梁上行走,用以装卸底盘车和进行堆码、拆垛作业。小车下面有伸缩式集装箱吊具,并附吊具回转装置和减摇装置,可以迅速地进行吊装作业。轮胎式集装箱门式起重机比跨车场地利用率高,安全可靠,对司机技术要求较低。与轨道式门式起重机相比,可以方便地从一个堆场转移到另一个堆场,机械利用率高。

3. 轨道式门式起重机

轨道式门式起重机是集装箱堆场进行装卸、搬运、堆码作业的专用机械。它由两个Ⅱ型门架、两根上端梁和两根横梁组成。端梁和横梁把Ⅱ型门架连接成一个空间金属框架。四个支腿分别通过平横梁支承在行走轮台车上,台车在固定的轨道上行走。

4. 集装箱牵引车和挂车

集装箱牵引车和挂车用于港口码头、铁路货站与集装箱堆场之间的运输。它还适用于码头、货站到用户的"门对门"运输。集装箱牵引车和挂车与集装箱起重机配合使用,搬运方便,疏运能力强。

集装箱挂车按照拖拉方式可分为半拖挂式、全拖挂式和双拖挂式等。半拖挂式的挂车和载货重量的一部分由牵引车直接支承,牵引能力大,车身短,便于转向和倒车,适用最广。全拖挂式是通过牵引杆架与挂车连接,牵引车本身亦可作为普通货车单独使用,挂车由车轮独立支承,可以与牵引式普通货车配合使用。全拖挂车车身较长,转向、倒车不甚方便,牵引力利用较差。双拖挂车是用牵引车拖带半挂车和全挂车各一辆,可同时运输两个20英尺集装箱。

5. 集装箱叉车

集装箱叉车是一种大型平衡重式叉车,是集装箱码头和堆场的常用设备。它主要用在集装箱吞吐量不大的综合性码头和堆场。它的优点是既可以堆码集装箱,又可以作短距离的运输。它的缺点是直角堆码通道宽度要在14米以上,因而影响堆场的面积利用率。此外,其轮压大,对路面的承载能力要求高。

▶ 课外阅读

自动搬运车

自动搬运车(automated guided vehicle,AGV)系统是当今柔性制造系统和自动化仓储系统中物流的有效手段。自动搬运车系统的核心设备是自动搬运车。

作为一种无人驾驶的工业搬运车辆,AGV在20世纪50年代即得到了应用。它一般用蓄电池作为动力,载重量从几公斤到上百吨,工作场地可以是仓库、车间,也可以是港口、码头。

现代的AGV都是由计算机控制的,车上装有微处理器。多数的AGV配有系统集中控制与管理计算机,用于对作业过程进行优化,发出搬运指令,跟踪传送中的构件及控制AGV的路线。AGV的引导方式主要有电磁感应引导、激光引导等方式,其中以激光引导方式发展较快。

电磁感应引导是利用低频引导电缆形成的电磁场及电磁传感装置引导AGV运行。其基本工作原理是,交变电流流过电缆时,在电缆周围产生电磁场,离导线越近则磁场强度越大,越远其则磁场强度越弱。通过感应线圈的电磁场在线圈两端感应出电压,这一电压与磁场强度成正比。当电缆处于线圈中间时,左右线圈的电压相等,转向信号为零。当引导天线偏向引导电缆的任一侧时,一侧线圈电压升高,另一侧的电压降低,两个感应线圈的电位差就是操纵AGV转向的信号,从而控制转向电机来校正AGV的运行方向。这种电磁感应引导的搬运车可以在无人监督的情况下完成物资的搬运,人只要在第一次搬运时引导搬运车完成一次学习,搬运车就会自动完成剩下的任务。

激光引导的工作原理是,利用安装在AGV上的激光扫描器识别设置在其活动范围内的若干个定位标志来确定其坐标位置,从而引导AGV运行,这种工作方式属于导航式引导。激光扫描器一般安装在AGV的较高位置,便于各定位标志与激光扫描器较好地呼应,并通过系统的串行口与AGV的控制板连接。定位标志是由高反光材料制成,固定在沿途的墙壁或支柱上。激光扫描器利用脉冲激光器发出激光并通过一个内部反射镜以一定的转速旋转,对周围进行扫描,测出每个定位标志的距离和角度,计算出AGV的X、Y坐标,从而引导AGV按照预先设定的路线运行。

随着传感技术和信息技术的发展，AGV 也在向智能化方向发展，因此 AGV 又被称为智能搬运车。而智能化技术的应用一定会将 AGV 推向一个更广阔的发展境地。

（资料来源：原文详见 http://tech.163.com/04/1105/15/14EENSRK0009rt.html，有删减。）

思考题

名词解释

装卸　　　　　搬运　　　　　单件作业法　　　集装作业法
间歇作业法　　连续作业法　　自动导引搬运车　装卸搬运的活性

问答题

1. 请说明装卸搬运的概念和装卸搬运的特点。
2. 装卸搬运有哪些方法？
3. 简述装卸搬运机械的分类。
4. 起重机械的基本性能参数都包括哪些？各自的含义是什么？
5. 连续运输机械的基本性能参数包括哪些？各自的含义是什么？
6. 装卸搬运车辆的基本性能参数包括哪些？各自的含义是什么？
7. 简述主要的装卸搬运机械的工作特征。
8. 装卸搬运机械的选择应从哪些方面考虑？
9. 装卸机械配套的方法有哪些？各是如何操作的？
10. 何为物资装卸、搬运的灵活性？灵活性的级别是如何划分的？
11. 请阐述装卸作业合理化措施。
12. 简述集装箱装卸搬运的机械和设备。
13. 请说明集装箱装卸搬运方式。
14. 岸边集装箱装卸桥的主要技术参数有哪些？各是什么含义？

21世纪经济与管理规划教材

物流管理系列

第五章

仓储管理与储存技术

学习目的

掌握两个中心:其一,以维持物资使用价值的储存保管、保养活动为中心的管理活动和技术措施;其二,以物资储存数量为中心的库存控制。

技能要求

掌握库存的概念及仓库的分类;全面认识自有仓库仓储与公共仓库仓储、仓库布局技术、物资检验技术、物资堆码苫垫技术、库房温湿度控制技术等;深刻认识库存控制技术;加强对现代物流中心的认识、掌握自动化仓库的概念和分类、了解自动化仓库出入库作业过程。

物资的储存和运输是整个物流过程中的两个关键环节,被人们称为"物流的支柱"。

第一节 储存概述

一、库存的类型

库存指"储存作为今后按预期的目的使用而处于闲置或非生产状态的物品。广义的库存还包括处于制造加工状态和运输状态的物品"(GB/T 18354-2006)。

从不同的角度可以将库存进行不同的分类:

(一) 按库存在再生产过程中所处的领域进行分类

1. 制造库存

制造库存是制造企业为了满足生产消耗的需要,保证生产的连续性和节奏性而建立的储备。其中,按库存的用途可分为原材料、材料、工具、零件、设备、半成品、产成品库存等。

2. 流通库存

流通储存是为了满足生产和生活消费的需要,补充制造和生活消费储备的不足而建立的库存。它包括批发商、零售商为了保证供应和销售而建立的商品库存,以及在车站、码头、港口、机场中等待中转运输和正在运输过程中的物资和商品。

3. 国家储备

国家储备是流通储存的一种形式,是国家为了应对自然灾害、战争和其他意外事件而建立的长期后备,是国民经济动员中的重要组成,如石油储备、粮食储备等。

(二) 按库存在企业中的用途进行分类

1. 原材料库存

原材料库存是指企业通过采购和其他方式取得的用于制造产品并构成产品实体的物品,以及供生产消耗但不构成产品实体的辅助材料、修理用备件、燃料和外购半成品等,是用于支持企业内制造或装配过程的库存。

2. 在制品库存

在制品库存是指已经过一定生产过程,但尚未全部完工、在销售以前还要进一步加工的中间产品和正在加工中的产品。在制品库存之所以存在是因为生产一件产品需要时间(称为循环时间)。

3. 维护/维修/作业用品库存

维护/维修/作业用品库存是指用于维护和维修设备而储存的配件、零件、材料等。

4. 包装物和低值易耗品库存

包装物和低值易耗品库存是指企业为了包装本企业产品而储备的各种包装容器和由于价值低、易损耗等原因而不能作为固定资产的各种劳动资料的储备。

5. 产成品库存

产成品库存是已经完成制造过程、等待装运,可以对外销售的制成品的库存。

(三) 按照企业库存的目的进行分类

1. 周转库存

周转库存又称经常库存,是指在正常的经营环境下,企业为满足日常需要而建立的库存。即在前后两批货物正常到达期之间,提供生产经营需要的储备。

2. 保险库存

保险库存又称安全库存,是指用于防止和减少因订货期间需求率增长或到货期延误所引起的缺货而设置的储备。保险储备对作业失误和发生随机事件起着预防和缓冲作用,它是一项以备不时之需的存货。

3. 战略库存

战略库存是指企业为整个供应链系统的稳定运行(如在淡季仍然安排供应商继续生产,使供应商维持生产线的生产能力和技术水平)而持有的库存。战略库存虽然会导致库存持有成本有较大幅度的增长,但从整个供应链的运作成本来看却是经济可行的。

二、仓库的分类

仓储是"利用仓库及相关设备进行物品的入库、存贮、出库的活动"(GB/T 18354-2006)。仓库是储存物资的场所。仓库按照不同的特征和标志,形成了仓库的不同分类:

(一) 按照储存物资的不同保管条件分类

1. 普通仓库

它指储存一些在保管上没有特殊要求的物资的仓库。

2. 保温仓库

它指仓库里设有采暖设备,能使库房保持一定温度的仓库。

3. 恒温恒湿仓库

它指能使库房保持一定温度和湿度的仓库。

4. 冷藏仓库

它指库房内能保持一定低温的仓库。

5. 特种仓库

它指用以存放易燃、易爆、有毒、有腐蚀性等一些对人体或建筑物有一定危害的物资的仓库。

(二) 按仓库的建筑类型分类

1. 平库

它一般为砖木结构的平房式仓库。

2. 楼库

它指两层或两层以上的楼房式仓库。

3. 筒仓库

它指以储存散装颗粒和液体物资为主的储罐类的仓库。

4. 高层货架仓库

它指建筑结构以高层货架为储存物资方式的仓库。

三、自有仓库仓储与公共仓库仓储

（一）自有仓库仓储

1. 自有仓库仓储的优势

（1）更大程度地控制仓储。由于企业对自有仓库拥有所有权，所以企业作为货主能够对仓储实行更大程度的控制。这种控制使企业易于将仓储的功能与企业的整个分销系统进行协调。

（2）自有仓储更具灵活性。企业可以按照企业要求和产品的特点对仓库进行设计与布局。高度专业化的产品往往需要专业的保管和搬运技术，而公共仓储难以满足这种要求。

（3）长期仓储时，自有仓储的成本低于公共仓储。如果自有仓库得到长期的、大规模的充分利用，货物的仓储成本会得到降低，这也是一种规模经济的表现。

2. 自有仓库仓储的缺陷

（1）局限性。自有仓库固定的容量和成本使得企业的一部分资金被长期占用，无论企业对仓储空间的需求如何，自有仓库的容量是固定的，不会随着需求的增加或减少而扩大或减小。当企业对仓储空间的需求减少时，仍须承担自有仓库中未利用部分的成本；而当企业对仓储空间有额外需求时，自有仓库却无法满足。此外，自有仓库还存在位置和结构的局限性，如果企业只能使用自有仓库，则会由于市场的大小、市场的位置和客户的偏好经常变化，企业适应这种变化的能力较差，因而会失去许多商业机会。

（2）投资风险大。由于自有仓库的成本高，许多企业因资金问题而难以设立自有仓库。自有仓库仓储是一项长期且有风险的投资，同时因其专业性而难以出售。

（二）公共仓库仓储

企业通常可以委托营业性服务的公共仓库进行物资的储存。

1. 使用公共仓库进行仓储活动的优势

（1）企业不需要资本投资。公共仓储不要求企业对其设施和设备作任何投资，企业只需支付相对较少的租金即可得到仓储服务。利用公共仓储，企业可以避免资本投资和财务风险。

（2）满足企业在不同情况下对仓储空间的需求。大多数企业由于产品的季节性、促销活动或其他原因而导致存货水平变化，利用公共仓储，则没有仓库容量的限制，从而能够满足企业在不同时期对仓储空间的需求，尤其是库存高峰时大量额外的库存需求。同时，使用公共仓储的成本将直接随着储存货物数量的变化而变动，从而便于管理者控制成本。

（3）使用公共仓储可以避免管理上的困难。仓库管理既需要有一批管理经验的工作人员，还需要一系列管理手段和技术，尤其是对于特殊产品的储存要求更高。使用公共仓储则可以避免管理上的困难。

（4）公共仓储的规模效益可以使货主仓储成本降低。公共仓储会产生自有仓储难以达到的规模效益。由于公共仓储为众多企业保管大量库存,因此,与自有仓储相比,仓库的利用率提高,存货的单位储存成本降低;另外,公共仓储能够采用更加有效的物料搬运设备,从而提供更好的服务。公共仓储的规模效益还体现在能仓库组织大批量运输、降低运输成本上。

(5) 使用公共仓储时企业的经营活动更加灵活。如果企业自己拥有仓库,那么当库存的位置需要发生变化时,原来的仓库就变成了企业的负担。当市场、运输方式、产品销售或企业财务状况发生变化时,使用公共仓储的企业能灵活地改变委托仓库方。

2. 使用公共仓库进行仓储活动的缺陷

(1) 企业对公共仓库中的库存难以控制。在控制库存方面,使用公共仓库将比使用自有仓库难以控制而承担更大的风险。

(2) 增加包装成本。公共仓库中存储了各种不同种类的货物,而各种不同性质的货物有可能互相影响。因此,企业使用公共仓库时必须对货物进行保护性包装,从而增加包装成本。

(三) 自建仓库仓储或租赁公共仓库仓储的成本分析

自建仓库仓储和租赁公共仓库仓储各有优势,企业决策的依据是仓储的总成本最低,如图 5-1 所示。租赁公共仓库的成本只包含可变成本,而自建仓库的成本结构中还存在固定成本。

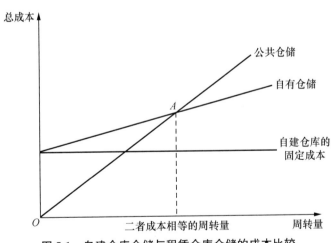

图 5-1 自建仓库仓储与租赁仓库仓储的成本比较

一个企业是自建仓库还是租赁公共仓库需要考虑以下因素:

1. 周转量

由于自建仓库的固定成本相对较高,而且与使用程度无关,所以必须有大量存货来分摊这些成本,使自有仓储的平均成本低于公共仓储的平均成本。因此,如果存货周转量较高,自有仓储更经济。反之,选择公共仓储更为明智。

2. 需求的稳定性

需求的稳定性是自建仓库的一个关键因素。许多厂商具有多种产品线,使仓库具有稳定的周转量,因此自有仓储的运作更为经济。

3. 市场密度

市场密度较大或供应商相对集中,有利于自建仓库。这是因为零担运输费率相对较高,经自有仓库拼箱后,整车装运的运费率会大大降低。相反,市场密度较低,则在不同地方使用几个公共仓库要比一个自有仓库更经济。

4. 管理水平

自建仓库通常是企业的一个附属部门,其管理水平一般相对较低;而公共仓库属于专业的仓库管理机构,它们既具有较先进的仓储设施,而且更具备高水平的管理技术。从直接管理费用和管理所带来的经济效果来观察,租赁公共仓库比自建仓库的综合效益更佳。

第二节 储存技术

一、仓库布局技术

我们这里所要讨论的仓库布局指仓库区域内各种作业设施的合理布置问题。

(一) 仓库内部区域的规划

仓库内部区域一般可划分为生产作业区和辅助作业区。生产作业区是仓库的主体,是用以储存、检验、装卸物资的场所,包括库房、货场、货棚、站台、磅房、检验室和铁路、公路等。辅助作业区包括两部分:其一是为物资的储存保管业务进行生产服务的设施,如车房、配电室、油库、材料库、维修车间等;其二是为仓库提供生活服务和业务管理的设施,如宿舍、食堂、文化娱乐场所和办公室等。

(二) 分区分类规划的方法

分区分类规划是指按照库存物品的性质(理化性质或使用方向)划分出类别,根据各类物品储存量的计划任务,结合各种库房、货场、起重运输设备的具体条件,确定出各库房和货场的分类储存方案。

1. 按库存物品理化性质不同进行规划

按照库存物品的理化性质进行分类分区,如化工品区、金属材料区、冷藏品区、危险品区等。

2. 按库存物品的使用方向或按货主不同进行规划

在仓库中,经常出现同样的物品却分属不同的客户。在这种情况下,就需要根据物品的所有权关系来进行分区分类管理,以便于仓库发货或货主提货。

3. 混合货位规划

由于按库存物品理化性质不同进行规划和按库存物品的使用方向或按货主不同进行规划都有明显的优势和缺点。因此,通用物品多按理化性质分类保管,专用物品则按使用方向分类保管,这就是所谓的混合货位规划。

(三) 货位布置方式

1. 垂直或平行的布置方式

传统的仓库货位布置方式一般采用"垂直或平行"的布置,常见的有:① 横列式,这是将货位或货架的长边与主作业通道形成垂直关系的布置方式;② 纵列式,这是将货位或货架的长边与主作业通道形成平行关系的布置方式;③ 混合式,这是货位或货架的长边与主作业通道既存在垂直关系,也存在平行关系的布置方式。

2. 倾斜式布局

所谓倾斜式布局是指货位或货架的长边与主作业通道形成非垂直关系或平行关系的布置方式,如图 5-2 所示。采用倾斜式布局对叉车作业较为有利。

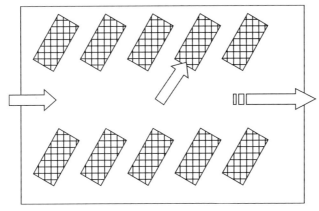

图 5-2　倾斜式布局

3. 按收发状态的库内布局

按物资收发状态进行库房内的布置规划,也称为 ABC 动态布局法。

ABC 动态布局法是一种科学的管理方法。其原理在于,在任何复杂的经济工作中,都存在"关键的少数和一般的多数"这样一种规律。在一个系统中,关键的少数可对系统具有决定性的影响,而其余多数影响较小或者没有多大影响。这样如果将工作重点主要用于解决那些具有决定性影响的少数重点上,比不分轻重缓急、平均对待,其效果显然要好得多。ABC 动态布局法,就是根据这种思想,通过分析,找出重点(即关键少数),并确定与之相适应的管理方法。

按物资收发状态的库内布局,是以物资出入库频繁程度不同的差异,对出入库物资进行 ABC 分析,并根据分析结果对库存物资进行合理安排。

按物资收发状态进行库内布局的操作方法有如下步骤:

第一,收集数据。对一定时期内物资出入库流转情况、出入库动态的数据进行收集工作。例如,某金属材料库房在 1995 年分类物资吞吐量的数据收集如下:扁钢 700 吨、槽钢 420 吨、方钢 1 400 吨、线材 4 900 吨、工字钢 560 吨、螺纹钢 3 500 吨、角钢 2 100 吨、其他类型钢 420 吨。

第二,数据处理。收集的数据资料开始往往是杂乱无章的,因而要进行整理。可对上述数据进行从大到小的排序,其排序结果可反映在统计表中。

第三,制作 ABC 分析表。ABC 分析表(也称物资出入库品种统计表)由序号、品种、数量、累计百分数等栏目组成。具体情况如表 5-1 所示。在数量栏目中,按吞吐量大小顺序排列,并计算吞吐总量。在累计百分数栏目中,分别计算出各种物资吞吐量占总吞吐量的百分数,并进行累加。0—75%所包含的物资品种定为 A 类;75%—90%的定为 B 类,其余 90%—100% 定为 C 类。

表 5-1 ABC 分析表

序号	品种	数量/吨	累计百分数/%
1	线材	4 900	35
2	螺纹钢	3 500	60
3	角钢	2 100	75
4	方钢	1 400	85
5	扁钢	700	90
6	工字钢	560	94
7	槽钢	420	97
8	其他型钢	420	100
总计		14 000	

第四,绘制 ABC 分析图。以物资收发数量的比例关系为纵坐标,以物资的品种序号为横坐标,按 ABC 分析表中的内容,画出 IQ 曲线(item quantity curve),并在 ABC 分析图上标明 A、B、C 代表的品种,如图 5-3 所示。

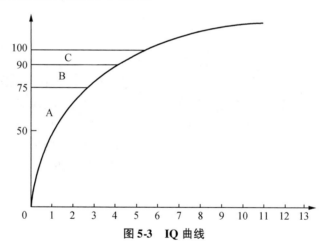

图 5-3 IQ 曲线

第五,库内布局。物资在仓库内入库和出库的流向有三种类型,即 I 型、L 型和 U 型,如图 5-4 所示。根据 ABC 分析图,将属于 A、B、C 不同类别的物资,按顺序分别配置在库房的出口处和出入库作业方便处,以便经常收发方便,并缩短运输距离。

图 5-4 ABC 库内布局图

（四）统一编号、四号定位

在品种、数量很多和进出库频繁的仓库里，保管人员必须正确掌握每种货物的存放位置。货位编号就是根据不同库房条件、货物类别，作出统一编号，以达到"标志明显易找、编排循规有序"的目的。

四号定位是将库房、货架、层数、货位号四者按规律编号，并同账面统一起来的规划方法。这样的编号方法可使实物与账面保持一致性，从而见物知账、见账知物。四号定位用于货场上、料棚中，可用货区号、点号、排号、位号定位。

二、物资检验技术

物资的检验工作贯穿于储存全过程。如物资的入库时的检验、保管期间的抽验、发货阶段的复验、盘点检查中的查验等。

（一）计量设备及应用

1. 常用计量设备的种类

常用的计量设备有以下几种：

（1）天平。天平用于称量范围小、计量精度要求高的物品，如贵金属，单位一般用"克"或"毫克"。

（2）案秤。案秤有等臂式和不等臂式两种。所谓等臂式是指秤杆的支点位于重点和力点中间，两力臂相等，因此所秤物重应与秤砣重量相等；不等臂式指秤杆支点不位于重点和力点中间，而是靠近重点一端，施于短臂上的重力矩与施于长臂上的秤砣的重力矩相互平衡等量。案秤准确度较高，但称量范围较小。

（3）台秤。它是一种不等臂衡器。由于物重与秤砣重量之比，也是短臂与长臂之比的比值，分别为10、100、1 000等，故不等臂台秤在结构上可分为十比秤、百比秤、千比秤等。

（4）汽车衡。它是一种地下磅秤，是将磅秤的台面安装在汽车道路面同一水平上，以便进出的运货车辆通过时，迅速称重。

（5）轨道衡。它是大型有轨式地下磅秤。载重车辆在轨道上称出毛重，减去车皮重，即可得出所装物资的净重。

2. 自动称量设备

自动称量设备即为物资在装卸时能自动呈现出物资数量的一种装置。自动称重设备通常悬挂在起重机吊臂之下、被起重货物之上。在物资装卸作业时，启动称量装置的仪表便自动显示出物资的重量。运用自动称量装置可以省去一般衡器检斤所发生的装卸、搬运劳动，对提高工效、减小劳动强度具有重要意义。常用的自动称量设备有液压秤、电子秤和电子汽车衡等。

（二）物资质量检验

物资的物理、化学试验，是在专业理化试验室进行的。试验室的设备取决于待验物资的品种、价值和使用的重要性。物资理化性能检验用的设备主要有：

（1）金相组织观察用的显微镜；

（2）材料力学试验用的各种试验机，如拉力试验机、压力试验机、弯曲试验机、剪切试验机、扭曲试验机、冲击试验机、硬度试验机、疲劳试验机、蠕变试验机、磨耗试验机等；

（3）无损探伤仪，如超声波和磁性探伤仪等；

（4）电气性能的测量仪表，如电压、电流、电阻测定仪表等；

（5）化学试验方面有化学元素的定量分析仪器，如定量色谱分析仪；

（6）其他理化性能试验的辅助设备，如热处理炉等。

（三）物资的盘点和检查

1. 物资的保管损耗

物资在储存过程中，因其本身的性质、自然条件的影响都可能造成重量的损失，被称为物资的自然损耗。所谓物资的保管损耗是指在一定时期内，保管某种物资所允许发生的自然损耗（一般用保管损耗率表示）。如物资在储存过程中由于本身性质、包装情况、运输工具、技术操作等关系造成的物资的挥发、升华、飞散、风化、潮解、漏损，或换装、倒桶等发生的自然减量等。

2. 物资的盘点

物资的盘点是为了能及时掌握库存物资的变化情况，避免发生短缺和长期积压，保证卡、账、物相符的重要手段。

盘点检查的内容包括查规格、点数量、查质量、查有无超过保管期或长期积压情况、查保管条件、查安全等。

常见的盘点形式主要有：

（1）动态盘点，又称永续盘点，即保管员每天对有收发状态的物资盘点一次，以便及时发现问题，防止出现收发差错；

（2）循环盘点，即保管员对自己所保管的物资，根据其性质特点，分轻重缓急，作出月盘点计划，然后按计划逐日轮番盘点；

（3）定期盘点，即指在月末、季末、年中及年末按计划进行的对物资的全面清查；

（4）重点盘点，即指根据季节变化或工作需要，为某种特定目的而进行的盘点工作。

3. 检查

检查工作主要包括：检查物品保管条件是否满足要求，检查物品质量的变化动态，检查各种安全防护措施是否落实，消防设备是否正常等。

三、物资堆码苫垫技术

（一）物资堆垛技术

由于物资性质的不同，外观多种多样，因此，堆码时就形成了各种不同的垛形。最常见的堆码方法有以下五种。

1. 重叠式堆码

它是逐件逐层地向上重叠码高，特点是货垛各层的排列方法一致。

2. 纵横交错式堆码

对于狭长且长短规格一致的物资或其包装箱体，将上一层物资横放在下一层物资上面，纵横交错地上码，形成方形垛。

3. 仰伏相间式堆码

它是一层仰放、一层伏放,仰伏相间相扣,使堆垛稳固;也可伏放几层再仰放一层或仰伏相间成组。

4. 衬垫式堆码

它是在每层或每隔两层物资之间夹进衬垫物(如木板),使货垛的横断面平整,物资间互相牵制,增强了货垛的稳定性。此方法适用于四方整齐的裸体物资。

5. 压缝式堆码

它是将垛底排列成正方形、长方形或环形,然后沿脊背压缝上码。

除上述介绍的码垛类型外,还有许多其他垛形。如通风式,码成的货垛中间含有空隙,有利于通风,木材常使用这种堆垛方法。

在物资堆码作业中,常常运用"五五化"方法。所谓"五五化",即以五为基本计算单位,根据物资的不同形状,码成各种垛形,其总数均是五的倍数。五五化只提出了数量的控制,并没有垛形的限制。凡适合五五化的垛形均可考虑采用。

(二)货架储存技术

货架是在仓库中被广泛应用的一种储存设备。货架的种类很多,其储存技术也在不断发展。

1. 通用货架

通用货架是指可适于存放多种形状物资、使用范围较大的货架。

(1)层架。它是仓库使用最广泛的货架形式,由框架和层板构成,具有结构简单、适用性强、便于收发作业等优点。

(2)层格架。在层架的基础上,每层用隔板分成若干个格。其间隔大小视存放的物资形状而定。

(3)抽屉式和柜式货架。这两种均为封闭式货架。其结构与层格架相似,只是在层格中的抽屉式外面装有柜门密封。由于这类货架封闭性能好,多用于存放精密仪器等。

上述几种货架一般所存放的物资都限于体积较小的。对于一些较笨重的长型材料,如金属型材、管材等,常选用下列一些长型物资货架:

(1)U型架。因其形状呈U形而得名,这是一种最简单的上开式货架。

(2)栅架。栅架也是上开式货架,有固定式和活动式两种。一般采用铁木结构。

(3)悬臂架。它是一种边开式货架,分有单面和双面两种。使用单面时,一面应靠仓库墙壁。仓库多采用双面式,这种货架可用来储存各种中、小型长型金属材料。

除上述通用货架外,还有一些适应某些特殊形状物资或性能要求的特殊货架,如存放汽车轮胎的轮胎架及存放气体钢瓶的钢筒架等。

2. 几种新型货架

(1)调节式货架。根据货架调节部位不同,又分为层架调节货架和单元调节货架。层架调节货架在其外形结构不变的情况下,可根据储存物的外形尺寸,调整货架的层距。

(2)装配式货架,又称为组合式货架。它是用货架标准配件,如立柱、搁板、联结板,根据需要组装成各种规格的货架。

(3)转动式货架。这种货架外形呈圆筒状,每一层皆能围绕主轴转动故称为转动式货架。每组货架都由轨道、货架、托盘(货盘等容器)、驱动装置及控制装置等组成。

(4) 活动货架,也称为移动式货架。在货架的底部装上轮子,用人力或电力驱动,使之沿着轨道方向移动。

(5) 高层货架。它是与高层自动化仓库相配合使用的货架。其特点是储存的物资要求单元化,它的高度一般在五米以上,高的可达十几米,甚至二十几米。

(三) 物资苫盖衬垫技术

1. 物资的苫盖

在露天货场存放物资时,为防止受雨淋、风雪及日光曝晒等危害,垛上需加适当的苫盖物,这就是物资的苫盖。

仓库中常用的苫盖物有芦席、油毡、油布、苫布、铁皮等。无论使用何种苫盖物,苫顶都应平整,防止雨后积水;应注意垛底的垫木、石墩不要露在苫盖物外面,以防止雨水渗入垛内。同时,苫盖物下端应保证通风的空隙,以利于空气流通。

许多仓库中使用的活动料棚,不仅可以迅速地对物资进行苫盖,而且通风好,便于机械装卸作业。

2. 物资的衬垫

在物资堆垛时,按照垛形的尺寸和负重情况,先在垛底放上适当的衬垫物,这种方法即为衬垫。衬垫的目的在于减少地面潮气对物资的影响,使物资与地面互有间隔,有利于垛底的通风。

衬垫物的种类很多,最普遍的是枕木、垫板、水泥块、石墩等。无论采用什么衬垫物,都应注意放平,并注意保护地坪。露天场地的地面一定要平整夯实,防止堆码后发生地面下沉和倒垛事故。

四、库房温湿度控制技术

各种物资按其内在特性,各要求有其适应的温湿度范围。如果库房内温湿度超过这个范围,就会引起或加速物资的质量变化。

(一) 温湿度变化的观测

温湿度的观测是了解温湿度的主要方法。一般采用干湿球温度计、毛发湿度表、电子湿度表等。

为了准确地测定库房的湿度,通常要根据库房面积的大小、物资性质特点及季节气候情况,适当确定安置温湿度计的地方和数量。观测一般每日上下午各 1 次,并将记录结果作为调节库房温湿度的依据和研究温湿度变化规律的可靠资料。

(二) 仓库温湿度控制和调节方法

当仓库内的温湿度适合物资的保管时,人们要力图保持这种有利的环境;当环境不适合物资储存保管时,就要考虑调节库房温湿度。

1. 通风

通风是根据空气的流动规律,有计划地组织库内外空气的交换,以达到调节库内温湿度的目的。通风操作简单,对降低库内温湿度都可以起到一定的效果,同时还可以排除库房内的污浊空气。

2. 吸潮

吸潮是利用吸潮设备或吸潮剂吸附空气中的水蒸气,以达到降低空气湿度的目的。

3. 密封

密封是指采用一定的方式将物资尽可能地封闭起来,防止或减弱外界空气的不良影响,以达到安全保管的目的。

五、库存控制技术

库存控制技术是将库存量控制到最佳的数量,并获取期望的供给保障,通常是以经济、合理为目标的决策技术。

(一) 库存控制的基本内涵

库存控制是以控制库存为目的的相关方法、手段、技术、管理及操作过程的总和。

1. 需求

存储是为了满足未来的需求,随着需求的被满足,存储量就减少。需求可能是间断的,也可能是连续发生的。需求可以是确定的,也可以是随机的。

2. 补充

由于需求的发生,库存量不断减少,为保证未来的需求,必须及时补充库存物品。补充相当于存储系统的输入。

3. 费用分析

在存储理论中,一个存储决策,通常是指决定在什么时候对存储系统进行补充,以及补充多少库存量。在众多的存储决策中,评价一项决策的优劣所采用的一般标准是该决策所耗用的平均费用。存储模型中经常考虑的费用包括订货费、生产费、存储费和缺货损失费。

由于库存成本在企业总成本中占有相当大的比重,因此控制和保持库存是每个企业所面临的现实问题,而且对于企业物流整体功能的发挥有着非常重要的作用。

传统的库存管理任务涉及两个基本问题:订货多少和何时订货。通过简单的计算,管理者可以很容易地作出决策。但是在当前的企业环境中,库存管理的任务变得越来越复杂,库存管理的方法也越来越多,库存决策也变得更加复杂。在管理实践中,管理者需要根据企业的具体情况来选择适当的库存管理方法以提高企业物流系统的效率。无论企业选择什么样的库存管理方法,使总成本最小化是库存管理的关键。

(二) 库存控制要素

在库存控制中,起决定作用或较大作用的要素主要有以下五个。

1. 企业的选址和选产

企业的选址和选产是库存控制系统中决定库存控制结果的最初要素。在规划一个企业时,企业的选址对未来控制库存水平的关系极大,如果企业远离原材料产地而运输条件又差,则库存水平将很难控制到低水平,库存的稳定性也很难保持。

企业产品的决策本身也是库存控制的一个影响因素,由于产品决策脱离该地库存控制的可能,而导致产品失败的例子不胜枚举。企业选址和选产是库存对象对供应条件的选择,即该供应条件是否能保证或满足某种方式的控制。

2. 订货批次和订货数量

对于一个企业而言,库存控制是建立在一定要求的输出前提下,因此,需要对输入进行调整。输入的调整依赖于订货,因而,订货与库存控制关系十分密切。订货批次和订货数量是决定库存水平的重要因素,不少企业把库存控制转化为订货控制,以解决库存问题。

3. 运输的保障

运输是库存控制的一个外部影响要素,有时候库存控制不能达到预期目标并不是控制本身或订货的问题,而是运输的提前或延误。运输提前一下子提高了库存水平,延误则使库存水平下降甚至会出现失控状态。

4. 信息

信息要素主要表现在库存控制过程中,信息的采集、传递、监控、反馈等。

5. 管理

库存控制系统并不是仅靠一条流水线或一种高新技术工艺等硬件系统就能支撑的,而是通过全过程的管理实现的。

(三) 库存控制的影响因素

库存控制是受许多环境条件制约的,库存控制系统内部也存在"交替损益"的现象,这些制约因素可以影响控制效果,乃至决定控制的成败。库存控制的影响因素主要有需求的不确定性、订货周期的不确定性、运输的不稳定和不确定性、资金的暂缺和周转不畅、管理水平达不到控制的要求,以及价格和成本的制约。

(四) 库存成本

库存成本是物流总成本的一个重要组成部分,库存成本的高低常常取决于库存管理成本的大小。合理的库存水平直接影响着客户服务水平。库存成本主要包括以下四个方面。

1. 库存持有成本

库存持有成本是指为保持库存而发生的成本,它可以分为固定成本和变动成本。固定成本与库存数量的多少无关,如仓库折旧、仓库人员的固定工资等;变动成本与库存数量的多少有关,如库存占用资金的应计利息、破损和变质损失、保险费等。

2. 订货成本

订货成本是指企业向外部的供应商发出采购订单的成本,包括处理订货的差旅费、邮资、通信费等支出。订货成本中有一部分是与订货次数无关的,如常设采购机构的基本开支等,称为订货的固定成本;另一部分与订货次数有关,如差旅费、邮资等,称为订货的变动成本。

3. 缺货成本

缺货成本是指由于库存供应中断而造成的损失,包括原材料供应中断造成的停工损失、产成品库存缺货造成的延迟发货损失和丧失销售机会的损失(还应包括商誉损失)。如果生产企业通过紧急采购待用材料来解决库存材料的供应中断之急,那么缺货成本表现为紧急额外购入成本。

4. 在途库存持有成本

如果企业以目的地交货价出售产品,就意味着企业要负责将产品运达客户,当客户收到订货产品时,产品的所有权才完成转移。从财务观点来看,产品在实际交付前仍是卖方的库存,因为这种在途库存直到交付客户之前仍然属于企业所有,运货方式及所需的时间是储存成本的一部分,企业应该对运输成本与在途库存成本进行分析。

第三节 现代物流中心

一、物流中心的类型

仓储的观念和功能的改变,引起了库存形态和内容的变化。现代化物流力求进货与发货的同期化理念,库存从静态管理到动态管理的要求,必将使仓库设备、结构、流程等方面发生全面变化,为了和传统的仓库相区别,这种新型的物流节点通常被称为"物流中心"。

(一) 集货中心

将零星货物集中成批量货物称为"集货",集货中心可设在生产点数量很多而每个生产点产量有限的地区,只要这一地区某些产品总产量达到一定程度,就可以设置这种有"集货"作用的物流据点。

(二) 分货中心

将大批量运到的货物分成批量较小的货物称为"分货",分货中心是主要从事分货工作的物流据点。企业可以采用大规模包装、集装货散装的方式将货物运到分货中心,然后按企业生产或销售的需要进行分装,利用分货中心可以降低运输费用。

(三) 配送中心

配送中心的主要工作包括集货、储存、分货、拣选、配货和送货。

(四) 转运中心

转运中心的主要工作是承担货物的转运。转运的具体形式可以是不同运输方式的衔接,也可以是同种运输方式的换载。

(五) 加工中心

加工中心的主要工作是进行流通加工。

二、现代物流中心的业务和功能

现代物流中心内在体系的建设是随着流通系统中商品品种少量化、多频度、小单位化发展,以及JIT等新型生产、流通体制的进化而演变来的。流通系统中的种种变革带来了仓库机能上的重大变化。现代物流中心的业务和功能的内容如表5-2所示。

表 5-2 现代物流中心的一般业务和功能

业务	主要作业		
进货	进货检查 入库作业	商品检查 入库准备 保管场所标示	1. 进货商品与进货清单的核对(质量核对、数量核对) 2. 保管条形码的贴付(固定放货时标示货架号) 3. 在流动场所放置货物时,输入入库货物的货架号后保管 4. 在固定场所放置货物时,在贴付条形码的货架中保管
保管	保管作业 发货准备	数量管理 质量管理 流通加工	1. 检查在库量是否适当(是否需补充发货) 2. 保持正确的库存记录(核查库存实物与账目是否相符) 3. 把握库存物在库时间 4. 按客户的要求进行包装作业 5. 根据客户的要求贴付价格标签等
发货	发货作业 配送	备货 分拣包装 配车安排	1. 根据装箱商品和小件商品划分备货 2. 备货品与客户订单核对(商品号、数量、配送对象) 3. 根据不同配送对象分拣包装 4. 制作发货单、运送单等单据 5. 根据发货数量进行派车 6. 装车后进行积载确认

三、自动化仓库

自动化仓库又称自动化立体仓库、高层货架仓库(automatic storage & retriever system, AS/RS)等。自动化仓库是在生产力不断发展和科学水平不断提高的情况下出现的崭新的物流技术。自动化仓库一般是指用货架—托盘系统储存单元化的货物,采用电子计算机控制或人工控制的巷道式起重设备取送货物的一种新型仓库,如图 5-5 所示。

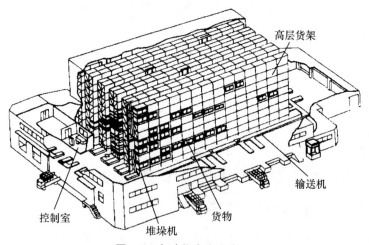

图 5-5 自动化仓库示意图

(一) 自动化仓库的分类

自动化仓库有以下五种分类方法。

1. 按仓库的建筑形式分
（1）整体式自动化仓库，如图 5-6(a)所示；
（2）分离式自动化仓库，如图 5-6(b)所示。

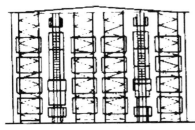 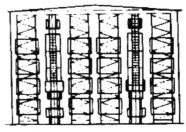

(a) 整体式自动化仓库　　　　　　(b) 分离式自动化仓库

图 5-6　按建筑形式区分的自动化仓库

2. 按仓库高度分
（1）12 米以上的为高层自动化仓库；
（2）5—12 米的为中层自动化仓库；
（3）5 米以下的为低层自动化仓库。

3. 按仓库库容量分
（1）托盘数量在 2 000 个以下的为小型自动化仓库；
（2）托盘数量在 2 000—5 000 个的为中型自动化仓库；
（3）托盘数量在 5 000 个以上的为大型自动化仓库。

4. 按控制方法分
这种分类下有手动控制的自动化仓库和电子计算机控制的自动化仓库。

5. 按货架形式分
这种分类下有固定货架式自动化仓库和重力货架式自动化仓库。重力货架式自动化仓库借助重力作用，使物资自动从一端进，另一端出。

（二）自动化仓库的运行

1. 电子计算机控制巷道堆垛机的运行

在采用托盘货架的自动化仓库中，物资的入库出库作业主要依靠巷道堆垛起重机来完成。电子计算机对堆垛起重机的控制有两种方式，即直接控制方式和由电子计算机输出纸带或卡片的间接控制方式。前者能够实现完全的实时处理，因而控制水平较高。

电子计算机直接控制巷道堆垛起重机是通过卡片或键盘输入出入库信息，经巷道堆垛机上控制系统接收并控制其运行、升降及货叉等机构的运行，以完成对托盘货物的存取，如图 5-7 所示。

出入库信息，包括确定"入库"还是"出库"，以及入库货格或出库货格的地址码。货格地址码包括巷道序号、货架列数、层数及货格在巷道内左侧或右侧方位。货格地址码的输入可以采用键盘输入，也可以采用穿孔卡片在读卡器中输入。穿孔卡片是在卡片上按一定的编码方式用穿孔的数量和位置的不同来表示不同的货格地址，每个货格各有一张

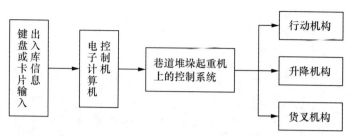

图 5-7 电子计算机直接控制巷道堆垛起重机

对应的穿孔卡片。此外,货格中有了托盘货物的称为满格,没有的称为空格。满格的货格卡片和空格的货格卡片分别在满格卡片盒和空格卡片盒中保管。在设定"入库"(或"出库")的指令后,从盒中取出空格卡片(或满格卡片)插入读卡器中以便"读出"货格地址码,指令巷道堆垛起重机运行到指定货格处存入(或取出)托盘货物,并在巷道入(出)库口完成入(出)库动作。巷道堆垛起重机在运行过程中不断地向电子计算机反馈包括认址信息在内的各项执行信息,通过电子计算机运算、确认后,再不断发出新的指令,使巷道堆垛起重机按序进行各项动作,并及时切换各种速度,直至最终完成作业要求。

2. 入库作业过程

(1)码盘。物资运到仓库后,首先应在入库作业中验收、理货、按码盘工艺要求将成件货物集合码放在托盘上,使之成为托盘单元化货物。

(2)将托盘货物置于入库货台上。将托盘货物置于入库货台上有两种手段:使用叉车或由输送机自动进行。输送机的控制方式又可分为两种:由单独设置的顺序控制器控制或由电子计算机集中控制。对由电子计算机集中控制者,向电子计算机输入"入库"指令,从空格卡片盒中抽出一张空格卡片插入读卡器内,辅送机控制系统即根据货格地址的巷道序号顺序进入入库货台。

(3)巷道堆垛起重机叉取托盘货物。在输送机完成上述动作后,经电子计算机对反馈信息的检查、确认,再顺序发出巷道堆垛起重机的各项动作指令。首先是巷道堆垛起重机叉取置于入库货台上的托盘货物。货叉外伸,载货台起升,货叉缩回,于是托盘货物被移载到巷道堆垛机的载货台上,如图 5-8 所示。

(4)巷道堆垛起重机运行。巷道堆垛起重机沿巷道作纵向运行。同时,载货台沿立柱垂直起升。在运行和起升中,巷道堆垛起重机向电子计算机不断反馈认址信息,通过电子计算机运算、确认而向巷道堆垛起重机的运行机构和升降机构发出切换速度直至最终停止的指令,使巷道堆垛起重机的货叉部位准确停在货架的预定位置。

(5)向货格存入托盘货物。货叉根据伸叉指令而向左或向右伸出。当货叉接近货格时,货叉上探测装置会探明该货格是否为"空格",以避免对满格重入货而发生事故。在确认"空格"无误后,货叉继续外伸到位,载货台略为下降,放下托盘货物后货叉缩回。于是,托盘货物便由载货台移载到指定货格中了。

(6)巷道堆垛起重机回到原位。为了继续进行出入库作业,巷道堆垛起重机一般回到原位待命。这里所说的原位,通常为巷道的入库口。

根据仓库平面布置的不同,入库口与出库口有分布在巷道两端的,也有合在一端共用

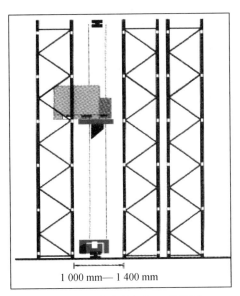

图 5-8　巷道式堆垛机工作简图

的。如果出入库口共用,则巷道堆垛起重机回到原位时可顺便把需要出库的托盘货物带出。以上入库作业控制可由图 5-9 表示。

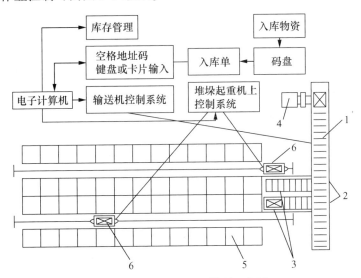

图 5-9　物资入库作业控制示意图

1——入库输送机　2——转角机　3——入库货台　4——叉车
5——托盘式货架　6——巷道堆垛起重机

电子计算机除了对机械作业进行自动控制外,还可以对温湿度、消防、报警等方面实行自动控制。

3. 出库作业过程

物资的出库作业与入库作业受同一套控制系统控制,但具体过程有所不同。简言之,操作人员根据出库通知单从满格卡片盒中找出储存所需物资的满格卡片,将此卡片插入读卡器中,发出"出库"指令。巷道堆垛起重机便按指令运行并准确停在指定货格处,由货叉取出托盘货物,送到巷道出口处,将此托盘货物移载到出库货台上,然后由叉车或输送机运送出库。

(三) 自动化仓库的发展趋势

1. 自动化仓库已进入智能技术阶段

进入 20 世纪 90 年代后,自动化仓库进入智能技术储存阶段。智能技术储存包括两种方式,即人工(或机械)智能和自然(或人类)智能,内容涉及智能物料储运设计和智能物料储运作业。目前,人们在人工智能及物料储运领域中的专家系统技术方面正进行着大量的工作。例如,将专家系统应用于自动导引车和单轨系统,使它们具有确定的路线和合理的运行决策。在接受物料入库、装运出库方面,专家系统能控制机器人进行物料入库和出库操作,能控制堆垛机的装卸,以及指定物料贮存地点。正在研制的一种专家系统,能辅助设计人员设计自动导引车导向槽和缓冲件,配置和选择单元装载件和研究小型物件的储存技术。为了设计智能化的仓储系统,应不断深化研究物料处理的基础知识和复杂的仓储大系统技术。

2. 堆垛技术的快速、准确

在堆垛机方面,除不断推出具有美观外形的产品外,机械的性能也在不断提高。巷道堆垛机垂直和水平方向的运行速度在大幅度提高,最大走行速度可达近 200 米/分、最大提升速度可达近 50 米/分。巷道堆垛机作业双循环次数由最初的 15—20 次/小时提高到 60—80 次/小时,一个大型的自动化仓库每小时可完成 500—800 次出入库作业。由于电子和控制技术在巷道堆垛机上的广泛应用,巷道堆垛机具有了更高的定位精度、更强的搜索能力和更快的运行速度。

3. 信息处理技术实时、可靠

先进的自动化仓库发展的一个重要方面是信息处理技术的不断更新。目前,为了提高信息的传输速度和信息的准确性,扫描技术的应用是一个明显的特征。将相关数据的采集、处理和交换在搬运工具与中央计算机之间快速进行传递,使物品的存取和信息的发送做到快速、实时、可靠和准确。

4. 自动化仓库的规模

自动化仓库的建设规模形成了一条先小到大,再从大到小的运行曲线。最初的自动化仓库的规模仅有几百个或上千个货位,后来发展到上万个,甚至十几万个货位,美国的 Hallmark 公司使用的多达 120 条巷道的自动化仓库将建库规模推向了顶峰。如今大型的自动化仓库已不再是发展方向,甚至 10—20 条巷道自动化仓库也经常不是建库的首选了。为了适应市场多变的新形势,人们越来越多地钟情于规模较小的、反应速度更快的、用途更广的自动化仓库。

5. 自动化仓库更适应现代生产方式

现代生产方式的发展以柔性制造和精益生产为主流,计算机集成制造系统和工厂自动化生产对自动化仓库又提出了新的要求。从制造与仓库的关系角度考察,工厂和仓库中的物流必须伴随着并行的信息流。射频数据通信、条形码技术、扫描技术等对信息的实时传递和处理,与自动化仓库中的巷道堆垛机、激光自动导引车、移动式机器人等先进物流手段的配合,已证明是适合柔性制造的理想选择。

▶ 课外阅读

美国冷链物流公司采用超高频 RFID 技术追踪冷冻托盘

爱斯基摩冷链物流公司是佐治亚州盖恩斯维尔城市的一家冷藏食品仓储公司。该公司已经在其仓库的 20 条走廊安装了 RFID 读写器,以实现对数千托盘的准确定位。

爱斯基摩冷链物流公司为食品生产企业(主要包括冷冻鸡肉和海鲜产品)提供冷藏、储运服务,24 小时冷藏,面积横跨 10 900 000 立方英尺。总共 32 000 个托盘分为 7 层,50 个不同的通道(每个通道放置 600 个托盘),而 480 个托盘的接受和储运大约需要 20 辆卡车。

当食品生产企业将食品运送到冷藏公司后,食品必须被冷藏存储,1—2 天后由另外一辆冷藏车运走。爱斯基摩冷链物流公司最大的两家客户对装卸货的周转时间要求特别严格,卸完货物的同时要求转载同类的已冷藏后的产品。

为了满足以上要求,爱斯基摩冷链物流公司采用 Datex 仓储管理系统,根据仓储区内货架和通道的定位对托盘的位置进行追踪。物流公司采用手持读写设备扫描托盘标签上的条形码,将信息反馈给仓储管理系统,如果托盘位置发生移动,将货架和过道上的 ID 编码输入系统。

以上工作需要花费 97%—98% 的时间。采用这种方式对托盘进行定位,极有可能发生漏记的现象。一旦出错,需要 2—6 个员工对仓库里的所有食品重新扫描,这个过程需要数几天。如果找不到错误,物流公司将全额赔偿食品费用和运费。

托盘定位数据的准确性相当高,爱斯基摩冷链物流公司在现存系统的基础上进行了改进。Jamison RFID 公司为其安装了 Motorola FX7400 固定式读写器,并在通道入口处安装了四条 Motorola AN480 天线。2013 年夏天安装了 10 台读写器,2014 年夏天安装了 10 几台。每台读写器通过有线网络连接到后台数据库,读取标签的 ID 编码。其中,标签安装在托盘上,是符合 EPC Gen 2 标准的超高频 RFID 标签。标签大小为 4 * 6 英寸,采用 Alien 嵌体,由 Mid South RFID 公司打印编码。

Jamison RFID 公司选择由 Mid South RFID 公司提供标签,是由于后者提供的标签具有较好的低温环境适应性。在低温环境下,其标签性能优良。

爱斯基摩冷链物流公司接收到货物后,首先在其托盘上安装 RFID 标签。ID 编码以及相关联的客户、产品信息被输入 Datex 的仓储管理系统。托盘通过速冻后进入仓库,经过通道路口时,RFID 读写器读取标签的 ID 编码。当然,工作人员可以扫描标签上印刷的条形码,实现对托盘信息的记录。当托盘移走时,读写器再次读写 RFID 标签,仓储系统更新托盘记录。

当托盘丢失时,工作人员可以采用条码扫描器进行定位,只需搜寻 600 个位置点。公司继续采用条码扫描器而不是超高频 RFID 读写器是由于通道较窄,很难定位 RFID 信号的方向。

自从四个月前该 RFID 解决方案全面实施以来,已经为公司节省了 10 万美元费用,并预计每年将节省 23.3 万美元,费用主要节省在劳动力花费以及托盘丢失而造成的损失上。该 RFID 方案安装后,托盘的丢失率大大降低。

(资料来源:原文详见 http://news.rfidworld.com.cn/2014_07/f4dbd6f5be4a593.html,有删减。)

思考题

名词解释

原材料库存	在制品库存	制造库存	流通库存
周转库存	保险库存	仓库布局技术	四号定位
五五化	物资的保管损耗	库存控制技术	自动化仓库

问答题

1. 从不同的角度可以将库存进行哪些不同的分类?
2. 请说明仓库分类的方法和内容。
3. 物流中心可分为哪几种类型?它们各自的功能是什么?
4. 请说明自有仓库仓储和公共仓库仓储的优缺点。
5. 简述仓库内部区域的规划包含哪些内容?
6. 简述货位的布置方式。
7. 按收发状态的库内布局(ABC 动态布局)是怎样操作的?
8. 谈谈物资盘点与检查的内容和盘点形式。
9. 请说明怎样对库房温湿度进行控制?
10. 谈谈库存控制的基本内涵。
11. 简述现代物流中心的业务和功能的内容。
12. 自动化仓库是如何进行分类的?
13. 简述自动化仓库的入库作业过程。
14. 请分析自动化仓库的发展趋势。

第六章

运输方式与综合运输

学习目的

深刻认识运输在物流中的重要地位。全面了解铁路运输、公路运输、水路运输、航空运输和管道运输等现代运输方式的技术和经济特点。

技能要求

掌握货运量、货运周转量、综合运输体系、国际多式联运的概念;熟悉铁路运输、水路运输的组织方法;了解国际多式集装箱联运的主要特点。

没有现代化的交通运输,经济活动就要停顿,社会再生产也无法进行。物资运输活动可分为两类:一类是作为具体生产过程的有机组成部分的生产企业内部的运输;另一类是作为物质生产部门的专门运输者从事的运输活动。本章讨论的是后者。

第一节 运输概述

一、现代运输方式的产生和发展

在资本主义发展初期,为解决运输需要与运输能力的矛盾,人们曾经致力于修建公路、开凿运河。产业革命后,越来越多的商品投入流通领域,新开辟的远方市场代替了本地市场,生产和交换对运输的需要无论从运量和运程方面都迅猛地增长起来,并且要求大大地加快运行速度。1807 年,第一艘轮船"克莱蒙特号"在纽约哈德逊河下水。1825 年,英国斯道克顿至达灵顿之间的第一条长 32 公里的蒸汽牵引铁路开始了货运业务。此后,水、陆交通运输工具日趋完善,适应了资本主义发展的需要。

运输作为社会生产力的有机组成部分,主要是通过完成社会产品的流转表现出来的。同时,它也保证了人们在各地之间、一个国家以至世界范围内,政治、经济等方面的联系。现代运输的发展,一般可划分为五个阶段:

1. 水运阶段

水运是古老而又现代化的运输方式。在 18—19 世纪,资本主义早期的工业发展,大多沿通航水道设立工厂,对水运的依赖性很大。

2. 铁路运输阶段

从 19 世纪初铁路投入使用后,工业发达国家相继筑路。铁路运输现已成为占货运量比重最大的运输方式。

3. 新运输方式的发展阶段

进入 20 世纪 30 年代,公路、航空、管道运输相继崛起,发展迅速,至今方兴未艾。

4. 综合运输阶段

对综合运输问题的认识始于 20 世纪 50 年代。其核心在于调整铁路、公路、内河水运、管道运输的分工配合,形成均衡、衔接、协调的现代化运输体系。

5. 集装箱运输阶段

20 世纪 50 年代中叶,集装箱运输开始在海、陆出现并得到发展。特别是 80 年代后,集装箱运输发展得尤为迅速,这种现代运输方式由公路、铁路、水路推及到航空领域。集装箱运输逐步形成了世界性的集装箱运输体系。

二、运输生产的特征

(一) 运输生产是在流通过程中完成的

运输表现为产品的生产过程在流通领域中的继续。自工农业生产的产品投入流通领域之日起,就企业来讲,即已完成了生产过程,而运输则在流通领域继续从事生产,表现为经济部门生产过程的延续。由于运输业不断为企业生产提供原料、材料、燃料和半成品,以保证企业不间断地从事生产,因此,它对于充分发挥生产资金的作用和加速流通资金的周转有着重要作用。

（二）运输不产生新的实物形态产品

运输不改变劳动对象的属性和形态，只是改变它的空间位置。它参与社会总产品的生产，但社会产品量不会因运输而增大。运输生产所创造的价值，附加于其劳动对象上。

（三）运输产品计量的特殊性

运输生产的劳动产品是以运输量和运输距离进行复合计量的。两者任何单一的计量都不能确切地反映运输产品的数量。运输产量的大小直接决定着运输能力和运输费用的消耗。

（四）交通运输的劳动对象十分庞杂

从交通运输的货物来说，品种种类之繁多、性质之复杂是其他生产部门所无法比拟的。由于大多数运输的劳动对象的所有权属于其他单位，运输业对于劳动对象无权进行支配与选择。换言之，也就是构成生产力三要素中，有一个要素不是运输部门所能掌握的，而且这不能掌握的劳动对象同时又是服务对象，这种事物的两重性增加了运输业计划与管理的复杂性。

三、运输在物流中的地位

物资运输将生产和消费所处的不同空间联结起来，为实现实物从生产到消费的移动起到了决定性的作用。在现代生产中，由于生产的专门化、集中化，生产与消费被分割的状态越来越严重，被分隔的距离也越来越大，从而运输的地位也越来越高。运输如今被人们称为"经济的动脉"是毫不夸张的。

早期人们在研究物流时，片面地认为解决了运输问题便解决了物流问题。显然这个看法是不全面的，但从另一个角度看，也表现了运输在物流中的重要地位。

（一）运输是实现物资实物转移的关键

物流，可简单地解释为物资的实物运动。在物资的实物运动中，运输是实现的关键。任何产品的生产与消费严格说来都必然存在空间位置的差异，当然这种差异与生产水平的高低、生产力的布局等都存在着必然的联系。物资为完成生产的目的，满足消费者的愿望，必然要借助不同的运输工具和运输手段来解决。

（二）物资运输对其技术、组织等工作有特殊的要求

为实现物资的空间转移，有可能采取不同的运输方式。运输方式和运输工具各方面技术水平的高低，对完成运输量的大小，以及物资运输途中的安全程度有非常重要的影响。运输工具的种类繁多，性能各异，这对运输技术提出了特殊的要求。运输工作的组织，在一定的运输技术水平条件下，能对合理选择运输工具、运输方式和运输路线起决定作用。

（三）运输费用在物流成本中占有较大的比例

在整个物流费用中，运输费用与其他环节的支出相比是比较高的。为了实现不断降低物流费用的目的，运输就成了具有很大潜力的领域。一种运输方式的改变，一条运输路

线的择优,一项运输任务的合理组织等,都会对降低运输成本起巨大作用。

(四)运输对社会产品的需求有其特殊地位

当消费者需要在一定的时间、获得一定数量的产品的时候,会要求物资运输在时间和数量上满足用户的需求。有时,使用价值相同的商品,由于存在地区差价,进行适当的运输对产品占有市场具有不可低估的作用。

第二节 现代运输方式

现代运输方式包括铁路运输、公路运输、水路运输、航空运输和管道运输等。

一、铁路运输

铁路运输是一种重要的现代陆地运输方式。它是使用机动车牵引车辆,用以载运旅客和货物,从而实现人和物发生位移的一种运输方式。

(一)铁路运输的技术经济特点

1. 适应性强

依靠现代科学技术,铁路几乎可以在任何需要的地方修建,可以实现全年、全天候不间断运营,受地理和气候条件的限制很少。铁路运输具有较高的连续性和可靠性,而且适合长短途各类不同重量和体积货物的双向运输。

2. 运输能力大

铁路是通用的运输方式,能承担大批量的大宗货物运输。铁路运输能力取决于列车重量(列车载运吨数)和昼夜线路通过的列车对数。如复线铁路每昼夜通过的货物列车可达百余对,因而其货物运输能力每年单方向可超过1亿吨。

3. 安全程度高

随着先进技术的发展和在铁路运输中的应用,铁路运输的安全程度越来越高。特别是许多国家的铁路广泛采用了电子计算机和自动控制等高新技术,安装了列车自动停车、列车自动控制、列车自动操纵、设备故障和道口故障报警、灾害防护报警等装置,有效地防止了列车运行事故。在各种现代化运输方式中,按所完成的货物吨公里计算的事故率,铁路运输是最低的。

4. 运送速度较高

常规铁路的列车运行速度一般为每小时60—80公里,少数常规铁路可高达140—160公里,高速铁路运行时速可达210—300公里。我国沪宁城际高铁和武广高铁最快时速已达350公里。2010年12月3日,在京沪高铁枣庄与蚌埠的综合实验中,由中国南车集团研制的"和谐号"380A新一代高速动车组在上午11时28分最高时速达到486.1公里,刷新了世界铁路运营实验的最高速度。应指出,速度越快,技术要求也越高,能耗也越大,经济上不一定合算。

5. 能耗小

铁路运输轮轨之间的摩擦阻力小于汽车车辆和地面之间的摩擦力。铁路机车车辆单位功率所能牵引的重量约比汽车高 10 倍,从而铁路单位运量的能耗也就比公路运输少得多。

6. 环境污染程度小

工业发达国家在社会及其经济与自然环境之间的平衡受到了严重的破坏,其中运输业在某些方面起了主要作用。对空气和地表的污染最为明显的是公路运输,相比之下铁路运输对环境和生态平衡的影响程度较小,特别是电气化铁路,其影响更小。

7. 运输成本较低

铁路运输固定资产折旧费所占比重较大,而且与运输距离长短、运量的大小密切相关。运距越长,运量越大,单位成本越低。一般来说,铁路的单位运输成本比公路运输和航空运输要低得多,有的甚至低于内河航运。

(二) 铁路运输的主要技术设施

铁路运输的各种技术设施是组织运输生产的物质基础。它可分为固定设备和活动设备。其中,固定设备主要包括线路、车站、通信信号设备、检修设备、给水设备和电气化铁路的供电设备等;活动设备主要有机车、客车、货车等。

1. 线路

线路是列车运行的基础设施,由轨道、路基和桥隧等建筑物组成一个整体的工程结构。

2. 机车

机车是牵引和推送车辆运行于铁路线上、本身不能载荷的车辆,主要有蒸汽机车、内燃机车、电力机车。

3. 货车

货车是铁路运输的基本运载工具。传统的货车分为敞车、棚车、平车、罐车和保温车五大类。

4. 车站

车站是运输生产的基地,是办理货物运输业务、编组和解体列车,组织列车始发、到达、交会、通过等作业的基层单位。车站按业务性质可分为客运站、货运站、客货运站、编组站、区段站、中间站等。

(三) 组织铁路运输的方法

1. 整车运输

整车运输是指根据被运输物资的数量、形状等,选择合适的车辆,以车厢为单位的运输方法。货车的形式有棚车、敞车、平车、矿石车、散装水泥车等。

2. 零担运输

零担运输也可称为小件货物运输。这种运输办法多是因待运量少而不够一个整车装载量时采用。与整车运输相比,这种运输方法费用较高。

3. 混装运输

混装运输是小件货物运输的一种装载情况。一般可将到达同一地点的若干小件物资装在一个货车上。不同的物资分装在同一个集装箱中也是一种混装运输。

4. 集装箱运输

集装箱运输指采用集装箱专用列车运输物资。这种运输方法是发挥铁路运输大量、迅速的特点,并与其他运输方式相结合的理想运输方法。

二、公路运输

公路运输是现代运输的主要方式之一。

(一) 公路运输的技术经济特征

1. 机动、灵活,可实现"门到门"运输

汽车不仅是其他运输方式的接运工具,还可进行直达运输,减少中转环节和装卸次数。在经济运距之内可以到广大的城镇和农村,在无水路或铁路运输的地区更是如此。

2. 货损货差小,安全性高,灵活性强

公路运输能保证运输质量,及时送达。随着公路网的建设和发展,公路的等级不断提高,汽车的技术性能不断改善,公路运输的货损货差率不断降低,而安全水平不断提高。由于公路运输的灵活性强,送达速度快,它有利于保持货物的质量,提高货物运输的时间价值。

3. 原始投资少,资金周转快,技术改造容易

汽车车辆购置费较低,原始投资回收期短。据美国有关资料表明:公路货运企业每收入 1 美元,仅需投资 0.72 美元,而铁路则需 2.7 美元;公路运输的资本每年可周转 3 次,铁路则需 3—4 年周转 1 次。

4. 适合中短途运输,不适合长途运输

公路运输在中短途运输中的效果最突出。公路运输在担负长途运输中费用较高,这是其难以弥补的缺陷。造成其长途运费高的原因主要有三个:其一,也是主要原因,是耗用燃料多;其二,设备磨损大,折旧费高;其三,耗费人力多。

(二) 公路运转的技术经济指标

1. 公路

(1) 高速公路。这是一种专供汽车快速行驶的道路。高速公路是一种具有分隔带、多车道(双向4—8 车道)、出入口受限制、立体交叉的汽车专用道。根据功能,它可以细分为以联系其他城市之间的高速公路和城市内部的快速路。

(2) 一级公路。一般指连接重要的政治、经济中心的道路。汽车分道行驶并且部分控制出入,部分立体交叉。

(3) 二级公路。它是连接政治、经济中心或较大工矿区等地的干线公路,以及运输任务繁忙的城郊公路。

(4) 三级公路。它是沟通县及县以上城市的公路。

(5) 四级公路。它是沟通县、乡、村之间的支线公路。

2. 汽车及其技术经济特征

(1) 评价载重汽车使用性能的主要指标。汽车使用性能表明汽车在具体使用条件下所能适应的程度,评价使用性能的主要指标有容载量、运行速度、安全性能、经济性、重量

利用系数(即汽车有效载重量与汽车自重的比值)等。

(2)具有特殊功能的载重汽车。一般的汽车都是以车厢或车台平板承载物资,但为了适应特殊要求的物资运输,具备特殊功能的汽车应运而生,主要表现为装载容器不同。

第一,油罐汽车。这是运输各种油类的专用汽车。车台上的油罐代替了一般汽车的车厢。油罐分别设有注入油孔和出油孔。运输前将油罐注满,运达目的地后将油放出。油罐汽车运输实际上是散装运输的一种形式。

第二,混凝土搅拌汽车(如图6-1所示)。这是专门用于建筑材料场地与建筑现场之间的特殊运输汽车。材料场将水泥、石子及其他所需的建筑材料和水,根据建筑现场的技术要求按比例配合好,装进混凝土搅拌汽车的搅拌罐内。汽车在开往作业现场的运输途中,搅拌罐同时在不停地转动搅拌。到达现场后,经搅拌好的材料可直接投入使用。混凝土搅拌汽车节省了生产所需要的时间,代替了施工现场的搅拌机械,体现了物流与流通加工的紧密配合。

图6-1 混凝土搅拌汽车

第三,粉粒运输汽车。粉粒运输常被人们称为散装运输。这种汽车的车厢是一个封闭的箱体。诸如粮食、水泥等被装进车厢后,关闭厢盖即可运输。

第四,冷藏冷冻汽车。这种汽车装有专门的制冷设备,可用于一些需要低温保鲜的食品。这是一种运输与储存相结合的特殊运输汽车。

第五,集装箱运输汽车。这是一种专门从事集装箱运输的汽车。汽车的车台规格尺寸与集装箱平放的规格相吻合,并在车台上设有与集装箱相对应的固定位置,以保证集装箱运输时的安全牢固。

第六,自动卸货汽车(如图6-2所示)。由于车厢本身有可以向后或一侧倾斜的起升装置,在物资运达目的地后,将车厢倾斜,完成卸车任务。这种运输汽车体现了运输和卸作业的密切配合,可节约物资卸货时间和人力。但是由于自动卸车,车厢内的物资自由滑落,故适用范围有一定的限制,多适用于一些坚固、不怕撞击的散体物资。

图 6-2　自动卸货汽车

（三）组织公路货物运输的方法

1. 多班运输

多班运输是指在一昼夜内车辆工作超过一个工作班以上的货运形式。多班运输是增加车辆工作时间、提高车辆生产率的有效措施。

2. 定时运输

定时运输多指车辆按运行计划中所拟定的行车时刻表进行工作。行车时刻表中一般对汽车从车场开出的时间、每个运次到达和开出装卸站的时间及装卸工作时间等进行规定。

3. 定点运输

定点运输指按发货点相对固定的车队，专门完成固定货运任务的运输组织形式。定点运输既适用于装卸地点都比较固定集中的货运任务，也适用于装货地点集中而卸货地点分散的固定性货运任务。

4. 直达联运

直达联运指以车站、港口和物资供需单位为中心，按照运输的全过程，把产供销部门、各种运输工具组成一条龙运输，一直把货物从生产地运到消费地。

5. 零担货物集中运输

零担货物运输，一般指一次托运量不满一整车的少量货物的运输。而零担货物集中运输，是指以定线、定站的城市间货运班车将沿线零担货物集中起来进行运输的一种形式。

6. 拖挂运输

拖挂运输指利用由牵引车和挂车组成的汽车列车进行运营的一种运输形式。比较常见的搭配是由载货汽车和全挂车两部分组成的汽车列车。通常说的列车拖挂运输是指牵引车与挂车不分离，共同完成运行和装卸作业，这种形式又称定挂运输；如果根据不同装卸和运行条件，载货汽车或牵引车不固定挂车，而是按照一定的运输计划更换拖带挂车运行，则叫做甩挂运输。

三、水路运输

水路运输由船舶、航道和港口组成。海上运输是历史悠久的运输方式。

（一）水路运输的经济技术特征

1. 运输能力大

在海洋运输中，超巨型油船的载重量多为20—30万吨，最大的达56万吨，矿石船载重量达35万吨，集装箱船已达13.7万吨，可装载13 800标准箱。海上运输利用天然航道，不像内河运输受航道限制较大，如果条件许可，可随时改造为最有利的航线，因此，海上运输的通过能力比较强。

2. 运输成本低

水运成本之所以能低于其他运输方式主要是因为其船舶的运载量大、运输里程远、路途运行费用低。

3. 投资省

海上运输航道的开发几乎不需要支付费用。内河虽然有时要花费一定的开支疏浚河道，但比修筑铁路的费用小得多。

4. 劳动生产率高

水路因运载量大，其劳动生产率较高。一艘20万吨的油船只需配备40名船员，平均人均运送货物达5 000吨。在内河运输中，采用分节顶推船队运输，也提高了劳动生产率。

5. 航速较低

船舶体积较大，水流阻力高，所以航速较低。低速航行所需克服阻力小，能够节约燃料；反之，如果航速提高，所需克服的阻力则直线上升。例如，船舶行驶速度从每小时5公里上升到每小时30公里时，所受阻力将会增加到35倍。因此，一般船只的行驶速度只能达到40公里/小时，比铁路和汽车运输慢得多。

（二）船舶的经济技术特征

1. 技术指标

（1）船舶的航行性能。船舶为了完成运输任务，经常在风浪大、急流多等极为复杂的条件下航行，因此，要求船舶具有良好的航行性能。船舶的航行性能主要包括浮性、稳性、抗沉性、快速性、适航性和操纵性等。

（2）船舶的排水量和载重量。排水量是指船舶浮于水面时所排开水的重量，也等于船的空船重量和载重量之和。载重量是指船舶所允许的装载重量，包括营利载重量和非营利载重量。排水量和载重量的计量单位都以吨表示。

（3）船舶的货舱容积和登记吨位。货舱容积是指船舶货舱实际能容纳货物的空间，以立方米或立方英尺表示。登记吨位是指为船舶注册登记而规定的一种根据船舶容积大小而折算出的专门吨位。

（4）船舶的装卸性能。船舶的装卸性能是由船舶的结构、容积和装卸设备所反映的装卸效率指标。船舶装卸效率的高低在很大程度上决定了船舶在港的停泊时间。

2. 船舶的种类及特性

（1）客货船。以载运旅客为主、兼运一定数量货物的船舶，其结构和营运技术特征是多种多样的。

（2）杂货船。一般是指定期行驶于货运繁忙的航线，以装运杂货为主要业务的货船。

（3）散装船。指供装运无包装的大宗货物，如煤炭、粮谷、矿砂等货物的船舶。

（4）冷藏船。这是利用冷藏设备使货舱可保持一定低温，从事运输易腐货物的船舶。

（5）油船。指用来专门装运散装石油（原油及石油产品）类液体货物的船只。

（6）液化气船。它是专门用来装运液化了的天然气体和液化了的石油气体的船舶。专门装运天然气体的船称为液化天然气船（LNG）；专门装运液化石油气体的船称为液化石油气船（LPG）。

（7）滚装船。它是专门用来装运以载货车辆为货物单元的船舶。货物在装船前已装在牵引车上，装船和卸船时，载货车辆通过设在船上的跳板（一般在船的尾部）开往船上或岸上。滚装船装卸速度快、效率高，是实现水陆联运的好方法，还可实现门到门运输。

（8）载驳船。它是用来专门装运以载货驳船为货物单元的船舶。载驳船的运输方法是先将各种货物装在统一规格的货驳里，然后再将货驳装到载驳船上，到达中转港后，卸下货驳，用拖船或推船把成组的货驳拖带或顶推到目的港。

（9）集装箱船。它指专门用来装运规格统一的标准货箱的船舶。

（10）内河货船。内河货船本身带有动力，并有货舱可供装货，具有使用方便、调动灵活等优点。但因载重量小、成本高，一般多作为内河定期经营船舶使用。

（三）港口的经济技术特点

港口是海上运输和内陆运输之间的重要联系枢纽。船舶的装卸、修理，货物的集散都要在港口进行。

1. 港口的分类

（1）按港口位置划分，可以分为海港湾、河口港和内河港：① 海湾港。它地处海湾，常有岬角或岛屿等天然屏障作保护，具有同一港湾容纳数港的特点，如大连港、秦皇岛港。② 河口港。它位于河流入海口处，如上海港、广州港。③ 内河港。它位于内河沿岸，一般与海港有航道相通，如南京港、汉口港等。

（2）按使用目的划分，可分为存储港、转运港和经过港：① 存储港。它一般地处水陆联络的枢纽，同时又是工商业中心。其港口设施完备，便于进出口货物和转口货物的存储、转运，如伦敦、纽约、上海等港。② 转运港。它位于水陆交通衔接处。一面将陆路货物转由海路运出，一面将海运货物疏散，转由陆路运入。港口本身对货物的需求不多，如鹿特丹、香港等港。③ 经过港。它地处航道要塞，为往来船舶必经之地。船舶如有必要，可作短暂停留以便补充给养的港口。

（3）按国家政策划分，可分为国内港、国际港和自由港：① 国内港。它是指经营国内贸易，专供本国船舶出入的港口；外国船舶除特殊情况外，不得任意出入。② 国际港，又称开放港，它是指进行国际贸易、依照条约或法则开放的港口，任何航行于国际航线的外籍船舶，经办理手续，均准许进出港口，但必须接受当地航政机关和海关的监督。我国14个对外开放港口均属国际港。③ 自由港。所有进出该港的货物，允许其在港内储存、装配、加工、整理、制造再转运到他国,均免征关税。只有在转入中国内地时才收取一定的关税。

2. 现代化港口的条件

港口的生产效率是由港口的通过能力来衡量的。港口的通过能力指在一定时期内港口能够装船、卸船的货物数量,也就是港口的吞吐量。

(1) 拥有大量的泊位。港口的泊位数取决于港口码头的建设,码头岸线的长度决定了能够停泊船舶的数量。为了适应运量的不断发展,同时防止堵塞现象,要求港口具有大量的泊位数和较长的码头岸线。

(2) 具有深水航道和深水港区。为了高效率地接纳大型船舶,新建或扩建的现代化港口或港区都建有深水港区。目前,油船泊位已超过 50 万吨级,矿石船泊位达 35 万吨级,集装箱泊位已达 10 万吨级。

(3) 具有高效率的专业化装卸设备。港口的装卸设备包括岸上起重机、水上起重机、堆码机械和拖车、抓斗等。集装箱装卸桥作业效率可达 60—70 箱/台时;新型连续式卸粮机可达 100 吨/小时以上;煤炭专业化泊位使用抓斗卸船机最高作业效率为 4 200 吨/小时;输送机输送效率则高达 10 000 吨/小时。

(4) 具有畅通的集疏运设施。港口的集疏运设施包含仓储设施、交通设施等。仓储设施包括仓库、货场、货棚、贮煤厂、贮油库等;交通设施则包括陆上交通的铁路与公路,水上交通的驳船、海船等。

(5) 其他设施。包括供船舶安全通行的航道,防止港外风浪海流袭击的防波堤、安全与助航设备,如灯塔、浮标、海岸电台等。

(四) 水路运输方式

1. 国际航运

国际航运的经营方式主要有班轮运输和租船运输两大类。前者又称定期船运输,后者又称不定期船运输。

(1) 班轮运输。这是指船舶在固定的航线和港口间按事先公布的船期表航行,以从事客货运输业务,并按事先公布的费率收取运费。班轮运输具有"四定"的特点,即固定航线、固定港口、固定船期和相对固定的费率。

(2) 租船运输,又称为不定期运输。它没有特定的船期表、航线和港口。船主将船舶出租给租船人使用,以完成特定的货运任务。租船运输以承运价值较低的大宗货物为主,如粮食、矿砂、煤炭、石油等,而且整船装运。据统计,国际海上货物运输总量中,租船运输量约占 4/5。国际上使用租船运输方式主要有三种:

第一种,定程租船,又称航次租船。它是以航程为基础的租船方式。船方按租船合同规定的船程完成货运任务,并负责船舶经营管理及支付航行费用,租船人按约定支付租金。

第二种,定期租船。这是由租船人使用一定的期限,并由租船人自行调度与管理,租金按月计算的租船方式。

第三种,光租船。光租船是定期租船的一种,但船主不提供船员。由于船主不放心把光船给租船人,故此种方式较少使用。

2. 航线营运方式

航线营运方式也称航线形式,即在固定的港口之间,为完成一定的运输任务,配备一定数量的船舶并按一定的程序组织船舶运行活动。在国内的沿海和内河运输中,航线形式是主要的运营形式。它定期发送货物,有利于吸收和组织货源,缩短船舶在港时间,提高运输效率,并为联运创造条件。

3. 航次运营方式

航次运营方式是指船舶的运行没有固定的出发港和目的港,船舶仅为完成某一特定的运输任务按照预先安排的航次计划运行,其特点是机动灵活。

4. 客货船运营形式

这是一种客运和货运同船运输形式,其运营特点是需要定期、定时发船。

5. 多式联运

多式联运是指以集装箱为媒介,把铁路、水路、公路和航空等单一的运输方式有机地结合起来,组成一个连贯的运输系统的运输方式。1980 年的《联合国国际货物多式联运公约》定义的国际多式联运是:"按照多式联运合同,以至少两种不同的运输方式,由多式联运经营人将货物从一国境内承运货物的地点,运送至另一国境内指定交付货物的地点"。

四、航空运输

(一) 航空运输的经济技术特点

1. 航空运输的高科技特性

航空运输的主要工具是飞机,其本身就是先进科学技术及其工艺水平的结晶。此外,如通信导航、气象、航行管制、机场建设等无不涉及高科技领域。

2. 航空运输的高速度

与其他运输方式相比,高速度无疑是航空运输最明显的特征。它在物流中具有无可比拟的价值。

3. 航空运输的灵活性

航空运输不受地形、地貌、山川、河流的影响,只要有机场,有航空设施保证,即可开辟航线。如果用直升机运输,机动性更强。对于自然灾害的紧急救援、对于各种运输方式不可达到的地方,均可采用飞机空投方式,以满足特殊条件下特殊物流的要求。

4. 航空运输的安全性

航空运输平稳、安全,货物在物流中受到的震动、撞击等均小于其他运输方式。

5. 航空运输的国际性特征

严格说起来,任何运输方式都有国际性,都有可能在国家间完成运输任务。这里所要体现的国际性是指国际交往中航空运输的特殊地位。国际间航空运输的飞行标准、航空器适航标准、运输组织管理、航空管制、机场标准等都有国际上统一的规范和章程。国际民航组织制定了各种法规、条例、公约来统一和协调各国的飞行活动和运营活动。

6. 航空运输在物流中占的比重小

航空运输与其他运输方式相比,其运输量少得多。一方面受其运量少的限制,另一方面其运输成本高,一般的货物运输使用航运方式在经济上不合算。

(二) 航空运输技术指标

航空运输把实际载运量与最大载运能力之比称为载运比率。载运比率又分为两种情况。

1. 航站始发载运比率

它是指某航站出港飞机实际运载与最大运载之比,即

$$航站始发载运比率 = 实际运载/最大运载 \times 100\%$$

2. 航线载运比率

$$航线载运比率 = 实际总周转量/最大周转量 \times 100\%$$

其中,实际最大周转量是飞机在满载的情况下可完成的吨公里数,它等于最大运载与航距的乘积。

(三) 航空港

航空港又称机场,是航空线的枢纽,它供执行客货运业务和保养维修飞机、起飞、降落时使用。

按照设备情况,航空港可分为基本航空港和中途航空港。前者配备有为货运及其所属机群服务的各种设备,后者是专供飞机作短时间逗留、上、下旅客及装卸货物之用。

以飞行站距离为标准,航空港可分为国际航空港、国内航空港及短距离机场等。航线上各航空港间的距离取决于沿线城镇的大小及其重要性、航空线的用途(短途或长途运输)、飞机类型、飞行速度、高度等。

中国航空港分级是以每昼夜起飞次数而定的。

(四) 航空线

航空线是指在一定方向上沿着规定的地球表面飞行,连接两个或几个城市,进行运输业务的航空交通线。航班飞行一般分为班期飞行、加班飞行及包机或专机飞行。

航空线按其性质和作用可分为国际航线、国内航空干线和地方航线三种。

1. 国际航线

该航线主要根据国家和地区政治、经济和友好往来,通过建立双方的民航协定建立。它是由两个或两个以上的国家共同开辟,主要担负国际间旅客、邮件、货物的运送。

2. 国内航空干线

该航空干线的布局首先要为国家的政治、经济服务,其次是根据各种运输方式的合理分工,承担长途和边远地区的客、货运转任务。

3. 国内地方航运线

该航线一般为省内政治、经济联系服务,主要在一些省区面积大而区内交通不发达的地区和边疆地区。

五、管道运输

管道运输是使用管道输送流体货物的一种方式。

（一）管道运输的特点

1. 运量大

由于管道能够进行不间断的输送,输送连续性强,不产生空驶,运输量大。如管径529毫米的管道,年输送能力可达1 000万吨;管径为1 200毫米的管道,年输送能力可达1亿吨。

2. 管道运输建设工程比较单一

管道埋于地下,除泵站、首末站占用一些土地外,管道占用土地少,建设周期短,收效快。同时,管道还可以通过河流、湖泊、铁路、公路,甚至翻越高山、横跨沙漠、穿过海底等,易取捷径,缩短运输里程。

3. 管道运输具有高度的机械化

管道输送流体货物,主要依靠每60—70公里设置的增压站提供压力能,设备运行比较简单,且易于就地自动化和进行集中遥控。先进的管道增压站已完全做到无人值守。

4. 有利于环境保护

管道运输不产生噪音,货物漏失污染少。它不受气候影响,可以长期安全、稳定运行。

5. 管道运输适用的局限性

管道运输本身工程结构上的特点,决定了其适用范围的局限性。

（二）管道运输的形式

管道以所输送的介质命名。如输送原油,称之为原油管道;输送加工后的成品油称为成品油管道;此外还有天然气管道、煤浆管道等。

1. 原油管道

被开采出来的原油经油气分离、脱水、脱沉淀物和经过稳定后进入管道。用管道输送时,针对所输原油的物性(如比重、黏稠度、易凝状况等),采用不同的输送工艺。

原油管道输送工艺可分加热输送和不加热输送两种。稀质的原油(如中东原油)采用不加热输送,而我国的原油属于易凝高黏原油,则需采用加热输送。

2. 成品油管道

成品油管道是输送经炼油厂加工原油提炼出来、可直接供使用的燃料油,如汽油、煤油、航空煤油、柴油及液化石油气等。由炼制加工生产最轻质到重质的燃料油等,都是成品油管道输送的介质。

成品油管道是等温输送,没有沿途加热的问题。由于成品油管道是多来源、多品种顺序输送,其管理的复杂程度远超过原油管道。成品油管道使连通多个炼油厂所生产的油品可进入同一管道,同时直接向沿线的各大城市及乡镇供应成品油。

3. 天然气管道

天然气管道是将天然气(包括油田生产的伴生气),从开采地或处理厂送到城市配气中心或企业用户的管道。天然气管道区别于煤气管道之处在于,煤气管道是用煤做原料转化为气体,起输压力比较低,而天然气则由气田中气井生产,并有较高的压力,可以利用气井的压力长距离输送。

4. 煤浆管道

煤浆管道是固体料浆管道的一种。将固体捣碎成粉粒状与适量的液体混合配制成浆液,经管道增压进行长距离输送。第一条煤浆管道是于1957年在俄亥俄州修建的一条长173公里、管径254毫米的输煤管道。世界著名的煤浆管道是从美国亚利桑那州北部黑梅萨地区的露天煤矿,到内华达州的莫哈电厂的输煤管道,它于1970年建成投产,全长439公里,管径457毫米,设计年输送500万吨。固体浆液管道除用于输送煤浆外,还可用于赤铁矿、铝矾土和石灰石等。

(三)输油管道的构成

大型输油管道是由输油站和输油管线两大部分组成的。

1. 输油站

输油站是管道运输的重要组成设备和环节,在管道运输过程中,通过输油站对被输送物资进行加压,克服运行过程中的摩擦阻力,使原油或其制品能通过管道由始发地运到目的地。输油站按其所在位置可以分为:

(1)首输油站。首输油站多靠近矿场或工厂,收集沿输油管输送的原油及其制品,进行石油产品的接站、分类、计量和向下一站的输油。如果是热油输送还要配有加热设备。

(2)中间输油站。中间输油站承担把前一站输来的油转往下一站的任务。

(3)终点基地。终点基地收受、计量、储藏由输油管输来的油,并分配到各消费单位,或转交其他运输工具。

(4)输油站有关的其他主要设施。输油站设有一系列复杂的构筑物,它包括泵房、油池、阀房等。泵房的作用在于造成一定的压力,以便克服管道输送时产生的阻力,把油输往下一站。根据压力大小,在每一间隔距离的线路上设置一个泵站;在矿场、炼油厂和各输油站设有收油和发油的专用油池,利用管道从发油企业收油或从油池往外发油。

2. 输油管线

(1)内部输油管式辅助输油管。这是指炼油厂、石油基地中的各种线路系统,是输送加工原油和灌注油罐车、内河及港内驳船、远洋油轮及油桶用的。

(2)局部性输油管。这是指把石油从矿场输往石油基地与大型输油管首站的短距矿场管路。

(3)大型输油管或干线输油管。这是输油管线中的主体,这种输油管自成系统,形成独立的企业单位,其线路可长达数百公里乃至数千公里。除必要的检修工作外,能经常全年不间断地输送油品。

第三节 综合运输

一、现代运输是各种运输方式的组合

现代运输是由铁路、公路、水路、航空和管道五种主要运输方式组成的。每一种运输方式都有其特定的运输工具,并形成了各自的技术运营特点、经济性能和合理的使用范围。

(一)各种运输方式的计量

1. 货运量

货运量是指各种运输方式所担负和完成的实际货物运输量。运输量是运输需求的主

要表现。从较长时期观察,运输量的增长一般表现为平滑式增长,而运输能力(物资供应)的增长表现为跳跃式增长。

货运量在一定时期内是考核运输部门完成国家计划的程度,也是从一个侧面反映运输业为国民经济服务的数量关系。中国目前对各种运输方式的货运量的统计方法尚未达到共识:铁路货运量是货物的发送吨数;公路货运量按货物到达量计算;交通部直属水运部门中,长江线按发送量计算,沿海各线则按到达量统计。

货运量按货物品类分别统计,划分货物品类的一般原则是:

(1) 根据工农业生产的需要和各类货物在国民经济中的地位和作用;

(2) 根据各种货物的性质及其运量的大小;

(3) 根据各种货物对运输工具和运输条件的要求与影响。

目前中国铁路、水路和公路运输的货物品类大致分为煤炭、焦炭、石油、钢铁、金属矿石、非金属矿石、矿物性建筑材料、水泥、木材、化肥、农药、粮食、棉花、盐和其他等14个主要品类。其中,煤炭和石油等能源运输的运量在铁路运输和水路运输中占有较大的比重。

2. 货运周转量

货运周转量是指运输货物的数量(吨)与运输距离(公里)的乘积。其表示方法为吨公里或吨海里。

货物周转量可以分为总周转量、各种运输方式的货物周转量和分货物品类的周转量。在中国,货物周转量和货运量的货物品类的划分是一致的。

影响货物周转量的因素,主要是货运量的大小和货物平均运距的长短。同时,货物周转量也受国民经济的发展水平,生产力布局的变化,经济结构、产品结构和地区经济结构的发展变化,以及运输网的发展等影响。在货运量一定的条件下,货物平均运距决定着货物周转量的大小。货物平均运距反映了各类货物产销之间、各地区和各企业之间的经济联系状况。缩短货物平均运距,可以加速运输工具的周转,缩短货物的送达时间,节约运输费用,并且对加速国民经济流动资金的周转及降低商品的流通费用都有重要作用。

(二) 各种运输方式的基本技术和经济特征

在现代运输方式(铁路、公路、航空、水路和管道)中,无论在成本、速度、频率、可靠性和可用性方面,还是在适应的运距、规模、运输能力上都存在较大差别。表6-1 所示的是各种运输方式的技术和经济运作特征的对比表。

表 6-1 不同运输方式的技术和经济运作特征对比

	铁路	公路	航空	水路	管道
成本	中	中	高	低	很低
速度	快	快	很快	慢	很慢
频率	高	很高	高	有限	连续
可靠性	很好	好	好	有限	很好
可用性	广泛	有限	有限	很有限	专业化

(续表)

	铁路	公路	航空	水路	管道
距离	长	中、短	很长	很长	长
规模	大	小	小	大	大
能力	强	强	弱	最强	最弱

(三) 各种运输方式的分工的原则

各种运输方式的合理分工,在不同国家、不同地区和不同历史时期各不相同。

各种运输方式合理分工的原则主要包括以下五个:

1. 自然地理条件

各种运输方式的合理分工,要根据具体地区的自然地理条件,在了解铁路、公路、海洋、江河等具体情况上,进行合理分工,宜水则水,宜陆则陆。

2. 社会经济条件

各种运输方式合理分工及协调发展,必须要同这个地区的经济与社会发展相适应,要充分满足这个地区运输量的增长要求。

3. 运输结构条件

各种运输方式的合理分工应考虑历史上已经形成的运输结构,如水陆分工、铁公分工;已经形成的运输设备能力,如铁路专用线、站场、港口、码头等。在分工中应充分利用这些设备,同时要根据今后国民经济的发展,逐步发展或调整运输方式分工,形成合理的运输结构。

4. 运输技术条件

运输方式的分工,并不是机械的分工,在很多情况下,是通过两种或两种以上运输方式的联运,才能实现整个运输过程。如在水陆联运中,既要考虑铁路、公路的运输能力,陆水衔接换装和港口能力,枢纽内部能力,航运能力和配合协调能力,同时又要考虑在采用运输新技术后,运输能力和运输效率将有怎样的提高,以及这些因素将对运输方式的分工产生什么样的影响。

5. 国家运输政策

各种运输方式的合理分工,还要在国家制定的运输政策指导下进行。国家的政策是多方面的,如产业政策、技术政策、投资政策、运输政策、价格政策等。这些都与运输方式分工和协调发展密切相关。

二、各种运输方式合理分工的研究方法

(一) 调查研究各种运输方式的现状及运输结构

在地区和地区之间,对铁路、公路、航空、管道等线路网及运输能力的调查,对港、站、场、枢纽等设施及其能力的调查,对各种运输方式完成的货运量和货物周转量的调查,对运输工具类型、数量、载重量及其技术参数,完成运营指标和经济效益的调查及其存在的主要问题的调查等。

（二）搜集社会经济历史统计资料和现状

如国民经济统计资料，交通运输网历年变化状况，各种运输方式历年完成运输量和周转量统计资料，地区内工业布局状况及重要物资产量和运量。

（三）研究全国或地区的国民经济发展规模

如社会总产值、国民生产总值，重要物资如钢铁、煤炭、石油、矿石、水泥、木材、粮食等与运输关系较大的物资产量等。

（四）国家（地区）的社会经济发展战略

根据国家（地区）的社会经济发展战略、产业政策、技术政策、经济结构、产业结构等，研究它们对运输业发展的影响。

（五）运输能力与运量增长的平衡分析

根据预测的运输量，对照现有的运输能力，衡量其能否承担及满足需要的程度，并根据各种运输方式适应运量增长需要应采取的措施，如提高运输设备的能力等。

（六）各种运输方式的分工经济评价

根据各种运输方式的技术特征、运输费用的计算、运输能力扩展费用（如线路、站场、港口、机场、运输工具及运输设备等的投资），确定发展运输业的经济效益。

（七）确定各种运输方式的合理分工和协调发展的运输网络模型

运输网络是一个复杂、大规模系统，它以不同的方式存在，如公路、铁路、航空和水路等。作为各种运输方式的分配和协作问题，可通过运输网络模型和先进算法的结合，为政策制定者的决策提供科学性和可行性依据。

三、综合运输体系

所谓综合运输体系是指，各种运输方式在社会化的运输范围内和统一的运输过程中，按其技术经济特点组成分工协作、有机结合、连续贯通、布局合理的交通运输综合体。

（一）综合运输体系的内涵

1. 综合运输体系是在五种运输方式的基础上建立起来的

随着经济和社会的发展及科学技术的进步，运输过程由单一方式向多样化发展，运输工具不断向现代化方向发展。因此，运输生产本身就要求把多种运输方式组织起来，形成统一的运输过程。综合运输体系表现为生产力发展到一定阶段的产物。

2. 综合运输体系是各种运输方式通过运输过程本身的要求联系起来的

从运输业发展的历史和现状上看，各种运输方式一方面在运输过程中存在着协作配合、优势互补的要求；另一方面在运输市场和技术发展上又存在相互竞争。如果没有这种内在的要求，或者这种内在要求受到限制，也就不可能建立和完善综合运输体系。各种运输方式在分工的基础上，在运输生产过程中要求有机结合，在各个运输环节上要求连接贯通，在各种交通运输网和其他运输手段上要求合理布局。

3. 综合运输体系大致是由三个系统组成

（1）有一定技术装备的综合运输网及其结合部系统。这也是综合运输体系的物质基础。系统的布局要合理协调,运输环节要相互衔接,技术装备要成龙配套,运输网络要四通八达。

(2) 各种运输方式的联合运输系统。这个系统要实现运输高效率、经济高效益、服务高质量,充分体现出各种运输方式综合利用的优越性。

(3) 综合运输管理、组织和协调系统。这个系统要有利于宏观管理、统筹规划和组织协作。

上述三个方面构成了综合运输体系生产能力的主要因素。

(二) 发展综合运输体系的意义

1. 发展综合运输体系是当代运输发展的新趋势、新方向

当代运输的发展出现了两大趋势:一是随着世界新技术革命的发展,交通运输广泛采用新技术,实现运输工具和运输设备的现代化;二是随着运输方式的多样化及运输过程的统一化,各种运输方式朝着分工协作、协调配合的方向发展。在世界范围内,把这两种趋势结合起来,成为当代运输业发展的新方向。

2. 发展综合运输体系是我国运输发展的新模式

我国传统的工业和交通运输管理基本上是以条条为主的,各种运输方式的横向联系欠缺。运输业的建设从单一的、孤立的发展模式,向综合的、协调的模式转变,无疑会给我国经济建设带来良好效果。

3. 发展综合运输体系可增强有效运输生产力,缓解交通运输紧张的状况

交通运输是一个大系统,各种运输方式、各条运输路线、各个运输环节,如果出现不协调,都不能充分发挥有效的运输生产力。多年来,我国交通运输出现的不平衡状况,如有些线路的压力过大,而有些线路的运力得不到充分发挥;有些运输方式严重超负荷,而有些运输方式又不能充分发挥作用等。采取综合运输体系将有效地改变这一不协调、不平衡的现状。

4. 发展综合运输体系是提高运输经济效益的重要方法

按照各种运输方式的技术特点,建立合理的运输结构,可以使各种运输方式扬其所长,避其所短,既可提高运输能力,又可提高经济效益。

(三) 我国综合运输体系发展方向

(1) 要搞好各种运输方式的综合发展和协作,在全国范围内建设综合运输网,因地制宜地发展相适应的运输方式。发挥城市在综合运输网中的枢纽作用,大力发展各种运输方式的联合运输。

(2) 要加快铁路的技术改造和新线建设,特别是以运煤为主的干线建设。要充分发挥铁路在中、长距离,大宗货物运输中的优势。对短途货运和运量大的成品油运输应逐步由其他运输方式分担。

(3) 充分发挥公路运输的灵活性,发挥其在短途货运中的主力作用。随着公路状况的改善、汽车技术进步和大型车辆的增加,公路运输将逐步成为"门到门"运输的主要方式。

(4) 沿海和内河水运是大宗和散装货物运输的主要方式之一。加强内河航道建设及沿海和内河港口的改造和建设,发展沿海和沿江等主要内河运输,实现干支直达运输和江

海联合运输。

（5）除发展原油管道运输和天然气管道运输外，在成品油集中的流向上，要建设成品油管道，并逐步发展输煤、输矿浆管道。

（6）在航空运输货运中所占的地位虽不能与其他运输方式相比，但在急需物资运输中，航空运输有其特别优势。发展航空运输是运输现代化的主要标志。

四、国际多式联运

国际多式联运（international multimodal transport）是指根据一个多式联运合同，采用两种或两种以上的运输方式，由多式联运经营人把货物从一个国家境内发货地运至另一个国家境内指定的交货地点。多式联运适用于水路、公路、铁路和航空等多种运输方式。

（一）国际多式联运的意义

国际多式联运在国际运输市场上具有强大的竞争地位，其主要表现在以下几个方面：

（1）国际多式联运是一种极大地便利了货主的运输组织形式，对广大的客户十分有利；

（2）国际多式联运大大提高了运输效率，降低了运输成本；

（3）国际多式联运的组织形式能使各种运输方式达到最佳的组合和衔接，提高了货运速度，使国际货物快速送达世界各地指定的收货点，从而提高了外贸商品在国际市场的竞争力。

（二）国际多式集装箱联运的主要特点

1. 由多式联运经营人承担或组织完成全线联运任务

多式联运经营人与单一运输承运人的不同，主要表现在三个方面：

（1）有条件和能力完成和组织货物全程运输任务；

（2）是全程联运的货物负有法律责任的独立法人的经济实体；

（3）既可以是"有船承运人"，也可以是"无船承运人"。

2. 签订一个运输合同，对全程负责

多式联运经营人从发货人手中接受货物，应发货人的请求，签发一份"多式联运提单"，多式联运经营人开始对货物从发货到收货负有责任，不管他把这项任务交由哪一种运输方式来完成。

3. 采用一次托运、一次付费、一单到底、统一理赔的运输业务方法

多式联运形式可实现发货人和收货人一体化，为货主简化办理货运手续提供了极大的便利，如图6-3所示。

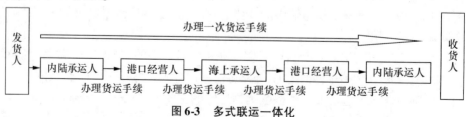

图6-3 多式联运一体化

(三) 我国的集装箱多式联运事业

20世纪70年代,面对世界主要发达国家集装箱运输的快速增长,集装箱运输的高效率引起了我国高层领导人的重视。1977年,原铁道部召开"全路货运工作会议",会上决定大力发展集装箱运输,并制定了集装箱运输的发展规划。

改革开放以后,针对集装箱运输发展的滞后性,中国政府力图通过行政手段加快推动集装箱运输及其多式联运的发展。20世纪80年代,国家计委、经委、外贸、交通、铁道、商业等部门着手协作,探索发展中国集装箱运输的途径,并推动进行了"集装箱多式联运的工业性试验"项目的实施。

20世纪90年代,政府对集装箱多式联运进行了长远的政策规划,包括制定各种法律、法规、条例、决定等。1997年颁布的《国际集装箱多式联运管理规则》是为加强国际集装箱多式联运的管理,促进通畅、经济、高效的国际集装箱多式联运的发展,满足对外贸易发展的需要而制定的。

2002年4月,国家经济贸易委员会、原铁道部、交通部、对外贸易经济合作部、海关总署、国家质量监督检验检疫总局联合颁布了《关于加快发展我国集装箱运输的若干意见》,重点强调了要建立高效、统一的管理和协调工作机制,进一步规范集装箱运输市场秩序,提高口岸查验效率,改善口岸服务环境,大力推动集装箱多式联运发展,合理规划建设集装箱运输基础设施,加强集装箱运输支持保障系统建设等。

这一系列的政策措施为我国集装箱运输和多式联运的发展营造了良好的制度环境。

我国在发展装箱多式联运的工作中制定了一系列措施以推动多式联运事业在我国的快速发展。这些措施主要包括:

(1) 打破部门、地区界限,对不适应我国国际集装箱多式联运发展的经营管理体制和规章制度进行改革;

(2) 对国际集装箱多式联运线上的港、场、站进行重点建设,进行设备配套;

(3) 对进出口货物应尽可能签订集装箱运输条款,并由集装箱多式联运经营人办理;

(4) 按照国际通用的做法,提倡多家经营、平等竞争;

(5) 多式联运经营人租用集装箱,应与集装箱所有人签订协议,明确双方的权利和义务;多式联运经营人要与铁路部门签订协议,规定空箱回送时限;

(6) 签发"多式联运提单",收取全程运费为外汇的,国内段支付外汇;

(7) 集装箱所有人应对个各自的集装箱实行统一经营,并在内地逐步建立还箱点;

(8) 各口岸要建立联合协调会议制度和实现业务联合办公,方便货主;

(9) 不得将应运往内地的整箱货物在口岸拆箱散运;

(10) 有关外贸部门,应按经贸部规定,申请办理合同编号和标志编号;

(11) 加强对国际集装箱中转站的统一管理及合理布局和建设;

(12) 加强对集装箱运价的监督管理,严禁乱收费。

▶ **课外阅读**

中国铁路货运改革

中国铁路于 2013 年 6 月 15 日全面启动货运组织改革,以市场需求为导向,简化受理手续,拓宽受理渠道,实行随到随办,规范收费项目,全方位建立现代物流大通道,最大限度地方便客户。此项改革,一方面充分体现了中国铁路在经济社会发展中的货物运输骨干作用,推动国民经济要素高速流转;另一方面充分发挥了中国铁路总公司作为我国当前最大的物流企业所应承担的提速社会物流的职能。

一、改革的四大目标

1. 实现货运与车务分离

实现货运与车务分离也就是将货运业务、货运营销、货运安全、货运服务从车务段以行车安全为中心,客货部门属于"二线"部门,装卸仓储属于"三线"部门,货运管理基础非常薄弱,货运部门没有独立的经营决策权,难以适应市场竞争而从千万铁路内部物流市场完全丢失、货运市场份额不断流失的站段体制中独立出来。在 2013 年 6 月初很多路局正式宣布组建货运中心,这标志着目标的顺利实现。

2. 实现货运与物流分离

实现货运与物流分离是货运改革的难点和核心,也是直接关系到货运改革能否取得全面突破和最后成功的关键。目前组建的货运中心,只是一个站段性质的基层单位,既不是铁路物流企业,也不是事业部机构。虽然货运业务与物流经营已从车务段行车为主导的运输安全系统中独立出来,但是货运中心仍然是主业运输的"大锅饭"体制,没有投资决策自主权,缺乏自负盈亏、独立发展、占领市场的压力与动力,特别是不能承担起铁路货场独立投资、资产折旧、仓库扩建、场地改造等投资经营职能。

3. 将铁路货场的投资改造主体下移给铁路物流企业

将铁路货场的投资改造主体下移给铁路物流企业是货运物流化改革的最核心、最关键的问题。现在组建的货运中心,只是一个站段式的收入中心、营销中心、成本中心,并不是独立的利润中心和投资中心。

4. 实现铁路物流企业的股改上市

铁路货运改革与货场物流化经营转型的根本目的,是真正实现铁路货场的自主投资、自主经营、自主融资和自主发展。货运改革的最终目标是实现铁路物流企业的股改上市。通过货运改革实现货场物流化经营转型,铁路物流企业一方面可以利用自身利润的积累,对铁路货场进行改造、更新与扩建,有效扩大铁路货场的仓储能力、提高铁路货场的装卸与接送能力;另一方面可以通过实现三年以上连续盈利的有利条件,申请股改上市,利用巨大的社会资金和民间资本参与铁路货场的投资、改造、扩建与经营,这样铁路物流企业就有非常充实的资金将铁路货场建设成为"设施先进、管理科学、功能强大"的现代化、大规模的铁路货场物流运输配送基地。

二、两大方案

方案一:在货运中心内部恢复和设立铁路物流公司,使铁路物流公司成为在货运中心直接领导下的铁路物流经营实体,专门负责铁路货场的装卸、仓储、接送、地磅、投资、代理等"站到门""门到站"和"门到门"的铁路物流投资经营业务,为货主提供综合性、系统性、全方位的物流经营服务。将货场装卸仓储、接取送达、资产折旧、扩建改造等职能全部移交给铁路物流公司,货运中心直接管理货运室的货运业务、货运安全、货运收费、货运服务和货运营销,做到货运与物流"两头强""双边赢"。

方案二:同时设立货运中心和铁路物流公司,货运中心直接负责货运室的货运业务、货运安全、货运收费、货运服务和货运营销,铁路物流公司专门负责铁路货场的投资、装卸、仓储、接送、地磅、代理等"站到门""门到站"和"门到门"的铁路物流投资经营业务,为货主提供综合性、系统性、全方位的物流经营服务。

(资料来源:原文详见 http://bbs.railcn.net/thread-1103764-1-48.html。)

思考题

名词解释

货运量　　货运周转量　　综合运输体系　　国际多式联运

问答题

1. 运输生产都有哪些特征?请阐述运输在物流中的地位。
2. 铁路运输具有哪些技术经济特征?请说明组织铁路运输的方法。
3. 公路运输具有哪些技术经济特征?请说明组织公路货物运输的方法。
4. 水路运输具有哪些经济技术特征?水路运输的方式有哪些?
5. 简述管道运输的特点和管道运输的形式。
6. 综合运输体系是由哪三个系统组成的?
7. 请简述国际多式集装箱联运的主要特点。
8. 请谈谈我国的集装箱多式联运事业的发展前景。

第七章

流通加工与配送

学习目的

　　流通加工与配送是物流中联系十分紧密的两个功能。认识流通加工是实现物流高效率所采取的使物品发生物理变化和化学变化的功能，是与其他物流功能有所不同的。配送活动往往是其他多种物流活动的集合，具有特殊的服务性质和作用。

技能要求

　　掌握流通加工与生产加工的区别及流通加工的形式；认识流通加工的经济效益的体现；掌握配送的概念和配送的类型；熟悉配送中心的分类和配送作业环节；了解新型的物流配送中心。

　　流通加工是物流中具有一定特殊意义的物流形式。一般来说，生产是通过改变物的形式和性质创造产品的价值和使用价值的，而流通则是保持物资的原有形式和性质，以完成其所有权的转移和空间形式的位移。物流的包装、储存、运输、装卸等功能并不改变物流对象的物理、化学属性。但是为了提高物流速度和物资的利用率，在物资进入流通领域后，还需按用户的要求进行一定的加工活动，即为了促进销售、维护产品质量、实现物流的高效率所采取的使物品发生物理和化学变化的功能。

　　配送是高效合理的现代化物流方式。配送的目的在于最大限度地压缩流通时间，降低流通费用，实现少库存甚至"零库存"，以降低社会生产的总成本。

第一节 流通加工的地位

目前在世界上许多国家和地区的物流中心或仓库经营中都大量存在着流通加工业务。这一活动在日本、美国等一些物流发达的国家则更为普遍。例如,在日本的东京、大阪、名古屋等地区的90家物流公司中,有一半以上具有流通加工业务。在美国,单纯的存储企业几乎已经被淘汰,通过流通加工面向各种企业,尤其中小企业和零散用户的服务已成为主流。

一、流通加工产生的原因

流通加工是"根据客户的需要,在流通过程中,对产品实施的简单加工作业活动(如包装、分割、计量、分拣、刷标志、拴标签、组装等)的总称"(GB/T 18354-2006)。

(一)流通加工弥补生产加工的不足

生产环节的各种加工活动往往不能完全满足消费者的要求。例如,某个生产企业需要钢铁厂的钢材,除了钢号、规格、型号的要求外,往往希望能够在长度、宽度等方面满足其需要。但是生产企业面对着成千上万个用户,是很难满足这一要求的。由于社会生产的高度社会化、专业化,生产环节的加工活动往往不能恰如其分地满足消费的需要。

随着社会消费的多样化发展,社会生产尽管从少品种、大批量生产方式向多品种、少批量方向发展,但生产与消费之间的差距总是客观存在的。流通加工恰好能弥补生产加工的不足。

(二)流通加工为用户提供了便利

在流通加工未产生之前,物资满足生产或消费需要的加工活动一般由使用单位承担,这给使用部门带来了不便。因为使用者不得不安排一定的人力、设备、场所等来完成这些加工活动,由此不仅会延长生产过程的时间,而且会因设备的利用率低、设备投资大、加工质量低等因素而影响企业的经济效益。把这种加工活动从生产和使用环节独立出来,由流通环节来完成,为物资的使用单位提供了极大的便利。流通部门可以根据使用部门的要求,将物资加工成可直接满足消费者使用的形式。这不仅缩短了使用部门与物资之间的距离,而且由流通部门统一进行,正好符合消费者的心理。

(三)流通加工为流通部门增加了收益

从事流通活动的部门所获得的利润一般只能从生产部门的利润中转移过来,它自身不可能创造出高于物质生产部门所创造的产品价值总和的任何价值。流通加工使流通企业不仅能够获得从生产领域转移过来的一部分价值,而且能创造新的价值,从而获得更大的利润,这也是流通加工得以产生和发展的刺激因素。

(四)流通加工为配送创造了条件

物资配送是流通加工、整理、拣选、分类、配货、末端运输等一系列活动的集合。物资配送活动的开展依赖于流通加工,流通加工表现为配送的前沿。从开展配送活动的配送中心看,它们把加工设备的种类、加工能力视为对物资配送影响最大的因素。随着我国物资配送工作的广泛开展,流通加工也必然会得到深入的发展。

二、流通加工在市场上的地位

在物品从生产者向消费者流动的过程中,为了促进销售、维护产品质量、实现物流的高效率所采取的使物品发生物理和化学变化的功能,这便是流通加工。

商流是物流的前提,物流是商流的保证。在商流与物流的联系中,流通加工表现得最为直接(除不经任何加工即可消费的产品外)。如图7-1所示,流通加工的最根本目的是市场销售。其中,与之相联系的运输方式、储存手段、配送形式等只能看做流通加工多样化的目的。

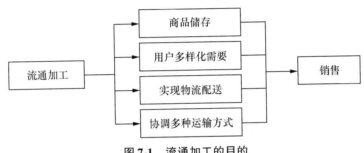

图 7-1 流通加工的目的

流通加工在社会再生产中处于生产和消费之间,与其他流通环节共同构成了生产和消费的桥梁和纽带。但是以其自身所具有的生产特征和特殊地位,它与其他流通环节存在明显差别,主要表现为以下几点:

(1)流通加工与商流的采购、销售相比,具有明显的生产特征;

(2)流通加工与物流的包装、储存、运输等环节相比,它改变了流通客体的物理形态,甚至化学性能。

(3)流通加工的目的和结果是以消费者为导向的,它比其他物流功能更接近消费领域和生产企业,这在生产与消费之间个性化矛盾日益突出的今天意义尤其突出。

(4)流通加工的不断发展和在不同领域的深化,引发和催化了"流通加工产业"的形成。

三、流通加工与生产加工的区别

流通加工与生产加工在加工方法、加工组织、加工生产管理方面不存在本质的差别,但是在加工对象、加工深度上的区别较大。

(一)在加工对象上的区别

流通加工的对象是进入流通领域的商品,具有商品的性质;而生产过程的加工对象一般是某种最终产品形成过程中的原材料、零部件和半成品等。

(二)在加工深度上的区别

流通加工一般属于简单加工,其加工内容是浅层次的,如板材的裁剪、玻璃的开片等;而生产加工的复杂程度和其加工的深度要远远高于流通加工。但应当说明,随着流通加工产业的高度发展,处在流通中的商品需要进行深度加工时,流通加工具有不断向深加工发展的趋势。

(三) 在责任人上的区别

流通加工的组织者是从事流通工作的人,是以消费者的要求为目的进行的加工活动组织;而生产加工是以生产企业为责任人和组织者,它以产品设计和加工技术要求为目标。

(四) 在附加价值上的区别

从价值观点看,生产加工在于创造商品的价值和使用价值;而流通加工则在于完善物资的使用价值,一般在不对加工对象做大的改变的情况下提高商品价值。

四、流通加工的形式

(一) 以保存产品为主要目的的流通加工

这种流通加工形式的目的是使产品的使用价值得到妥善的保存,延长产品在生产与使用之间的时间距离。根据加工对象的不同,这种加工形式可表现为生活消费品的流通加工和生产资料的流通加工。生活消费品的流通加工是为了使消费者对消费对象在质量上保持满意为目的,如水产品、蛋产品、肉产品等要求的保鲜、保质的保鲜加工、冷冻加工、防腐加工等,丝、麻、棉织品的防虫、防霉加工等。生产资料与生活资料相比一般有较长的时间效能,但随着时间的推移,生产资料的使用价值也会不同程度地受到损坏,有的甚至会完全失去使用价值。为了使生产资料的使用价值下降幅度最小,相应的流通加工也是完全必要的。如为防止金属材料的锈蚀而进行的喷漆、涂防锈油等措施和手段,运用手工、机械或化学方法除锈;木材的防腐、防干裂加工;水泥的防潮、防湿加工;煤炭的防高温自燃加工等。一般来说,以保存产品为主要目的的流通加工并不改变物资和产品的外形和性质,加工的水平和深度与被加工物的性质和特点关系较大。

(二) 为满足用户多样化需要的流通加工

生产企业为了实现高效率、大批量生产,其产品往往不能完全满足用户的要求。为了解决这一矛盾,在没有流通加工前,经常是用户自己设置加工环节来解决,这是生产消费者极不情愿的。为满足用户对产品多样化的需要,同时又保证社会高效率的大生产,将生产出来的单调产品进行多样化的改制加工是流通加工中占有重要地位的一种加工形式。例如,对钢材卷板的舒展、剪切加工;平板玻璃按需要规格的开片加工;木材改制成枕木、方材、板材等的加工;商品混凝土和商品水泥制品的加工等。对于生产型用户而言,这种加工形式可以缩短企业的生产流程,使生产技术密集程度提高,缩短生产周期。

(三) 为了消费方便、省力的流通加工

这种流通加工形式与上述加工相似,只是在加工的深度上更接近于消费,使消费者感到更加省力、省时,更加方便。如根据生产的需要将定尺、定型的钢材,按要求下料;将木材制成可直接投入使用的各种型材;将水泥制成混凝土拌和料,使用时只要稍加搅拌即可使用等。近些年来,粮食行业不断推出的面食的流通加工,副食行业推出的盘菜、半成品加工,商场推出的首饰加工、服装加工等,都不同程度地满足了消费者方便、省力的要求。

(四) 为提高产品利用率的流通加工

利用在流通领域的集中加工代替分散在各使用部门的分别加工,可以大大地提高物资的利用率,具有明显的经济效益。集中加工形式可以减少原材料的消耗,提高加工质量。同时,对于加工后的副产品尚可使其得到充分的利用。例如,钢材的集中下料,可充分进行合理下料,搭配套裁,减少边角余料,从而达到加工效率高、加工费用低的目的。

(五) 为提高物流效率、降低物流损失的流通加工

一些物资由于自身的特殊形状,在运输、装卸作业中效率较低,极易发生损失的情况,则需要进行适当的流通加工以弥补这些产品的物流缺陷。例如,自行车在消费地区的装配加工可防止整车运输的低效率和高损失;造纸用木材磨成木屑的流通加工,可极大提高运输工具的装载效率;集中煅烧熟料,分散磨制水泥的流通加工,可有效地防止水泥的运输损失,减少包装费用,也可提高运输效率;石油气的液化加工,使很难输送的气态物转变为容易输送的液态物,也可提高物流效率。

(六) 为衔接不同输送方式、使物流更加合理的流通加工

由于现代社会生产的相对集中和消费的相对分散,流通过程中衔接生产的大批量、高效率的输送和衔接消费的多品种、少批量、多户头的输送之间,存在着很大的矛盾。某些流通加工形式可以较为有效地解决这个矛盾。以流通加工点为分界点,从生产部门至流通加工点可以形成大量的、高效率的定点输送;从流通加工点至用户则可形成多品种、多批量、多户头的灵活输送。例如,散装水泥的中转仓库担负起散装水泥装袋的流通加工及将大规模散装转化为小规模散装的任务,就属于这种流通加工形式。

(七) 为实现配送进行的流通加工

配送中心为实现配送活动,满足用户对物资供应的数量、供应构成的要求,会对物资进行各种加工活动,如拆整化零、定量备货、定尺供应等。随着物流技术水平的不断提高,流通加工活动有时在配送过程中实现,如混凝土搅拌车。流通中心可根据用户的要求,把沙子、水泥、石子、水等各种不同材料按比例要求装入水泥搅拌车可旋转的罐中,在配送路途中,汽车边行驶边搅拌;到达施工现场后,混凝土已经均匀搅拌好,可直接投入使用。由于物资配送中心形式多样,配送业务千差万别,因而各配送中心的流通加工活动各具特征,在此不再列举。

第二节 流通加工的经济效益

流通加工的经济效益可以表述为流通加工的劳动投入与效益产出的对比关系。在具体的加工部门可表现为流通加工实现的价值与劳动消耗和劳动占用的对比关系。

一、流通加工合理化

为避免各种不合理的流通加工现象,对是否设置流通加工环节,在什么地点设置,选择什么类型的加工,采用什么样的技术装备等,需要作出正确的选择。

(一) 加工和配送结合

这是将流通加工设置在配送节点中,一方面按配送的需要进行加工,另一方面加工又是配送业务流程中分货、拣货、配货的一环,加工后的产品直接投入配货作业,这就无须单独设置一个加工的中间环节,使流通加工有别于独立的生产,而使流通加工与中转流通巧妙地结合在一起。由于配送之前有加工,可使配送服务水平大大提高,在煤炭、水泥等产品的流通中已表现出较大的优势。

(二) 加工和配套结合

在对配套要求较高的产品流通中,配套的主体来自各个生产单位。但是,完全配套有时无法全部依靠现有的生产单位。进行适当的流通加工,可以有效地促成配套,大大提高流通作为桥梁与纽带的能力。

(三) 加工和运输结合

流通加工能有效衔接干线运输与支线运输,促进两种运输形式的合理化。利用流通加工,在支线运输转干线运输(简称"支转干")或干线运输转支线(简称"干转支")运输这本来就必须停顿的环节,不进行一般的支转干或干转支,而是按干线或支线运输合理的要求进行适当加工,从而大大提高运输及运输转载水平。

(四) 加工和商流相结合

通过加工有效地促进销售,使商流合理化。流通加工和配送的结合,既提高了配送水平,又强化了销售,是加工与商流相结合的重要方式。此外,通过简单地改变包装加工,形成方便的购买量;通过组装加工解除用户使用前进行组装、调试的难处,都是有效促进商流的例子。

(五) 加工和节约相结合

节约能源、设备、人力、耗费是流通加工合理化重要的考虑因素。对于流通加工合理化的最终判断,是看其是否能实现社会和企业本身的两个效益。对流通加工企业而言,与一般生产企业一个重要不同之处是,流通加工企业更应树立社会效益第一的观念,只有在补充完善为己任的前提下才有生存的价值。如果只是追求企业的微观效益,而不适当地进行加工,甚至与生产企业争利,这就有悖于流通加工的初衷,或者其本身已不属于流通加工的范畴了。

二、流通加工的经济效益

(一) 流通加工的直接经济效益

1. 流通加工劳动生产率高

流通加工是集中的加工,其加工效率,即加工的劳动生产率比分散加工要高得多。对于用量少和临时需要的使用单位,如果没有流通加工而只能依靠自行加工,那么从加工的水平和加工的熟练程度看都无法与流通加工相比。即使是有大量的、有相当规模的企业进行加工活动,若与流通加工相比其劳动生产率也相对较低。比如,建筑企业完成的安装玻璃的开片加工,往往在施工场地针对某一工程进行,而流通企业的流通加工的开片,可满足若干个建筑工地的需求,其加工效率更高,劳动生产率也更高。

2. 流通加工可提高原材料的利用率

流通加工集中下料可以优材优用、小材大用、合理套裁,具有提高原材料利用率的明显效果。例如,钢材的集中下料,可减少边角余料,从而达到加工效率高、加工费用低的目的。

下面举一实例来介绍运用单纯型法,进行集中下料。

例 7-1 设生产现场甲、乙、丙三个部门分别需要 2.9 米、2.1 米、1.5 米的棒材各 100 根。已知供应商提供的棒材规格为 7.4 米。现计算比较分散下料与集中下料所需的原材料的数量。

解 分散下料:

甲:$100 \div 2 = 50$(根)

乙:$100 \div 3 = 34$(根)

丙:$100 \div 4 = 25$(根)

合计:$50 + 34 + 25 = 109$(根)

如采用集中下料,则可考虑采用合理套裁,经分析每根规格棒材可有下面 7 种裁法:

方案 下料数 长度(米)	(1)	(2)	(3)	(4)	(5)	(6)	(7)
2.9	1	2		1			
2.1			2	2	1	3	
1.5	3	1	2		3		4
合计	7.4	7.3	7.2	7.1	6.6	6.3	6.0
料头	0	0.1	0.2	0.3	0.8	1.1	1.4

为了得到各 100 根材料,需混合使用各种裁法。设集中下料需 7 种裁法的原材料分别为:$X_1, X_2, X_3, X_4, X_5, X_6, X_7$。

约束条件:

$$\begin{cases} X_1 + 2X_2 + X_4 = 100 \\ 2X_3 + 2X_4 + X_5 + 3X_6 = 100 \\ 3X_1 + X_2 + 2X_3 + 3X_5 + 4X_7 = 100 \end{cases}$$

目标函数为:

$$\min S = 0.1X_2 + 0.2X_3 + 0.3X_4 + 0.8X_5 + 1.1X_6 + 1.4X_7$$

利用单纯型法,得到的结果是:

$$X_1 = 30, X_2 = 10, X_3 = 0, X_4 = 50$$

$$X_5 = 0, X_6 = 0, X_7 = 0$$

原材料最少需要的根数为 $30 + 10 + 50 = 90$(根)

经计算的集中下料比分散下料可节省原材料 17.4%,这足以说明由此而产生的经济效果。

3. 流通加工可以提高加工设备的利用率

加工设备在分散加工的情况下，由于生产周期和生产节奏的限制，设备利用时紧时松，表现为加工过程的不均衡，从而导致设备的加工能力不能得到充分发挥。而在流通领域中，流通加工面向全社会，加工的数量、加工对象的范围都得到大幅度的提高，加工设备更有利于发挥它们的潜力，设备利用率从而得以充分提高。

4. 流通加工可以提高被加工产品的质量

流通加工是专业化很强的加工。专业化加工简单专一，有利于加工人员掌握作业技术，提高作业的熟练程度，从而提高加工质量。从流通加工中心的加工设备的水平来看，它们往往要高于分散加工。因而产品的加工质量也会高于分散加工，对于同样的产品，无疑质量高的经济效果高于质量低的。

（二）流通加工的间接经济效益

（1）流通加工能为许多生产者缩短生产的时间，使他们可以拿出更多的时间来进行创造性生产，为社会提供更多的物质财富。

（2）流通加工部门可以用表现为一定数量的货币的加工设备为更多的生产或消费部门服务，这样可以相对地减少全社会的加工费用支出。

（3）流通加工能对生产的分工和专业化起中介作用。它可以使生产部门按更大的规模进行生产，有助于生产部门劳动生产率的提高。

（4）流通加工可以在加工活动中更为集中、有效地使用人力、物力，比生产企业加工更能提高加工的经济效益。

（5）流通加工为流通企业增加了收益，体现了物流作为"第三利润源"发挥的作用。流通部门为了获得更多的利润，流通加工是一项创造价值的理想选择。对加工企业而言，采用相对简单、投入相对较少的流通加工，可以获得较为理想的经济效益；对社会而言，流通企业获利的同时其社会效益也会提高。

（三）主要流通加工形式的经济效益分析

1. 剪板加工

剪板加工把成卷的和大规格的钢板或裁切为毛坯，或加工成半成品，因此加工企业降低了商品的销售起点，扩大了销售数量，增加了企业的收益。剪板加工精度高（切缝最小可少于0.2毫米），这样可大大减少边角余料和废品，也可减少再加工的切削量。一般来说，钢板集中加工的材料利用率比分散加工可提高20%。

由于集中加工可保证加工批量及加工生产的连续性，专门的加工技术、良好的加工设备和先进的加工方法，可大幅度提高加工效率，降低加工成本。

剪板加工的切割方式与企业通常使用的气割方法相比，除了在材料利用率上具有优势外，对加工后的产品的质量也具有高度的保证。气割的方法不仅会使钢材发生变化，更会对未来产品产生不利的影响。

2. 动力配煤剪板加工

采用优质煤炭（比如气煤、肥煤）单烧一般性小型锅炉是一种浪费，其热量不能得到充分利用。如果适当掺一些劣质煤（褐煤或高灰分、低挥发分煤），不但不会降低热效率，有时还能提高。使用动力配煤比单烧劣质煤热效率可以提高20%以上，综合热效率可提高5%—10%。充分利用某单煤之长，抑制某单煤之短，根据不同的炉型，搭配不同的煤种，充分利用燃料的热量，满足炉型的设计要求，使锅炉热效率达到或接近设计水平。

按普通烟煤设计的小型工业锅炉，单烧优质焦煤容易出现结焦现象，阻碍供风，炉渣含碳量高，热效率下降。若单烧劣质煤效果则更差。使用动力配煤着火快、不结焦、火焰充满炉膛、炉况容易掌握，产气量可提高25%—50%。充分利用劣质煤，可节省大量煤炭资源，如沈阳因广泛采用动力配煤一年可节约煤炭15万吨。劣质煤在动力配煤中的使用，也减轻了使用单位的经济负担。

3. 商品混凝土流通加工

在许多工业发达国家，因直接采用混凝土加工形式在技术经济效果上优于直接供应工地并现场制作混凝土的方法，故被广泛采用。商品混凝土的流通加工形态，可大量减少水泥流通过程中破袋、遗洒、飞散等损失。

商品混凝土的集中搅拌，可以采取准确的计量手段，选择最佳的工艺；可以综合考虑外加剂及混合材料拌制不同的混凝土，可以在提高混凝土质量的同时，节省水泥，提高生产率。例如，制造1立方米混凝土的水泥使用量，采用集中搅拌能比分散搅拌少使用20—30千克。

商品混凝土流通加工与分散加工相比，在相同生产能力下，集中搅拌的设备投资、人力和电力消耗等方面，都能大幅度降低。由于集中搅拌的设备固定不动，可以避免因经常拆建所造成的设备损坏，从而延长设备寿命。

采用商品混凝土流通加工，可以使水泥物流更加合理。这是因为集中搅拌站与水泥厂之间可以形成固定的供应渠道。这样流通路线的数目大大少于分散使用水泥的路线数目。在相应减少的供应路线中，水泥较容易采用高效率、大批量的输送形态，有利于提高水泥的散装率。

采用商品混凝土流通加工方式，还有利于新技术的推广应用，简化工地管理手续，节约施工用地，减少加工费用。

4. 平板玻璃的流通加工

平板玻璃由用户进行分散加工材料利用率为62%—65%，而采用集中加工后可提高到90%以上。平板玻璃集中套裁可以从生产企业直达加工中心，从而降低由于分散加工和多次运输造成的破损率。

5. 木材流通加工

木材流通加工可以使木材的综合利用率达到90%以上。

木材流通的深加工极大地增加了木材产品的附加值，增加了流通企业的利润。随着流通加工技术的含量不断提高，生产成本和流通费用不断下降，最大限度地提高了流通加工的经济效益。

对造纸用木材，如采用原木运输，因其体积大、重量轻，车、船不易满载。采用磨制原木成木魉屑的加工技术，然后采用压缩方法运输可以比直接运输原木节约50%的运费。

三、保税区的加工贸易

由于保税区采用的是中国海关总署颁布的《保税区海关监管办法》，对区内实行的是"境内关外"的政策。因此，在进出口物资物流、加工贸易保税料件物流方面拥有非常大的优势，而且这些优势是在完全合法的海关操作下进行的。

根据《保税区海关监管办法》的规定，加工贸易企业将进口原材料存于保税区未领用前视同未进料、加工贸易企业生产的成品出口到保税区视同出口可办理核销手续。目前，在保税区外的加工贸易企业可以利用保税区的这一功能相对减轻加工贸易政策造成的一些不便和资金压力。

加工贸易企业将进口料存于保税区，生产时再领用，再办理保证金台账制度，再交"实转"资金。生产完立即出口到保税区，进行台账核销，取回"实转"资金，这样可以节省"实转"占用的资金。

由于深加工结转业务目前管理非常严格，如果保税区外的加工贸易企业将需要转厂的产品出口到保税区，需要加工的企业再在保税区领料进行加工，从而使深加工结转的手续变成海关已经批准的出口和进口两部分手续，这样，非常难办的手续就简化为非常简单的一般化手续。

（一）加工贸易企业的审批

加工贸易企业原则上由省级外经贸部门审批，或授权部分给外经贸部门审批，发放《加工贸易业务批准证》；由地方保税区管理委员会审批并发放《加工贸易业务批准证》。

（二）加工贸易企业的分类管理

海关对加工贸易企业实行分类管理：

（1）A 类，无走私违法行为的保税工厂，海关派人驻厂监管，进口料件不实行银行保证金台账制度。此类企业需要海关总署和国家外经贸部审批认定。新设立的加工贸易企业没有被认定的资格。

（2）B 类，无走私违法行为的保税工厂，继续实行银行保证金台账制度，部分采用"空转"，部分采用"实转"。

（3）C 类，经海关认定有违规行为的保税工厂，实行银行保证金台账制度实转制度，即对进口的保税料件收取应征进口税款的保证金。

（4）D 类，经海关认定有三次以上走私行为的企业，停止其加工贸易经营权及进出口业务一年。

（三）加工贸易的商品分类管理

海关对加工贸易进口料件实行商品分类管理：

（1）禁止类，外贸相关法律和规定禁止进口的商品不能进行加工贸易。

（2）限制类，指差价大的不易监管的敏感商品，除 A 类企业外其他企业均实行银行保证金台账实转。

（3）允许类，上述两类外的商品，除 D 类企业外，其他加工贸易企业实行银行保证金台账空转。

（四）加工贸易产品的内销

严格控制，确需内销的，要经原合同审批机关的上一级外经贸主管部门批准。批准后，海关对进口料件征税并计收自进料之日起的税款利息。未经批准而内销的，按走私处理。可以进行内销的，海关补征税款，但不计征税款利息。料件100%进口的，按成品征税；部分是国产的，只征收进口部分料件的关税。采用合理的运转方式，内销进口可以不用审批，而同时用完全合法的手续进行内销，海关所征收的税款可采用原材料的关税。

（五）其他方面

不属于国家产业目录鼓励类的专案，其加工贸易所需的进口设备要交纳海关关税并且具备相应进口许可证。

企业所得税根据不同地区，其税率从15%—33%不等；并在此税率上实行"两免三减半"的政策（减半时为7.5%—16.5%）。

外汇方面，按国内的外汇管理办法进行监管。

所有保税区内的加工贸易专案的进口设备、办公用品均免关税和许可证；全部按15%的企业所得税率进行征收，并在此税率上实行"两免三减半"的政策（减半时为7.5%）。按《保税区外汇管理办法》进行外汇管理。

第三节 配送的概念

一、历史对"配送"的主要解释

我国早期引进配送概念时认为："配送"一词是日本引进美国物流科学时，英文原词delivery的意译。delivery如果直译为中文，是"提交""递交""交付""交货"的意思。有些学者则认为，delivery只是配送中的最后一个环节，而不是全部，因此把"配送"翻译成"delivery"是不准确的。英文distribution中有"销售""流通""分配""分销"的多层含义，虽在英汉词典中没有"配送"的解释，但是像沃尔玛连锁店使用的"distribution"包括进货、分拣、储存、拣选、组配、送货等作业环节，可见distribution一词更接近我们讨论的"配送"。

西方对"配送"概念的解释，可从英文distribution的含义中理解。在日本的一些书籍中，对配送的解释也有所不同。

日本文部省审定的物流培训教材中，将配送定义为："最终将物品按指定时间安全准确交货的输送活动"。

在日本日通综合研究所编写的《物流知识》中，则将配送定义为："与城市之间和物流据点之间的运输相对而言，将面向城市内和区域范围内需要者的运输，称之为'配送'"。

同样是日通综合研究所编写的1991年版日本的《物流手册》中除有上述意义外，还将配送定义为："从配送中心到客户之间，物品的空间移动"。

上述定义的共同点，都体现出配送是物流的最终效应。但是，由于它多从业务现象上描述，故存在容易与旧式的送货方式相混淆的问题。显然，日本人对配送的一个重要认识是，配送局限在一个区域（城市）范围内，而且从生产性质来看，配送是一种运输形式。

二、配送的概念

我国国家标准对配送的定义为:"在经济合理区域范围内,根据客户要求,对物品进行拣选、加工、包装、分割、组配等作业,并按时送达指定地点的物流活动"(GB/T 18354-2006)。

定义中配送的范围是"在经济合理的区域范围内"。这个"经济合理的区域"是指配送客户网络所形成的区域,区域的大小没有明确规定,可以是城市内的某一城区,或某一城市,甚至多个城市形成的更大的地区。随着配送管理水平的不断提高,配送区域范围不断扩大,配送会在更大的范围内进行资源整合。现在,美国开展了州际配送,日本的不少配送也是全国性的配送。

配送一般包括备货、储存、分拣及配货、包装、加工、配装、配送、运输等基本功能要素。配送的一般流程如图 7-2 所示:

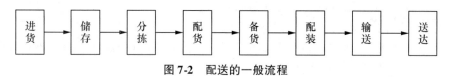

图 7-2 配送的一般流程

并不是所有的配送都按上述流程进行。不同产品的配送可能有独特之处,如燃料油配送就不存在配货、分拣、配装工序;生鲜食品往往又增加了流通加工程序,而流通加工又可能在不同环节出现等。

上述配送的定义主要包含以下几层含义:

(1) 配送是按用户的要求进行的。用户对物资配送的要求包括数量、品种、规格、供货周期、供货时间等。

(2) 配送是由物流据点完成的。物流据点可以是物流配送中心、物资仓库,也可以是商店或其他物资集疏地。

(3) 配送是流通加工、整理、拣选、分类、配货、配装、末端运输等一系列活动的集合。

(4) 配送在将货物送交收货人后即告完成。

(5) 配送应在"在经济合理的区域范围内"进行。

三、对配送进一步的认识

配送是物流的一种特殊职能,是最能体现物流现代化发展的标志之一。物流的储存、运输等功能,无论在物流发达国家还是在物流相对落后的国家,只存在水平高低的差别;而配送在物流技术和物流管理落后的条件下,很难得以实现。

(一) 配送与送货的区别

(1) 送货主要体现为生产企业和商品经营企业的一种推销手段,通过送货达到多销售产品的目的;而配送则是社会化大生产、高度专业化分工的产物,是流通社会化的发展趋势。

(2) 送货方式对用户而言只能满足其部分需求,这是因为送货人有什么送什么;而配送则将用户的要求作为目标,具体体现为用户要求什么送什么,希望什么时候送便什么时候送。

(3) 送货通常是送货单位的附带性工作,也就是说送货单位的主要业务并非送货;而配送则表现为配送部门的专职,通常表现为专门进行配送服务的配送中心。

(4) 送货在流通中只是一种服务方式;而配送则不仅是一种物流手段,更重要的是它还是一种物流体制。

(二) 配送与商流的关系

配送是重要的物流手段,同时也是重要的商流形式。配送将销售与供应结合起来,使其一体化,这种特殊的购销形式成为商品流通的新形式,有利于市场向更深层次发展。

1. 配送与市场营销存在十分密切的关系

客户是营销渠道的最终目的地,物流配送是实现客户要求,处理和递送客户的订货。由此可以这样理解:配送是通过订货启动了的物流活动。实物配送是处理和递送客户的订货,使客户在时间和空间的需求成为营销的一个整体组成部分。

2. 配送系统具有把制造商、批发商和零售商与营销渠道联系在一起的能力

配送是从制造商流向下游客户所进行的作业,虽然市场营销与制造之间的接触面会有冲突,但从物流角度上观察,配送可以把厂商和客户联系起来,把营销和制造的开拓理念转变成一种综合的努力。

3. 物流配送成为市场营销战略的重要功能

配送被视为企业的战场,市场营销发展战略离不开配送的支持。配送体系的建设和设计要求易于对市场作出快速响应,销售企业的配送响应能力是整个市场营销战略中最重要的功能之一。

4. 配送的完成周期所涉及的活动

美国著名物流学者唐纳德·鲍尔索克斯在他的《物流管理》一书中指出:配送的完成周期所涉及五个相关的活动,即订货传输、订货处理、订货选择、订货运输和客户递送。它们之间的关系如图7-3所示:

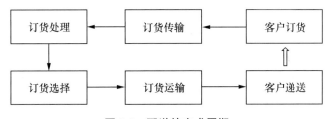

图7-3 配送的完成周期

(三) 配送与其他物流功能

如果说储存、运输、包装、流通加工等物流功能是相对独立的话,那么,配送则是包含上述物流功能的集合。

物资配送的物流据点是物资的集疏地,一般具备物资储存的功能,从仓储管理角度上看,也常被人们看做一种特殊的出库方式。

"二次运输""支线运输""末端运输"成为配送的代名词,运输是配送实现的最后一个环节。

流通加工对实现物资配送的影响极大。流通加工是配送的前沿,是衔接储存与末端运输的关键环节,一个功能完善的配送中心是离不开加工活动的。

综上所述,配送几乎涵盖了物流的各种功能,其他还包括包装、装卸等,这就为配送的组织工作带来了相当大的难度。

(四)配送使企业实现"零库存"成为可能

企业为保证生产持续进行,依靠供应库存(经常储备和保险储备)向企业内部的各生产工位进行物资供应。如果社会供应系统除能担负起企业的外部供应的业务外,还能实现内部物资供应的话,那么企业的"零库存"就成为可能。理想的配送恰恰具有这种功能,由配送企业进行集中库存,取代原来分散在各个企业的库存,这就是配送的最高境界。这一点在物流发达国家和我国一些企业的实践中已得到证明。

第四节 配送的类型

一、按配送商品的种类和数量分类

(一)少品种(或单品种)、大批量配送

当生产企业所需的物资品种较少或只需要某个品种的物资,而需要量较大、较稳定时,可实行这种配送方式。由于这种配送方式数量大,又不必与其他物资进行配装,可使用大吨位车辆进行整车运输。这种形式多由配送中心直送用户。由于配送量大、品种单一或较少,涉及配送中心内部的组织工作比较简单,因而这种配送成本一般较低。

(二)多品种、少批量、多批次配送

多品种、少批量、多批次配送是按用户的要求,将所需的各种物资配备齐全后,由配送据点送达用户。现代企业生产除了需要大量少数几种主要物资外,也需要更多品种但数量较少的其他非主要物资。如果采用大批量、少批次配送,必然会造成用户增大库存量。相反,若采用少批量、多批次的配送则有利于企业合理安排生产。这种配送方式在现代化生产趋于消费多样化、需求多样化的发展中具有明显的优势。显然,配送中要实现这种多品种、少批量、多批次的配送,则对配送作业水平要求高。它除了要求配送中心设备、作业水平要有相当的规模和高技术外,还要求配送计划的严谨性和各种作业环节的协调性所表现出来的管理的高水平。

(三)成套、配套配送

按企业生产需要,尤其是装配型企业的生产需要,将生产每一台件所需的全部零部件配齐,按生产节奏定时送达生产企业,随即可将此成套零部件送入生产线装配产品。在这种配送方式中,配送中心承担了生产企业大部分供应工作,有利于生产企业实现"零库存",从而专注于生产。

二、按配送时间及数量分类

(一) 定时配送

这是一种按规定的时间间隔进行的配送。这里的时间间隔是由配送中心和生产企业相互研究决定的,可以是数天,也可以是数小时。每个时间间隔配送的品种及数量可按计划执行,也可在配送之前以商定的联络方式(电话、计算机终端联系等)通知配送品种及数量。这种方式时间固定,易于安排工作计划,易于计划使用设备,对用户也利于安排接运人员和接运作业。但是,由于物资备货前品种和数量通知较晚,配货、配装工作紧张,难度较大,一旦配送要求与常规变化较大时,会使配送运力和其他工序作业出现困难。

但是由于配送的商品种类,数量不确定,配货,配装,运输的难度较大,在具体运作时,也会对运力的合理安排造成困难。较理想的定时配送形式主要有两种:

1. 日配形式

日配是定时配送中广泛采纳的一种形式,尤其是在城市内的配送活动中,日配占了绝大比例。一般地,日配的时间要求大体是,上午的配送订货下午送达,下午的配送订货第二天送达,即实现在订货发出后 24 小时之内将货物送到用户手中。开展日配方式,可使用户基本上无须保持库存,就能实现生产的准时和销售经营的连续性。

2. 准时—看板方式

准时—看板方式是实现配送供货与生产企业保持同步的一种配送方式,与日配方式和一般定时配送方式相比,这种方式更为精确,配送组织过程也更加严密。该配送方式要与企业生产节奏同步,每天至少一次,甚至几次,以保证企业生产的不间断。这种配送方式的目的是实现供货时间恰好是用户生产之时,从而保证货物不需要在用户的仓库中停留,可直接运送至生产现场,实现零库存。

准时—看板方式较适合于装配型、重复生产的用户,其所需配送的货物是重复的、大量的,因而往往是一对一的配送。

(二) 定量配送

定量配送是按规定的批量在一个指定的时间范围内进行的配送。定量配送,由于数量的相对固定,备货工作从而相对简单。由于时间不严格规定,因而可以将不同用户所需的物品拼凑整车运输,运力利用较充分。定量配送还有利于充分发挥集合包装的优越性,运用托盘、集装箱及相关的运输设备,提高配送效率。由于每次配送的数量保持不变,因此不够机动灵活,有时会增加用户的库存。

(三) 定时定量配送

定时定量配送是按规定的时间、规定的货物品种和数量进行的配送。这种配送兼有定时配送和定量配送两种方式的优点。这种方式计划性强,对配送组织要求较高,不太容易做到既与用户的生产节奏保持合拍,同时又保持较高的配送效率,在实际操作中较为困难。一般适用于需要量较大而且生产相对稳定的汽车制造、家用电器、机电产品等物料供应领域。

（四）定时定线路配送

定时定线路配送是指在规定的运行线路上，制定配送车辆到达的时间表，按运行时间表进行配送。用户可以按照配送企业规定的线路及规定的时间到指定的位置接货，是一种高水平的配送服务方式。这种配送形式一般事先由配送中心与用户签订配送协议，双方严格按协议执行，即按照确定的周期、确定的货物品种和数量及确定的用户进行。这种配送适用于重点企业和重点项目的需要，对于保证物资供应、降低企业库存非常有利。

（五）即时配送

这是一种完全按用户要求的物资配送时间、配送数量，随即进行配送的一种方式。由于即时配送具有很高的灵活性，用户可以用即时配送来代替保险储备，从而实现企业的零库存。由于这种配送形式完全按照用户的要求来进行，因而配送的计划性较差，很难做到充分利用运力，配送成本很高，难以作为经常性的服务，只能是已确定长期固定关系的配送服务的补充和完善。

三、按配送的组织形式分类

1. 销售配送

销售配送是指销售性企业作为销售战略一个环节所进行的促销型配送。这种配送的配送对象和配送客户往往是不固定的，配送的经营状况也取决于市场状况。销售配送对扩大商品的销售数量、扩大市场占有率、获得更多的销售收益起到重要的作用。但是销售配送因随机性较强，故计划性较差。各种类型的商店配送一般多属于销售配送。

2. 供应配送

供应配送是指企业为了自己的供应需要所采取的配送形式，往往由企业或企业集团组建配送据点，集中组织大批量进货（取得批量优惠），然后向本企业或本企业集团的若干企业进行配送。用配送方式进行供应，是保证供应水平、提高供应能力、降低供应成本的重要方式。

3. 销售—供应一体化配送

销售企业对于基本固定的客户和基本确定的配送产品可以在自己销售的同时承担客户供应者的职能，既是销售者同时又是客户的供应代理人。这种配送对销售者来讲，能获得稳定的用户和销售渠道，有利于本身的稳定持续发展，有利于扩大销售量。销售者能有效控制进货渠道，因而可大大提高供应程度。对于客户来说，除获得稳定的供应以外，它们可大大节约本身为组织供应所耗用的人力、物力、财力，也可以减少自己的供应机构，而转由委托销售者代理。

4. 代存代供配送

代存代供配送是用户将属于自己的货物委托配送企业代存、代供、代订、代配送的组织形式。这种配送在实施时不发生商品所有权的转移，配送企业只是客户的委托代理人。商品所有权在配送前后都属于客户所有，所发生的仅是商品物理位置的转移。配送企业仅从代存、代送中获取收益，而不能获得商品销售的经营性收益。

四、按配送的组织形式不同分类

（一）集中配送

集中配送是由专门从事配送业务的配送中心对多家用户开展的配送。配送中心规模大、专业性强，与用户可确定固定的配送关系，实行计划配送。集中配送的品种多、数量大，一次可同时对同一线路中的几家用户进行配送，配送效益明显。

（二）共同配送

共同配送又称协同配送，是在同一个地区，许多企业在物流运输中互相配合、联合运作，共同进行理货、配货、发送等活动的一种配送组织形式。这种配送有两种情况：一是中小生产企业之间分工合作实行共同配送；另一种是几个中小型配送中心合作实行共同配送。前者是在同一行业或同一地区的中小型生产企业单独进行配送的运输量少、效率低的情况下，进行联合，实行共同配送。这种配送不仅可减少企业的配送费用，补充薄弱的企业和地区的配送资源，而且有利于缓和城市交通拥挤，提高配送车辆的利用率。后者是针对某一地区的用户，由于所需物资数量少、配送车辆利用率低等原因，几个配送企业将用户所需的物资集中起来，共同制订配送计划，实行共同配送。

（三）分散配送

对小量、零星货物或临时需要的配送业务一般由商业销售网点进行。商业销售网点具有分布广、数量多、服务面宽等特点，比较适合开展对距离近、品种繁多而用量小的货物进行配送。

五、按照配送采用模式的不同分类

（一）物流配送的模式

从物资配送概念的内涵及运作的实际现状，物流配送的模式可以分为三种主要类型：

1. 集货型配送模式

如图7-4所示，这种模式主要针对上游的采购物流过程进行创新而形成。其上游生产具有相互关联性，下游互相独立，上游对配送中心的依存度明显大于下游；上游相对集中，而下游相对分散。同时，这类配送中心也强调其加工功能。该配送模式适于成品或半成品物资的推销，如汽车配送中心。

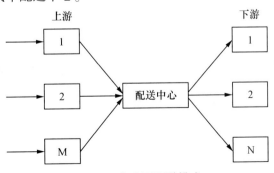

图7-4 集货型配送模式

2. 散货型配送模式

这种模式主要是对下游的供货物流进行优化而形成。上游对配送中心的依存度小于下游，而且配送中心的下游相对集中或有利益共享。采用该配送模式的流通企业，其上游竞争激烈，下游需求以多品种、小批量为主要特征，适于原材料或半成品物资配送，如机电产品配送中心。

3. 混合型配送模式

这种模式综合了上述两种配送模式的优点，并对商品的流通全过程进行控制，有效地克服了传统物流的弊端。采用这种配送模式的流通企业规模较大，具有相当的设备投资，如区域性物流配送中心。在实际流通中，采用该配送模式的企业多采取多样化经营，从而降低了经营风险。这种运作模式比较符合新型物流配送的要求，特别是电子商务环境下的物流配送。

（二）连锁超市的配送模式

连锁超市主要有三种典型的配送模式：

1. 供应商直接配送模式

供应商直接配送模式主要表现为大型生产企业提供的外在条件和部分商品的运输要求使得连锁超市越来越多地采用直接配送模式，如图 7-5 所示。正常情况下，这种配送模式比较适用于店铺数量少、单店规模大、采购能力大的超市，典型的采用供应商配送模式的超市是家乐福超市。

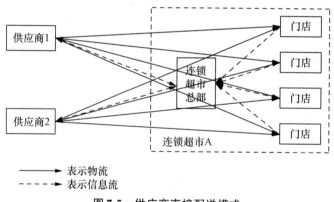

图 7-5　供应商直接配送模式

2. 自营配送模式

自营配送模式即连锁超市各自独立组建配送中心，实现对内部各个分店的商品供应配送的模式，如图 7-6 所示。自建的配送中心可以在连锁超市内形成一个稳定运行、完全受控的物流配送系统，满足超市对于商品多品种、多批次、低数量的及时配送的要求，既有利于保证和保持良好的服务水平，又便于连锁总部对超市物流配送各个环节的管理和监控。自营配送模式在满足超市分店的商品供应方面发挥了巨大的作用，在一定程度上满足了连锁超市的配送要求。一般而言，采取自营配送模式的连锁超市大都是实力较强的超市公司，这样才能保证初期资金的投入，同时有足够规模的配送量，保证配送规模效益引起的成本减少大于建设运营配送中心造成的成本增加。对于资金缺乏、配送规模较小、管理水平较落后的超市,特别是中小型超市来说,采用自营配送模式的困难较大。

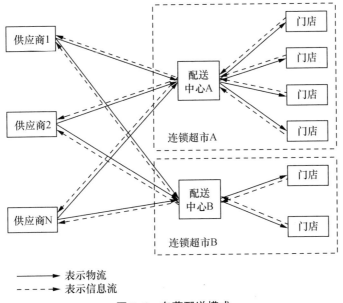

图 7-6　自营配送模式

3. 第三方物流配送模式

随着市场竞争的日益激烈和流通费用的不断上升,很多企业都采用第三方物流企业来进行商品的配送。对于连锁超市目前普遍资金短缺、单体规模较小、物流配送量相对较少的状况,如果能以较低的成本获得配送服务,那它们通常会采用借助于第三方物流企业来完成它们的物流配送业务,如图 7-7 所示。

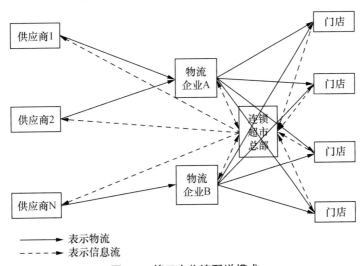

图 7-7　第三方物流配送模式

第五节 配 送 中 心

配送中心系指专门从事配送工作的物流节点,指"从事配送业务且具有完善的信息网络的场所或组织"(GB/T 18354-2006),应基本符合下列要求:
(1) 主要为特定客户或末端客户提供服务;
(2) 配送功能健全;
(3) 辐射范围小;
(4) 提供高频率、小批量、多批次配送服务。

具体来说,配送中心是从供应者那里接受各种货物,经过倒装、分类、保管或流通加工等作业,然后根据用户的订货要求,将货物配齐、装车,送交收货人的配送设施。

一、配送中心的分类

(一) 按"销售主体"划分

1. 生产厂商配送中心

这种配送中心是以流通管理能力极强的厂家,在建立零售制度的同时,通过配送中心迅速向用户配送的体制。

2. 以"批发"为主的配送中心

这种配送中心将各生产厂家的商品集中起来。配送的商品可以是单一品种,也可以是多样品种;配送的对象主要是零售商,也可以是直接用户。

3. 以"零售"为主的配送中心

零售商在零售中心将来自不同方面的货物在配送中心集中,然后通过配送形式将货物送至其所属的各商店进行计划配送。

(二) 按配送中心的层次划分

1. 主配送中心

主配送中心是从工厂接受配送货物,并由其他下一级配送中心(子配送中心)进行输送的形式。主配送中心地理位置一般是地方的中心城市,配送的对象相对繁多。

2. 子配送中心

子配送中心是处于主配送中心和配送用户的中间环节。子配送中心完成配送的货物由主配送中心经常有效地补充。从地理位置看,局部处于某中心城市的地带,配送的货物种类相对较少。

(三) 按配送中心的服务对象划分

1. 面向最终消费者的配送中心

这种配送中心的业务特点是将商品由配送中心直接送达消费者手中。一般来说,家具、大型家用电器等商品适合于这种方式。

2. 面向制造企业的配送中心

根据制造企业的生产需要,将生产所需的原材料或零配件,按照生产计划的安排,送达企业的仓库或直接运送到生产现场。此类型的配送中心承担了生产企业大部分的供应工作,减少了企业物流作业活动,也为企业实现零库存经营提供了物流条件。

3. 面向零售商的配送中心

这种配送中心按照零售店铺的订货要求,将各种商品备齐后送达零售店铺,如为连锁店服务的配送中心和为百货店服务的配送中心。

(四) 按运营主体的不同划分

1. 以制造商为主体的配送中心

这种配送中心里的商品是由自己生产制造,用以降低流通费用、提高售后服务质量和及时地将预先配齐的成组元器件运送到规定的加工和装配工位。从商品制造到生产出来后包装和条码配合等多方面都较易控制,所以按照现代化、自动化的配送中心设计比较容易,但不具备社会化的要求。

2. 以批发商为主体的配送中心

批发是商品从制造者到消费者手中之间的传统流通环节之一,一般是按部门或商品类别的不同,把每个制造厂的商品集中起来,然后以单一品种或搭配向消费地的零售商进行配送。这种配送中心的商品来自各个制造商,它所进行的一项重要的活动是对商品进行汇总和再销售,而它的全部进货和出货都是社会配送的,社会化程度高。

3. 以零售业为主体的配送中心

零售商发展到一定规模后,就可以考虑建立自己的配送中心,为专业商品零售店、超级市场、百货商店、建材商场、粮油食品商店、宾馆饭店等服务,其社会化程度介于前两者之间。

4. 以仓储运输业者为主体的配送中心

这种配送中心的优势是运输配送能力。如水路、铁路和公路枢纽,地理位置优越,可迅速将到达的货物配送给用户。它提供仓储货位给制造商或供应商,而配送中心的货物仍属于制造商或供应商所有,配送中心只是提供仓储管理和运输配送服务。这种配送中心的现代化程度往往较高。

二、配送中心的运作

(一) 配送中心的经营策略

配送中心的配送活动增加了产品价值,有利于提高企业的竞争力,但完成配送活动是需要付出代价的,即需配送成本。配送中心对配送管理的目标即在满足一定的客户服务水平与配送成本之间寻求平衡。

1. 差异化策略

差异化策略的指导思想是:产品特征不同,客户服务水平也不同。

当配送中心备有多种产品时,不能对所有产品都按同一标准的客户服务水平来配送,可按产品的特点、销售水平,设置不同的库存、采用不同的运输方式和不同的储存地点,忽视产品的差异性会增加不必要的配送成本。

2. 合并策略

合并策略包含两个层次,一是配送方法上的合并,另一个则是共同配送。

配送方法上的合并表现在安排车辆完成配送任务时,充分利用车辆的容积和载重量,做到满载满装是降低成本的重要途径。由于产品品种繁多,不仅包装形态、储运性能不一,在容重方面,也往往相差甚远。一车上如果只装容重大的货物,往往是达到了载重量,但容积空余很多;只装容重小的货物则相反,看起来车装得满,实际上并未达到车辆载重量。这两种情况实际上都造成了浪费。实行合理的轻重配装、容积大小不同的货物搭配装车,就可以不但在载重方面达到满载,而且也充分利用车辆的有效容积,取得最优效果。最好是借助电脑计算货物配车的最优解。

在中心机构的统一指挥和调度下,各配送主体以经营活动(或以资产为纽带)联合行动,在较大的地域内协调运作,共同对某一个或某几个客户提供系列化的共同配送服务。这种联合配送,不仅可减少企业的配送费用,配送能力得到互补,提高配送效率,而且有利于提高配送车辆的利用率,缓和城市交通拥挤。

3. 混合策略

混合策略是指配送业务部分由企业自身完成。这种策略的基本思想是,尽管采用纯策略(即配送活动要么全部由企业自身完成,要么完全外包给第三方物流完成)易形成一定的规模经济,并使管理简化;但由于产品品种多变、规格不一、销量不等等情况,采用纯策略的配送方式超出一定程度不仅不能取得规模效益,反而还会造成规模不经济。而采用混合策略,合理安排企业自身完成的配送和外包给第三方物流完成的配送,能使配送成本最低。

4. 延迟策略

传统的配送计划安排中,大多数的库存是按照对未来市场需求的预测量设置的,这样就存在着预测风险。当预测量与实际需求量不符时,就出现库存过多或过少的情况,从而增加配送成本。

延迟策略的基本思想就是对产品的外观、形状及其生产、组装、配送应尽可能推迟到接到客户订单后再确定。一旦接到订单就要快速反应,因此采用延迟策略的一个基本前提是信息传递要非常快。实施延迟策略常采用两种方式:生产延迟(或称形成延迟)和物流延迟(或称时间延迟)。配送中往往存在着加工活动,所以实施配送延迟策略既可采用生产延迟方式,也可采用时间延迟方式。具体操作时,常常发生在诸如贴标签(生产延迟)、包装(生产延迟)、装配(生产延迟)和发送(物流延迟)等领域。

5. 标准化策略

标准化策略就是尽量减少因品种多变而导致附加配送成本,尽可能多地采用标准零部件、模块化产品。采用标准化策略要求厂家从产品设计开始就要站在消费者的立场去考虑怎样节省配送成本,而不要等到产品定型生产出来了才考虑采用什么技巧降低配送成本。

(三) 配送作业环节

配送中心通过集货、储存、分货、配货、装车、运送等一系列作业环节,最终完成众多的配送任务。

1. 订单处理

订单处理是指配送中心接受用户订货信息、核对库存、制作各种票据,按照订货要求做好相应的配送准备工作。

2. 集货

为了实现按用户要求配送货物,首先必须从生产企业接受准备配送的客体,即种类繁多的大量货物。从批量上看,集货的批量远大于配送批量,这体现了配送中心"集疏"的作用。从品种、规格、型号上看,配送的集货要全面满足配送对象的要求。

3. 储存

为保证正常配送的需求,特别是即时配送的需要,配送中心必须保持一定数量的储备。为了保证配送物资的质量,配送中心必须对集货来的物资进行检验和保管。由于配送储存与一般的商业中转储存区别较大,前者在周转速度上要快,也就是货物在配送中心停留时间较少,因此,较之后者在特定的保管保养方面要求相对较差。国外配送中心的资料表明,配送中心储存的品种多,单项数量相对少,而总储量大。因此,具有充足的分类货位是十分必要的。国外有些配送中心的货位(大多为自动化仓库的货格)达上万个以至于几万个。

4. 拣选、分货与配货

拣选是将储存的货物按用户的要求分拣出来,送到指定的发货场所,这是配送中心主要的作业环节。拣选工作是难以采用机械完成的作业,主要依靠人工来实现。

分货与配货作业主要有两种方式:

一是"播种"方式。这是将需要配送的数量较多的同种物资集中搬运到发货场所,然后将每一货位所需的数量取出,分放到每一货位处(每一个货位是一个用户的需要量),直至配货完毕。

二是"摘果"方式。这是一种用搬运车辆巡回于储存场所,按配送要求从每个货位上拣选出物资,巡回完毕则完成一次配货作业。

上述两种方法除单独使用外,也可混合使用。

5. 装车

将配好的货位,按送达地点或到达路线进行装车。由于配送货物的品种繁多、情况各异,包装各不相同,数量差别也很大。为使货载整齐,防止混载现象,多采用各种集合形式。为提高车辆的装载率,集装容积和重量应同运输车辆的容积和载重量相适应。

6. 输送

将各用户货物组合装车后,发货车辆按计划路线,将货物送达用户。为了充分发挥配送效率,做到时间少、距离短、成本低、费用省,应在输送前选择最理想的输送路线。输送路线的选择可以采用各种数学方法和在数学方法基础上发展和演变出来的经验方法。

三、新型物流配送中心

(一) 新型物流配送中心的特征

根据国内外物流配送业的发展情况,在电子商务时代,信息化、现代化、社会化的新型物流配送中心可归纳为以下几个特征:

1. 物流配送反应速度快

新型物流配送服务提供者对上游、下游的物流配送需求的反应速度越来越快,前置时间越来越短,物流配送速度越来越快,商品周转次数越来越多。

2. 物流配送功能集成化

新型物流配送侧重于将物流与供应链的其他环节进行集成,包括物流渠道与商流渠道的集成、物流渠道之间的集成、物流功能的集成、物流环节与制造环节的集成等。

3. 物流配送服务系列化

新型物流配送强调物流配送服务功能的恰当定位与完善化、系列化,在内涵上提高了以上服务对决策的支持作用。除了传统的储存、运输、包装、流通加工等服务外,还在外延上扩展至市场调查与预测、采购及订单处理,向下延伸至物流配送咨询、物流配送方案的选择与规划、库存控制策略建议、货款回收与结算、教育培训等增值服务。

4. 物流配送作业规范化

新型物流配送强调功能作业流程、运作的标准化和程序化,使复杂的作业变成简单的、易于推广与考核的运作。

5. 物流配送目标系统化

新型物流配送从系统角度统筹规划一个公司整体的各种物流配送活动,处理好物流配送活动与商流活动及公司目标之间、物流配送活动与物流配送活动之间的关系,不求单个活动的最优化,但求整体活动的最优化。

6. 物流配送手段现代化

新型物流配送使用先进的技术、设备和管理为销售提供服务,生产、流通和销售规模越大、范围越广,物流配送技术、设备和管理越现代化。

7. 物流配送组织网络化

为了保证对产品销售提供快速、全方位的物流支持,新型物流配送要有完善、健全的物流配送网络体系,网络上点与点之间的物流配送活动要保持系统性和一致性,这样可以保证整个物流配送网络有最优的库存总水平及库存分布,运输与配送快捷、机动,既能铺开又能收拢。分散的物流配送单体只有形成网络才能满足现代生产与流通的需要。

8. 物流配送经营市场化

新型物流配送的具体经营采用市场机制,无论是企业自己组织物流配送,还是委托社会化物流配送企业承担物流配送任务,都以实现服务成本与服务目的的最佳配合为目标。

9. 物流配送流程自动化

物流配送流程自动化是指运送规格标准、仓储货位、货箱排列、装卸、搬运等按照自动化标准作业,商品按照最佳配送路线运行等。

10. 物流配送管理法制化

宏观上,要有健全的法规、制度和规则;微观上,新型物流配送企业要依法办事,按章行事。

11. 物流配送的电子化和数字化

新型的物流配送中心将全球定位系统、地理识别系统、电子数据交换技术、自动跟踪技术等电子化和数字化技术应用到配送活动中。

(二) 新型物流配送中心应具备的条件

1. 高水平的企业管理

新型物流配送中心作为一种全新的流通模式和运作结构,其管理水平要求达到科学化和现代化。只有通过合理的科学管理制度、现代化的管理方法和手段,才能确保物流配送中心基本功能和作用的发挥,从而保障相关企业和用户整体效益的实现。管理科学的发展为流通管理的现代化、科学化提供了条件,促进了流通产业的有序发展。同时要加强对市场的监管和调控力度,使之有序化和规范化。总之,一切以市场为导向,以管理为保障,以服务为中心,加快科技进步是新型物流配送中心的根本出路。

2. 高素质的人员配置

新型物流配送中心能否充分发挥其各项功能和作用,完成其应承担的任务,人才配置是关键。为此,新型物流配送中心的人才配置要求必须配备数量合理、具有一定专业知识和较强组织能力、结构合理的决策人员、管理人员、技术人员和操作人员,以确保新型物流配送中心的高效运转。

3. 高水平的装备配置

新型物流配送中心面对着成千上万的供应厂商和消费者及瞬息万变的市场,承担着为众多用户的商品配送和及时满足他们不同需要的任务,这就要求必须配备现代化装备和应用管理系统,尤其是要重视计算机网络的运用。专业化的生产和严密组织起来的大流通,对物流手段的现代化提出了更高要求,如对自动分拣输送系统、自动化仓库、旋转货架、AGV自动导向系统、商品条码分类系统、悬挂式输送机这些新型、高效、大规模的物流配送机械系统有着广泛而迫切的需求。自动分拣输送系统能将不同方向、不同地点、不同渠道运来的不同物资,按照类型品种、尺寸重量及特殊要求分拣输送后集中在指定的主库或旋转货架上,其输送速度高(最高达150米/秒)、分拣能力强(最高达3万件/小时)、规模大(机长高达几十米甚至数百米)、卸货及分拣的通道多(最多达200个以上)、适用的货物范围广。自动分拣输送系统和立体化库、旋转货架设备能适应市场需求,可以提供更完美的服务,在为多用户、多品种、少批量、高频度、准确、迅速、灵活等服务方面具有独特的优势。

(三) 几种新型的配送中心

1. 柔性配送中心

柔性配送中心是为了适应精益化生产而服务的配送中心。这种配送中心不向固定化、专业化方向发展,而向能随时变化、对用户要求有很强适应性、不固定供需的关系、不断向发展配送用户和改变配送用户的方向发展。

2. 供应配送中心

供应配送中心专门为某个或某些用户(如联营商店、联合公司)组织供应的配送中心。例如,为大型连锁超级市场组织供应的配送中心;代替零件加工厂送货的零件配送中心,使零件加工厂对装配厂的供应合理化。

3. 销售配送中心

销售配送中心以销售经营为目的,以配送为手段的配送中心。销售配送中心大体有三种类型：

第一种是生产企业为把本身产品直接销售给消费者的配送中心。在国外,这种类型的配送中心很多;

第二种是流通企业作为本身经营的一种方式,建立配送中心以扩大销售。我国目前拟建的配送中心大多属于这种类型,国外的例证也很多。

第三种是流通企业和生产企业联合的协作性配送中心。

比较起来看,我国和国外的发展趋向都是以销售配送中心为主的方向发展。

4. 区域配送中心

它是以较强的辐射能力和库存准备,向省际、全国乃至国际范围的用户配送的配送中心。这种配送中心配送规模较大,一般而言,用户也较多,配送批量也较大;而且,往往是配送给下一级的城市配送中心,也配送给营业所、商店、批发商和企业用户,虽然也从事零星的配送,但不是主体形式。这种类型的配送中心在国外十分普遍,如日本的阪神配送中心、美国的马特公司蒙克斯帕配送中心等都属于这种类型。

5. 流通配送中心

流通配送中心是基本上没有长期储存功能,仅以暂存或随进随出方式进行配货、送货的配送中心。这种配送中心的典型方式是,大量货物整进并按一定批量零出,采用大型分货机,进货时直接进入分货机传送带,分送到各用户货位或直接分送到配送汽车上,货物在配送中心里仅作少许停留。

▶ 课外阅读

交通运输部　公安部　国家发改委　工业和信息化部
住房城乡建设部　商务部　国家邮政局
《关于加强和改进城市配送管理工作的意见》(2013-02-28)

指 导 思 想

深入贯彻落实科学发展观,按照依法、高效、安全、环保的原则,以满足城市居民和经济社会发展需求为目的,以提高配送效率、降低物流成本为核心,理顺体制机制,落实管理职能,创新管理方式,优化配送模式,全面提升城市配送的公共服务能力、市场监管能力,着力解决城市配送车辆通行难、停靠难、装卸难等突出问题,探索构建服务规范、方便快捷、畅通高效、保障有力的城市配送体系,促进城市配送与城市经济社会发展相适应、相协调。

基 本 原 则

1. 多方联动,综合治理。在城市人民政府的统一领导下,加快完善城市配送管理体制机制,建立健全城市配送制度标准体系,明确各部门职责分工,加强部门间协调配合,综合运用法律、行政、经济等手段,创建城市配送管理工作新格局,推动城市配送规范、有序、高效发展。

2. 客货并举,均衡发展。正确处理城市配送快速发展与城市交通压力加剧的现实矛盾,在满足人民群众出行需求的同时,统筹兼顾城市配送需要,优化城市交通资源配置,实现"人便于行、货畅其流"。

3. 因地制宜，分类指导。结合城市规模、类型、产业结构和发展条件，根据不同配送货类、配送时段和配送区域的特点，科学规划城市配送发展目标，优化城市配送模式，制定适宜的交通管控措施，确保城市配送管理符合实际、适应需求。

4. 依靠科技，创新管理。加大城市配送科技研发投入和先进技术推广应用力度，加快城市配送专业人才和管理队伍培养，创新城市配送管理方式方法，及时消除不适应城市配送发展的制度障碍，鼓励多种形式的探索实践，不断提升城市配送科技支撑能力和创新管理能力。

总体目标

力争用5年左右的时间，基本建立起职能明确、运转高效、监管有力的城市配送管理体制和运行机制，形成城市配送管理法律法规、制度标准体系，城市配送规划引领作用得到发挥，城市配送基础设施明显改善，城市配送市场主体结构明显优化，城市配送车型得到广泛应用，城市配送车辆通行更加有序顺畅，城市配送运营效率明显提高，城市配送服务保障能力显著增强。

（资料来源：摘录中华人民共和国国家邮政局官网，交运发〔2013〕138号文件。）

思考题

名词解释

流通加工　　　　流通加工的经济效益　　　　流通加工合理化
配送　　　　　　配送中心　　　　　　　　　柔性配送中心

问答题

1. 流通加工产生的原因是什么？
2. 谈谈流通加工在市场上的地位。
3. 流通加工与生产加工有哪些区别？
4. 请举例说明流通加工的形式。
5. 请论述流通加工的直接经济效益和间接经济效益。
6. 请举例说明流通加工可以提高原材料的利用率。
7. 谈谈保税区的加工贸易。
8. 请你谈谈对配送进一步的认识。
9. 简述配送的完成周期所涉及的活动。
10. 为什么配送使企业实现"零库存"成为可能？
11. 配送作业的机械装备系统是由哪些子系统构成的？
12. 请谈谈你对我国进一步发展物流配送的设想。
13. 配送的类型是如何划分的？各种配送的含义是什么？
14. 配送中心是怎样分类的？
15. 配送中心的经营策略都有哪些？这些策略的含义是什么？
16. 简述配送中心的配送作业环节。
17. 分货与配货作业主要有哪两种方式？各是如何作业的？
18. 新型的物流配送中心具有什么特征？请结合几种新型的配送中心加以说明。

第八章

物流信息与信息系统

学习目的

深刻认识物流信息化是物流现代化管理的基础。没有物流的信息化,先进技术装备的高效率都不可能在物流领域中得以充分发挥。信息技术在现代物流中的应用将会彻底改变世界物流的面貌。

技能要求

掌握物流信息的概念和物流信息的特点;理解物流电子数据交换(EDI)的框架结构和系统的运作步骤;全面理解物流信息系统的构成和物流信息系统管理。

商流、物流、信息流是从流通内部结构描述流通过程的"三流"概念。"三流"之间关系极为密切,但是,从其本身的结构、性质、作用及操作方法来看,"三流"各有其特殊性,各有其独立存在的特点,又各有其本身运动的规律。物流信息不同于其他物流职能,它总是伴随其他物流功能的运行而产生,又不断对其他物流职能及整个物流起支持保障作用。

第一节　物流信息概述

一、信息是物流进步的基础

信息，是客观世界中各种事物状况及其特征的反映，是事物之间相互联系的表征。它包括各种消息、情报、资料、信号，更包括语言、图像、声音等多媒体数据。流通过程中的信息活动主要指的是信息的产生、加工、检索、存储及传递。

在物流领域中引进计算机系统，起初是从提高事务的处理效率、提高作业效率等物流活动的实际需要出发的。后来，计算机技术与通信技术迅速结合，进而发展成为支持整个物流活动的信息系统。再后来，就不仅仅局限于物流领域，而是把生产和销售环节结合在一起，形成整个经营信息系统，也就是实现了支持整个生产和销售的信息化。通过及时准确地提供信息流，以资金流实现商品的价值，以物流实现商品的使用价值。所以说，正是由于信息系统的使用才给予物流的发展以强大的支撑。信息是物流进步的基础，没有现代化的信息管理，就没有现代化的物流。

现代社会已逐渐步入电子商务时代。在电子商务时代，物流信息化是电子商务发展的必然要求。物流信息化主要表现为物流信息的商品化、物流信息搜集的数据库化及代码化、物流信息处理的计算机化及电子化、物流信息传递的实时化及标准化、物流信息存储的数字化等。由于电子数据交换技术与国际互联网的应用，物流效率的提高更多地取决于信息管理技术。当今社会中对电子计算机的普遍使用，提供了更多的需求和库存信息，并提高了物流信息管理的科学化水平，使产品的流动变得更加容易和迅速。可以说，物流信息化在未来的物流发展中将发挥日益重要的作用。这是因为，及时准确的信息有利于协调生产与销售、运输与存储等业务的开展；有利于优化供货程序，缩短交货周期；有利于降低库存等。所有这些都会极大地降低生产和物流的成本，提高服务水平。

"大数据"时代的到来为物流的信息化带来了革命性的变化。最早提出"大数据"时代的是全球知名咨询公司麦肯锡，麦肯锡称："数据，已经渗透到当今每一个行业和业务职能领域，成为重要的生产因素。人们对于海量数据的挖掘和运用，预示着新一波生产率增长和消费者盈余浪潮的到来。""大数据"在物理学、生物学、环境生态学等领域及军事、金融、物流、通信等行业存在已有时日，因为近年来互联网和信息行业的发展而引起人们的关注。"大数据"已成为继云计算、物联网之后信息行业又一大颠覆性的技术革命。

云计算主要为数据资产提供了保管、访问的场所和渠道，而数据才是真正有价值的资产。企业内部的经营交易信息，互联网世界中的商品物流信息，互联网世界中的人与人交互信息、位置信息等，其数量将远远超越现有企业IT架构和基础设施的承载能力；实时性要求也将大大超越现有的计算能力。如何盘活这些数据资产，使其为国家治理、企业决策乃至个人生活服务，是大数据的核心议题，也是云计算内在的灵魂和必然的升级方向。

物流信息化是物流现代化管理的基础。没有物流的信息化，先进技术装备的高效率都不可能在物流领域中得以充分发挥。信息技术及计算机技术在现代物流中的应用将会彻底改变世界物流业的面貌。

二、物流信息

1. 物流信息的概念

物流信息指的是在物流活动进行中产生及使用的必要信息,它是物流活动内容、形式、过程及发展变化的反映。

在物流活动中,物流信息流动于各个环节之中,并起着神经系统的作用,如图 8-1 所示。因此对物流信息的有效管理是物流现代化管理的基础和依据。

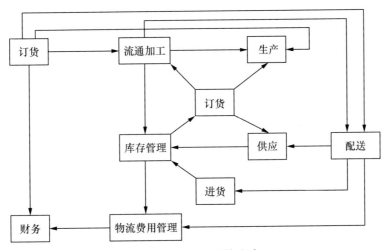

图 8-1 物流信息的流动

2. 物流信息的组成

物流信息一般由两部分组成:

(1) 物流系统内部信息。它是伴随着物流活动而发生的信息,包括物料流转信息、物流作业层信息、物流控制层信息和物流管理层信息。

(2) 物流系统外部信息。它是在物流活动以外发生的,但提供给物流活动使用的信息,包括供货人信息、客户信息、订货合同信息、交通运输信息、市场信息、政策信息,以及来自有关企业内部生产、财务等部门与物流有关的信息。

三、物流信息的特点

与其他领域的信息比较,物流信息主要反映了企业物流活动所具有的基本特征,具体表现在以下几个方面:

1. 信息量大、分布广

由于物流系统涉及范围广,在整个供应链的各个环节及各种活动中均会产生信息,为了使物流信息适应企业开放性、社会性的发展要求,必须对大量的物流信息进行有效管理。

2. 信息动态性强

信息是在物流活动过程中产生的,货物流和信息流同时流动才能发挥信息的作用。在物流活动中,信息不断产生,由于市场状况、用户需求的变化多端,物流信息会在瞬间发生变化,因而信息的价值衰减速度极快。这就要求系统对信息的及时性管理有较高的能力,管理才能适应企业物流高效运行的及时要求。

3. 信息种类多

不仅在物流系统内部的各环节中会产生不同种类的信息,而且由于物流系统与其他系统(如生产系统、供应系统等)密切相关,因而在信息管理中还必须收集这些物流系统外的有关信息。这就使物流信息的分类、研究及筛选等工作的难度增加。

4. 信息的不一致性

由于信息在物流活动过程中形成,信息的产生、加工在时间地点上不一致,采集周期和衡量尺度不一致,在应用方式上也不一致。为了有效控制物流系统中的各类信息,需要建立统一完善的数据采集系统。另外,繁忙时节同平常时节相比,信息量的差异会很大,因而必须加强系统对信息的处理能力。

四、物流信息的种类

(一)按物流信息沟通联络方式分

1. 口头信息

口头信息是通过面对面的交谈进行的信息交流。它可以迅速、直接地传播,但也容易失真,与其他传播方式相比速度较慢。物流活动的各种现场调查和研究,是获得口头信息的最简单的方法。

2. 书面信息

这是保证物流信息的内容不变,并可以重复说明和进行检查的一种重要手段。各种物流环节中的数量报表、文字说明、技术资料等都属于这类信息。

(二)按信息的来源分

1. 外部信息

它指本系统以外的信息来源,通常有一定的相对性。从物流系统来看,外部信息可包括来源于物质生产部门、物质消费部门、各机关及国内外市场等的信息。如对物流一个子系统而言,来自于另一个子系统的信息也可称为外部信息。又如,物资储存系统从运输系统中获得的运输信息,也可相对称为外部信息。

2. 内部信息

它是来自物流系统内部的各种信息的总称。这些信息通常是协调系统内部人、财、物等活动的重要依据。它也具有一定的相对性。

(三)按照物流信息的变动程度分

1. 固定信息

所谓固定信息也是相对而言的。这种信息通常具备相对稳定的特点。下述三种形式的信息都是物流固定信息:

(1)物流生产标准信息。这种信息是以指标定额为主体的信息,如各种物流活动的劳动定额、物资消耗定额、固定资金的折旧等。

(2)物流计划信息。这类信息是指物流活动中在计划期内已定任务所反映的各项指标,如物资年计划吞吐量、计划运输量等。

（3）物流查询信息。这种信息是指在一个较长的时期内很少发生变更的信息。如国家和各主要部门颁布的技术标准,物流企业内的职工人事制度、工资制度、财务制度等。

2. 流动信息

与固定信息相反,流动信息是指物流系统中经常发生变动的信息。这种信息以物流各作业统计信息为基础,如某一时刻物流任务的实际进度、计划完成情况、各项指标的对比关系等。

五、物流信息的收集与传递

从各种渠道获得大量的物流信息,尤其是供应商、用户及产品的有关信息。我们可以采用网络传输的方式,这不仅可以避免人工输入方式的失误率高、效率低的缺陷,还可以大大降低运行费用,提高物流整体水平。下面介绍几种常用的信息收集方法。

（一）电子数据交换(electronic data interchange，EDI)

1. EDI 内容

EDI 是标准商业文件在企业计算机系统间的直接传输。这里强调传输的必须是标准格式的商业文件,如采购文件、订货文件、运输文件、发票、电子转移支付等,而非标准化的、个人的 E-mail 等文件不在该定义之中;同时,EDI 强调了文件的直接传输,不包括电话、传真的传输内容。

使用 EDI 进行数据传输最大的优点是减少了企业在文档方面的工作,提高了数据传输的速度与准确性,从而降低了运营成本。EDI 可以帮助管理者缩短订货采购提前期,使库存量大幅度减少,从而降低了库存费用。不仅如此,企业在使用 EDI 时还可以关注供应链参与各方之间传送信息的及时性和有效性,并利用这些信息来实现企业各自的经营目标和实现整个供应链活动的高效率。

2. EDI 标准

EDI 标准指的是各企业共同的交流标准。它使得遵循这一标准的企业与组织能进行电子数据交换作业流程。由图 8-2 可以看出,发送方在自己的计算机系统中输入商业文件,然而通过对照转换成平台文件,再通过翻译形成标准文件,对标准文件加封后传输;接收方收到文件后解封,变成标准文件,再翻译成平台文件,最后通过对照形成用户文件。

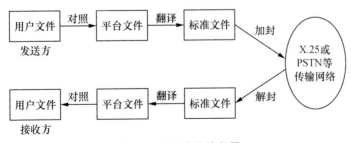

图 8-2　EDI 作业流程图

3. EDI 系统的类型

目前最常用的 EDI 系统主要有两种类型(如图 8-3 所示):单对多 EDI 系统和增值网(value added network, VAN)。

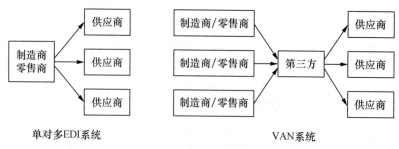

图 8-3　EDI 系统类型

单对多 EDI 系统中的"单"通常是指大型的制造商或零售商,其优点是系统的拥有者具有控制整个系统的能力,缺点是维护和管理的费用较高。

VAN 又称在线系统(on-line system),是目前最受欢迎的 EDI 系统。它是利用(或租用)通信公司的通信线路连接分布在不同地点的计算机终端形成的信息传递交换网络,其优点是用户选择面广,与单对多 EDI 系统相比,更适合互联网时代的发展。VAN 是实现 EDI 功能的外部设备,目前被广泛使用的销售时点系统(POS)、电子订货系统(EOS)都是 VAN 应用的具体形式。

4. 物流 EDI

所谓物流 EDI 是指,货主、承运业主及其他相关单位之间通过 EDI 系统进行物流数据交换,并以此为基础实施物流活动的方法,其框架结构如图 8-4 所示。

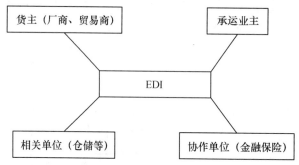

图 8-4　物流 EDI 框架结构

下面具体说明物流 EDI 系统的运作步骤。

(1) 发送方(如厂家)在接到订货后,即可制订货物运送计划,并将运货清单和时间安排等信息通过 EDI 发送给物流运输业主和接收方(如零售商),以便物流运输业主预先制订车辆调配计划和运营线路,接收方则可以制订货物接收计划。

(2) 发送方依据客户订货要求和货物运送计划下达发货指令,进行一系列操作:分拣配货,打印物流条形码的货物标签,将标签贴在包装箱上,并把发货数量、品种、包装形式等信息通过 EDI 发送给物流运输业主和接收方,同时发出运送请求信息。

（3）物流运输业主在向发送方取货时，利用车载扫描读数仪读取货物标签上的物流条形码，并与先前收到的运货数据相对照，以确认货运品种及数量的正确。

（4）物流运输业主在物流中心对货物进行整理、集装、制定货运清单并通过 EDI 向接收方发送发货信息。运输业主在货物运送的同时进行货物跟踪管理，并在任务完成后向发送方传达信息，提出运费请求。

（5）货物到达后，接收方利用扫描读数仪读取物流条形码，与先前发出的订货信息核对无误后，开出收货发票，将货物入库，同时通过 EDI 向物流运输业主和发送方传送收货确认信息。

由上述步骤可知，供应链的组成各方基于标准化的信息格式和处理方法，通过 EDI 来共享信息，从而提高运营效率。但对于大多数企业而言，应用 EDI 系统的费用比较高昂，因此未能得到大范围推广。互联网为物流信息的活动提供了更加快捷、廉价的通信方式。利用互联网来共享信息，并支持本企业的物流活动和主要的供应链业务可以使企业节约成本，高效运作，维持竞争优势。

（二）物流信息编码

1. 条形码

条形码是一种用光电扫描阅读设备识读并实现数据输入计算机的特殊代码，一般由一组数字组成。条形码是有关生产厂家、批发商、零售商、承运业主等经济主体进行订货、销售、运输、保管、出入库等活动的信息源。用条形码来表示商品时，一个符号可以把商品的所有属性表示出来，这样系统可以在物流活动发生时点及时捕捉到信息，提高了物流系统的效率，并且保密性好、误读率低。

2. 储位编码

储位编码就是根据一定的规律，对所有的储位进行编码，根据编码来识别不同的货位。在物流运作管理中，储位编码具有以下若干功能：

（1）确定储位信息的正确性；

（2）为物流信息系统提供储位相对记录位置，以供识别；

（3）提供进出货、拣货、补货等人员存取货品位置依据，以方便货品进出、上架及查询，节省重复寻找货品的时间，提高工作效率；

（4）方便盘点作业；

（5）便于仓储及采购管理人员及时掌握储存空间利用情况，以控制货品库存量；

（6）可迅速依序储存或拣货，达到内部作业的最优化；

（7）可以利用计算机系统处理分析储位。

3. 货品编码

所谓货品编码是按一定的规律用简明的文字、符号或数字，以表达货品的"名称""类别"等有关信息的一种方式。物流中心在进货后，商品本身大部分都有商品号码及条码，但有时为了物流管理及存货管制，配合物流作业管理信息系统，而将商品编一货品代号及物流条码，以方便储位管理系统运作，并能掌握货品的动向。

货品编码具有如下功能：

（1）提高货品资料的正确性；

（2）提高货品活动的工作效率；

（3）可以利用计算机信息系统整理分析货品信息；

（4）可以节省人力，减少开支，降低成本；

（5）便于拣货及送货；

（6）便于储存或拣取货品；

（7）有利于降低库存量，由于有了统一编号，可以防止重复订购相同的货品；

（8）可考虑选择作业的优先性，并达到货品先进先出的目的。

（三）无线射频识别技术（radio frequency identification，RFID）

RFID 是利用无线电波对记录媒体进行读写。射频识别的距离可达几十厘米至几米，且根据读写的方式，可以输入数千字节的信息，同时还具有极高的保密性。RFID 技术适用的领域包括物料跟踪、运载工具和货架识别等要求非接触数据采集和交换的场合，要求频繁改变数据内容的场合尤为适用。其原理如图 8-5 所示。

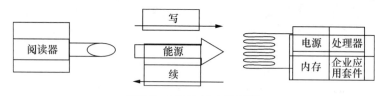

图 8-5　RFID 技术的原理

标签与阅读器之间的数据传输是通过空气介质以无线电波的形式进行的。为了实现数据高速、远距离的传输，必须把数据信号叠加在一个规则变化的信号比较强的电波上，这个过程叫调制，规则变化的电波叫载波。在 RFID 系统中，载波电波一般由阅读器或编程器发出。

过去，商业的无线数据传输一般采用窄带传输，即使用比较单一的载波频率传输数据。现在，商业领域广泛使用扩频技术传输无线数据，即使用有一定范围的频率传输数据，这就有了带宽的概念，带宽就是通信中使用的最高的载波频率与最低的载波频率之差。使用宽带频率传输数据最明显的优势是数据传输的速度进一步加快，而且可靠性更高，因为当一个频率的载波线路繁忙或出现故障时，信息可以通过别的频率载波线路传输。

（四）销售时点（point of sale，POS）系统

POS 即销售时点，它通常被定义为具有自动信息识别及信息处理能力的管理系统。它通过在销售商品时对商品条形码的扫描，将商品的有关信息立即输入到后台的管理信息系统中，进而对信息进行处理，并把相应的信息传输给合作伙伴。应用于 POS 系统的 VAN 除了可以传递销售时点信息以外，还可以通过对销售数据的加工分析得到其他信息，诸如商品周转率、商品利润，根据销售情况区分畅销商品和滞销商品。这使得产品制造商能够尽快了解其商品的销售状况和最终用户的需求趋势，从而更准确地进行预测，以降低库存量，缩短订货提前期，最终提高整个供应链的效率。

第二节　物流信息系统的构成

物流信息系统的功能是随着具体系统的服务对象不同而存在一定的差异。但是，不同类型的物流信息系统的子系统构成也是有着很大的相似性的，典型的构成通常都包括订单管理、采购管理、仓储管理、运输管理、财务管理及决策管理等功能模块。图 8-6 是一个典型的物流信息系统的系统构成。实际中运用的信息系统会根据业务需要而侧重点各有不同。

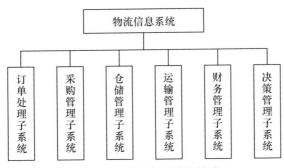

图 8-6　物流信息系统的构成

一、订单处理子系统

订单处理子系统(OMS)管理所有与订单有关的信息和资料的处理。订单管理是对商户下达的各种指令进行管理、查询、修改、打印等，同时将业务部门的处理信息反馈至商户。主要包括如下内容：

（1）订单类型。将商户发来的指令生成各子系统相对应的订单。

（2）订单分配。对业务订单进行汇总分配和管理，同时下达任务单给相应的业务部门子系统。

（3）订单处理调度。将订单调度为具体业务的作业单据。

（4）订单确认。对已完成的订单作最终确认，确认内容包括订单数量、实收实发数量、业务部门完成确认、商户确认等，以便能更准确地对每笔业务进行费用结算。

（5）订单打印。根据客户需要设计不同打印单据，并进行打印。

（6）订单跟踪查询。可按日期、订单号、订单类型、业务部门、消费者信息、配送区域等条件对订单进行查询，并可对未确认的订单进行修改。订单跟踪可反馈订单所在的作业环节。

二、采购管理子系统

采购管理子系统(PMS)管理所有与采购有关的信息和资料的处理。

（1）采购单管理。根据订单的物料清单查询库存量，作出采购计划并制作采购单，根据供应商或物料的类别分类管理采购单。

（2）供应商管理。记录各供应商的主要负责人、联系方式、地址、产品的性能、交往次数、交货情况,并分析各供应商的信誉度、处理问题的习惯等。

（3）采购单到期提醒。根据采购单到期的日期提前提醒,以保证物料能及时到货,可以根据提醒及时派人与供应商联系。

（4）周期管理报表。根据采购单的类别(紧急采购单及一般采购单),作采购单周期的资料查询。

（5）采购单周期报表。依据供应商、采购单类别及期间提供各类别的采购单数量和产品项次数量。

（6）采购单数据处理。采购单所有的信息,包含供应商、订单号码、送货参考、采购单类别、采购单状态、物料及需求数量、加工需求资料的维护。

（7）取消数据处理。根据订单取消的来源,作取消采购单的管理。

三、仓储管理子系统

仓储管理子系统(WMS)管理所有与仓库资源有关的信息及资料的处理,可以实现对不同地域、不同属性的仓库资源实现集中统一管理。利用条码、RFID 等技术对出入库货物实现联机登录、库存检索、库存量报警、储位分配、盘点报告等仓储信息管理。WMS 的功能模块主要有：

（1）基本信息管理。记录 WMS 所需的基本业务信息,如商户资料、商户供应商资料、商户商品资料、仓储位资料等。

（2）入库管理。处理信息中心发来的各种商户指令,并进行相应入库处理。主要包括入库类型、货物验收、收货单打印、库位分配、预入库信息、直接入库等功能。

（3）出库管理。对货物的出货进行管理,主要有出库类型、货物调配、检货单打印、检货配货处理、出库确认、单据打印等功能。

（4）库存管理。对库存货物进行内部操作处理,主要包括库位调整处理、盘点处理、退货处理、包装处理。

四、运输管理子系统

运输管理子系统(TMS)是物流软件的重要子系统之一,该系统可为企业提供众多的功能:运输资源管理,包括车辆、驾驶员及允许的运输范围和线路资源等;运输成本管理,包括单车营运成本的管理;运输计划管理,包括生成运输计划、运输执行命令系统等;装载优化管理,包括提供优化的配载计划,使车辆车型的使用和搭配达到最优;路径和站点顺序优化,提供站点顺序合理性建议和优化的路径指引等。

TMS 功能模块如图 8-7 所示：

（1）基本信息管理。包括运输组织资料、相关人员资料、车辆种类、规格,若有自有车辆和外部车辆,还应有相应运力信息、配送区域划分、配送商品基本信息(此信息可由 WMS 商品基本信息导入)等。

（2）操作权限管理。可按组或按类控制用户访问系统的权限和内容。

（3）车辆状态管理。通过停车场的信息采集设备,记录车辆在场(空闲)和不在场(占用)信息,以及安排指定日期的配送车次计划。

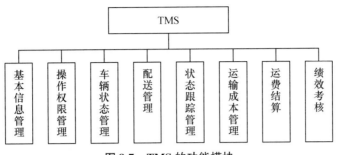

图 8-7　TMS 的功能模块

（4）配送管理。该模块是 TMS 中的重要模块之一。主要包括配送单的生成或接收、确认、安排配车计划和配货计划（若商品由仓库出货，可由仓储出库单转入生成配货计划）、车辆调度、路线安排、中途换车、回单确认等。

（5）状态跟踪管理。车辆跟踪记录信息，包括单据信息、时间、方向、状态、所处地区、物流中心、位置、是否故障、故障级别、故障起始时间、故障排除时间等。若有 GPS 系统支持，可将 GPS 信息导入状态跟踪模块，实现对在途车辆的实时跟踪查询。

（6）运输成本管理。包括成本类型，成本模式，成本设定账期，车辆和人员设定，车辆动态和静态成本，成本指标的定义、输入和调整等。

（7）运费结算。对运输子系统中发生的相关业务进行物流费用的结算记录，并将和费用信息转至财务结算系统中的物流业务核算。

（8）绩效考核。该模块用于对运输人员和组织（包括自有和外部车辆）进行指标考核以提高客户满意度，包括车辆出车信息、客户投诉反馈信息、商品损坏赔偿率、人员出勤、配送准点率、客户满意度等。

五、计费管理子系统

计费管理子系统（FMS）管理所有与物流费用有关的信息和资料。对企业发生的所有物流费用，包括运输费用、库存费用、行政费用、办公费用等费用的计算。根据规范的合同文本、货币标准、收费标准自动生成产生结算凭证，为企业和物流企业的自动结算提供完整的结算方案。

计费管理子系统的功能模块如图 8-8 所示。

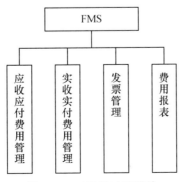

图 8-8　FMS 的功能模块

结合财务管理理论,针对物流企业财务管理的特点,根据财务活动的历史资料进行财务预测和财务决策。运用科学的物流成本核算和作业绩效评估手段,对企业发展战略、客户满意度、员工激励机制、企业资源利用、企业经济效益等方面进行分析,并得出有关费用预算、费用控制和费用分析报告,为实现企业价值最大化提供决策依据。

六、决策支持子系统

决策支持子系统(DSS)能及时地掌握商流、物流、资金流和信息流所产生的信息并加以科学地利用,在运筹学模型的基础上,通过数据挖掘工具对历史资料进行多角度、立体的分析,实现对企业中的人力、物力、财力、客户、市场、信息等各种资源的综合管理,为企业管理、客户管理、市场管理、资金管理等提供科学决策的依据,从而提高管理层决策的准确性和合理性。

第三节 物流信息系统管理

物流信息系统在物流运作中是提高物流运作效率、降低物流总成本的重要基础,被称作现代物流的"中枢神经"。

一、物流信息系统的基本功能

尽管有着不同的类型,但是物流信息系统的实现的功能是大致相同的,主要有以下四个方面的功能:

(一)信息收集

信息的收集是信息流运行的起点,也是重要的一步。收集信息的质量(即真实性、可靠性、准确性、及时性)决定着信息时效价值的大小,是信息系统运行的基础。信息收集过程要求遵循一定的原则,首先是针对性,即针对不同信息需求、不同经营管理层次、不同目的的要求;其次,要有系统性和连续性,系统的、连续的信息是对一定时期经济活动变化概况的客观描述,它对预测未来经济发展具有很高的使用和研究价值;最后,要求信息收集过程的管理工作具有计划性,使信息收集过程成为有组织、有目的的活动。

(二)信息处理

收集到的信息大都是零散的、相互孤立的、形式各异的信息,对于这些不规范的信息,要存储和检索,必须经过一定的整理加工程序。采用科学方法对收集到的信息进行筛选、分类、比较、计算、存储,使之条理化、有序化、系统化、规范化,才能成为能综合反映某一现象特征的真实、可靠、适用而有较高使用价值的信息。

(三)信息传递

信息传递是指从信息源出发,经过适当的媒介和信息通道输送给接收者的过程。信息传递最基本的要求是迅速、准确和经济。信息传递的方式有许多种:从信息传递方向看,有单向信息传递方式和双向信息传递方式;从信息传递层次看,有直接传递方式和间接传递方式;从信息传递时空来看,有时间传递方式和空间传递方式;从信息传递媒介看,有人工传递和非人工的其他媒体传递方式。

(四) 信息应用

信息应用是指对经过收集、加工处理后的信息的使用,以实现信息使用价值和价值的过程。信息的使用价值是指信息这一商品所具有的知识性、增值性、效用性等特征决定其能满足人类某种特定的需要,给人类带来一定的效益。信息的价值是指信息在收集、处理、传递、存储等过程中,需要一定的知识、特殊的工具和方式,要耗费一定的社会劳动,是人类一种创造性劳动的结晶,这种凝结在信息最终产品中的一般人类劳动即为信息的价值。

物流信息的应用过程,就是物流信息用于物流活动经营管理过程中,使信息间接创造经济效益和社会效益的过程。信息只有通过应用过程,才能实现信息的增值,产生信息的放大效益,实现信息的使用价值。

二、物流信息系统层次结构

(一) 业务层

业务层又称系统技术层,主要包括日常经营和管理活动所必需的信息,一般来自具体的业务部门,由基层管理者使用。业务层是整个信息系统的基础层,以保障整个物流系统的正常运作,并且随着新技术的发展而同步发展。在该层上包含了:硬件的 AS/RS 接口、GPS/GIS 接口等。对基于整个信息系统构件可扩充性、安全性是该层系统需要考虑的主要因素。

(二) 控制层

控制层又称综合作业层,主要包括系统内部管理人员进行经营管理控制过程所需要的信息,其目的是使物流业务符合活动目标的要求,并监督内部各分目标的实现。该层是物流作业的核心,体现了统一接单、综合调度、具体作业、考核反馈的物流管理思想。通过订单管理模块完成具体物流订单的接收、审核、调度工作;调度后的订单分配给具体的生产、仓储、运输作业部门;日常物流作业数据通过计费、成本管理模块核算后提供给财务部门,通过绩效管理模块反馈给项目部。该层次信息系统需兼顾灵活性和可追溯性。

(三) 决策层

决策层又称决策支持层,是最高管理层面向公司的高层决策部门,是以历史数据为依据,科学的预测模型为保证,为公司高层决策提供参考意见。决策层既有历史物流成本和绩效考核方面的内容,也有对未来市场需求预测方面的内容。主要包括制定物流活动的目标、方针、计划所需要的信息。

(四) 系统交互层

信息系统和外界环境的交互,主要通过两种方式进行:与客户业务人员、外协运力、合作伙伴的信息交互,通过企业门户网站进行;与客户信息系统的交互,则通过开放式的标准 EDI 方式进行。通过 Internet/Intranet 使得信息流在系统四层体系内无阻碍流转,保证管理决策的准确性和有效性。

三、物流信息管理模式

（一）物流总部

物流总部是物流系统营销和管理的最高部门，负责以下工作：物流系统的规划与建立，包括项目总部和项目分部的建立、更换、撤销和日常管理工作；物流信息系统的建设、管理与维护工作；物流系统的营销和宣传工作；物流项目合同的策划与签订；物流系统的资源管理与调度；物流系统操作管理制度的制定与督促执行；物流项目的费用结算与资金调拨。

（二）项目总部

项目总部是物流总部具体管理物流项目的部门，在物流合同签订后开始运作。为方便联系客户，项目总部可以设在项目所在地。项目总部负责以下工作：根据客户需要和合同内容，组织各项目分部共同制订服务计划；将客户确认的运输计划及时转发各项目分部，安排作业；根据物流总部规定，负责管理物流操作信息的输入与输出；根据物流总部规定，负责与自身有关的操作费用的复核；根据物流总部规定，负责项目分部和操作分部的确定、更换、撤销和日常管理工作。

（三）项目分部

项目分部是物流总部或项目总部在与项目有关的地区设立的派驻机构。根据项目需要，一个项目可以在多个地点同时设立项目分部。项目分部负责以下工作：根据物流合同和客户要求，合理利用系统资源，制订运输计划，反馈项目总部供客户确认；根据客户确认的运输计划安排物流操作；根据物流总部规定，负责输出相应的操作信息；根据物流总部规定，负责与自身有关的操作费用的复核；根据物流总部规定，负责操作分部的确定、更换、撤销和日常管理工作。在特殊情况下，可以不设项目分部。如在配送项目中，当货物起运地集中在项目所在地时，可以将项目总部设在项目所在地，将项目总部与分部视为一体。

（四）操作分部

操作分部是由项目总部或项目分部根据项目需要负责运输、仓储、包装等作业的具体操作部门。在一个地点，可以根据需要设立多个操作部门。操作分部负责以下工作：根据项目分部指示，负责运输、仓储、包装或流通加工等业务操作，包括货物交接等手续；根据项目分部要求，负责向项目分部输出与物流操作相关的信息；根据项目分部要求，负责向项目分部申报相关操作费用。

项目总部和项目分部均为成本中心，将有利于物流总部加强物流系统管理，保证政令畅通。物流系统与操作分部之间根据市场原则决定取舍，将有利于物流系统充分利用社会资源，保持自身组织机构精干且高效运转。

四、物流信息系统的设计

建立企业物流信息系统必须要有系统地规划，因为它涉及管理思想、管理基础工作，以及现代化物流管理方法的应用等许多方面。系统规划实际上是信息系统工程的决策，它关系到企业的利益、工程的成败。

(一)物流信息系统的开发过程

物流信息系统的开发会因系统的大小、复杂的程度、投入的方式和方法等因素的不同,各步骤的要求和内容也不同。但是开发的过程主要由以下几方面构成:

1. 系统开发准备

系统开发准备工作主要包括提出系统开发要求、成立系统开发小组、制订系统开发计划等工作。

2. 系统调查

新系统的系统分析与系统设计工作都要建立在对现行系统调查的基础上,即必须调查现行系统的运行情况、问题等,明确用户的需求,特别是合作开发和委托开发方式。

3. 系统分析

系统分析又称逻辑设计,是管理信息系统开发的关键环节,要求在系统调查的基础上,对新系统的功能进行细致的分析,并建立一个新系统的逻辑模型。

新系统的逻辑模型由系统数据流程图、概况表、数据字典、逻辑表达式及有关说明组成。完成系统分析报告也称为系统逻辑设计说明书。

4. 系统设计

系统设计又称系统物理设计,要根据系统分析报告中的系统逻辑模型综合考虑各种约束,利用一切可用的技术手段和方法进行各种具体设计,确定新系统的实施方案,解决"系统怎么做"的问题。为了保证管理信息系统的质量,设计人员必须遵守共同的设计原则,尽可能地提高系统的各项指标,如系统可变性、可靠性、工作质量、工作效率、经济性等。

5. 系统实施与转换

系统实施阶段的主要工作包括:硬件的购置和安装,包括计算机硬件、外设、网络、电源、机房等有关设备的购买、验收、安装与调试工作等,这些工作主要由专业技术人员完成;数据准备与录入工作,主要是指由手工操作转入计算机处理所需的各种数据的整理、录入及计算机系统中为新系统所用数据的转换工作。数据准备与录入工作要注意数据的准确性,在整理、录入、校验等各个环节把好关,为系统的顺利转换打好基础。

6. 系统维护和评价

管理信息系统是一个复杂的人机系统。系统外部环境与内部因素的变化,不断影响系统的运行,这时就需要不断地完善系统,以提高系统运行的效率与服务水平,从始至终地进行系统的维护工作。

系统评价主要是指系统建成后,经一段时间的运行要对系统目标与功能的实现情况进行检查,并与系统开发中设立的系统预期目标进行对比,及时写出系统评价报告。

系统维护与评价阶段是系统生命周期中的最后一个阶段,系统维护工作的好坏可以决定系统的生命周期的长短和使用效果。

(二)物流信息系统设计的主要工作

系统设计的任务就是要依据系统分析报告等文档资料,采用正确的方法确定新系统在计算机内应该由哪些程序模块组成，它们之间用什么方式连接在一起，以构成一个最好的系统机内结构。同时，还要使用一定的工具将所设计的成果表达出来。

系统设计的主要工作内容包括：

（1）总体设计，包括信息系统流程图设计、功能结构图设计和功能模块图设计等。

（2）代码设计和设计规范的制定。

（3）系统物理配置方案设计，包括设备配置、通信网络的选择和设计及数据库管理系统的选择等。

（4）数据存储设计，包括数据库设计、数据库的安全保密设计等。

（5）计算机处理过程设计，包括输出设计、输入设计、处理流程图、设计及编写程序设计说明书等。

（三）物流信息编码

1. 信息编码设计原则

（1）唯一性。为了避免歧义，必须唯一地标识每一个对象。一个对象可能有不同的名称，可以按不同方式进行描述，但是在一个编码体系中，一个对象只能对应一个唯一的代码，一个代码只表示一个编码对象。

（2）标准化。在代码设计时应该采用标准通用代码，如国际、国家、行业或部门及企业规定的标准代码。这些标准是代码设计的重要依据，必须严格遵循。在一个代码体系中，所有的代码结构、类型、编写格式必须保持一致，以便于信息交换和共享，并有利于系统的纠错、更新和维护工作。

（3）合理性。代码结构必须与编码对象的分类体系相对应。

（4）简单性。代码的长度影响其所占的存储空间、输入、输出及处理速度，以及输入时的出错概率，因此代码结构要简单，尽可能短。

（5）适用性。代码要尽可能地反映对象的特点，有助于识别和记忆，便于填写。

（6）可扩充性。编码时要留有足够的备用容量，以满足今后扩充的需要。

2. 编码种类

目前常用的编码种类有如下五种：

（1）顺序码。顺序码是用连续数字或有序字母代表编码对象的代码，如业务流水号、各种票据的编号等。顺序码的优点是代码短，简单明了；缺点是不易于分类处理，增加数据时只能排在最后，删除则造成空码。

（2）区间码。区间码是把数据项分成若干组，每一个区间代表一个组，区间码中数字的值和位置都代表一定意义，如邮政编码、学号等。其优点是分类基准明确，信息处理比较可靠，排序、分类、检索等操作易于进行；缺点是有时造成代码过长。

（3）助记码。将编码对象的名称、规格等用汉语拼音或英文缩写等形式形成编码，帮助记忆，故称为助记码，如用 TV-C-21 代表 21 英寸彩色电视机。助记码适应于数据较少的情况，否则容易引起联想错误。

（4）缩写码。它是助记码的特例，指从编码对象名称中找出几个关键字母作为代码。如 Amt 总额（amount）、Cont 合同（contract）、Inv. No 发票号（invoice number）等。

（5）校验码。校验码又称编码结构中的校验位。为了保证正确的输入，有意识地在编码设计结构中原代码的基础上,通过事先规定的数学方法计算出校验码,附加在原代码的后面使它成为代码的一个组成部分。使用时与原代码一起输入,此时计算机会用同样的数学运算方法按输入的代码数字计算出校验位,并将它与输入校验位进行比较,以便检验输入是否有错。

五、物流信息系统的开发

企业可以根据自身的技术力量和资金情况来选择企业系统开发的方式,开发方式主要有以下四种形式。

(一)购买商用系统

购买通用商用系统是进行系统开发的捷径。其主要优点是见效快、费用相对低、系统质量较高、安全保密性较好、维护有保障。但这种开发方式也有其不足之处,首先它不能一步到位地满足企业管理的需求,企业购买后需针对自身的特点进行某些改变或增补开发;其次是学习的难度较大;最后是系统的维护要依赖于开发商。对于本地没有商品软件维护点的用户来说,软件维护将非常困难。这种开发方式适用于小型企业或事业单位及业务比较规范且特殊要求不多的大中型企业。

(二)自行开发

如果本企业有一定的技术能力,即可采用自行开发的方式。此方式的优点是针对性强,能最大限度地满足本单位管理的需求;便于维护,不需要依赖于他人;设计的系统易于使用。但这种方式也有其不足之处,如对本单位的技术力量要求较高,系统的应变能力较弱。所以,这种方式适用于有比较稳定的开发维护队伍的单位。

(三)委托开发

大多数单位不具备自行开发系统的能力,可以委托外单位开发系统。此方式的优点是,能针对本单位的业务特点和管理需求建立系统;可以弥补本单位技术力量的不足;由于是专用软件,所以比较容易被使用者接受。但这种方式也有其不足,如开发费用较高、软件应变能力不强、维护费用高等。所以,这种方式比较适用于本单位开发力量不足而又希望使用专用系统的单位。

(四)合作开发

合作开发是指与外单位一起合作开发系统。这种方式同时具备上述第二、第三两种方式的优点。虽然它也存在开发费用高、软件应变能力较弱的缺点,但从成本和效益方面来综合考虑,这种方式在实际工作中运用得还是比较普遍的。

▶ 课外阅读

大数据时代已经降临

进入2012年,"大数据"(big data)一词越来越多地被提及,人们用它来描述和定义信息爆炸时代产生的海量数。大数据的起始计量单位至少是P(1 000个T)、E(100万个T)

或Z(10亿个T)。正如《纽约时报》于2012年2月的一篇专栏中所称,"大数据"时代已经降临,在商业、经济及其他领域中,决策将日益基于数据和分析而作出,而并非基于经验和直觉。

哈佛大学社会学教授加里·金说:"这是一场革命,庞大的数据资源使得各个领域开始了量化进程,无论学术界、商界还是政府,所有领域都将开始这种进程。"

随着云时代的来临,大数据吸引了越来越多的关注。"大数据"通常用来形容一个公司创造的大量非结构化和半结构化数据,这些数据在下载到关系型数据库用于分析时会花费过多的时间和金钱。"大数据"分析常和云计算联系到一起,因为实时的大型数据集分析需要向数十、数百或甚至数千的电脑分配工作。

"大数据"在互联网行业指的是这样一种现象:互联网公司在日常运营中生成、累积的用户网络行为数据。这些数据的规模是如此庞大,以致不能用G或T来衡量。

"大数据"到底有多大?一组名为"互联网上一天"的数据告诉我们,一天之中,互联网产生的全部内容可以刻满1.68亿张DVD;发出的邮件有2 940亿封之多(相当于美国两年的纸质信件数量);发出的社区帖子达200万个(相当于《时代》杂志770年的文字量);卖出的手机为37.8万台,高于全球每天出生的婴儿数量37.1万……

截止到2012年,数据量已经从TB(1 024 GB = 1 TB)级别跃升到PB(1 024 TB = 1 PB)、EB(1 024 PB = 1 EB)乃至ZB(1 024 EB = 1 ZB)级别。国际数据公司(IDC)的研究结果表明,2008年全球产生的数据量为0.49 ZB,2009年的数据量为0.8 ZB,2010年增长为1.2 ZB,2011年的数量更是高达1.82 ZB,相当于全球每人产生200 GB以上的数据。而到2012年为止,人类生产的所有印刷材料的数据量是200 PB,全人类历史上说过的所有话的数据量大约是5 EB。IBM的研究称,整个人类文明所获得的全部数据中,有90%是2011—2012年产生的。而到了2020年,全世界所产生的数据规模将达到今天的44倍。每一天,全世界会上传超过5亿张图片,每分钟就有20小时时长的视频被分享。然而,即使是人们每天创造的全部信息——包括语音通话、电子邮件和信息在内的各种通信,以及上传的全部图片、视频与音乐,其信息量也无法匹及每一天所创造出的关于人们自身的数字信息量。

越来越多的政府、企业等机构开始意识到数据正在成为组织最重要的资产,数据分析能力正在成为组织的核心竞争力。

2013年3月22日,奥巴马政府宣布投资2亿美元拉动"大数据"相关产业的发展,将"大数据战略"上升为国家意志。奥巴马政府将数据定义为"未来的新石油",并表示一个国家拥有数据的规模、活性及解释运用的能力将成为综合国力的重要组成部分,未来,对数据的占有和控制甚至将成为陆权、海权、空权之外的另一种国家核心资产。

联合国在2012年发布了大数据政务白皮书,指出大数据对于联合国和各国政府来说是一个历史性的机遇,人们如今可以使用极为丰富的数据资源,来对社会经济进行前所未有的实时分析,帮助政府更好地响应社会和经济运行。

(资料来源:原文详见http://www.wm23.com/wiki/56851.htm,有删减。)

思考题

名词解释
物流信息　　　POS 系统　　　货物跟踪系统　　　顺序码
区间码　　　　助记码　　　　缩写码　　　　　　校验码

问答题
1. 物流信息是怎样组成的?
2. 简述物流信息的特点。
3. 物流信息的种类是怎样划分的?
4. 请具体说明物流 EDI 系统的运作步骤。
5. 采购管理子系统是怎样管理采购有关信息的?
6. 仓储管理子系统是怎样管理仓库资源有关信息的?
7. 运输管理子系统是怎样管理运输资源有关信息的?
8. 简述物流信息系统的基本功能。
9. 物流信息系统的开发过程主要由哪几方面构成?
10. 谈谈物流信息编码设计的原则。
11. 企业如何选择企业物流信息系统开发的方式?

第九章

企业物流

学习目的

企业物流属微观物流,企业物流是社会物流的基础。全面认识企业物流的理论与实践。

技能要求

掌握企业物流管理的内容和企业物流管理的目标;认识制造企业物流的内涵和制造企业物流的特征,掌握制造企业物流流程;了解批发企业、零售企业、连锁企业的物流运作原理;掌握配送中心的功能和配送中心的作业流程。

企业物流是指"生产和流通企业围绕其经营活动所发生的物流活动"(GB/T 18354-2006)。

美国后勤管理协会认为企业物流是"研究对原材料、半成品、产成品、服务及相关信息从供应始点到消费终点的流动与存储进行有效计划、事实和控制,以满足客户需要的科学"。

第一节 企业物流管理

物流管理的形成,被公认为起源于在第二次世界大战中美国出于军事上的考虑对军用物资实行物流管理。此后,物流管理很快地被应用到企业界,人们采取了一系列管理手段使物流呈现出新的水平。

一、企业物流管理的发展

从发达国家企业物流管理发展的历史来观察,物流管理经历了以下五个阶段:

（一）物流功能个别管理阶段

在这个阶段,真正意义上的物流管理意识还没有出现,降低成本不是以降低物流总成本为目标,而是分别停留在降低运输成本和保管成本等个别环节上。降低运输成本也是局限于要求降低运价或者寻找价格低的运输业者上。

（二）物流功能系统化管理阶段

物流功能系统化管理阶段的主要特征表现为:通过设立物流管理部门,其管理对象已不仅是现场的作业活动,而是站在企业整体的立场上整合。在此以前,只存在"做物流"的部门,而不存在"思考物流"的部门。人们不是追求运输、保管等个别功能的最优化,而是在考虑这些功能之间联系的同时,寻找出最佳的组合。在物流功能系统化管理阶段,各种物流合理化对策开始出现并付诸实施,如作业的机械化、运输线路的科学选择、物流功能间的经济联系、整体物流方案的优化等。

（三）物流管理领域扩大阶段

在物流功能系统化管理阶段,物流合理化仅局限于物流管理部门内部,不涉及生产和销售部门。进入物流管理领域扩大阶段,物流管理部门可以出于物流合理化的目的向生产和销售部门提出自己的建议。这个阶段的重要特征是,对于众多会影响物流合理化的外部因素,物流管理部门终于可以站在物流的角度上,以物流合理化的理论为依据提出自己认为合适的看法。但是,物流管理部门对于生产和销售部门提出的建议在具体实现上有一定限度,特别是在销售竞争非常激烈的情况下,物流服务一旦被当做竞争手段的时候,仅仅以物流合理化的观点来要求销售部门提供协助往往不被对方接受。因为,这时候考虑问题的先后次序首先是销售,然后才是物流。

（四）企业内物流一体化管理阶段

企业内物流一体化管理是根据商品的市场销售动向决定商品的生产和采购,从而保证生产、采购和销售的一致性。企业内物流一体化管理受到关注的背景来自于市场的不透明化。随着消费者需求的多样化和个性化,市场的需求动向越来越难以把握:如果企业生产的产品比预想的销售状况要好的话,马上就会出现缺货;反之如果企业生产的产品的数量超过预测的销售量,部分产品就会积压在仓库里。无论哪一种状况,都会使企业遭受损失。解决这个问题,需要正确把握每一种商品的市场销售动向,尽可能根据销售动向来安排生产和采购,改变过去那种按预测进行生产和采购的方法。企业内物流一体化管理正是建立在这样一种思考之上的物流管理方式。

（五）供应链物流管理阶段

企业内物流一体化管理的范围局限在个别企业内部，根据商品的市场销售动向决定生产和采购，从而保证生产、采购和销售的一致性。但是企业仅仅根据批发商的订货变化来掌握市场的动向，而批发商下的零售商、消费者的动向就无法看到了。供应链物流管理是一个将交易关联的企业整合进来的系统，即将供应商、制造商、批发商、零售商和客户等所有供应链上的关联企业和消费者作为一个整体看待的系统。物流管理到了这个阶段已经进入了更为高级的阶段。

二、企业物流管理的内容

我们从不同的角度，如物流活动要素、系统要素及物流活动具体职能等，分别分析物流管理的内容。

（一）物流活动各要素的管理内容

1. 运输管理

其主要内容包括：运输方式及服务方式的选择，运输路线的选择，车辆调度与组织等。

2. 储存管理

其主要内容包括：原料、半成品和成品的储存策略，储存统计，库存控制，养护等。

3. 装卸搬运管理

其主要内容包括：装卸搬运系统的设计、设备规划与配置和作业组织等。

4. 包装管理

其主要内容包括：包装容器和包装材料的选择与设计，包装技术和方法的改进，包装系列化、标准化、自动化等。

5. 流通加工管理

其主要内容包括：加工场所的选定，加工机械的配置，加工技术与方法的研究和改进，加工作业流程的制定与优化。

6. 配送管理

其主要内容包括：配送中心选址及优化布局，配送机械的合理配置与调度，配送作业流程的制定与优化。

7. 物流信息管理

它主要指对反映物流活动内容的信息、物流要求的信息、物流作用的信息和物流特点的信息所进行的收集、加工、处理、存储和传输等。信息管理在物流管理中的作用越来越重要。

8. 客户服务管理

它主要指对于物流活动相关服务的组织和监督，如调查和分析客户对物流活动的反映，决定客户所需要的服务水平、服务项目等。

（二）对物流系统各要素的管理

从物流系统的角度看，物流管理的内容有：

1. 人的管理

人是物流系统和物流活动中最活跃的因素。对人的管理包括：物流从业人员的选拔和录用，物流专业人才的培训与提高，物流教育和物流人才培养规划与措施的制定等。

2. 物的管理

"物"指的是物流活动的客体，即物质资料实体。物质资料的种类千千万万，物质资料的物理、化学性能更是千差万别。物的管理贯穿物流活动的始终，涉及物流活动各要素，即物的运输、储存、包装、流通加工等。

3. 财的管理

它主要指物流管理中有关降低物流成本，提高经济效益等方面的内容。它是物流管理的出发点，也是物流管理的归宿。其主要内容有：物流成本的计算与控制，物流经济效益指标体系的建立，资金的筹措与运用，提高经济效益的方法等。

4. 设备管理

与物流设备管理有关的各项内容主要有：各种物流设备的选型与优化配置，各种设备的合理使用和更新改造，各种设备的研制、开发与引进等。

5. 方法管理

它包括推广普及、现代管理方法的应用等。

6. 信息管理

信息是物流系统的神经中枢，只有做到有效地处理并及时传输物流信息，才能对系统内部的人、财、物、设备和方法等五个要素进行有效的管理。

（三）物流活动中具体的职能管理

物流活动从职能上划分，主要包括物流计划管理、物流质量管理、物流技术管理、物流经济管理等。

1. 物流计划管理

它是指在物流大系统目标的约束下，对物流过程中的每个环节都要进行科学的计划管理，具体体现在物流系统内各种计划的编制、执行、修正及监督的全过程。物流计划管理是物流管理工作的最重要的职能。

2. 物流质量管理

它包括物流服务质量、物流工作质量、物流工程质量等的管理。物流质量的提高意味着物流管理水平的提高，以及企业竞争能力的提高。因此，物流质量管理是物流管理工作的中心问题。

3. 物流技术管理

它包括物流硬技术和物流软技术的管理。对物流硬技术的管理，即是对物流基础设施和物流设备的管理。如物流设施的规划、建设、维修、运用，物流设备的购置、安装、使用、维修和更新，提高设备的利用效率，日常工具管理工作等。对物流软技术的管理，主要是物流各种专业技术的开发、推广和引进，物流作业流程的制定，技术情报和技术文件的管理，物流技术人员的培训等。物流技术管理是物流管理工作的依托。

4. 物流经济管理

它包括物流费用的计算和控制，物流劳务价格的确定和管理，物流活动的经济核算、分析等。成本费用管理是物流经济管理的核心。

三、企业物流管理的目标

物流服务是"为满足客户需求所实施的一系列物流活动过程及其产生的成果"（GB/T 18354-2006），也是物流管理的总目标。美国著名物流学者唐纳德·鲍尔索克斯（Donald J. Bowersox）在他的著名著作《物流管理》中指出："物流的总体目标是要在尽可能最低的总成本条件下实现既定的客户服务水平。"

物流服务又可以分解为一系列具体目标。

（一）快速反应

快速反应是关系到一个企业能否及时满足客户的服务需求的能力。信息技术的提高为企业创造了尽可能在最短的时间内完成物流作业并尽快交付的条件。快速响应的能力把作业的重点从预测转移到以装运和装运方式对客户的要求作出反应上来。

（二）最小变异

变异是指破坏物流系统表现的任何想象不到的事件。它可以产生于任何一个领域的物流作业，如客户收到订货的期望时间被延迟、制造中发生意想不到的损坏，以及货物到达客户所在地时发现受损，或者把货物交付到不正确的地点等，所有这一切都使物流作业时间遭到破坏。物流系统的所有作业领域都可能发生变异，减少变异的可能性直接关系到物流作业。在充分发挥信息作用的前提下，采取积极的物流控制手段可以把这些风险降低到最低限度，作为经济上的结果则可以提高物流的生产率。

（三）最低库存

最低库存的目标涉及物资周转速度和资金占用问题。在企业物流系统中由于存货所占用资金是企业物流作业最大的经济负担。在保证供应前提条件下提高周转率，意味着库存占用的资金得到了有效的利用。因此，保持最低库存的目标是把库存减少到与客户服务目标相一致的最低水平，以实现最低的物流总成本。"零库存"是企业物流的理想目标，物流设计必须把资金占用和库存周转速度当成重点来控制和管理。

（四）物流质量

物流目标是要寻求持续不断地提高物流质量。全面质量管理要求企业的产品质量和物流服务质量都做得更好。如果一个产品变得有缺陷，或者对各种服务承诺没有履行，那么物流费用就会增加，因为物流费用一旦支出，便无法收回，甚至还要重新支出。物流必须履行本身所要求的质量标准，包括流转质量和业务质量标准，如对物流数量、质量、时间、地点的正确性。随着物流全球化、信息技术化、物流自动化水平的提高，物流管理所面临的是"零缺陷"的物流质量的高要求，物流在质量上的挑战强化了物流的作业目标。

（五）产品所处不同生命周期的不同物流管理目标

产品生命周期由引入、成长、饱和成熟和完全衰退四个阶段组成，物流方面应作出一系列相应的对策。

在新产品引入阶段，要有高度的产品可得性和物流的灵活性。在制订新产品的物流支持计划时，必须要考虑到客户随时可以获得产品的及时性和企业迅速而准确的供货能力。在此关键期间，如果存货短缺或配送不稳定，就可能抵消营销战略所取得的成果。因此，在此阶段物流费用是较高的。新产品引入阶段，物流是在充分提供物流服务与回避过多支持和费用负担之间寻求平衡。

在产品生命周期的成长阶段，产品取得了一定程度的市场认可，销售量骤增，物流活动的重点从不惜代价提供所需服务转变为平衡的服务和成本绩效。处于成长周期的企业具有最大的机会去设计物流作业并获取物流利润。此阶段销售利润渠道是按不断增长的销量来出售产品，只要客户愿意照价付款，几乎任何水准的物流服务都可能实现。

饱和成熟阶段具有激烈竞争的特点，物流活动会变得具有高度的选择性，而竞争对手之间会调整自己的基本服务承诺，以提供独特的服务，取得客户的青睐。为了能在产品周期的承受阶段调整多重销售渠道，许多企业采用建立配送仓库网络的方法，以满足来自许多不同渠道的各种服务需求。在这种多渠道的物流条件下，递送到任何一个地点的产品流量都比较小，并需要为特殊客户提供特殊服务。可见，饱和成熟阶段的竞争状况增加了物流活动的复杂性和作业要求的灵活性。

当一种产品进入完全衰退阶段时，企业所面临的选择是低价出售产品不是继续有限配送。于是企业一方面将物流活动定位于继续相应的递送活动，另一方面要最大限度地降低物流风险。在两者中，后者相对显得更重要。

第二节　制造企业物流

一、制造企业物流的内涵

制造企业物流是指在企业生产经营过程中，物品从原材料供应，经过生产加工，到产成品和销售，以及生产消费过程中所产生的废弃物的回收及再利用的完整循环活动。

从系统论角度分析，制造企业物流是一个承受外界环境干扰作用的、具有输入—转换—输出功能的自适应体系。

（一）制造企业物流系统的输入

输入是指制造企业生产活动所需生产资料的输入供应，即供应物流，它是制造企业物流过程的起始阶段。

1. 采购

采购是供应物流与社会物流的衔接点，是根据工厂企业生产计划所要求的供应计划制订采购计划并进行原材料外购的作业。

2. 供应

供应是供应物流与生产物流的衔接点。它是根据材料供应计划、物资消耗定额、生产作业计划进行生产作业的活动组织。

3. 库存管理

库存管理是供应物流的核心部分。

库存管理的功能主要有两个方面：一方面，它要依据企业生产计划的要求和库存的控制情况,制订物资采购计划,控制库存数量和结构,并指导供应物流的合理运行;另一方面,库存管理又是供应物流的转折点,它要完成生产资料的接货、验收、保管、保养等具体功能。

(二) 制造企业物流系统的转换

制造企业物流系统的转换是指企业生产物流,也称厂区物流、车间物流等,它是企业物流的核心部分。

生产物流包括各专业工厂或车间的半成品或成品流转的微观物流,各专业厂或车间之间及它们与总厂之间的半成品、成品流转。工厂物流的外延部分,指厂外运输衔接部分。

(三) 企业物流系统的输出

销售物流是制造企业物流的输出系统,承担完成企业产品的输出任务,并形成对生产经营活动的反馈因子。

销售物流是企业物流的终点,同时又是社会物流的始点。社会物流接受它所传递的企业产品、信息及辐射的经济能量,进行社会经济范围的信息、交易、实物流通活动,把一个个相对独立的企业系统联系起来,形成社会再生产系统。

二、制造企业物流的特征

(一) 生产物流的连续性

企业的生产物流活动不但充实、完善了企业生产过程中的作业活动,而且把整个生产企业的所有孤立的作业点、作业区域有机地联系在一起,构成了一个连续不断的企业内部生产物流。

企业内部生产物流是由静态和动态相结合的节点和连接在一起的网络结构组成的。静态的"点",表示物料处在空间位置不变的状态,如相关装卸、搬运、运输等企业的厂区配置、运输条件、生产布局等。

生产物流动态运动的方向、流量、流速等是使企业生产处于有节奏、有次序、连续不断的运行状态的基础。

(二) 物料流转是生产物流的关键特征

物料流转的手段是物料搬运。在企业生产中,物料流转贯穿于生产、加工制造过程的始终。在厂区、库区、车间与车间之间、工序与工序之间、机台之间,都存在着大量频繁的原材料、零部件、半成品和成品的流转运动。

生产过程中物流目标应该是提供畅通无阻的物料流转,以保证生产过程顺利、高效率地进行。

(三) 企业物流的二律背反性

"二律背反"主要是指"一种活动的高成本,会因另一种物流活动成本的降低或效益的提高而抵消的相互作用关系"(GB/T 18354-2006)。

企业物流管理肩负着"降低企业物流成本"和"提高服务水平"两大任务,这是一对相互矛盾的对立关系即企业物流的二律背反性。

三、制造企业物流流程

（一）采购物流

1. 采购的流程

制造企业采购流程通常是指有制造需求的厂家选择和购买生产所需的各种原材料、零部件等物料的全过程。在这个过程中，作为购买方，首先要寻找相应的供货商，调查其产品在数量、质量、价格、信誉等方面是否满足购买要求。其次，在选定了供应商后，要以订单方式传递详细的购买计划和需求信息给供应商，并商定结款方式，以便供应商能够准确地按照客户的性能指标进行生产和供货。最后，要定期对采购物料的管理工作进行评价，寻求高效率的采购流程模式。

上述采购流程可以如图 9-1 所示。

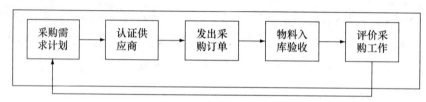

图 9-1　采购流程简图

2. 采购管理的目标

采购管理的目标一般用"5R"来表示：

（1）适当的时间（right time）。指采购时间应该具有科学性，不宜太早或太晚，树立"零库存"观念，适时采购，及时交货。

（2）适当的数量（right quantity）。指采购的数量以需求量为指导，尽量避免"过与不及"。采购量太多，一旦产品需求降低或产品改型换代，将会造成呆料或废料；若采购量太少，则可能会因增加采购次数而增加采购费用。

（3）适当的质量（right quality）。指能以满足企业生产需要的质量为准则。质量太好，购入成本相对会偏高，或者质量功能浪费；质量太低，又会因达不到使用目的而造成新的浪费。

（4）适当的价格（right price）。指以准确的市场价格为准则。

（5）适当的供应商（right supplier）。指选择一定数量的符合企业要求的合格供应商，并与其建立平等互惠的买卖机会、维持长期的合作关系等。

3. 采购的模式

（1）订货点采购模式。订货点采购，是由采购人员根据各个品种需求量和订货提前期的大小，确定每个品种的订货点、订货批量或订货周期、最高库存水准等。然后建立起一种库存检查机制，当发现到达订货点时，就检查库存、发出订货，订货批量的大小由规定的标准确定。

订货点采购包括两大采购方法：一是定量订货法采购，另一个是定期订货法采购。定量订货法采购，是预先确定一个订货点和一个订货批量，然后随时检查库存，当库存下降到订货点时,就发出订货,订货批量的大小每次都相同,都等于规定的订货批量。定期订货法采购,是预先确定一个订货周期和一个最高库存水准,然后以规定的订货周期为周期,周期性地检查库存,发出订货,订货批量的大小每次都不一定相同,订货量的大小等于当时的实际库存量与规定的最高库存水准的差额。

这两种采购模式都是以需求分析为依据,以填充库存为目的,采用一些科学方法,兼顾满足需求和库存成本控制,原理比较科学,操作比较简单。但是由于市场的随机因素较多,该方法同样存在库存量大、市场反应不灵敏的缺陷。

(2) 物料需求计划(material requirement planning,MRP)采购模式。MRP采购主要应用于生产企业。它是由企业采购人员采用MRP应用软件,制订采购计划而进行采购的。

MRP采购的原理是根据主产品的生产计划(MPS)、主产品的结构(BOM),以及主产品及其零部件的库存量,逐步计算求出主产品的各个零部件、原材料所应该投产时间、投产数量,或者订货时间、订货数量,也就是制订出所有零部件、原材料的生产计划和采购计划,然后按照这个采购计划进行采购。

MRP采购,也是以需求分析为依据,以满足库存为目的。由于计划比较精细、严格,所以它的市场反应灵敏度及库存水平都比以上方法有所进步。

(3) 准时化(just in time,JIT)采购模式。JIT采购是一种完全以满足需求为依据的采购方法。需求方根据自己的需要,对供应商下达订货指令,要求供应商在指定的时间、将指定的品种、按指定的数量送到指定的地点。

JIT采购做到了灵敏地响应用户的需求,又使得用户的库存量最小甚至为"零"。这是一种比较科学和理想的采购模式。

(4) 供应商掌握库存(vendor managed inventory,VMI)采购模式。VMI采购的基本思想是在供应链机制下,采购不再由采购者操作,而是由供应商操作。VMI采购是用户只需要把自己的需求信息向供应商连续及时传递,由供应商自己根据用户的需求信息,预测用户未来的需求量,并根据这个预测需求量制订自己的生产计划和送货计划,用户的库存量的大小由供应商自主决策的采购模式。VMI采购最大的受益者是用户,它已经摆脱了烦琐的采购事务,从采购事务中解脱出来了,甚至连库存负担、运输进货等负担都已经由供应商承担。供应商能够及时掌握市场需求信息,灵敏地响应市场需求变化,降低库存风险,提高经济效益。供应链采购对企业信息系统、供应商的业务运作要求较高。

(5) 电子采购模式。电子采购是指在电子商务环境下的采购模式,通常指企业或政府通过互联网平台对其业务范围内的产品和服务进行购买业务。它改变了通常用人工进行的采购处理方式,取而代之的是一套高效、规范化的解决方案。电子采购的基本原理,是由采购人员通过在网上寻找供应商、寻找所需采购的对象、在网上洽谈贸易、网上订货,甚至在网上支付货款,最终实现送货或进货作业,完成全部采购活动。

(二) 制造企业生产物流

1. 生产物流

制造企业生产物流是指伴随企业内部生产过程的物流活动,即按照工厂布局、产品生产过程和工艺流程的要求,实现原材料、配件、半成品等物料,在工厂内部供应库与车间、车间与车间、工序与工序、车间与成品库之间流传的物流活动。

生产物流是与整个生产工艺过程伴生的,实际上已构成了生产工艺过程的一部分。其过程大体为:原材料、燃料、外构成件等物料从企业仓库或物料的"入口",进入到生产线,再进一步随生产加工过程并借助一定的运输装置,在一个一个环节的"流"的过程中,本身被加工,并随着时间进程不断改变自己的实物形态(如加工、装配、储存、搬运、等待状态)和场所位置(各车间、工段、工作地、仓库),直到生产加工终结,再"流"至成品仓库。

2. 生产物流的类型

(1) 根据生产的生产专业化的角度划分:单件生产(项目型),生产品种繁多,但每种仅生产一台,生产重复度低;大量生产(连续或离散型),生产品种单一,产量大,生产重复度高;成批生产(连续或离散型),介于上述两者之间,即品种不单一,每种都有一定批量,生产有一定重复性。通常又划分为大批生产、中批生产、小批生产。

(2) 从物料流向的角度划分:项目型生产物流(固定式生产)——物流凝固,即当生产系统需要的物料进入生产场地后,几乎处于停止状态,或者说在生产过程中物料流动性不强;连续型生产物流(流程式生产)——物料均匀、连续地进行,并且生产出的产品和使用的设备、工艺流程都是固定与标准化的,工序之间几乎没有在制品存储;离散型生产物流(加工装配式生产)——产品是由许多零部件构成,各个零部件的加工过程彼此独立,且制成的零部件通过部件装配和总装配最后成为产品,整个产品的生产工艺是离散的,各个生产环节之间要求有一定的在制品储备。

(3) 从物料流经的区域和功能角度划分:厂间物流指大型企业各专业场间运输物流或独立工厂与材料配件供应厂之间的物流;工序间物流,也称工位间物流、车间物流,指生产过程中车间内部和车间、仓库之间各工序、工位上的物流。

3. 企业生产物流的组织

(1) 生产物流的空间组织。它相对于企业生产区域而言的,目标是如何缩短物料在工艺流程中的移动距离。一般有三种专业化组织形式,即工艺专业化、对象专业化、成组工艺等。

第一,按工艺专业化形式组织生产物流。工艺专业化形式也叫工艺原则或功能性生产物流体系。其特点是把同类的生产设备集中在一起,对企业欲生产的各种产品进行相同工艺的加工。即加工对象多样化但加工工艺、方法相同。

第二,按对象专业化形式组织生产物流。对象专业化形式也叫产品专业化原则或流水线。其特点是把生产设备、辅助设备按生产对象的加工路线组织起来,即加工对象单一但加工工艺、方法却多样化。

第三,按成组工艺形式组织生产物流。成组工艺形式是结合了上述两种形式的特点,按成组技术原理,把具有相似性的零件分成一个成组生产单元,并根据其加工路线组织设备。

(2) 生产物流的时间组织。它是指一批物料在生产过程中各生产单位、各道工序之间在时间上的衔接和结合方式。要合理组织生产物流,不但要缩短物料流程的距离,而且还要加快物料流程的速度,减少物料的成批等待,实现物流的节奏性、连续性。

第一,顺序移动方式。它是指一批物料在上道工序全部加工完毕后才整批地转移到下道工序继续加工。该方式的优点是:一批物料连续加工,设备不停顿,物料整批转工序,便于组织生产。

第二,平行移动方式。它是指一批物料在前道工序加工一个物料以后,立即送到后道工序去继续加工,形成前后交叉作业。该方式的优点是不会出现物料成批等待现象,因而整批物料的生产周期最短。

第三,平行顺序移动方式。它是指每批物料在每一道工序上连续加工没有停顿,并且物料在各道工序的加工尽可能做到平行。既考虑了相邻工序上加工时间尽量重合,又保持了该批物料在工序上的顺序加工。该方式吸取了前两种移动方式的优点,消除了间歇停顿现象,能使工作地达到充分利用。工序周期较短,但安排进度时比较复杂。

(三) 销售物流

销售物流是指生产企业售出产品和流通企业出售商品的物流过程。企业在产品制造完成后需要及时组织销售物流,使产品能够及时、协调、完好地送达客户指定的地点。

1. 销售物流的主要活动

(1) 产成品包装。包装是企业生产物流系统的终点,也是销售物流系统的起点。产成品的包装在销售物流过程中将要起到便于保护、仓储运输、装卸搬运的作用。因此,在包装材料、包装形式上,既要考虑存储、运输等环节的方便,又要考虑材料及工艺的成本费用。

(2) 产成品储存。保持合理库存水平、及时满足客户需求,是产成品储存最重要的内容。产成品的可得性是衡量企业销售物流系统服务水平的一个重要参数。

(3) 订单处理。为使库存保持最低水平,客户会在考虑批量折扣、订货费用和存货成本的基础上,合理地频繁订货。随着计算机和现代化通信设备的广泛应用,电脑订货方式被广泛采纳,企业跟踪订货状态的能力也大大提高,使得客户与供应商的联系更加密切。

(4) 发送运输。运输方式的确定需要参考产成品的批量、运距、地理等条件。

(5) 装卸搬运。客户希望在物料搬运方面的投资最小化,供应商要从设备的运用、组织两方面降低装卸搬运费用。

2. 销售物流服务要素

(1) 时间。时间要素通常是指订货周期时间。订货周期是指从客户确定对某种产品有需求到需求被满足之间的时间间隔,也称为提前期。订货周期时间是由订单传送时间、订单处理时间、订货准备时间和订货装运时间构成。

(2) 可靠性。可靠性是指根据客户订单的要求、按照预定的提前期、安全地将订货送达客户指定的地方。对客户来说,在许多情况下可靠性比提前期更重要。可靠性包括提前期的可靠性、安全交货的可靠性、正确供货的可靠性等。

(3) 沟通。与客户的沟通是监控客户服务可靠性的关键手段,设计客户服务水平必须包括与客户的沟通。卖方必须把关键的服务信息传递给客户,以保证客户运行计划的顺利。

(4) 方便性。根据消费者之间需求的差异性,把一个整体市场划分为两个或更多的消费者群体,从而确定企业目标市场。由于消费者的需求千差万别,一个企业无论规模多么大,都不能满足全部消费者的所有需求的变化,而只能满足市场上一部分消费者的需求,企业可以有针对性地提供不同的产品。细分的标准包括地理环境、客户状况、需求特点和购买行为等因素。

(四) 返品回收物流

所谓返品是指由于产品出场经储存、运输过程中损坏及消费需求变化等原因而退回企业的产品。

1. 返品回收物流产生的原因

引起返品的原因主要有商品存在瑕疵和质量问题,商品接近或超过保质期等其他理由引起的消费者退货;零售商手中出现的积压、滞销、过季的商品,断码商品或不配套商品;厂家或零售商在配送过程中产生的损坏商品;生产厂家主动"召回"的批量产品;等等。

近年来,由于激烈的商业竞争,以及消费者权益保护法规的日益完善,促使商家和厂家竞相推出各种优惠的退货条件。在这种浓厚的"买方市场"商业氛围下,"商家先行赔付""无理由退货""异地退货",甚至"无凭证退货"等各种便利的退货措施不断出现。这些优惠措施在便利消费者购物的同时,也造成大量返品需要回收。

2. 对返品的处理

返品通常有以下几种处理方式:

(1) 返回至制造商。指销售企业因商品缺陷、商品过时、过量库存及营销回流而把商品退回给制造商。零售商通过与制造商之间签订的协议,把不能销售的产品退回给制造商。

(2) 降价出售。零售商或制造商可以通过批发商店的形式,将产品降价出售。

(3) 作为新产品出售。如果返回的商品没有使用过,零售商通过重新包装等手段,将其作为新产品再次出售。

(4) 卖给二级市场。当销售企业不能把产品销售完,或退给制造商时,可以将产品低价卖给专门购买清仓产品的公司。

(5) 捐赠给慈善机构。如果商品的使用价值还在,零售商和制造商可以把商品捐赠给慈善机构。

(6) 对返品重造。对于有缺陷或过时的产品进行重修或升级换代重新投入市场。

(7) 对物料的回收。如果不能进行上述处理,可回收返品的有用物料,其余部分销毁处理。

3. 召回制度

产品召回制度是指制造商在确定其产品存在缺陷之后,根据缺陷严重程度、缺陷产品数量、销售市场分布情况等因素,对缺陷产品采取修理、更换或退货回购等措施进行处理,以消除缺陷产品可能给消费者带来的危险。

根据召回的提起是否是厂商自愿,可以将产品召回分为主动召回和指令召回。一般情况下,产品召回由厂商主动提起,厂商不主动提起召回,可由政府部门指令厂商召回。

(五) 企业废旧物资回收物流

随着社会化大生产的高度发展,每时每刻都在产生大量的废旧物资。生产制造企业作为产生废旧物资的大户,对废旧物资的回收再利用更应该起到积极的作用,在实现企业自身利益的同时,发挥积极的社会效益。

(六) 企业的废弃物物流

废弃物是指在生产、流通和消费过程中产生的基本上或完全失去使用价值,无法再重新利用的最终排放物。抑制废弃物对环境造成的危害是废弃物物流管理的主要目的。

第三节 流通企业物流

现代流通企业,既使商品的价值实现,又使商品价值增值。流通企业作为物流的主要承担者,对其物流的现代化程度要求更高。

一、批发企业物流

批发企业物流是指以批发据点为核心,由批发经营活动所派生的物流活动。这一物流活动对于批发的投入是组织大量物流活动的运行,产出是组织总量相同的物流对象的运出。在批发点中的转换是包装形态和包装批量的转换。随着工厂直送和零售商的日益强大,批发业的发展空间将受到制约。

批发业物流系统就像一个调节阀,一方通过从制造业订购大批量的商品,另一方是化大为小,将小批量商品送到零售商的商店,以满足零售商的需求。由于现在零售商普遍存在储存空间不足,零售商更希望减少商品的流通加工功能,因而往往要求批发商把他们订购的商品贴好标签,分类进行商品的商业包装,并配送到零售商指定的地点,有时候甚至是直接上货架的工作也要由批发商来完成。

由于批发商的存在,交易次数减少是非常明显的(如图9-2和图9-3所示)。然而随着生产力的发展,信息技术的成熟,特别是零售企业的连锁化、规模化的程度不断提高,会有更多的零售企业通过与生产企业直接交易的方式达到降低采购成本的目的。

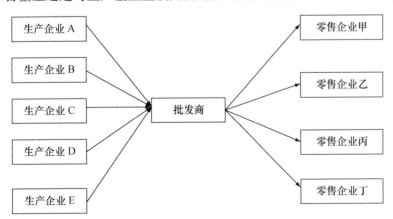

图9-2 有批发企业的物资流动线路

商品经济的发展,促使市场容量扩大,生产和商品流通规模也随之膨胀。产业资本的规模化,促使商业资本的规模化,而商业资本的规模化,就需要有批发商业资本作为产业资本和零售商业资本的连接纽带。

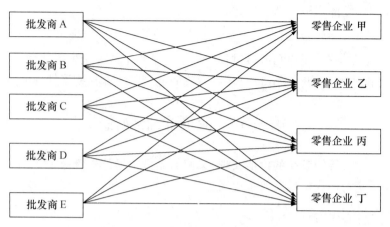

图 9-3　无批发企业的物资流动线路

二、零售企业物流

零售业的物流管理系统功能要素主要包括采购、运输、储存、配送、销售和返品物流等。

（一）采购管理

采购是商业物流系统的输入，如果采购的商品不适销对路，那么商品在商业物流系统内流转得再经济合理也是没有意义的；如果商品订货的批发量太小，采购又不及时，那么就不能尽快满足零售店的要求。采购管理就是对采购活动的各个环节及步骤的计划、组织、协调和控制。

（二）运输管理

由于零售企业对运输业务了解不多，加上市场的波动性，使各个企业分散的运输资源利用率不高，车辆实载率低，整体物流环节效率低下，造成企业总体的物流成本居高不下。因此通过信息化系统的建立，进行配载运输，可以在很大程度上降低物流费用。

通过对各种运输方式技术经济指标的对比，并根据商品属性的要求，选择合适的运输方式。对批量大的商品应尽量采用直达运输，减少商品装卸、搬运次数和货物的损失。

大部分零售企业自办运输，较少依靠社会物流服务，使其在车辆、劳动力、商品资金等方面的直接投入很大，设备的运营、保养费用较高。因此零售企业应根据自身的实际情况，采取物流业务外包的管理方式。

（三）储存管理

由于消费的个性化与多样化，以及商品的极大丰富，为满足客户需要，零售企业经营的商品品种越来越多，从而需要的仓库也越来越多。但是由于土地资源稀缺，尤其在大中城市里，黄金地段地价的昂贵，以及城市规划限制等原因，更加制约了仓库及其空间的扩大。因此通过完善管理，建立科学有效的制度，实现储存的合理化，凸显出重要性。

（四）配送管理

零售企业的配送是按店面的订货要求，在物流据点进行分货、配货工作，并将配好的货送交店面。

收货管理是配送中心管理的第一环节,其核心任务是将总部订购的、来自各个生产厂家的货物汇集到配送中心,经过一系列的收货流程,按照规定的存储方法将货物放置于合适的地点。

存货管理是指对收货采取的存储管理。目前商品在仓库的存放系统有两种模式:一是商品群系统,二是货位系统。无论采取哪种商品存储方法,其核心都是减少储存费用,方便配送。

发货管理目标是把商品准确而又及时地运送到店铺,这便要求采用科学的配货方法和配货流程。

(五) 销售服务管理

销售服务管理的主要内容包括:商品管理作业、收银作业管理、服务台作业管理、商品损耗管理、销售业绩管理等。

商品管理中的主要作业包括:标价作业、补货上架作业、陈列作业、促销作业、销货退货作业、变价作业、自用品管理作业、赠品处理作业、缺货补充、商品淘汰等。

三、连锁企业物流

所谓连锁经营是指,在零售业、饮食服务业中,若干同行业店铺以共同进货、分散销售、统一管理等方式连接起来,在同一个企业形象下经营或服务,共享规模效益的一种现代化经营方式和组织形式。

(一) 连锁企业经营主要特征

1. 拥有统一的企业识别系统(CIS)

企业识别系统的主要内容包括统一的商标、商号和服务标记;统一的店铺装潢设计;统一的广告促销;统一的产品设计和包装设计;统一的店堂布局和商品、橱窗陈列;统一的着装;统一的服务规范;统一的设备用具。通过统一的企业识别系统,连锁店体系形成统一的企业形象,扩大整体影响,使众多分店拥有了大店才可能形成的信誉和影响,起到加强市场营销的作用。

2. 统一的商品或服务内容

连锁店经营的商品结构是以某些特定的商品为中心进行组合的,所有连锁组织都不同程度地具有经营商品和服务内容方面的一致性。连锁体系独特而统一的商品、服务系列,都是由总部调查研究,不断调整、改变才确定下来的标准化"产品"。

3. 物流的统一采购、配送与商流的统一核算相结合

连锁体系里一般都设立物流中心即配送中心,负责采购进货并对各店铺进行集配和送货。总部通过信息流将各分店的销售情况、配送中心的进货及配售情况进行汇总,由总部对进、销、存各环节统一进行核算。

(二) 连锁企业的类型

1. 正规连锁

正规连锁又称直营连锁、公司连锁、联号商店等。正规连锁是指处于同一流通阶段,

经营同类商品和服务,并由同一经营资本及同一总部集中管理领导,进行共同经营活动,由两个以上单个店铺组成的组织化的零售企业集团。

正规连锁的特点是所有权与经营权统一集中,即所有成员店的所有权归同一个资本拥有,设立有总部。由总部统一领导、统一管理,在人事关系上各成员店的经理是雇员而不是所有者。

2. 特许连锁

特许连锁,又称合同连锁、加盟连锁和契约连锁。特许连锁指的是主导企业把自己开发的产品、服务和营业模式(包括商标、商号等企业象征的使用、经营技术、营业场合和区域)以营业合同的形式,授予加盟店在规定区域内的经销权和营业权,加盟店则交纳一定的营业权使用费,承担规定的义务。

3. 自由连锁

自由连锁,又称自愿连锁、志同连锁、任意连锁。自由连锁是指由批发企业组织的独立零售集团,即所谓批发企业主导型任意连锁集团。成员零售店铺经营的商品,全部或大部分从该批发企业进货。作为对等条件,该批发企业必须向零售企业提供规定的服务。自由连锁特点是成员店所有权、经营权和财务核算都是独立的。成员店在不丧失独立性的前提下,通过协商联合起来,共同合作,统一进货、统一管理,联合行动。

(三) 连锁经营中的配送中心

配送中心的广泛使用是连锁企业物流的最大特点。从现实情况看,连锁企业要想获得规模效益,必须使用配送中心的服务模式。

1. 自有型配送中心

自有型配送中心是指连锁经营企业自己投资兴建,主要为企业内店铺进行配送服务的配送中心。其运作方法是,各个连锁企业在一定的区域范围内独立建立配套的组织体系和经营网络,分头与客户建立联系和开拓渠道,独立地开展配送活动,通常它是不对外提供配送服务的。但随着自有型配送中心的发展,其配送能力超过了企业自身的需要时,自有型配送中心有向公共型配送中心转化的趋势。

自有型配送中心有利于协调与连锁店铺间的关系,配送商品与时间等各方面都可以从自身需要的角度协调、控制。在国际上,有代表性的以大零售商为主导建立物流配送中心的企业是沃尔玛。目前,沃尔玛公司独立投资建立的配送中心有200多家,专为本公司连锁店按时按需提供商品,确保各店稳定经营。

2. 合作型配送中心

合作型配送中心是指连锁企业与其他企业共同投资、共享服务的配送中心。

这种配送中心有两种不同的联合方式:

一种是指一家或多家连锁公司与物流企业联合,分别承担不同的功能,共同实现配送中心任务,为连锁公司和其他企业配货。这种联合可以有效地节约建设投资,降低物流成本,提高配送经营效益,也能推动物流企业完善功能,带动物流企业发展。

另一种联合型的配送中心是指由连锁生产企业联合,共同建设,为连锁公司和其他企业提供配货的配送中心。这种联合是由流通领域向生产领域的延伸,它可以利用原有生产企业的仓库、机械设备及运输工具等各项主设施,减轻建设新配送中心时在基础设施上的投资,缓解了资金不足的状况。同时,连锁企业与那些包装加工能力强、物流管理设施齐备的生产企业的互补性,又提高了连锁企业的流通加工和储存管理能力。

3. 公共型配送中心

公共型配送中心是指面向所有用户提供后勤服务的配送组织。只要支付服务费,任何用户都可以使用这种配送中心。在这种配送模式中,专门从事配送业务的企业,通过与生产企业建立广泛的代理和买断关系,与零售店铺形成较稳定的契约关系,从而将商品进行组织,配送给各个店铺。

连锁企业通过公共型配送中心提供服务,不仅可以避免由于连锁规模较小而导致的收益小于建设费用的问题,而且由于利用专业化的配送中心来提供服务,有利于提高配送效率、转移积压商品的危险。但对连锁企业的信息化水平要求很高,要建立 EDI、POS、EOS 等,否则很难高效率地与物流企业沟通。

四、配送中心物流

(一) 配送中心的概念

中华人民共和国国家标准《物流术语》(GB/T 18354-2006)将配送中心(distribution center)定义为"从事配送业务且具有完善的信息网络的场所或组织"。

配送中心是从供应者手中接受多种大量货物,进行分类、保管、流通加工和情报处理等工作,然后按照众多需要者的订货要求备齐货物,以令客户满意的服务水平进行配送的。

配送中心的主要工作内容有:

第一,"货物组配"工作是一项全部由配送中心完成的主要的、独特的工作。

第二,配送中心有的是完全承担送货工作,也有的是利用社会运输企业完成送货。对于送货而言,配送中心主要是组织者而不是承担者。

第三,强调了配送活动和销售或供应等经营活动的结合,是经营的一种手段。

第四,配送中心的"现代流通设施"以现代装备和工艺为基础,是物流全功能的流通设施。

(二) 配送中心的功能

1. 集货

为了满足客户对商品随时产生的要求,配送中心需要从供应商那里购进大批的货物以备所需,该工作称为集货。与此同时,配送中心可将客户所需各个品种的货物实行有效配装,形成经济合理的载货批量,达到节约物流成本的目的。

2. 存储

存储可以有效地调节商品生产与消费、进货与销售之间的时间间隔。由于实行集中储存,在宏观上的有效调节,可以大大降低各个客户由于分散储存的货物。配送中心按照网点反馈的信息,又减少了流动资金的占用和利息的支付。因此,降低商品的周转期,是配送中心获取效益的重要手段之一。

3. 分拣

根据客户的订货单,将所需品种、规格的商品,按所需的数量挑选出来,并集中在一起,这种作业称为分拣。由于配送中心服务的客户很多,且客户对货物数量、品种、规格、种类等要求会有很大的差别,为了进行及时的配送,必须要求商品分拣得快速、高效,因此分拣越来越受到配送中心的重视。

4. 加工

它是物品在从生产领域向消费领域流动的过程中,为了销售商品、维护产品质量和提高物流效率而对物品进行的加工。配送中心通过开展加工业务,不但大大方便了用户,而且有利于提高物资资源的利用率和配送的整体效率。

5. 配送

配送按照客户的要求,在配送中心进行分货、配货作业,并将配好的货物按照指定的时间和地点送交客户。配送与送货相比,更体现出专业化的特色。

6. 信息处理

通过配送中心完备高效的信息处理系统,有效地实现了对整个流通过程的控制。在物流的管理、成本的控制的方面通过与客户共享信息,极大地促进了货源组织的效率,有效地控制了库存。

(三) 配送中心的作业流程

1. 根据订单安排配送

一般来讲,客户要在规定的时间内将订货单通知给配送中心,配送中心在规定的时间截止之后将用户的订货单进行汇总,确定所要配送的货物的种类、规格、数量和交货时间。订单是配送中心工作的始发点。

2. 进货

配送中心的进货流程大体如下所述:

(1) 订货。配送中心收到客户订单之后,首先确定要配送货物的种类和数量,然后根据库存状况确定是否需要订货。有时,配送中心也根据用户需求情况或商品销售状况与供应商签订的协议提前订货。

(2) 接货。供应商根据配送中心的订单组织供货,配送中心接到货物后签单。

(3) 验收。通过技术措施对货物的质量、数量进行检验。

(4) 分拣。对送来的货物按照要求,分门别类地存放到指定地点。有时则根据需要直接进行加工和配送。

(5) 存储。将批量购进的货物暂时存储起来,以备配送之用。

3. 理货和配货

(1) 加工作业。通过配送中心的加工,能够提高商品的价值,提高产品利用率,方便客户的使用、便于货物的配送。

(2) 拣选作业。拣选作业就是配送中心的工作人员根据客户的订货通知单,从储存的货物中拣选客户所需要的货物。

(3) 包装作业。为了便于运输和识别各个用户的货物,有时还要对配备好的货物重新进行包装,并在包装物上贴上标签。

（4）配装作业。为了充分利用载货车辆的容积和提高运输效率，配送中心常把同一条送货线路上不同用户的货物组合配装在同一辆货车上。于是，在理货和配货流程中还需要完成组配或配装作业。

4. 出货流程

出货是配送中心的最后一道环节，包括装车和送货两项活动。

（1）装车。装车要按送货地点的先后顺序组织，先到的要放在混载货体的上边或外面，后到的要放在下边或里面；要做到"轻者在上，重者在下"。

（2）送货。配送中心送货一般有固定的线路和时间，有时也有随机地送货，不受时间和线路的限制。

▶ 课外阅读

一汽大众的"零库存"

一汽大众在实现"零库存"的过程中主要采用两种方法：

其一，零部件进货"零库存"的三种方式。

第一种是电子看板，即公司每月把生产信息用扫描的方式通过电脑网络传递到各供货厂，对方根据这一信息安排自己的生产，然后公司按照生产情况发出供货信息，对方则马上用自备车辆将零部件送到公司各车间的入口处，再由入口处分配到车间的工位上。

第二种叫做"准时化"，即公司按整车顺序把配货单传送到供货厂，对方也按顺序装货直接把零部件送到工位上，从而取消了中间仓库环节。

第三种是批量进货，供货厂每月对于那些不影响大局又没有变化的小零部件分批量地送1—2次。

其二，在制品的"零库存"管理。

公司很注重在制品的"零库存"管理，在该公司流行着这样一句话：在制品是万恶之源，用以形容大量库存带来的种种弊端。在生产初期，捷达车的品种比较单一，颜色也只有蓝、白、红三种。公司的生产全靠大量的库存来保证。随着市场需求的日益多样化，传统的生产组织方式面临着严峻的挑战。

在整车车间，生产线上每辆车的车身上都贴着一张生产指令表，零部件的种类及装配顺序一目了然。计划部门控装车顺序通过电脑网络向各供货厂下计划，供货厂按照顺序生产、装货，生产线上的工人按顺序组装，一伸手拿到的零部件保证就是他正在操作的车上的。物流管理就这样使原本复杂的生产变成了简单而高效的"傻子工程"。令人称奇的是，整车车间的一条生产线过去仅生产一种车型，其生产现场尚且拥挤不堪，如今在一条生产线同时组装2—3种车型的混流生产线，却不仅做到了及时、准确，而且生产现场比原先节约了近10%。

（资料来源：原文详见http://wlgl.wfe.cn/News_View.asp? NewsID=226&zc=177，有删减。）

思考题

名词解释

企业物流　　　　　制造企业物流　　　　　二律背反
订货点采购　　　　定量订货法采购　　　　定期订货法采购
JIT 采购　　　　　VMI 采购　　　　　　　制造企业生产物流
项目型生产物流　　连续型生产物流　　　　离散型生产物流
生产物流的空间组织　生产物流的时间组织　　生产系统布置设计(SLP)
产品召回制度　　　批发企业的物流　　　　连锁经营

问答题

1. 简述物流管理的发展历史。
2. 企业物流管理的内容从不同角度是怎样分类的？各包括哪些内容？
3. 企业物流管理的总原则是什么？如何理解这一原则？
4. 请阐述企业物流管理的总目标和具体目标。
5. 如何理解制造企业物流的内涵？
6. 制造企业物流的特征是什么？
7. 何为制造企业采购流程？请简述制造企业采购的流程。
8. 物资采购管理的"5R"目标的含义是什么？
9. 简述 MRP 采购的原理。
10. 简述销售物流的主要活动和销售物流服务的要素各包括哪些内容。
11. 请阐述企业销售配送合理化途径。
12. 谈谈返品回收物流产生的原因和返品通常采用的处理方式。
13. 简述零售业的物流管理系统功能要素主要包括哪些内容。
14. 何为连锁经营？连锁企业经营的主要特征是什么？
15. 请谈谈连锁企业的类型。
16. 连锁经营中的配送中心主要有哪几种类型？谈谈它们各自的运作方法。
17. 简述配送中心的功能和配送中心的作业流程。

第十章

区域物流

学习目的

区域物流属中观物流,区域物流的本质是协同合作;深刻理解区域物流协同化已成为物流产业发展的趋势。

技能要求

掌握区域物流的含义和区域物流的本质;了解区域物流的模式和区域物流规划的内容;掌握城市物流系统的功能和城市现代物流体系;认识经济带物流,关注京津冀、长江经济带、珠江—西江经济带的建设与发展。

所谓区域,是在经济上具有同质性或内聚性且构成空间单元具有一定的共同利益的彼此邻接的地区。

区域经济是指自然形成的经济区域,主要是指依托地理位置、交通运输条件、民族习俗和文化、资源状况、经济基础理论、人才技术等各种因素自然形成的区域经济带和区域经济圈。

在区域经济的发展过程中,区域经济、区域贸易与区域物流三者紧密相连,密不可分。

第一节 区域物流

一、区域物流的概念

(一) 区域物流的含义

区域物流是指全面支撑区域可持续发展总体目标而建立的,以大中型城市为依托,适应区域环境特征、提供区域物流功能、服务于区域经济发展需要,具有合理空间结构和服务规模,实现有效组织与管理的物流形式。

区域物流是基于产业聚集区的区域综合型物流,是以区域内的产业聚集区各产业组织为主要服务对象,为各产业组织提供区域性物流服务的现代物流模式。

区域物流有以下含义:

(1) 区域物流是支撑区域可持续发展总体目标的;
(2) 区域物流是适应区域地理环境和经济特征建立的物流系统;
(3) 区域物流应具有广阔的物流空间结构和物流服务规模;
(4) 区域物流应设有完整的物流网络体系、区域物流信息支撑体系和区域物流组织运作体系;
(5) 区域物流应是在一定的经济区域地理环境条件下所发生的物流活动的总和。

为了实现物流在全国范围的合理流通和物流中心的合理布局,形成一个高效、畅通、网络化的现代商品物流体系,2009 年 3 月国务院发布的《物流业调整和振兴规划》根据市场需求、产业布局、商品流向、资源环境、交通条件、区域规划等因素,提出发展九大物流区域、建设十大物流通道的重大任务。

这九大物流区域分别为:以北京、天津为中心的华北物流区域;以沈阳、大连为中心的东北物流区域;以青岛为中心的山东半岛物流区域;以上海、南京、宁波为中心的长江三角洲物流区域;以厦门为中心的东南沿海物流区域;以广州、深圳为中心的珠江三角洲物流区域;以武汉、郑州为中心的中部物流区域;以西安、兰州、乌鲁木齐为中心的西北物流区域,以重庆、成都、南宁为中心的西南物流区域。

十大物流通道为:东北地区与关内地区物流通道;东部地区南北物流通道;中部地区南北物流通道;东部沿海与西北地区物流通道;东部沿海与西南地区物流通道;西北与西南地区物流通道;西南地区出海物流通道;长江与运河物流通道;煤炭物流通道;进出口物流通道。

(二) 区域物流的本质

区域物流的本质是协同合作。协同即"共同工作",是对系统的各种因素和属性之间的动态良性相互作用关系及其程度的一种反映。

1. 区域物流协同合作的微观含义

各经济地区范围内,市场组织依托于区域性物流网络及资源以此来保障物流活动满足特定区域、特定消费者的服务需要。这就意味着区域物流在一定经济区域范围内的上、下游企业的协同合作。区域物流应该是企业基于物流资源空间协调配置基础上的物流环节协同和企业物流系统的协同。其中,前者的协同是以时间、成本和位移为衡量坐标的,后者的协同则是以效率、空间和环境的合理性为标准。

2. 区域物流协同合作的宏观含义

在物流产业层面,区域物流意味着在一定经济区域范围内,物流企业通过协作、兼并等手段,实现产业内部的联合与合作。因为随着物流规模和物流活动的范围进一步扩大,物流产业日益朝着专业化、社会化、功能和服务的系统化、业务运作的网络化、管理手段与设备的自动化、区域上的全球化等方向发展。而产业内部的联合与合作,即物流企业间集约化与协同化发展则是满足物流产业衔接性、服务性、整合性、协同性的重要手段,协同化已经成为物流产业发展不可忽视的趋势。

3. 经济空间的协同合作

区域物流系统本身包含着空间演化层面的协同合作。由于局部的企业物流高效并不意味着整体社会物流合理化。从区域经济可持续发展等角度进行空间协调,以及经济、社会、自然等要素相互作用,反映在地域空间层面则是物流经济客体在地域上的具体空间位置关系、集聚程度、相互作用的方向和强度等空间结构演变。因此,区域物流必须在经济空间层面去实现物流聚集形式,如区域物流网络、区域物流圈的协同合作形式等。

(三) 区域物流发展的必然性

1. 区域物流发展是全球流通产业革命的必然结果

物流区域化发展打破了单一企业、行业乃至地区的界线,在竞争中通过相互协调和统一,创造出最适宜的物流运行结构。市场经济条件下的区域物流的区域化发展,不是靠产权关系或任何行政关系维系的,而是按照现代流通规律整合成的一个虚拟企业群体。竞争模式也由过去单个企业之间的竞争转为一个群体企业与另一个群体企业之间的竞争,一个供应链与另一个供应链之间的竞争,一个物流配送体系与另一个物流配送体系之间的竞争。可以说,参与的群体规模越大,流通效率越高,流通成本越低,企业的竞争力就越强。因此,以供应链为核心的区域物流一体化正是流通领域不断革命的必然结果。

2. 物流区域化在区域发展中起助推器和开路先锋的作用

从国外区域物流发展的成功范例来看,物流区域化发展在区域经济合作和行业一体化的进程中,从一开始就担当起助推器和开路先锋的重任。物流行业跨区域的合作与经营,有利于资源的合理配置、货物的快速流动,从而使区域内各经济主体在经济贸易上形成了很大的互补性。

3. 从国内区域经济自身发展来看,区域物流发展是我国区域经济发展的必然要求

近几年来,国内区域合作渐渐出现了以产业联动为交往机制的新模式,它们旨在打造一体化的区域内"交通同制、规划同网、铁路同轨、乘车同卡"的现代物流支持平台,以制度协调、资源互补和需求放大效应为目标,以物流区域化发展推动整个区域经济的快速增长,达到降低成本、优化产业结构、提高区域核心竞争力的目的,至此物流区域化发展的呼声日高。

二、区域物流模式

区域物流系统必然是在区域经济发展战略的总体目标和模式框架下,根据区域的区位、产业活动、流通活动等特点,开展有效、独特的物流活动,因而也就应该有不同的现代区域物流模式。

(一) 基于产业聚集区的区域综合型物流模式

基于产业聚集区的区域综合型物流模式,是以区域内的产业聚集区各产业组织为主要服务对象,为各产业组织的供应链物流活动提供区域性物流服务的现代物流模式。在空间布局上,以产业聚集区所处的地理位置为基础,以交通条件为依托进行空间布局。

我国的产业聚集区主要表现为高新技术开发区、经济技术开发区等一些特定区域。在这些区域中,产业组织之间的关联程度有强也有弱。在产业组织关联度强的产业聚集区中,物流业的物流模式更多地表现为供应链一体化的模式;而在产业组织关联度弱的产业聚集区中,由于产业组织对物流服务的时间性、流体(物品)、流向、流程、流量、载体等方面的差异性较为突出,因此对物流服务的综合能力的要求更高,物流业的物流活动则表现为综合物流服务模式。

(二) 基于产业链(集群)的区域供应链一体化型物流模式

产业链是在特定领域中,具有竞争与合作关系的地理上集中又相互关联的企业,专业化的供应商、服务供应商、相关产业厂商及相关机构形成的集群。产业集群不仅打破了产业分类界限,而且为公共部门和私有部门之间相互合作提供了一种新的思考模式。

基于产业链的区域供应链一体化型物流模式,是区域内围绕主导产业形成的产业链,它具有相对稳定的供应物流关系。以此为背景所进行的区域物流业物流活动应突出供应链物流活动的一体化、准时化特征。在产业链中,流量、品种、流程、流向都是相对确定的,物流活动主要强调流速、物流各活动的准时化。

(三) 基于区域货物中转枢纽的多功能服务型的物流模式

基于区域货物枢纽的多功能服务型物流模式,是以区域的特殊地理位置为基础的(如港口、区域物流中心等)承担区域内外货物中转枢纽功能的物流活动聚集区,以大批量货物集散为物流活动的主要特征,同时提供各种海关、商检、动植物卫生检疫、货代和船代、保险、保税等与物流活动相关服务的物流模式。

区域物流中心是指"全国物流网络上的节点。以大中型城市为依托,服务于区域经济发展需要,将区域内外的物品从供应地向接收地进行物流活动且具有完善信息网络的场所或组织"(GB/T 18354-2006)。

(四) 基于区域交易市场的商贸型物流模式

基于区域交易市场的商贸型物流模式是在已经形成的区域商品交易市场背景中,将市场交易服务与仓储、配送等活动相结合的一种物流模式。

区域交易市场主要指专业的实物商品交易市场,具有较大规模。比如大型的农产品、建材产品、汽车、商贸百货、医药等交易市场。区域交易市场的交易量大、物流活动集中且频繁,对物流的需求较大。

随着市场规模和交易规模的发展、城市地价的增长及市区交通流量的增大,将主要物流活动(如存储、配送中心)转移到交通条件良好的城区外环附近的做法,既解决了物品存储费用高的问题,又缓解了城市交通拥挤状况,同时也提升了区域交易市场的产业结构。因此,该物流模式是根据交易市场的商流(订单、合同要求),通过市场的公共信息平台网络,将订单信息传递给物流配送中心的相关物流企业,物流企业则按照订单的物品数量和时间要求,进行物流准备、运输计划的安排、运输工具、路线等的优化和选择,最终完成全部物流活动。

三、区域物流规划

(一) 区域物流规划的概念

区域物流规划就是在正确认识区域物流规模、结构与特点的基础上,根据区域经济与社会发展目标,对一定时期内(一般为中长期)区域物流发展的目标、区域物流资源的建设、区域物流发展战略与对策等进行的系统设计。

区域物流规划是区域物流发展的蓝图,也是区域物流发展的行动指南。区域物流规划不仅有利于避免区域物流发展的盲目性,而且有利于预防或解决区域物流与交通、城市建设、环境保护、居民生活等区域经济与社会发展的各种矛盾。因此,制定区域物流发展规划,是实现区域物流健康、快速发展的第一步,而且是无法跨越的一步。

区域物流规划一般包括区域物流总体规划、城市物流规划和物流园区规划三个层次。

1. 区域物流总体规划

区域物流总体规划是指对一个行政区域或若干行政区域联合体的物流发展所进行的总体规划。区域物流总体规划是最基本、最高层次的区域物流规划,也是其他区域物流规划的基础。

2. 城市物流规划

城市物流规划是指在一个城市及其周边地区范围内,根据现有的物流状况及未来的物流发展需求,从社会整体角度出发,综合考虑城市经济、交通、环境等各方面,合理配置城市物流资源。

城市物流规划是在区域物流总体规划的基础上,对一个城市的物流发展所进行的规划,是从属于区域物流总体规划的第二层次的区域物流规划。

3. 物流园区规划

物流园区规划是指在区域物流总体规划、城市物流规划的基础上,对某个物流园区的物流发展所进行的规划。一个城市,特别是大城市往往存在若干个各具特色的物流园区。因此,物流园区规划从属于城市物流规划,是城市物流规划的重要组成部分。

(二) 区域物流规划的程序

区域物流规划的程序大致有以下几个步骤。

1. 组建区域物流规划小组或委员会

这是进行区域物流规划的第一步。区域物流规划小组既可以由区域自组织而成,也可以委托外部专业机构。不论是自组织还是委托外部专业机构，规划小组的成员必须包括各方面的专家及实际工作者，在规划人员中至少要有交通、城市规划、物流或流通、金融（财务）等方面的专家与具有实际经验者。

2. 收集基础资料，并进行必要的实地调查

基础资料包括区域及其相关区域（全国或有关国家与地区）经济与社会发展的统计资料、城市规划资料，以及物流及其相关方面的统计资料。同时，要对区域内大型物流基础设施、物流网点、典型企业（生产企业、流通企业与专业化物流企业）进行实地调查，以获得一手资料。

3. 数据处理与分析

使用必要的统计分析方法与数据处理方法，对各种数据进行分类、统计与分析，从而得出初步的数据结论。

4. 进行区域物流发展的战略定位

通过对数据的动态分析可以发现各种规划要素的变动趋势，据此预测未来的走向；横向比较即将各种规划要素的数据与可比区域的相关数据进行比较。根据动态分析与横向比较的结果确定区域物流发展的战略定位，并具体化。

5. 制定各种发展目标

根据战略定位及前述的数据分析结果，制定具体的区域物流发展目标，包括目标实现的阶段或时间期限。

6. 提出措施

根据区域物流发展目标，提出相应的实现目标的各种措施，措施与目标最好一一对应。

7. 整理、归纳规划内容，形成规划草案

规划草案要做到概念准确、结构严谨、言简意赅、图文并茂、论据充分、结论科学。

8. 召开各种形式的研讨会，征求各方意见

规划草案必须广泛听取各方面意见，特别是较大的区域物流发展规划，更要反复征求意见，以使规划更加完善、科学。

9. 完成区域规划方案

在充分听取并借鉴各方面的意见的基础上，对规划草案进行最终调整与修改，完成规划方案或报告。为了使区域物流发展规划更加科学，除按上述原则、内容、程序进行规划外，还必须要使用科学的、适用的规划方法。

第二节　城市物流

在2009年国务院发布的《物流业调整和振兴规划》的第三部分"主要任务"中，确定了21个全国性物流节点城市和17个区域性物流节点城市。21个全国性物流节点城市包括：北京、天津、沈阳、大连、青岛、济南、上海、南京、宁波、杭州、厦门、广州、深圳、郑州、武汉、重庆、成都、南宁、西安、兰州、乌鲁木齐。17个区域性物流节点城市包括：哈尔滨、长

春、包头、呼和浩特、石家庄、唐山、太原、合肥、福州、南昌、长沙、昆明、贵阳、海口、西宁、银川、拉萨。

一、城市化与城市物流

(一) 城市化

农业人口向非农业人口转化并在城市集中的过程被人们称为城市化。城市化一词的四个含义是:第一,是城市对农村影响的传播过程;第二,是全社会人口接受城市化文化的过程;第三,是人口集中的过程,包括集中点的增加和各个集中点的扩大;第四,是城市人口占全社会人口比例提高的过程。

1980年,国务院批转了《全国城市规划工作会议纪要》,制定出"控制大城市规模,合理发展中等城市,积极发展小城市"的方针,标志着我国进入了推进城市化的阶段。20世纪80年代,乡镇企业的崛起一方面吸纳了大量农村劳动力,另一方面增强了政府选择小城镇道路的信心。1984年,国家降低设镇标准并放宽户籍管理限制,乡改镇的步伐随之加快。国际经验表明,当一国人均GDP达到600—2 000美元时,是加速城市化增长的阶段,现在我国正处于这一阶段。

人们在研究美国城市化进程的过程中,发现城市化进程与运输方式存在着极大的相关性。1880年前的初始阶段,也被称为步行马车时代;1880—1920年的加速发展阶段,被人们称为有轨电车时代;1920—1950年的郊区化雏形阶段被称为汽车时代;1950年以后的城乡一体化阶段,运输方式进入了超速干道时期。

(二) 城市物流

城市是商品集散和加工的中心,而且物流设施和基础建设齐全,流通人力资本高,消费集中而且需求量大,交通与信息发达。

城市物流可表述为:在一定的城市行政规划条件下,为满足城市经济发展要求和城市发展特点而组织的区域性物流,其研究目标是实现一个城市的物流合理化问题。

未来经济发展越来越呈现城市化、市场化、国际化的大趋势,其中城市化起主导作用。城市化水平是物流业发展的一个重要条件,反过来物流产业的发展也伴随着城市化,促进城市工业生产、金融、服务等其他经济的协调发展,提高社会分工协作水平,充分满足社会需求。城市的发展可以带动周边地区、中小城市和农村的繁荣发展,从而形成一个有机的商品流通体系。

(三) 城市物流的特征

1. 城市物流的繁杂性

城市是人们生产和消费的集中地域,城市物流涉及整个城市的政治活动、经济活动和民族习惯,这些为城市物流的组织工作带来了繁杂性。城市集中了大量的工业企业、商业企业、服务业和成千上万的消费者。城市物流的客体不断呈现出小批量、多样化的趋势,这使城市物流的繁杂性进一步加剧。城市物流关系到城市生产、生活所需的生产资料和生活资料的流入和流出方式。如何以更有效的形式将需要者需求的商品供应给每个工厂、机关、学校和每个家庭?城市性质(如是消费性城市还是工业性城市)也为不同城市的物流带来了不同的物流特征。城市物流的繁杂性还表现在城市的建设一般要先于城市物流设施的建设,即物流发展的滞后性。随着城市规模及范围的发展,要对物流设施进行改造和新建等,这些都给城市物流工作带来很大的困难。

2. 城市物流密度大、流量多

城市内的物流量随城市的发展不断增加。以北京市为例,北京市"十二五"时期商业发展主要预期指标包括社会消费品零售额达到1万亿元,年均增长10%左右;商品购销总额超过12万亿元以上,年均增长15%左右;连锁经营销售额占全市社会消费品零售额比重40%左右;电子商务零售额占社会消费品零售额比重8%左右;刷卡消费占社会消费品零售额比例65%以上。

3. 城市物流节点多、分布广

城市物流除了存在大量的流通量外,每个工厂、配送中心、货站、商店、机关、学校都形成了物流的节点。如果将最终用户可以称为是物流末端节点的话,城市的物流末端节点数量最多,分布最广。末端节点越多,相应需要的相当数量的中转节点也越多。不同层次的物流节点分布在城市的四面八方。城市物流基地、物流园区、物流中心、配送中心的规划是城市物流节点建设的重点,这大大小小的物流节点与节点之间的联系,构成了城市的物流网络。

二、城市物流系统的功能

就构成物流的基本功能而言,城市物流和其他物流形式的物流一样,都是由包装、运输、装卸搬运、储存、流通加工、配送和物流信息而构成。但就城市物流的范围大小和城市自身的地理特点及经济特点,各城市物流都会显示出其固有的功能。以一般城市而言,城市物流系统的主要功能体现在:

1. 城市运输中的主要方式——公路运输

城市物流中的主要运输方式是公路运输,当然有些城市由于其特有的地理特征还涉及水路运输和管道运输。

公路运输机动、灵活,送达速度快,可实现门到门运输。随着城市公路运输网的发展和建设,公路的等级不断提高,汽车的技术性能不断改善,汽车运输的货损货差率不断降低,安全水平不断提高。

2. 城市物流的主要运作方式——配送

城市配送是以城市范围为配送范围的配送活动的总称。由于城市范围处于汽车运输的经济里程,城市配送可直接将物资送达最终用户,所以城市配送往往和商品经营相结合。由于城市配送运距短、反应能力强,因而从事多品种、少批量、多用户的配送较有优势。

3. 城市物流与实现"零库存"目标

"零库存"是物流追求的理想运作目标之一,它是以严谨的物流组织、先进的物流手段而实现的企业无库存生产和无库存经营的运作形式。城市物流之所以能够实现"零库存"的主要原因是:

第一,城市物流的运行方式(主要依靠配送运作方式)使第三方物流的供应代替了企业内部的供应工作,从而企业可以在不依靠或减少企业内部的供应库存的情况下,也可以保证生产和经营的正常运行。

第二,城市物流可以进行集中库存从而取代或部分取代各个生产企业和经营企业的库存,这样以较低的集中库存量取代了较高的分散库存量,同时又提高了供应的保证程度,这是企业"零库存"或降低库存的另一原因。

4. 城市物流系统的神经系统——物流信息系统

城市物流信息系统本身是由多个子系统组成的,它们通过物资实体的运动联系在一起,一个子系统的输出是另一个子系统的输入。城市物流子系统的相互衔接是通过信息予以沟通的,而且基本资源的调度也是通过信息的查询来实现的。例如,城市物流系统和各个物流环节的优化所采取的方法、措施,以及选用合适的设备、设计合理的路线、决定最佳库存量等,都要切合系统实际,即依靠能够准确反映物流活动的信息。所以,城市物流信息系统对提高城市物流系统的效率起着重要的作用。

信息系统工程是在一定的时间、技术、资金等条件下开展的,正确的做法应当是从实际出发,确定恰当的目标,采用先进、可靠的技术,解决城市物流的关键问题。

三、城市现代物流体系建设

为了加速传统商业和储运业向现代物流业方向转变,实现物流在全国范围的合理流通和物流中心的合理布局,形成一个高效、畅通、网络化的现代商品物流体系,《中华人民共和国国民经济和社会经济发展第十一个五年规划纲要》中提出,要"加强物流基础设施整合,建设大型物流枢纽,发展区域性物流中心"。全国许多大、中城市和地区纷纷提出了建设城市现代物流的发展目标。

(一) 城市现代物流体系建设的层次结构

用"物流园区→物流中心→配送中心"来建设城市现代物流,组成多层次物流构成服务体系是城市现代物流系统建设的合理途径。

物流园区集结多个有一定规模的物流中心,每个物流中心下设多个与之配套的配送中心,物流中心主要承担城市大规模的物流集散,配送中心主要承担城市物流末端的物流配送及物流的加工增值服务。城市现代物流体系的层次结构如图10-1 所示。

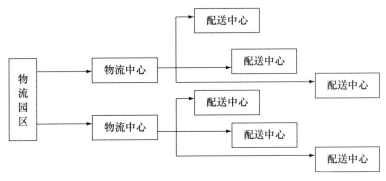

图 10-1 城市现代物流体系的层次结构

物流园区、物流中心、配送中心统称为物流节点。从这个意义上说,物流节点规划要综合考虑城市总体规划、土地利用规划、区域功能定位等多种因素。

(二) 物流园区

物流园区是指"为了实现物流设施集约化和物流运作共同化,或者出于城市物流设施空间布局合理化的目的而在城市周边等区域,集中建设的物流设施群与众多物流业者在地域上的物理集结地"(GB/T 18354-2006)。

物流园区的主要功能可概括为如下几个方面:

1. 货物集散功能

此功能主要是指接收通过各种方式运输的到达货物,并进行分拣、储存,将本市发出的货物进行集中,通过直接换装方式向外发运。

2. 货物中转功能

结合中转物流需求大的特点,物流园将充分体现商品中转中心的作用。一方面,物流园可以连接各种运输方式,实现多式联运,为进出口货物、国内跨海运输提供便利条件,如将集装箱海运与铁路或公路运输方式相结合;另一方面,物流园也将起到衔接干线运输与支线配送的作用。

3. 配送功能

物流园区向配送中心、配载中心或区域物流节点实施日常配送,针对工商企业提供配送服务。

4. 流通加工功能

此功能主要包括商品的包装整理、加固、换装、改装、条形码印制等。通过流通加工,提高物流对象的附加价值。

5. 口岸功能

可设置海关、卫生检疫机构、动植物检验检疫机构,为当地生产、加工基地或者最终销售市场的制造商、分销商提供储存、保管、运输、加工、货物代理等服务。

6. 商品检验

物流园区可提供商品检验与养护、商品检疫等服务。

7. 物流信息服务

物流信息服务是指建设物流公共信息平台,完善物流信息网络建设,通过信息系统完成物流状态查询、物流过程跟踪、物流要素信息记录与分析、物流客户关系管理、物流决策支持,以及方便报关、结算、保税等单据处理,提高工作准确性及工作效率,简化手续。

8. 物流咨询与培训

物流咨询与培训主要包括物流系统规划与设计、物流培训、物流项目咨询等服务内容。

9. 商品展示的商流功能

物流园将通过设立商品展示厅,提供贸易机会来实现其商流功能。

10. 电子商务的辅助功能

物流园区可以利用巨大的仓储资源、专业的配送服务,开展电子商务工作。

（三）物流中心

物流中心指"从事物流活动且具有完善的信息网络的场所或组织"（GB/T 18354-2006）。应基本符合下列要求：

（1）主要面向社会提供公共物流服务；
（2）物流功能健全；
（3）集聚辐射范围大；
（4）存储、吞吐能力强；
（5）对下游配送中心客户提供物流服务。

物流中心的主要功能包括运输、仓储、装卸、搬运、包装、流通加工、物流信息处理等。一个现实的物流中心应该根据其所处的环境具有其核心功能，并且物流中心的功能可以根据需要向上、向下进行延伸，在实际设计中最关键的是要确定如何根据情况向上、向下延伸及延伸的范围。物流中心是企业优化、分销渠道、完善分销网络、进行业务重组的结果，同时也是第三方物流理论得到应用的产物。

物流中心对流入城市的物流起分散作用，主要利用汽车运输方式，具有短距离到户、灵活、快速等特点；对流出城市的物流起集合作用；在货物流动的过程中起到信息管理的作用；对过境物流，物流中心起到低耗、快速衔接的"接口"作用。从物流的流向来讲，物流的流入是由城市间物流经物流中心到配送中心，再到用户；对物流的流出来说，是由用户到物流中心，再到城市间物流，以减少物流的中间环节；涉及每一种具体产品或原材料，还应有适合其特点的物流流程。其目的是减少中转环节，降低物流成本，提高物流效率。在对整个流动中的存货进行管理过程中，对信息流有高度的依赖性，信息流在每一个环节都是双向的。

（四）配送中心

配送中心指"从事配送业务且具有完善的信息网络的场所或组织"（GB/T 18354-2006）。应基本符合下列要求：

（1）主要为特定客户或末端客户提供服务；
（2）配送功能健全；
（3）辐射范围小；
（4）提供高频率、小批量、多批次配送服务。

配送中心是商品集中出货、保管、包装、加工、分类、价格标签、装货、配送的场所或经营主体。

配送中心有自用型和社会化两种主要类型。自用型配送中心有由制造商、零售商经营的，主要是服务于自己的产品销售或自有商店的供货。社会化配送中心，也称"第三方物流"，是由独立于生产者和零售商之外的其他经营者经营的。在现代信息技术手段的支撑下，配送中心要适应现代物流业专业化、标准化、多功能化发展的要求。

配送中心有不同的分类，主要的类别如表10-1所示。

表 10-1　配送中心的类别

分类方法	配送中心类别
按配送中心的设立者分类	制造商型配送中心
	批发商型配送中心
	零售商型配送中心
	专业物流配送中心
按配送中心的功能分类	储存型配送中心
	流通型配送中心
	加工配送中心
按配送中心所处的位置划分	供应型配送中心
	销售型配送中心
按配送货物的属性分类	食品配送中心
	日用品配送中心
	医药配送中心
	化妆品配送中心
	家电配送中心
	电子(3C)产品配送中心
	书籍配送中心
	服饰配送中心
	汽车零件配送中心
	生鲜产品处理中心

第三节　经济带物流

一、经济带

(一) 经济带的概念

经济带是依托一定的交通运输干线、地理位置、自然环境等并以其为发展轴,以轴上经济发达的一个和几个大城市作为核心,发挥经济集聚和辐射功能,联结带动周围不同等级规模城市的经济发展,由此形成点状密集、面状辐射、线状延伸的生产、流通一体化的带状经济区域或经济走廊。经济带的含义可以从以下四个方面来理解:

(1) 在理论上,经济带的内涵界定属于城市群的理论范畴。其动力源是作为城市经济带内核的特大城市或大城市。

(2) 经济带是在劳动地域分工基础上形成的不同层次和各具特色的带状地域经济单元。其本质是城市经济带区域内城市间和产业间存在的经济联系网络。

(3) 在经济带内,不同等级、规模、性质的城市构成城市网络。各城市相互嵌套,形成以城市为节点交通线密切联系的地域网络,形成有特色的多层次开放的城市群网络体系。

(4) 经济带突出表现为其发生、发展的支撑条件是发达的交通运输和信息网络。

经济带作为一种较高发展水平的经济区域,其固有的内在联系是区域社会、经济、历史、文化等多要素综合作用的产物。

(二) 经济带的特点

1. 客观性

经济带作为社会生产地域分工的表现形式,是客观存在的,也是可以被认知的。

2. 区域性和带状形态

经济带占据一定的空间,突出表现为其发生、发展的支撑条件是发达的交通运输。它具有相对合理的带状条形地域组成范围,可表示在地图上,并可度量。

3. 多元性和多层次性

经济带可分为不同等级和层次,每个上一级经济区带是若干个下一级经济区带的有机集合,各个层次客观地反映了不同等级的地域经济单元。

4. 开放性

每个经济带不是封闭的、自给自足的自然经济,它通过复杂的物流、人流、信息流,与其他经济区保持密切联系。

5. 发展变化性与相对稳定性

经济带形成后,并非一成不变,随着生产的发展和社会生产地域分工的演变,经济区经历着量的积累和质的飞跃,前者表现为地区经济特征的相对稳定,后者导致区域范围和区内经济结构的变化,为此需要重新划定经济带。

(三) 发展经济带的意义

经济带一般具备地理区位独特、自然禀赋优良、交通条件优越、产业基础较好、合作前景广阔的优势。其运作与发展的意义主要表现在:

(1) 有利于加快转变经济发展方式,完善区域发展整体布局,促进经济提质、增效、升级;

(2) 有利于优化生产力布局,构建地区开放发展新的战略支点,培育区域经济带和增长极;

(3) 有利于促进优势互补、互利共赢,带动落后、贫困地区加快发展,缩小区域发展差距;

(4) 有利于扩大地区对外开放,加强经济带有机衔接,完善全方位开放格局;

(5) 有利于加强全流域生态建设和环境保护,推动流域可持续发展,探索跨省、区生态建设新模式。

二、京津冀协同发展

京津冀协同发展是 2014 年中央经济工作会议提出的经济发展战略之一。

中共中央总书记、国家主席、中央军委主席习近平于 2014 年 2 月 26 日在北京主持召开座谈会,专题听取京津冀协同发展工作汇报。习近平总书记会上指出"着力加大对协同发展的推动,自觉打破自家'一亩三分地'的思维定式,抱成团朝着顶层设计的目标一起做,充分发挥环渤海地区经济合作发展协调机制的作用"。京津冀地理图如图 10-2 所示。

图 10-2 京津冀地理图

强调实现京津冀协同发展,是面向未来打造新的首都经济圈、推进区域发展体制机制创新的需要,是探索完善城市群布局和形态、为优化开发区域发展提供示范和样板的需要,是探索生态文明建设有效路径、促进人口经济资源环境相协调的需要,是实现京津冀优势互补、促进环渤海经济区发展、带动北方腹地发展的需要,是一个重大国家战略。

（一）京津冀地区经济发展战略的沿革

1982 年,《北京市建设总体规划方案》中首次提出"首都圈"概念。

2004 年,京津冀地区经济发展战略研讨会召开,达成旨在推进"京津冀经济一体化"的"廊坊共识"。

2004 年,商务部和京、津、冀等 7 省区市达成《环渤海区域合作框架协议》。

2005 年,北京出台城市规划提及京津冀的协调发展。

2006 年,国家发改委开始编制《京津冀都市圈区域规划》。

2011 年,国家"十二五"规划提出,"推进京津冀区域经济一体化发展,打造首都经济圈,推进河北沿海地区发展"。

2013 年 5 月,习近平在北戴河主持研究河北发展问题时,提出推动京津冀协同发展。

2014 年 2 月 26 日,习近平在北京主持召开座谈会,专题听取京津冀协同发展工作汇报并作重要讲话。京津冀一体化被提升至国家战略层面。

2014 年 10 月 25 日,中国交通运输部部长主持召开部务会议,审议并同意《京津冀交通一体化率先突破任务分工方案(送审稿)》。

(二) 京津冀协同发展的重点是交通一体化

交通一体化是京津冀协同发展的骨骼系统,是京津冀协同发展的优先领域。长久以来,三地交通部门已经习惯了各自为政的思维,港口、机场、轨道交通等全部都是属地管理,城市交通体系相对封闭,这些都是一体化过程中必须解决的问题。京津冀两市一省三地政府正在为实现交通"规划同图、建设同步、运输一体、管理协同"积极努力,京津冀交通一体化的崭新格局值得期待。

京津冀交通一体化主要思路为:在重大节点基础设施上取得突破,在提高运输服务水平上取得突破,在统一运输管理政策上取得突破。三地交通一体化的蓝图,被归纳为"二环、八通、四联、八港、八枢纽"。

1. 二环中的内环与外环

北京的大外环高速公路项目,也被称为"七环",全长约940公里,其中北京市境内包括密云至涿州高速北京段、承德至平谷高速北京段,约90公里;河北省境内约850公里。项目预计2015年全线建成后,河北将有京承、密涿、承平等11条高速公路呈聚合状直达北京;北京东南部现有的过境交通,尤其是货运过境交通将逐渐转移至北京外围地区。

外环指京津冀区域环线通道,长约1250公里,经过天津、廊坊、保定、张家口、承德、唐山等地。

2. 八通

八通是指承京保石邢邯、沿海、京廊沧、京衡四条纵向综合交通运输通道和张京唐秦、涿廊津、保津、石衡沧四条横向综合交通运输通道。

3. 四联

四联是指承唐、津石、邢临、邯济四个综合交通运输通道。

4. 八港

八港是指天津港、秦皇岛港、唐山港、黄骅港四个海港和北京首都机场、北京首都第二机场、天津机场、石家庄机场四个航空港。

5. 八枢纽

八枢纽是指北京、天津、石家庄、唐山、邯郸、张家口、承德、保定八个全国性综合交通运输枢纽城市。

(三) 京津冀交通一体化的发展前景

京津冀交通一体化领导小组和办公室成立于2014年8月,交通运输部部长亲任组长一职。现已按确定的方案和任务有序推进并要实现三个突破:

(1) 在重大节点基础设施上取得突破,制定重大建设项目目录清单;

(2) 在提高运输服务水平上取得突破,着力促进京津冀区域交通运输管理协同,推进区域交通信息服务对接,力争实现区域公交"一卡通"等;

(3) 尽快在统一运输管理政策上取得突破,全面梳理交通运输地方性法规、规章和规范性文件,加强政策设计的统一性和针对性。

经过京津冀三方共同努力,到2020年,京津冀交通一体化将实现全面对接,交通基础设施水平大幅提升,河北与京津所有通道全面连通,建成环渤海乃至全国第一大港口群,形成多功能网络化航空运输体系,实现协调一致、规范有序的规划、建设、管理和服务体系,基本实现安全智能、低碳环保的交通发展模式,交通运输现代化水平全面提高。

三、长江经济带

长江经济带是 2014 年中央经济工作会议提出的经济发展战略之一。国务院于 2014 年 9 月 12 日发布了《长江经济带综合立体交通走廊规划(2014—2020 年)》。长江经济带地理图如图 10-3 所示。

图 10-3　长江经济带地理图

长江是货运量位居全球内河第一的黄金水道,长江通道是我国国土空间开发最重要的东西轴线,在区域发展总体格局中具有重要战略地位。依托黄金水道推动长江经济带发展,打造中国经济新支撑带,是党中央、国务院审时度势,谋划中国经济新棋局作出的既利于当前又惠及长远的重大战略决策。改革开放以来长江经济带综合交通网建设情况如表 10-2 所示。

表 10-2　改革开放以来长江经济带综合交通网建设情况

指标	单位	1978 年	2013 年	增长(倍)
一、内河航道里程	万公里	8.90	8.90	—
高等级航道里程	万公里	0.23	0.67	1.90
二、铁路营业里程	万公里	1.40	2.96	1.10
高速铁路里程	万公里	0.00	0.40	—
复线率	%	11.90	49.80	—
电化率	%	2.70	69.70	—
三、公路通车里程	万公里	35.00	188.80	4.40
国家高速公路里程	万公里	0.00	3.20	—
四、输油(气)管道里程	万公里	0.06	4.40	72.30
五、城市轨道交通营业里程	公里	0.00	1 089.00	—
六、民用运输机场数	个	20.00	74.00	2.70

（一）发展要求

依托黄金水道，推动长江经济带发展，对现代化综合交通运输体系建设提出了新的更高要求。

1. 为内河经济带建设提供支撑

长江经济带建设将推动产业转型升级，提升整体实力和国际竞争力。深入推进新型城镇化，形成以城市群为主体形态的城镇化格局，要求加快构建综合运输大通道，打造高效快捷的交通走廊，加快完善城际交通网络，提高运输能力和服务水平。

2. 为东中西协调发展奠定基础

长江经济带横跨我国东中西三大地带，是实现区域协调发展的重要载体。促进长江经济带上中下游协调发展，要求提高东部地区交通网络的畅通水平，扩大中西部地区交通网络的覆盖范围，为引导要素合理流动和优化配置，缩小地区发展差距，形成优势互补、分工合作、协同发展的区域格局提供保障。

3. 为陆海双向开放创造条件

长江经济带建设充分发挥沿海、沿江、沿边的区位优势，深化向东开放，加快向西开放。培育开放型经济新格局，全面提升对外开放水平，要求统筹推进沿海沿江港口建设，充分发挥上海国际航运中心的引领作用，加快国际运输通道建设，实现与周边国家基础设施互联互通，为海陆双向开放创造交通先行条件。

4. 为生态文明建设做好示范

长江经济带是我国重要的人口密集区和产业承载区，随着经济社会快速发展，土地、能源、岸线等资源日益紧缺，生态环境压力持续增大。加强资源节约和环境保护，要求加快转变交通发展方式，节约集约利用交通运输资源，优化综合交通网络结构，发挥水运和铁路的节能环保优势，实现交通的绿色低碳发展。

（二）发展目标

到2020年，建成横贯东西、沟通南北、通江达海、便捷高效的长江经济带综合立体交通走廊。2020年长江经济带交通运输量预测如表10-3所示。

表10-3 2020年长江经济带交通运输量预测

指标	单位	2013年	2020年	年均增长（%）
客运量	亿人	181	310	8.0
旅客周转量	亿人公里	15 867	26 320	7.5
货运量	亿吨	179	270	6.0
货物周转量	亿吨公里	68 203	103 910	6.2

1. 建成畅通的黄金水道

形成以上海国际航运中心为龙头、长江干线为骨干，干支流网络衔接、集疏运体系完善的长江黄金水道，高等级航道里程达到1.2万公里。

2. 建成高效的铁路网络

形成以沿江、沪昆高速铁路为骨架的快速铁路网和以沿江、衢（州）丽（江）、沪昆铁路为骨架的普通铁路网。

3. 建成便捷的公路网络

形成以沪蓉、沪渝、沪昆、杭瑞高速公路为骨架的国家高速公路网和覆盖所有县城的普通国道网,实现具备条件的乡镇、建制村通沥青(水泥)路。

4. 建成发达的航空网络

形成以上海国际航空枢纽和重庆、成都、昆明、贵阳、长沙、武汉、南京、杭州等区域航空枢纽为核心的民用航空网。

5. 基本建成区域相连的油气管网

形成以沿江干线管道为主轴,连接成渝城市群、长江中游城市群、长江三角洲城市群的油气管网。

6. 基本建成一体发展的城际交通网

形成以快速铁路、高速公路等为骨干的城际交通网,实现中心城市之间及中心城市与周边城市之间1—2小时交通圈。长江经济带综合交通网发展目标如表10-4所示。

表10-4 长江经济带综合交通网发展目标

指标	单位	2013年	2020年
一、内河航道里程	万公里	8.90	8.90
高等级航道里程	万公里	0.67	1.20
二、铁路营业里程	万公里	2.96	4.00
高速铁路里程	万公里	0.40	0.90
复线率	%	49.80	60.70
电化率	%	69.70	88.50
三、公路通车里程	万公里	188.80	200.00
国家高速公路里程	万公里	3.20	4.20
乡镇通沥青(水泥)路率	%	97.90	100.00
建制村通沥青(水泥)路率	%	84.70	100.00
四、输油(气)管道里程	万公里	4.40	7.00
五、城市轨道交通营业里程	公里	1 089.00	3 600.00
六、民用运输机场数	个	74.00	100.00
七、长江干线过江桥梁(含隧道)数	座	89.00	180.00

(三) 打造长江黄金水道

充分发挥长江水运运能大、成本低、能耗少等优势,加快推进长江干线航道系统治理,整治浚深下游航道,有效缓解中上游瓶颈,改善支流通航条件,优化港口功能布局,加强集疏运体系建设,打造畅通、高效、平安、绿色的黄金水道。

1. 全面推进长江干线航道系统化治理

加快实施重大航道整治工程,充分利用航道自然水深条件和信息化技术,进一步提升干线航道通航能力。下游重点实施 12.5 米深水航道延伸至南京工程;中游重点实施荆江河段航道整治工程,抓紧开展宜昌至安庆段航道工程模型试验研究;上游重点实施重庆至宜宾段航道整治工程,研究论证宜宾至水富段航道整治工程。

2. 统筹推进支线航道建设

积极推进航道整治和梯级渠化,提高支流航道等级,形成与长江干线有机衔接的支线网络。加快建设合裕线、信江、赣江、江汉运河、汉江、沅水、湘江、乌江、岷江等高等级航道,抓紧实施京杭运河航道建设和船闸扩能工程,系统建设长江三角洲地区高等级航道网络。研究论证金沙江攀枝花至水富、引江济淮通航和长江水系具有开发潜力航道升级改造的可能性,统筹推进其他支线航道建设。

3. 促进港口合理布局

优化港口功能,加强分工合作,积极推进专业化、规模化和现代化建设,大力发展现代航运服务业。加快上海国际航运中心、武汉长江中游航运中心、重庆长江上游航运中心和南京区域性航运物流中心建设。推进上海港、宁波—舟山港、江苏沿江港口功能提升,有序推进内河主要港口建设,完善集装箱、大宗散货、汽车滚装及江海中转运输系统。

4. 加强集疏运体系建设

以航运中心和主要港口为重点,加快铁路、高等级公路等与重要港区的连接线建设,强化集疏运服务功能,提升货物中转能力和效率,有效解决"最后一公里"问题。推进港口与沿江开发区、物流园区的通道建设,扩大港口运输服务的覆盖范围。

5. 扩大三峡枢纽的通过能力

挖掘既有船闸潜力,启动三峡及葛洲坝既有船闸扩能和三峡至葛洲坝两坝间航道整治工程。加快完善公路水路无缝衔接的翻坝转运系统,大力推进铁路水路有效连接的联运系统建设,抓紧建设三峡枢纽货运分流油气管道,积极实施货源地分流。加强三峡枢纽水运新通道和葛洲坝枢纽水运配套工程的前期研究工作。

6. 增强长江干线过江能力

统筹规划、合理布局过江通道,做好隧道桥梁方案比选、洪水影响评价等论证工作,充分利用江上和水下空间,着力推进铁路、公路、城市交通合并过江,节约集约利用土地和岸线资源。优化整合渡口渡线,加强渡运安全管理。促进过江通道与长江航运、防洪安全和生态环境协调发展,实现长江两岸区域间、城市间及城市组团间便捷顺畅连接,形成功能完善、安全可靠的过江通道系统。

(四)建设综合立体交通走廊

依托长江黄金水道,统筹发展水路、铁路、公路、航空、管道等各种运输方式,加快综合交通枢纽和国际通道建设,建成衔接高效、安全便捷、绿色低碳的综合立体交通走廊,增强对长江经济带发展的战略支撑力。

1. 强化铁路运输网络

加强快速铁路建设,重点建设上海经南京、合肥、武汉、重庆至成都的沿江高速铁路和上海经杭州、南昌、长沙、贵阳至昆明的沪昆高速铁路,建设商丘经合肥至杭州、重庆至贵阳等南北向高速铁路和快速铁路,形成覆盖50万人口以上城市的快速铁路网。

加快普通铁路新建和既有线路改扩建,改扩建沿长江普通铁路。新建衢州至丽江铁路,进一步提高沪昆铁路既有运能,加快南北向铁路、中西部干线建设,加强既有铁路扩能改造,形成覆盖20万人口以上城市客货共线的普通铁路网。

2. 优化公路运输网络

积极推进国家高速公路建设。以上海至成都、上海至重庆、上海至昆明、杭州至瑞丽等国家高速公路为重点，统筹推进高速公路建设，消除省际"断头路"，尽快形成连通 20 万人口以上城市、地级行政中心、重点经济区、主要港口和重要边境口岸的高速公路网络。在科学论证和规划基础上，建设必要的地方高速公路，作为国家高速公路网的延伸和补充。

加大普通国省道改造力度。加快普通国道建设，消除瓶颈路段制约，提高技术等级和安全水平，使东中部地区普通国道二级及以上公路比重达到 90% 以上，西部地区普通国道二级及以上公路比重达到 70% 以上。配套完善道路安全防护设施和交通管理设施设备。加强省际通道和连接重要口岸、旅游景区、矿产资源基地等的公路建设，实现主要港口、民航机场、铁路枢纽、重要边境口岸、省级以上工业园区基本通二级及以上公路。

3. 拓展航空运输网络

加快上海国际航空枢纽建设，强化重庆、成都、昆明、贵阳、长沙、武汉、南京、杭州等机场的区域枢纽功能，发挥南昌、合肥、宁波、温州、无锡、丽江、西双版纳等干线机场作用，完善支线机场布局，形成长江上、中、下游机场群。优化航线网络，科学论证，提高主要城市间航班密度，增加国际运输航线。深化低空空域管理改革，发展通用航空。依托空港资源，发展临空经济。

4. 完善油气管道布局

统筹规划、合理布局沿江油气管网，加快建设主干管道，配套建设输配体系和储备设施，提高原油、成品油管输比例，增加天然气供应能力。完善长江三角洲、长江中游、川渝云贵地区原油、成品油输送管道及区域天然气管网，加快油气管道互联互通，形成以沿江干线管道为主轴，连接成渝城市群、长江中游城市群、长江三角洲城市群的油气供应保障体系。

5. 加强综合交通枢纽建设

按照"零距离换乘、无缝化衔接"要求，加快建设 14 个全国性综合交通枢纽（节点城市）和重要区域性综合交通枢纽（节点城市）。完善货运枢纽集疏运功能，统筹货运枢纽与开发区、物流园区等的空间布局。按照"无缝化衔接"要求，建设能力匹配的公路、铁路连接线和换装设施，提高货物换装的便捷性、兼容性和安全性，降低物流成本。

加快综合交通枢纽规划工作，做好与省域城镇体系规划、城市总体规划、土地利用总体规划等的衔接与协调。统筹综合交通枢纽与产业布局、城市功能布局的关系，以综合交通枢纽为核心，协调枢纽与通道的发展。

6. 建设国际运输通道

建设孟中印缅通道、中老泰通道和中越通道，加快基础设施互联互通。推进昆明至缅甸铁路、公路和油气管道建设，形成至南亚的国际运输通道。推进昆明至越南、老挝的铁路和公路建设，形成至东南亚的国际运输通道。开发利用国际河流航运资源，建设澜沧江、红河等水路国际运输通道。配套建设与国际通道相关的基础设施，完善口岸功能。

四、珠江—西江经济带

2014年7月8日,国务院正式批复《珠江—西江经济带发展规划》(以下简称《规划》)。这是国家从继续深入实施区域发展总体战略,培育西南中南区域支撑带,打造新的区域经济增长极,构建统筹东中西、协调南北方的区域协调发展新格局的战略高度出发作出的重大决策部署。珠江—西江经济带地理图如图10-4所示。

图10-4 珠江—西江经济带地理图

(一)《珠江—西江经济带发展规划》划定的范围

《规划》划定的范围包括广东省的广州、佛山、肇庆、云浮4市和广西的南宁、柳州、梧州、贵港、百色、来宾、崇左7市,区域面积16.5万平方公里,2013年末统计的常住人口为5 228万人。

同时,根据流域特点,将广西桂林、玉林、贺州、河池等市及西江上游贵州的黔东南、黔南、黔西南、安顺,云南文山、曲靖的沿江部分地区作为规划延伸区。

中央要求广东成为发展中国特色社会主义的排头兵,广西成为我国西南中南地区开放发展新的战略支点。不断深化与东盟国家合作,推进海上丝绸之路建设,为珠江—西江经济带进一步扩大开放合作带来了新的机遇;广东、广西加快战略合作步伐,泛珠江三角区域经济合作不断深入,将为珠江—西江经济带协同发展创造良好环境。

(二)珠江—西江经济带的空间布局

1."一轴"

"一轴"指以珠江—西江主干流区域为轴带,包括广州、佛山、肇庆、云浮、梧州、贵港、南宁7市,加快通道基础设施建设,加强流域环境保护,形成特色鲜明、分工有序、互动发展的多层次增长中心。

2. "两核"

强化广州和南宁作为经济带的双核作用,依托现有综合优势,发挥连接港澳、面向东盟、服务周边的作用,成为引领经济带开放发展和辐射带动西南中南腹地的战略高地。

3. "四组团"

以区域内中心城市为核心,按照流域特点和区域联系,重点建设广州—佛山、肇庆—云浮—梧州—贵港、柳州—来宾、南宁—崇左—百色等四组团,引导产业和人口集聚,形成各有特色、优势互补、分工协作的区域发展板块。

(三) 建设物流基础设施,提升物流水平

为推进跨区域重大基础设施一体化建设,《规划》明确,以珠江—西江干线航道为主通道,构建互通两广、连接东盟、通达港澳、辐射云贵、江海联运的综合交通运输大通道,提升基础设施的共建共享和互联互通水平,增强区域发展支撑能力。建设广州、南宁全国性综合交通枢纽,建设柳州、梧州等沿江区域性综合交通枢纽,建设贵港为区域性航运枢纽,研究设立西江航运交易所。具体物流建设表现在:

1. 水运建设方面

《规划》要求,广东、广西两省加快建设黄金水道,以干线航道为重点,加强干支流航道建设,完善和扩大高等级航道网络,拓展港口规模和功能,提高船舶标准化和现代化水平。

2. 按照规模化、专业化要求方面

加快建设广州、佛山、肇庆、梧州、贵港、南宁六大主要港口,积极发展云浮、柳州、来宾、百色、崇左五个重要港口,形成分工合理、功能完善的现代港口体系。鼓励发展公共码头,有序建设专用码头,适度建设旅游码头。加快港口与产业集聚区联络线及港口物流工程建设,提升港口集疏运能力。加强与珠三角地区、北部湾经济区和我国香港地区主要港口合作,形成优势互补、利益共享、共同发展的局面。到2020年,干线内河港口吞吐能力超过3亿吨,集装箱吞吐量达到1 000万标箱。

3. 加强航道资源保护和利用

广东、广西进一步加强航道资源保护和利用,加大西江干线航道扩能改造力度,推动柳黔江、左江、右江等重要干支流航道和支持保障系统建设力度,提升西江出海航道通过能力和通达范围,提高航道等级,构建干支通达顺畅的高等级航道网络。加快建设广州出海航道拓宽工程和珠江口公共锚地工程。到2020年,三级及以上航道超过2 017公里,其中一级航道502公里,二级航道696公里,三级航道819公里。

按照梯级开发、扩能改造与新建过船设施并举原则,加快建设龙滩、百色等枢纽过船设施,促进珠江水运连通云贵,形成与高等级航道相适应的枢纽过船设施。改善流域过船设施建设与管理体制。

4. 加快铁路建设方面

《规划》提出,构建连接两广铁路运输大通道,优化网络结构,尽快形成西南地区与珠三角区域快速铁路网。完善货运铁路网,实施既有铁路扩能改造,提高铁路通道运输能力。

5. 公路建设方面

广东、广西将加快推进国家高速公路"断头路"建设,加强国省干线公路改扩建,推进

农村公路升级改造,形成完善的高速公路、干线公路和农村公路网络。

6. 机场建设方面

机场建设也被纳入《规划》,优化机场布局,提升干线机场服务功能,加强支线机场建设,形成干支衔接、功能完善的航空体系。推进南宁机场军民航分离。支持通用航空发展。

7. 综合交通枢纽建设方面

加快两地强化规划引导,加强铁路、公路、水路、机场等各种运输方式衔接,推进综合交通枢纽站场建设。提升广州、南宁全国性综合交通枢纽功能,加快柳州、梧州等沿江区域性综合交通枢纽建设。支持贵港建设区域性航运枢纽,研究设立西江航运交易所。

▶ **课外阅读**

京津冀三地机场一体化进程,迈出京津冀交通一体化实质性一步

2014年12月22日,北京首都机场股份公司、天津滨海机场、河北机场管理集团公司签署协同发展战略合作框架协议,标志着三地机场京津冀协同发展进入"快车道"。

根据框架协议,三地机场将有明确的功能定位。北京首都机场完善服务首都核心功能的保障能力,调整优化航线网络结构,提质增效,增强国际航空枢纽的中转能力,提升国际竞争力;天津滨海机场强化枢纽功能,大力发展航空物流;石家庄机场培育为枢纽机场,积极发展航空快件集散和低成本航空。

三地机场深度融合、协同发展,将改变目前"首都机场吃不了、天津机场吃不饱、河北机场吃不着"的情况。三地机场将共同搭建四大平台,在航线航班网络优化、安全服务、市场营销、人才培训、非航空性业务、运行资源整合等方面加强合作,协同发展。

北京新机场建设在2014年年底前动工,在2019年北京新机场建成投产之前是津冀两地机场发展的黄金期。作为世界旅客吞吐量第二大机场,首都机场在打造大型国际枢纽机场的过程中,要把一些不应由首都机场承担的功能诸如通用航空低成本转移出去,更加明确定位。

民航局2014年12月17日发布的《民航局关于推进京津冀民航协同发展的意见》,提出到2020年,基本形成定位明确、协同运营、互利共赢、与京津冀城市群发展相适应的民航发展格局。

(资料来源:原文详见 http://news.hexun.com/2014-12-22/171668221.html,有删减。)

思考题

名词解释

区域经济	区域物流	区域物流规划	城市物流
区域物流中心	物流园区	物流中心	配送中心
国民经济物流	经济带		

问答题

1. 何为区域物流？区域物流的含义包括哪些内容？
2. 请阐述区域物流发展的必然性。
3. 区域物流发展的模式有哪些？请说明各种发展模式的运作特征。
4. 区域物流规划一般有哪三个层次？请给予说明。
5. 谈谈区域物流规划的程序。
6. 请阐述城市物流的特征。
7. 以一般城市而言，城市物流系统的主要功能体现在哪些方面？
8. 请谈谈城市现代物流体系建设的层次结构。
9. 城市配送中心有哪些不同的分类方式？
10. 经济带具有哪些特点？
11. 谈谈你对《长江经济带综合立体交通走廊规划》的发展要求的体会。
12. 谈谈《珠江—西江经济带发展规划》的经济带的空间布局问题。

第十一章

国民经济物流

学习目的

国民经济物流是宏观物流,深刻认识从国家的角度,高屋建瓴地来规划、组织关系国计民生的重大物流活动的重要性。了解我国关于国民经济物流的重大举措。

技能要求

了解国民经济物流的主要任务和国民经济动员中的物流;深入认识和理解我国物流业发展现状与面临的形势;了解《物流业发展中长期规划(2014—2020)》的主要内容。

"国民经济物流"的概念出现在1988年在中国商业出版社出版的《物流概论》一书中。该书给出的定义是"国民经济物流是指在一国范围内由国家统一计划、组织或指导下的物流"。国民经济物流是宏观物流,它强调的是从国家的角度,高屋建瓴地来规划、组织关系国计民生的重大物流活动。

今天,为了提高国民经济的物流水平和发展物流产业的需要,由国家来引导制定的物流政策、法规,颁布的物流标准,提出的物流发展指导性意见等,也应纳入国民经济物流的范畴。

第一节 国民经济物流概述

一、我国关于国民经济物流的重大举措

现代物流的发展水平业已逐渐成为一个国家综合国力的重要标志。随着世界经济一体化趋势的不断加强,大力提高国家现代物流发展水平,越来越引起社会各界的高度重视。

近些年来,我国党和国家领导人及各级政府,非常重视我国现代物流事业的发展。

1999年11月,吴邦国同志在原国家经济贸易委员会与世界银行召开的"现代物流发展国际研讨会"上明确提出,"要把现代物流作为国民经济的重要产业和国民经济新的增长点。努力实现我国现代物流业的跨越式发展"。

2001年,原国家经济贸易委员会联合铁道部、交通部、信息产业部、原对外贸易经济合作部和中国民用航空总局等6个部委联合发布了《关于加快我国现代物流发展的若干意见》。

2003年12月,时任总理的温家宝在全国政协《关于我国物流发展的情况和建议》上作了重要批示。曾培炎副总理要求,国家发改委、商务部"要从体制、政策、人才等方面加强研究,提出促进现代物流发展的有效措施"。

2003年以来,国家发改委和财政部运用积极的财政政策共安排国债贴息13亿元,扶持了一批物流基础设施和物流信息化建设项目。有关部门采取积极措施,加快交通运输网络建设,一大批铁路、公路、民航和水运建设项目竣工投产。原铁道部根据铁路中长期发展规划,优化铁路集装箱运输,规划建设18个大型集装箱中心站。国家财政还对物流基础设施、流通检验检测体系、公共信息服务体系和物流行业基础研究与管理等方面给予了支持,并实施优惠的财税政策,支持和鼓励现代物流业的发展。

2004年,国家发改委等9个部委经国务院批准颁布了《关于促进我国现代物流业发展的意见》。

2005年2月,经国务院同意,由国家发改委牵头、商务部等13个部门和2个行业协会参加的全国现代物流工作部际联席会议制度正式建立,并且于2005年5月召开了第一次会议。部际联席会议的主要任务是研究制定物流发展规划和政策,协调解决物流发展中涉及跨行业、跨部门的重大问题,推进物流业的健康快速发展。在这个部际联席会议制度中,还明确规定了联席会议的职责、联席会议成员单位、联席会议工作规则及联席会议工作要求等四方面的内容。

2005年9月,国家发改委召集全部15家联席会议成员单位,召开了第一次全国现代物流发展工作会议,共商中国物流业发展大计。会议确定了"认真落实科学发展观,总结交流近年来我国现代物流发展的基本情况和经验,明确下一步发展的基本思路和工作重点,提出贯彻落实国家发改委等9个部门《关于促进我国现代物流业发展的意见》的具体政策措施,努力营造良好的政策环境,推进我国现代物流业持续、快速、健康发展"的主题。

2006年,《中华人民共和国国民经济和社会经济发展第十一个五年规划纲要》中单列

一节"大力发展现代物流业",明确了物流业是支撑国民经济发展的"基础性、战略性"产业,明确了"十一五"乃至今后更长时期物流产业发展的主要任务。

2007年3月,国务院发布《关于加快发展服务业的若干意见》;9月,国务院召开全国服务业工作会议,把推进现代物流业作为服务业发展的一项重要内容。

2009年3月10日,国务院发布了《物流业调整和振兴规划》,把物流业列入十大产业,空前地提升了物流产业的地位。该文件指出:"制定实施物流业调整和振兴规划,不仅是促进物流业自身平稳较快发展和产业调整升级的需要,也是服务和支撑其他产业的调整与发展、扩大消费和吸收就业的需要,对于促进产业结构调整、转变经济发展方式和增强国民经济竞争力具有重要意义。"

2011年8月19日,国务院办公厅颁布了《关于促进物流业健康发展政策措施的意见》(以下简称《意见》)。《意见》指出,根据物流业的产业特点和物流企业一体化、社会化、网络化、规模化的发展要求,统筹完善有关税收支持政策。要加快推进物流管理体制改革,打破物流管理的条块分割。支持大型优势物流企业通过兼并重组等方式,对分散的物流设施资源进行整合;鼓励中小物流企业加强联盟合作,创新合作方式和服务模式,优化资源配置,提高服务水平,积极推进物流业发展方式的转变。《意见》还强调,要加强物流新技术的自主研发。各级人民政府要加大对物流基础设施投资的扶持力度,对符合条件的重点物流企业的运输、仓储、配送、信息设施和物流园区的基础设施建设给予必要的资金扶持。另外,要把农产品物流业发展放在优先位置,加大政策扶持力度。

2014年9月12日,国务院发布了《物流业发展中长期规划(2014—2020年)》(以下简称《规划》)。《规划》指出:"加快发展现代物流业,对于促进产业结构调整、转变发展方式、提高国民经济竞争力和建设生态文明具有重要意义。为促进物流业健康发展,根据党的十八大、十八届三中全会精神和《中华人民共和国国民经济和社会发展第十二个五年规划纲要》《服务业发展'十二五'规划》等,制定本规划。"

二、战争时期物流的组织

一提到战争时期的物流,不得不提到军事物流。军事物流是为了满足军队平时与战时物流需要的活动。21世纪,世界大战爆发的可能性不大,但部分地区政治、经济、民族、领土、宗教矛盾十分突出,局部战争和武装冲突仍将此起彼伏。从我国具体情况看,一方面世界战略格局对我国的影响较大,另一方面我国周边环境错综复杂,局部战争爆发的可能性依然存在,我国仍必须做好军事斗争的各项准备。

(一)战时物流系统的特点

1. 临战准备时间短,快速反应要求高

现代战争的突然性,部队机动的高速度和连续性,使得战前的准备、战役及战斗之间的休整期缩短,这就要求军事装备功能的恢复需在较短的时间完成,军事装备能够按时投入战斗。要在短时间内保证及时供应所需的军事装备,就要求战时物流管理机构具有快速高效的反应能力。

2. 作战方向和地区可以预测,可预先进行战略军事装备储蓄

现代战争空前激烈,在很短的时间内,会损耗和消耗大量的军事装备。根据作战地区

及敌我装备特点,分析研究军事装备的战损模型,在可能的战场建立战略、战役、战术三级战时军事装备储蓄,特别是要切实保障主要作战方向的需要。

3. 军事装备消耗量大,保障任务繁重,补给困难

高技术条件下的局部战争战场广阔,纵深长,参战的兵种多,电子对抗激烈,特别是导弹战、电子战出现以后,双方的交战距离更远。同时,高技术武器的广泛使用,使前方和后方的界限更加模糊。战争、战役有可能在前方和后方同时进行,这使得运输线的争夺愈加激烈,军事装备补给十分困难。

4. 指挥与保障结合紧密,战时物流管理机构组织指挥复杂

随着 G4ISR 系统的实际运用,战场指挥员可以随时掌握形成可视化战场。战争进程加快,部队调动频繁,也会不可避免地出现交战双方犬牙交错的复杂局面,此时更需要装备保障工作及时、准确、高效。这对战时物流的组织指挥增加了难度,提高了要求。

(二)战时物流系统的组织原则

1. 统一规划,建立储备

储备量应根据各战区在未来战争中可能承担的任务和国家经济能力,由战时物流管理机构统一规划制定。按照国家的物资管理体制,凡国家军工企业统一组织生产的军事装备,应由总部军事装备物流管理机构统一规划筹措。预置储备的重点应是主战装备的补充器材和作战装备专用的物资。

2. 分级管理,合理布局

战略储备由总部掌握使用,约占总量的30%;战役储备由战区掌握使用,约占总量的70%,储备量总额包括各级部队以战备基数的形式管理的战术储备。从近期局部战争和我军的任务特点出发,应适时增加战略储备的比例,并适当加强一线部队的储备容量,以利于形成保障拳头。军事装备的储备,应重点部署在主要战备方向上。在可能发生局部战争或武装冲突的战役方向,将战区的储备部分前提,达到快速保障、高效保障的目的。

3. 区分主次,及时供应

各战区的保障的重点应是主要军事装备和重点军事装备,特别是"杀手锏"军事装备和消耗大的军事装备,切实做到主战优先、关键优先,以保证战争需要的战斗力水平。同时要按军事装备的毁损概率和消耗概率,在预有准备的基础上及时保障辅助军事装备和相关的设备,以保证遂行战斗任务必需的整体攻击力水平。

4. 军民结合,广开源路

充分利用社会主义市场经济的优势和国家经济建设的成果,可在战争前期,由军地物流一体化管理机构落实通用器材等物资的生产和管理,在战时优先使用、及时补充。应绝对避免预置储备的军事装备在战争前期即投入使用或可以不使用时投入使用。

5. 统一调度,及时输送

按高技术战争的现实需要,落实三军军事装备物流一体化,建立统一的战时军事装备物流管理机构,切实将军事装备的保障纳入作战方案,保证军事装备的运输统一调度和指挥。

6. 妥善管理,保证安全

战时军事装备物流中心的管理是实现保障水平的基础和前提。要高度重视军事装备物流中心自身的安全防范工作;注意加强内部管理,军事装备分区存放、分类管理;加强军事装备前送过程中的防卫,并尽量在夜间或能见度不高的条件下进行;加强技术防护,避免军事装备受到生物、化学及放射性物质的攻击,需要时应及时组织洗消。

(三) 国民经济动员中的物流准备

国民经济动员是指"为维护国家安全,有计划、有组织地提高国民经济应变能力,将国民经济由平战状态转入战时状态所进行的一系列活动"。对于这一概念的理解可以把握以下几点:

第一,国家是实施国民经济动员的主体。宣布国民经济动员与宣布战争一样,其权限属于国家最高权力机关。

第二,国民经济动员的对象,是国民经济领域中的一切要素,即国民经济的各个部门及部门中的企业、单位等。

第三,国民经济动员的最终目的是维护国家安全。最初国民经济动员的服务对象主要是战争,国民经济动员从属于战争动员。但是随着社会经济的发展,对国家安全构成威胁的因素在增加,有时不发生战争照样会危及国民经济建设,如重大自然灾害、全球性或地域性金融危机等。

第四,国民经济动员的目的是通过转变国民经济的体制和运行机制,充分调动国家的经济能力,为战争前线提供尽可能多的人力、物力、财力。

第五,国民经济动员的直接结果是国民经济处于紧急状态。它既包括保卫国家主权和领土完整的战争状态,也包括对抗强大自然灾害的非战争状态。

(四) 战略物资储备

战略物资是指对国防和国计民生有重要作用的物资。加强战略物资的储备,科学而合理地进行战略物资管理是物流准备的核心。

1. 国家物资储备

国家物资储备是国家储备的重要组成部分,是国家为了适应特大事故、紧急情况及战争的需要进行的物资储存。国家物资储备由国家直接掌管、控制和调度。其实质是以物质形态并暂时退出流通的那一部分国家后备基金。

国家物资储备从储备的对象划分,可分为国防物资储备、重要民用物资储备和外贸物资储备等;从储备的目的划分,可分为国家战略物资储备和国家短期物资储备等。

2. 动员物资储备

动员物资储备是指国家为解决动员实施中某些特定领域的需要所进行的物资储备。动员物资储备由国家、部门和企业分别设置。动员物资储备是国家储备中直接与军事需要相关的一部分。该储备不但对战争实施有效的物资保证具有极为重要的意义,而且在和平时期起到防备救援各种自然灾害的重要作用。动员物资储备的物资必须有合格证、登记卡、储备账。平时只能按规定期限进行轮换,未经批准,储备单位无权动用。

3\. 军队物资储备

军队物资储备是为保证平时供应和应付紧急情况而进行的物资储备。它是军队物资供应体系的重要组成部分,也是军队组织物资供应的重要措施。

(五) 交通运输动员准备

运输是物流中的支柱。同样,交通运输动员准备在国民经济动员中占有十分重要的地位。由于我国的交通运输状况存在着诸如运输能力不足、技术装备落后、运输结构不合理、布局不均衡等问题,难以保障战争需要,应该对交通运输动员准备给予足够的重视。

1\. 提高交通运输的现代化水平

交通运输具有很强的军民两用性,平时发展交通运输,就是战时动员准备的主要内容。交通运输建设应以技术改造为重点,依靠技术进步提高各种运输工具的综合运输能力。此外,提高交通运输的现代化水平还应建立科学的运输结构、提高各种运输方式的衔接能力等。

2\. 提高交通运输配置的合理性

在新建和改建交通线路和设施时,要注意兼顾国民经济和战时军事运输的需要,贯彻和落实国防交通运输要求,如与战区、军事基地和战略储备基地的连接,以便随时投入国防交通运输。

3\. 要提高战时交通运输的生存能力

要在重要方向上和关键路段修建各种备用线路和设施,增强预备通过能力和运输能力;应储备必要的补充运输工具、器材和抢救抢修的物资;应提高交通运输线路、设施的抗毁能力和隐蔽性;应加强对重要线路、交通枢纽和重要设施的保护等。

三、国民经济物流的主要任务

国民经济物流是不同于企业物流和区域物流的宏观物流。当前形势下,国民经济物流的主要任务有以下几点。

(一) 完善物流法律法规,为发展物流业提供有力的法律保证

适合现代物流发展的法规建设是社会化生产的客观要求。近几年,关于物流方面的法律、法规建设取得了令人振奋的进展,不过我们也看到我国关于物流业的法律、法规还是不完善的。政府应注意根据物流产业发展的具体阶段,不断修订与物流运作冲突的相关法律、法规,并通过完善法律体系,维护公平的市场秩序。

(二) 制定与世界接轨的物流标准,消除物流业发展的标准瓶颈

针对当前物流标准化进程中存在的问题和国际物流标准化的发展方向,政府要高度重视物流标准化工作。一方面要在物流术语、计量标准、技术标准、数据传输标准、物流作业和服务标准等方面做好基础工作;另一方面要加强标准化工作的协调和组织工作,对国家已经颁布的各种与物流活动相关的国家标准和行业标准进行深入研究,对于已经落后的技术标准要尽快淘汰,并代之以新标准;对托盘、集装箱、各种物流搬运、装卸设施、物流中心、条码等通用性较强的物流设施和装备的标准进行全面梳理,并进行适当的修订和完善,以使各种相关的技术标准协调一致,提高物流产业中货物和相关信息的流转效率。

(三)大力宣传现代物流管理理念,培育国际知名的物流企业

物流业的发展需要政府、企业及社会各界的广泛关注和重视。针对当前社会上对物流的错误认识,要进行针对性的宣传,让人们正确认识物流。大力宣传现代物流理念,积极培育具有优势的国有、民营物流企业。大力建设信息网络,改造、建设物流设施,大力拓展物流业务,加快向现代化综合性第三方物流转轨。学习国际上著名物流企业的先进经验,加强合作和交流,努力提高自身的核心竞争力,争取培育出一批国际知名的物流企业。

(四)建立完善的教育体系,满足社会对物流人才的多样化需求

我国物流业要想得到持续、快速、健康的发展,物流人才是关键。目前,物流人才匮乏,加强各个层次的物流人才培养是当务之急。国家应当加大物流教育方面的投入,并积极引导民间资本投入其中,开展多层次、多形式、多渠道的物流教育。建立多层次的教育体系,一是加强学历教育,政府应当鼓励各高校按照市场需求进行专业和课程的设置;二是重视继续教育,充分利用科研院所和民办教育机构,对物流从业人员进行继续教育,使其掌握先进的物流知识;三是发展物流职业教育,借鉴国外经验,在物流业中确立物流从业人员资格管理制度,引进先进的物流培训体系。

(五)充分认识物流业的重要性,制定明确的物流业发展战略

21世纪,物流业将发展成为我国经济的一个重要产业部门,成为新的经济增长点。但相对于发达国家而言,目前我国的物流业尚处于起步阶段。在经济全球化的大背景下,一国的物流业是否具有国际竞争力,不仅决定其他产业的国际竞争力水平,而且决定一国对国际经济资源的吸引能力。从这个意义上讲,现代物流业的战略地位不容忽视。为此,需要政府组织企业、院校及其他科研机构对物流产业的战略地位进行充分的研究,尽快制定出明确、具体、可行的战略目标。

(六)合理进行物流基础设施建设,为发展物流业提供硬件保证

当前,物流设施系统建设开始逐步纳入各经济区域、各地区、各市物流发展规划的轨道。虽然各级物流规划还有不完备的地方,各地区、各市物流规划还有待互相协调和衔接,但规划的制定和实施将有利于克服物流设施建设的无序状态。目前,东部地区已基本完成规划,正在进入实施阶段;中西部地区正在进行规划的前期工作。目前国内已建、在建和拟建的物流基地、物流园区、物流中心等铺摊很多,为了避免将来有大批物流设施闲置,必须明确这些基础设施究竟为谁服务,是否具有针对性、目的性。各级物流规划主要是规划运输节点、商品集散基地、物流流向等。具体的物流中心、配送中心必须落实到客户。应当研究在物流规划及其实施当中,如何把政府的宏观指导与物流企业的运作同客户的需求结合起来,避免主观随意性。

(七)建立政府部门间的协调机制,使物流业管理由分权转为相对集权

由于对运输、包装、仓储、配送、货代等的管理涉及发改委、交通部、民航总局、商务部、海关、工商、税务等十几个部门。而且目前上述部门在促进物流业发展方面都十分积极。为避免政出多门和确保政府部门间政策的协调一致,有必要建立起政府部门间的协调机制。可供选择的方案有:一是由政府综合管理部门牵头,负责协调相关部门的政策;二是

组成由相关政府部门为成员的部门联席会议或部门间的促进物流发展政策委员会，专门负责研究、制定和协调物流发展的相关政策，其具体办事机构可由政府综合管理部门来承担。

（八）促进物流行业协会的联合，为物流业发展作出更大的贡献

目前，在国内物流领域影响较大、有一定规模的物流行业协会有 10 余家，如中国物流与采购联合会、中国运输协会、中国仓储协会等。政府可根据我国物流业发展的进程及市场的需求，逐步引导物流行业协会联合起来，形成合力；充分发挥它们的作用，促进各行业物流管理水平的提高，促进专业化、社会化物流服务的发展，使之成为企业与政府之间的重要桥梁和纽带。各行业协会应该积极进行物流理念推广、人才培养、经验交流及物流理论研究，加强与世界各国之间的交流与合作。注意学习欧美日等发达国家在物流管理发展过程中积累的先进经验，追踪先进国家物流管理理念和物流技术的最新动态，为我国物流管理水平的提高作出更大的贡献。

第二节 我国物流业发展现状与面临的形势

一、物流业已成为国民经济的重要组成部分

"十一五"特别是国务院印发《物流业调整和振兴规划》以来，我国物流业保持较快增长，服务能力显著提升，基础设施条件和政策环境明显改善，现代产业体系初步形成，物流业已成为国民经济的重要组成部分。

（一）产业规模快速增长

全国社会物流总额 2013 年达到 197.8 万亿元，比 2005 年增长 3.1 倍，按可比价格计算，年均增长 11.5%。物流业增加值 2013 年达到 3.9 万亿元，比 2005 年增长 2.2 倍，年均增长 11.1%，物流业增加值占国内生产总值的比重由 2005 年的 6.6% 提高到 2013 年的 6.8%，占服务业增加值的比重达到 14.8%。物流业吸纳就业人数快速增加，从业人员从 2005 年的 1780 万人增长到 2013 年的 2890 万人，年均增长 6.2%。

（二）服务能力显著提升

物流企业资产重组和资源整合步伐进一步加快，形成了一批所有制多元化、服务网络化和管理现代化的物流企业。传统运输业、仓储业加速向现代物流业转型，制造业物流、商贸物流、电子商务物流和国际物流等领域专业化、社会化服务能力显著增强，服务水平不断提升，现代物流服务体系初步建立。

（三）技术装备条件明显改善

信息技术广泛应用，大多数物流企业建立了管理信息系统，物流信息平台建设快速推进。物联网、云计算等现代信息技术开始应用，装卸搬运、分拣包装、加工配送等专用物流装备和智能标签、跟踪追溯、路径优化等技术迅速推广。

（四）基础设施网络日趋完善

截至 2013 年年底，全国铁路营业里程 10.3 万公里，其中高速铁路 1.1 万公里；全国

公路总里程达到435.6万公里,其中高速公路10.45万公里;内河航道通航里程12.59万公里,其中三级及以上高等级航道1.02万公里;全国港口拥有万吨级及以上泊位2 001个,其中沿海港口1 607个,内河港口394个;全国民用运输机场193个。2012年全国营业性库房面积约13亿平方米,各种类型的物流园区754个。

(五)发展环境不断优化

从2009年国务院印发《物流业调整和振兴规划》到2014年国务院印发的《物流业发展中长期规划》,国家近些年来制定出台了促进物流业健康发展的一系列方针、政策措施,有关部门和地方政府也出台了一些专项规划和配套措施。社会物流统计制度日趋完善,标准化工作有序推进,人才培养工作进一步加强,物流科技、学术理论研究及产学研合作不断深入。

二、我国物流业发展总体水平还不高

总体上看,我国物流业已步入转型升级的新阶段。但是,物流业发展总体水平还不高,发展方式比较粗放。主要表现为:

(一)物流成本高、效率低

2013年,全社会物流总费用与国内生产总值的比率高达18%,高于发达国家水平1倍左右,也显著高于巴西、印度等发展中国家的水平。

(二)条块分割严重,阻碍物流业发展的体制机制障碍仍未打破

企业自营物流比重高,物流企业规模小,先进技术难以推广,物流标准难以统一,迂回运输、资源浪费等问题突出。

(三)基础设施相对滞后,不能满足现代物流发展的要求

现代化仓储、多式联运转运等设施仍显不足,布局合理、功能完善的物流园区体系尚未建立,高效、顺畅、便捷的综合交通运输网络尚不健全,物流基础设施之间不衔接、不配套问题比较突出。

(四)政策法规体系还不够完善,市场秩序不够规范

政策法规体系还不够完善,市场秩序不够规范。已经出台的一些政策措施有待进一步落实,一些地方针对物流企业的乱收费、乱罚款问题突出。信用体系建设滞后,物流业从业人员整体素质有待进一步提升。

三、我国物流业发展面临的形势

当前,经济全球化趋势深入发展,网络信息技术革命带动新技术、新业态不断涌现,物流业发展面临的机遇与挑战并存。伴随全面深化改革、工业化、信息化、新型城镇化和农业现代化进程持续推进,产业结构调整和居民消费升级步伐不断加快,我国物流业发展空间越来越广阔。

(一)物流需求快速增长

农业现代化对大宗农产品物流和鲜活农产品冷链物流的需求不断增长。新型工业化

要求加快建立规模化、现代化的制造业物流服务体系。居民消费升级及新型城镇化步伐加快,迫切需要建立更加完善、便捷、高效、安全的消费品物流配送体系。此外,电子商务、网络消费等新兴业态快速发展,快递物流等需求也将继续快速增长。

(二)新技术、新管理不断出现

信息技术和供应链管理不断发展并在物流业得到广泛运用,为广大生产流通企业提供了越来越低成本、高效率、多样化、精益化的物流服务,推动制造业专注核心业务和商贸业优化内部分工,以新技术、新管理为核心的现代物流体系日益形成。随着城乡居民消费能力的增强和消费方式的逐步转变,全社会物流服务能力和效率持续提升,物流成本进一步降低、流通效率明显提高,物流业市场竞争加剧。

(三)资源环境约束日益加强

随着社会物流规模的快速扩大、能源消耗和环境污染形势的加重、城市交通压力的加大,传统的物流运作模式已难以为继。按照建设生态文明的要求,必须加快运用先进运营管理理念,不断提高信息化、标准化和自动化水平,促进一体化运作和网络化经营,大力发展绿色物流,推动节能减排,切实降低能耗、减少排放、缓解交通压力。

(四)国际竞争日趋激烈

随着国际产业转移步伐不断加快和服务贸易快速发展,全球采购、全球生产和全球销售的物流发展模式正日益形成,这迫切要求我国形成一批深入参与国际分工、具有国际竞争力的跨国物流企业,疏通与主要贸易伙伴、周边国家便捷高效的国际物流大通道,形成具有全球影响力的国际物流中心,以应对日益激烈的全球物流企业竞争。

第三节 《物流业发展中长期规划(2014—2020年)》的主要内容

一、指导思想

以邓小平理论、"三个代表"重要思想、科学发展观为指导,深入贯彻党的十八大和十八届二中、三中全会精神,全面落实党中央、国务院各项决策部署,按照加快转变发展方式、建设生态文明的要求,适应信息技术发展的新趋势,以提高物流效率、降低物流成本、减轻资源和环境压力为重点,以市场为导向,以改革开放为动力,以先进技术为支撑,积极营造有利于现代物流业发展的政策环境,着力建立和完善现代物流服务体系,加快提升物流业发展水平,促进产业结构调整和经济提质增效升级,增强国民经济竞争力,为全面建成小康社会提供物流服务保障。

二、主要原则

(一)市场运作,政府引导

让使市场在资源配置中起决定性作用和更好地发挥政府作用,强化企业的市场主体地位,积极发挥政府在战略、规划、政策、标准等方面的引导作用。

(二) 优化结构，提升水平

加快传统物流业转型升级，建立和完善社会化、专业化的物流服务体系，大力发展第三方物流。形成一批具有较强竞争力的现代物流企业，扭转"小、散、弱"的发展格局，提升产业规模和发展水平。

(三) 创新驱动，协同发展

加快关键技术装备的研发应用，提升物流业信息化和智能化水平，创新运作管理模式，提高供应链管理和物流服务水平，形成物流业与制造业、商贸业、金融业协同发展的新优势。

(四) 节能减排，绿色环保

鼓励采用节能环保的技术、装备，提高物流运作的组织化、网络化水平，降低物流业的总体能耗和污染物排放水平。

(五) 完善标准，提高效率

推动物流业技术标准体系建设，加强一体化运作，实现物流作业各环节、各种物流设施设备及物流信息的衔接配套，促进物流服务体系的高效运转。

(六) 深化改革，整合资源

深化物流业管理体制改革，进一步简政放权，打破行业、部门和地区分割，反对垄断和不正当竞争，统筹城市和农村、国际和国内物流体系建设，建立有利于资源整合和优化配置的体制机制。

三、发展目标

到 2020 年，基本建立布局合理、技术先进、便捷高效、绿色环保、安全有序的现代物流服务体系。

（1）物流的社会化、专业化水平进一步提升。物流业增加值年均增长 8% 左右，物流业增加值占国内生产总值的比重达到 7.5% 左右。第三方物流比重明显提高。新的物流装备、技术广泛应用。

（2）物流企业竞争力显著增强。一体化运作、网络化经营能力进一步提高，信息化和供应链管理水平明显提升，形成一批具有国际竞争力的大型综合物流企业集团和物流服务品牌。

（3）物流基础设施及运作方式衔接更加顺畅。物流园区网络体系布局更加合理，多式联运、甩挂运输、共同配送等现代物流运作方式保持较快发展，物流集聚发展的效益进一步显现。

（4）物流整体运行效率显著提高。全社会物流总费用与国内生产总值的比率由 2013 年的 18% 下降到 16% 左右，物流业对国民经济的支撑和保障能力进一步增强。

四、发展重点

(一) 着力降低物流成本

打破条块分割和地区封锁，减少行政干预，清理和废除妨碍全国统一市场和公平竞争的各种规定和做法，建立统一开放、竞争有序的全国物流服务市场。进一步优化通行环境，加强和规范收费公路管理，保障车辆便捷高效通行。积极采取有力措施，切实加大对公路乱收费、乱罚款的清理整顿力度，减少不必要的收费点，全面推进全国主要高速公路不停车收费系统建设。加快推进联通国内、国际主要经济区域的物流通道建设，大力发展多式联运，努力形成京沪、京广、欧亚大陆桥、中欧铁路大通道、长江黄金水道等若干条货畅其流、经济便捷的跨区域物流大通道。

（二）着力提升物流企业规模化、集约化水平

鼓励物流企业通过参股控股、兼并重组、协作联盟等方式做大做强，形成一批技术水平先进、主营业务突出、核心竞争力强的大型现代物流企业集团，通过规模化经营提高物流服务的一体化、网络化水平，形成大小物流企业共同发展的良好态势。鼓励运输、仓储等传统物流企业向上下游延伸服务，推进物流业与其他产业互动融合，协同发展。鼓励物流企业与制造企业深化战略合作，建立与新型工业化发展相适应的制造业物流服务体系，形成一批具有全球采购、全球配送能力的供应链服务商。鼓励商贸物流企业提高配送的规模化和协同化水平，加快电子商务物流发展，建立快速便捷的城乡配送物流体系。支持快递业整合资源，与民航、铁路、公路等运输行业联动发展，加快形成一批具有国际竞争力的大型快递企业，构建覆盖城乡的快递物流服务体系。支持航空货运企业兼并重组、做强做大，提高物流综合服务能力。充分发挥邮政的网络、信息和服务优势，深入推动邮政与电子商务企业的战略合作，发展电商小包等新型邮政业务。进一步完善邮政基础设施网络，鼓励各地邮政企业因地制宜地发展农村邮政物流服务，推动农资下乡和农产品进城。

（三）着力加强物流基础设施网络建设

推进综合交通运输体系建设，合理规划布局物流基础设施，完善综合运输通道和交通枢纽节点布局，构建便捷、高效的物流基础设施网络，促进多种运输方式顺畅衔接和高效中转，提升物流体系综合能力。

优化航空货运网络布局，加快国内航空货运转运中心、连接国际重要航空货运中心的大型货运枢纽建设。推进"港站一体化"，实现铁路货运站与港口码头无缝衔接。

完善物流转运设施，提高货物换装的便捷性和兼容性。加快煤炭外运、"北粮南运"、粮食仓储等重要基础设施建设，解决突出的运输"卡脖子"问题。加强物流园区规划布局，进一步明确功能定位，整合和规范现有园区，节约、集约用地，提高资源利用效率和管理水平。

在大中城市和制造业基地周边加强现代化配送中心规划，在城市社区和村镇布局建设共同配送末端网点，优化城市商业区和大型社区物流基础设施的布局建设，形成层级合理、规模适当、需求匹配的物流仓储配送网络。

进一步完善应急物流基础设施，积极有效地应对突发自然灾害、公共卫生事件及重大安全事故。

五、主要任务

（一）大力提升物流社会化、专业化水平

鼓励制造企业分离外包物流业务，促进企业内部物流需求社会化。优化制造业、商贸

业集聚区的物流资源配置,构建中小微企业公共物流服务平台,提供社会化物流服务。着力发展第三方物流,引导传统仓储、运输、国际货代、快递等企业采用现代物流管理理念和技术装备,提高服务能力;支持从制造企业内部剥离出来的物流企业发挥专业化、精益化服务优势,积极为社会提供公共物流服务。鼓励物流企业功能整合和业务创新,不断提升专业化服务水平,积极发展定制化物流服务,满足日益增长的个性化物流需求。进一步优化物流组织模式,积极发展共同配送、统一配送,提高多式联运比重。

(二) 进一步加强物流信息化建设

加强北斗导航、物联网、云计算、大数据、移动互联等先进信息技术在物流领域的应用。加快企业物流信息系统建设,发挥核心物流企业整合能力,打通物流信息链,实现物流信息全程可追踪。加快物流公共信息平台建设,积极推进全社会物流信息资源的开发利用,支持运输配载、跟踪追溯、库存监控等有实际需求、具备可持续发展前景的物流信息平台发展,鼓励各类平台创新运营服务模式。进一步推进交通运输物流公共信息平台的发展,整合铁路、公路、水路、民航、邮政、海关、检验检疫等资源,促进物流信息与公共服务信息有效对接,鼓励区域间和行业内的物流平台信息共享,实现互联互通。

(三) 推进物流技术装备现代化

加强物流核心技术和装备研发,推动关键技术装备产业化,鼓励物流企业采用先进适用技术和装备。加快食品冷链、医药、烟草、机械、汽车、干散货、危险化学品等专业物流装备的研发,提升物流装备的专业化水平。积极发展标准化、厢式化、专业化的公路货运车辆,逐步淘汰栏板式货车。推广铁路重载运输技术装备,积极发展铁路特种、专用货车及高铁快件等运输技术装备,加强物流安全检测技术与装备的研发和推广应用。吸收引进国际先进物流技术,提高物流技术的自主创新能力。

(四) 加强物流标准化建设

加紧编制并组织实施物流标准中长期规划,完善物流标准体系。按照重点突出、结构合理、层次分明、科学适用、基本满足发展需要的要求,完善国家物流标准体系框架,加强通用基础类、公共类、服务类及专业类物流标准的制定工作,形成一批对全国物流业发展和服务水平提升有重大促进作用的物流标准。注重物流标准与其他产业标准及国际物流标准的衔接,科学划分推荐性和强制性物流标准,加大物流标准的实施力度,努力提升物流服务、物流枢纽、物流设施设备的标准化运作水平。调动企业在标准制定和修订工作中的积极性,推进重点物流企业参与专业领域物流技术标准和管理标准的制定和标准化试点工作。加强物流标准的培训宣传和推广应用。

(五) 推进区域物流协调发展

落实国家区域发展整体战略和产业布局调整优化的要求,继续发挥全国性物流节点城市和区域性物流节点城市的辐射带动作用,推动区域物流协调发展。按照建设丝绸之路经济带、海上丝绸之路、长江经济带等重大战略规划要求,加快推进重点物流区域和联通国际国内的物流通道建设,重点打造面向中亚、南亚、西亚的战略物流枢纽及面向东盟的陆海联运、江海联运节点和重要航空港,建立省际和跨国合作机制,促进物流基础设施互联互通和信息资源共享。东部地区要适应居民消费加快升级、制造业转型、内外贸一体化的趋势,进一步提升商贸物流、制造业物流和国际物流的服务能力,探索国际国内物流一体化运作模式。按照推动京津冀协同发展、环渤海区域合作和发展等要求,加快商贸物流业一体化进程。中部地区要发挥承东启西、贯通南北的区位优势,加强与沿海、沿边地区合作,加快陆港、航空口岸建设,构建服务于产业转移、资源输送和南北区域合作的物流通道和枢纽。西部地区要结合推进丝绸之路经济带建设,打造物流通道,改善区域物流条件,积极发展具有特色优势的农产品、矿产品等大宗商品物流产业。东北地区要加快构建东北亚沿边物流带,形成面向俄罗斯、连接东北亚及欧洲的物流大通道,重点推进制造业物流和粮食等大宗资源型商品物流发展。物流节点城市是区域物流发展的重要枢纽,要根据产业特点、发展水平、设施状况、市场需求、功能定位等,加强物流基础设施的规划布局,改善产业发展环境。

(六)积极推动国际物流发展

加强枢纽港口、机场、铁路、公路等各类口岸的物流基础设施建设。以重点开发开放试验区为先导,结合发展边境贸易,加强与周边国家和地区的跨境物流体系和走廊建设,加快物流基础设施互联互通,形成一批国际货运枢纽,增强进出口货物集散能力。加强境内外口岸、内陆与沿海、沿边口岸的战略合作,推动海关特殊监管区域、国际陆港、口岸等协调发展,提高国际物流便利化水平。建立口岸物流联检联动机制,进一步提高通关效率。积极构建服务于全球贸易和营销网络、跨境电子商务的物流支撑体系,为国内企业"走出去"和开展全球业务提供物流服务保障。支持优势物流企业加强联合,构建国际物流服务网络,打造具有国际竞争力的跨国物流企业。

(七)大力发展绿色物流

优化运输结构,合理配置各类运输方式,提高铁路和水路运输比重,促进节能减排。大力发展甩挂运输、共同配送、统一配送等先进的物流组织模式,提高储运工具的信息化水平,减少返空、迂回运输。鼓励采用低能耗、低排放运输工具和节能型绿色仓储设施,推广集装单元化技术。借鉴国际先进经验,完善能耗和排放监测、检测认证制度,加快建立绿色物流评估标准和认证体系。加强危险品水运管理,最大限度地减少环境事故。鼓励包装重复使用和回收再利用,提高托盘等标准化器具和包装物的循环利用水平,构建低环境负荷的循环物流系统。大力发展回收物流,鼓励生产者、再生资源回收利用企业联合开展废旧产品回收。推广应用铁路散堆装货物运输抑尘技术。

六、重点工程

(一)多式联运工程

加快多式联运设施建设,构建能力匹配的集疏运通道,配备现代化的中转设施,建立多式联运信息平台。完善港口的铁路、公路集疏运设施,提升临港铁路场站和港站后方通道能力。推进铁路专用线建设,发挥铁路集装箱中心站作用,推进内陆城市和港口的集装箱场站建设。构建与铁路、机场和公路货运站能力匹配的公路集疏运网络系统。发展海铁联运、铁水联运、公铁联运、陆空联运,加快推进大宗散货水铁联运、集装箱多式联运,积极发展干支直达和江海直达等船舶运输组织方式,探索构建以半挂车为标准荷载单元的铁路驮背运输、水路滚装运输等多式联运体系。

(二) 物流园区工程

在严格符合土地利用总体规划、城市总体规划的前提下,按照节约、集约用地的原则,在重要的物流节点城市加快整合与合理布局物流园区,推进物流园区水、电、路、通信设施和多式联运设施建设,加快现代化立体仓库和信息平台建设,完善周边公路、铁路配套,推广使用甩挂运输等先进运输方式和智能化管理技术,完善物流园区管理体制,提升管理和服务水平。结合区位特点和物流需求,发展货运枢纽型、生产服务型、商贸服务型、口岸服务型和综合服务型物流园区,以及农产品、农资、钢铁、煤炭、汽车、医药、出版物、冷链、危险货物运输、快递等专业类物流园区,发挥物流园区的示范带动作用。

(三) 农产品物流工程

加大粮食仓储设施建设和维修改造力度,满足粮食收储需要。引进先进粮食仓储设备和技术,切实改善粮食仓储条件。积极推进粮食现代物流设施建设,发展粮食储、运、装、卸"四散化"和多式联运,开通从东北入关的铁路散粮列车和散粮集装箱班列,加强粮食产区的收纳和发放设施、南方销区的铁路和港口散粮接卸设施建设,解决"北粮南运"运输"卡脖子"问题。推进棉花运输装卸机械化、仓储现代化、管理信息化,加强主要产销区的物流节点及铁路专用线建设,支持企业开展纺织配棉配送服务。加强"南糖北运"及产地的运输、仓储等物流设施建设。加强鲜活农产品冷链物流设施建设,支持"南菜北运"和大宗鲜活农产品产地预冷、初加工、冷藏保鲜、冷链运输等设施设备建设,形成重点品种农产品物流集散中心,提升批发市场等重要节点的冷链设施水平,完善冷链物流网络。

(四) 制造业物流与供应链管理工程

支持建设与制造业企业紧密配套、有效衔接的仓储配送设施和物流信息平台,鼓励各类产业聚集区域和功能区配套建设公共外仓,引进第三方物流企业。鼓励传统运输、仓储企业向供应链上、下游延伸服务,建设第三方供应链管理平台,为制造业企业提供供应链计划、采购物流、入厂物流、交付物流、回收物流、供应链金融及信息追溯等集成服务。加快发展具有供应链设计、咨询管理能力的专业物流企业,着力提升面向制造业企业的供应链管理服务水平。

(五) 资源型产品物流工程

依托煤炭、石油、铁矿石等重要产品的生产基地和市场,加快资源型产品物流集散中心和物流通道建设。推进晋陕蒙(西)宁甘、内蒙古东部、新疆等煤炭外运重点通道建设,重点建设环渤海等大型煤炭储配基地和重点煤炭物流节点。统筹油气进口运输通道和国内储运体系建设,加快跨区域、与周边国家和地区紧密连接的油气运输通道建设,加强油气码头建设,鼓励发展油船、液化天然气船,加强铁矿石等重要矿产品港口(口岸)物流设施建设。

(六) 城乡物流配送工程

加快完善城乡配送网络体系,统筹规划、合理布局物流园区、配送中心、末端配送网点等三级配送节点，搭建城市配送公共服务平台，积极推进县、乡、村消费品和农资配送网络体系建设。进一步发挥邮政及供销合作社的网络和服务优势，加强农村邮政网点、村邮站、"三农"服务站等邮政终端设施建设，促进农村地区商品的双向流通。推进城市绿色货运配送体系建设，完善城市配送车辆标准和通行管控措施，鼓励节能环保车辆在城市配送中的推广应用。加快现代物流示范城市的配送体系发展，建设服务连锁经营企业和网络销售企业的跨区域配送中心。发展智能物流基础设施，支持农村、社区、学校的物流快递公共取送点建设。鼓励交通、邮政、商贸、供销、出版物销售等开展联盟合作，整合利用现有物流资源，进一步完善存储、转运、停靠、卸货等基础设施，加强服务网络建设，提高共同配送能力。

（七）电子商务物流工程

适应电子商务快速发展需求，编制全国电子商务物流发展规划，结合国家电子商务示范城市、示范基地、物流园区、商业设施等建设，整合配送资源，构建电子商务物流服务平台和配送网络。建成一批区域性仓储配送基地，吸引制造商、电商、快递和零担物流公司、第三方服务公司入驻，提高物流配送效率和专业化服务水平。探索利用高铁资源，发展高铁快件运输。结合推进跨境贸易电子商务试点，完善一批快递转运中心。

（八）物流标准化工程

重点推进物流技术、信息、服务、运输、货代、仓储、粮食等农产品及加工食品、医药、汽车、家电、电子商务、邮政（含快递）、冷链、应急等物流标准的制定和修订工作，积极着手开展钢铁、机械、煤炭、铁矿石、石油石化、建材、棉花等大宗产品物流标准的研究制定工作。支持仓储和转运设施、运输工具、停靠和卸货站点的标准化建设和改造，制定公路货运标准化电子货单，推广托盘、集装箱、集装袋等标准化设施设备，建立全国托盘共用体系，推进管理软件接口标准化，全面推广甩挂运输试点经验。开展物流服务认证试点工作，推进物流领域检验检测体系建设，支持物流企业开展质量、环境和职业健康安全管理体系认证。

（九）物流信息平台工程

整合现有物流信息服务平台资源，形成跨行业和区域的智能物流信息公共服务平台。加强综合运输信息、物流资源交易、电子口岸和大宗商品交易等平台建设，促进各类平台之间的互联互通和信息共享。鼓励龙头物流企业搭建面向中小物流企业的物流信息服务平台，促进货源、车源和物流服务等信息的高效匹配，有效降低货车空驶率。以统一物品编码体系为依托，建设衔接企业、消费者与政府部门的第三方公共服务平台，提供物流信息标准查询、对接服务。建设智能物流信息平台，形成集物流信息发布、在线交易、数据交换、跟踪追溯、智能分析等功能为一体的物流信息服务中心。加快推进国家交通运输物流公共信息平台建设，依托东北亚物流信息服务网络等已有平台，开展物流信息化国际合作。

（十）物流新技术开发应用工程

支持货物跟踪定位、无线射频识别、可视化技术、移动信息服务、智能交通和位置服务等关键技术攻关，研发推广高性能货物搬运设备和快速分拣技术，加强沿海和内河船型、商用车运输等重要运输技术的研发应用。完善物品编码体系,推动条码和智能标签等标识技术、自动识别技术及电子数据交换技术的广泛应用。推广物流信息编码、物流信息采集、物流载体跟踪、自动化控制、管理决策支持、信息交换与共享等领域的物流信息技术。鼓励新一代移动通信、道路交通信息通信系统、自动导引车辆、不停车收费系统及托盘等集装单元化技术普及。推动北斗导航、物联网、云计算、大数据、移动互联等技术在产品可追溯、在线调度管理、全自动物流配送、智能配货等领域的应用。

(十一)再生资源回收物流工程

加快建立再生资源回收物流体系,重点推动包装物、废旧电器电子产品等生活废弃物和报废工程机械、农作物秸秆、消费品加工中产生的边角废料等有使用价值废弃物的回收物流发展。加大废弃物回收物流处理设施的投资力度,加快建设一批回收物流中心,提高回收物品的收集、分拣、加工、搬运、仓储、包装、维修等管理水平,实现废弃物的妥善处置、循环利用、无害环保。

(十二)应急物流工程

建立统一协调、反应迅捷、运行有序、高效可靠的应急物流体系,建设集满足多种应急需要为一体的物流中心,形成一批具有较强应急物流运作能力的骨干物流企业。加强应急仓储、中转、配送设施建设,提升应急物流设施设备的标准化和现代化水平,提高应急物流效率和应急保障能力。建立和完善应急物流信息系统,规范协调调度程序,优化信息流程、业务流程和管理流程,推进应急生产、流通、储备、运输环节的信息化建设和应急信息交换、数据共享。

七、保障措施

(一)深化改革开放

加快推进物流管理体制改革,完善各层级的物流政策综合协调机制,进一步发挥全国现代物流工作部际联席会议作用。按照简政放权、深化行政审批制度改革的要求,建立公平透明的市场准入标准,进一步放宽对物流企业资质的行政许可和审批条件,改进审批管理方式。落实物流企业设立非法人分支机构的相关政策,鼓励物流企业开展跨区域网络化经营。引导企业改革"大而全""小而全"的物流运作模式,制定支持企业分离外包物流业务和加快发展第三方物流的措施,充分整合利用社会物流资源,提高规模化水平。加强与主要贸易对象国及中国港澳台等地区的政策协调和物流合作,推动国内物流企业与国际先进物流企业合作交流,支持物流企业"走出去"。做好物流业外资并购安全审查工作,扩大商贸物流、电子商务领域的对外开放。

(二)完善法规制度

尽快从国民经济行业分类、产业统计、工商注册及税目设立等方面明确物流业类别,进一步明确物流业的产业地位。健全物流业法律法规体系,抓紧研究制定和修订物流业安全监管、交通运输管理和仓储管理等相关法律法规或部门规章,开展综合性法律的立法准备工作,在此基础上择机研究制定物流业促进方面的法律法规。

(三) 规范市场秩序

加强对物流市场的监督管理,完善物流企业和从业人员信用记录,纳入国家统一的信用信息平台。增强企业诚信意识,建立跨地区、跨行业的联合惩戒机制,加大对失信行为的惩戒力度。加强物流信息安全管理,禁止泄露转卖客户信息。加强物流服务质量满意度监测,开展安全、诚信、优质服务创建活动。鼓励企业整合资源、加强协作,提高物流市场集中度和集约化运作水平,减少低水平无序竞争。加强对物流业市场竞争行为的监督检查,依法查处不正当竞争和垄断行为。

(四) 加强安全监管

加强对物流企业的安全管理,督促物流企业切实履行安全主体责任,严格执行国家强制标准,保证运输装备产品的一致性。加强对物流车辆和设施设备的检验检测,确保车辆安全性符合国家规定、设施设备处于良好状态。禁止超载运输,规范超限运输。危险货物运输要强化企业经理人员安全管理职责和车辆动态监控。加大安全生产经费投入,及时排查整改安全隐患。加大物流业贯彻落实国家信息安全等级保护制度的力度,按照国家信息安全等级保护管理规范和技术标准的要求同步实施物流信息平台安全建设,提高网络安全保障能力。建立健全物流安全监管信息共享机制,物流信息平台及物流企业信息系统要按照统一技术标准建设共享信息的技术接口。公路、铁路、民航、航运、邮政部门要进一步规范货物收运、收寄流程,进一步落实货物安全检查责任,采取严格的货物安全检查措施并增加开箱检查频次,加大对瞒报货物品名行为的查处力度,严防普通货物中夹带违禁品和危险品。推广使用技术手段对集装箱和货运物品进行探测查验,提高对违禁品和危险品的发现能力。加大宣传教育力度,曝光违法违规托运和夹带违禁品、危险品的典型案件和查处结果,增强公众守法意识。

(五) 完善扶持政策

加大土地等政策支持力度,着力降低物流成本。落实和完善支持物流业发展的用地政策,依法供应物流用地,积极支持利用工业企业旧厂房、仓库和存量土地资源建设物流设施或者提供物流服务,涉及原划拨土地使用权转让或者租赁的,应按规定办理土地有偿使用手续。认真落实物流业相关的税收优惠政策。研究完善支持物流企业做强做大的扶持政策,培育一批网络化、规模化发展的大型物流企业。严格执行鲜活农产品运输"绿色通道"政策。研究配送车辆进入城区作业的相关政策,完善城市配送车辆通行管控措施。完善物流标准化工作体系,建立相关部门、行业组织和标准技术归口单位的协调沟通机制。

(六) 拓宽投资融资渠道

多渠道增加对物流业的投入,鼓励民间资本进入物流领域。引导银行业金融机构加大对物流企业的信贷支持,针对物流企业特点推动金融产品创新,推动发展新型融资方式,为物流业发展提供更便利的融资服务。支持符合条件的物流企业通过发行公司债券、非金融企业债务融资工具、企业债券和上市等多种方式拓宽融资渠道。继续通过政府投资对物流业重点领域和薄弱环节予以支持。

(七) 加强统计工作

提高物流业统计工作水平,明确物流业统计的基本概念,强化物流统计理论和方法研究,科学划分物流业统计的行业类别,完善物流业统计制度和评价指标体系,促进物流统计台账和会计核算科目建设,做好社会物流总额和社会物流成本等指标的调查统计工作,及时准确地反映物流业的发展规模和运行效率;构建组织体系完善、调查方法科学、技术手段先进、队伍素质优良的现代物流统计体系,推动各省(区、市)全面开展物流统计工作,进一步提高物流统计数据质量和工作水平,为政府宏观管理和企业经营决策提供参考依据。

(八) 强化理论研究和人才培养

加强物流领域理论研究,完善我国现代物流业理论体系,积极推进产学研用结合。着力完善物流学科体系和专业人才培养体系,以提高实践能力为重点,按照现代职业教育体系建设要求,探索形成高等学校、中等职业学校与有关部门、科研院所、行业协会和企业联合培养人才的新模式。完善在职人员培训体系,鼓励培养物流业高层次经营管理人才,积极开展职业培训,提高物流业从业人员的业务素质。

(九) 发挥行业协会作用

要更好地发挥行业协会的桥梁和纽带作用,做好调查研究、技术推广、标准制定和宣传推广、信息统计、咨询服务、人才培养、理论研究、国际合作等方面的工作。鼓励行业协会健全和完善各项行业基础性工作,积极推动行业规范自律和诚信体系建设,推动行业健康发展。

八、组织实施

各地区、各部门要充分认识促进物流业健康发展的重大意义,采取有力措施,确保各项政策落到实处、见到实效。地方各级人民政府要加强组织领导,完善协调机制,结合本地实际抓紧制订具体落实方案,及时将实施过程中出现的新情况、新问题报送发改委和交通运输部、商务部等有关部门。国务院各有关部门要加强沟通,密切配合,根据职责分工完善各项配套政策措施。发改委要加强统筹协调,会同有关部门研究制订《促进物流业发展三年行动计划》,明确工作安排及时间进度,并做好督促检查和跟踪分析,重大问题及时报告。

▶ 课外阅读(一)

国家发改委、国家能源局发布《煤炭物流发展规划》

近日,国家发改委、国家能源局发布《煤炭物流发展规划》(以下简称《规划》)。

《规划》全面总结了煤炭物流发展取得的成就,深刻分析了新形势下煤炭物流发展面临的机遇和挑战,指明了煤炭物流发展方向。《规划》提出,要按照科学布局、高效畅通、协调配套、节能环保的发展方针,以加快转变发展方式为主线,以改革开放为动力,以科技进步为支撑,完善煤炭物流基础设施,培育大型煤炭物流企业,健全煤炭物流服务体系,提高煤炭物流服务能力,促进煤炭物流科学发展。

根据《规划》,到2020年,煤炭物流整体运行效率明显提高,社会化、专业化和信息化水平显著提升,基本形成物流网络配套衔接、技术装备先进适用、物流服务绿色高效的现代煤炭物流体系。届时,铁路煤运通道年运输能力将达到30亿吨;重点建设11个大型煤炭储配基地和30个年流通规模2 000万吨级物流园区;培育一批大型现代煤炭物流企业,其中年综合物流营业收入达到500亿元的企业10个;建设若干个煤炭交易市场。

《规划》明确了煤炭物流科学发展的六项重点任务:一是加快铁路、水运通道及集疏运系统建设,健全铁路直达和铁水联运物流通道网络,形成"九纵六横"的煤炭物流网络;二是建设大型煤炭储配基地,加快应急储备建设,健全煤炭储配体系;三是按照现代物流管理模式,整合煤炭物流资源,发展大型现代煤炭物流企业;四是深化煤炭产运需衔接制度改革,建立以全国性煤炭交易中心为主体,以区域性煤炭交易市场为补充,以信息技术为平台,政府宏观调控有效、市场主体自由交易的煤炭市场体系;五是推广先进煤炭物流技术装备,加快煤炭物流信息化建设,完善煤炭物流标准体系;六是引导国内煤炭物流企业引进国外先进的物流管理理念和技术装备,支持优势企业开展国际化经营,推进煤炭物流国际合作。

为落实好各项任务,确保实现目标,《规划》确定了深化体制改革、加大政策支持力度、促进煤炭物流资源整合、完善煤炭价格形成机制、加强科技创新和人才培养等五个方面的政策措施。

(资料来源:原文详见 http://fgw.zj.gov.cn/art/2014/2/24/art-397-632503.html。)

▶ 课外阅读(二)

非常时期情况下物流的组织

1998年的"南方特大洪水"、2003年的"非典"事件、2008年年初的"南方冰雪灾害"、2008年的"5.12汶川大地震"等一系列灾害,使我国国民经济遭遇了非常时期。这一时期的国民经济物流组织工作表现出它极其重要的地位和作用。

"非典"时期的物流组织是在我国非常时期国民经济物流组织工作的典范。

2003年4月下旬,一场被称为没有硝烟的战争——抗击"非典"的战役在北京及全国各地打响。如同武器辎重之于一场军事战争的意义一样,"非典"药品及消毒剂、口罩、防护服、呼吸机等重要物资,甚至一些主要的生活必需品的后勤保障供应,成为了与"非典"病毒斗争的另一条生命线。在短短的半个多月内,为确保各类物资的及时运输,中国的综合运输体系紧急热身,实施启动了一系列的应急措施。在非典期间,采取的具体措施如下:

第一,24小时调运送达。

国家防治"非典"联合办公室专门成立了后勤保障组,下设综合与运输协调办公室,就设在国家发展和改革委员会的经济运行局,所有与"非典"相关的医疗用品、生活必需品,在生产、储备、供应、调配中需要进行运输协调的,均由这个办公室会同铁路、公路、航空各部门完成。

"确保24小时内将防治医药用品调运送达",国家发改委、工商总局、医药管理局会同民航、交通、原铁道等部门部署有关工作,来自抗击"非典"一线的需求考验着现代物流系统的应变机制。在确保公路、水路、铁路、航空各运输环节应急运输"非典"医药用品及物资高效快捷的同时,如何在中转环节上减少手续,相关运输部门之间的协调配合,是这套应急物流体系能否真正发挥作用的关键。

第二,铁道运输拼抢时速。

中国铁路,在抗击"非典"保障后勤供应的斗争中,继续发挥大动脉的作用。

面对紧急调运各类"非典"物资的需求迅速增加的形势,2003年4月30日原铁道部再次发出紧急通知,要求各铁路局以最快速度组织,一系列紧急运输预案措施随之出炉。包括对整列物资,各铁路局一律按优于快速旅客列车的等级组织运输,缩短车站停车时间,加速列车放行,各火车站不得积压、拖延;对要求按行李、包裹运输的物资,各车站行李房必须优先受理、优先安排、优先保证,批量大的物资可以加挂行李车;对所有装运防治"非典"物资的列车,各级铁路调度部门要重点掌握,及时报告途中运行情况。在各货运站,预防"非典"物资,不受运输能力、停限装命令和计划审批限制,优先托运、优先装车的"绿色通道"迅速建立。

第三,道路运输应确保应急运力。

公路运输,由于具有安排方便、运送快捷的特点,在运送防治"非典"紧急物资的过程中,承担了很大部分的货运量。但同时,公路运输存在的运力分散、道路管理涉及面广的问题,也对应急物流体系的调度运转带来困难。

在交通部的道路运输保障应急预案中,确保应急运力安排充足是重点。根据交通部的通知,各地交通主管部门要将运输防治"非典"医药用品应急运力数量分解落实到相关地区,储备足够数量的应急运力;建立应急运力档案,准确掌握应急运力所属运输企业、核载吨位、联系方式等信息,确保主管部门、运输企业、应急运力形成畅通高效的应急运输调度机制,合理调配运力,保证防治"非典"医药用品运输任务按时完成。

2003年4月29日,交通部发出特急通知,对运输紧急物资的车辆发放"特别通行证",要求各级交通主管部门,接到上级下达的紧急物资运输任务后,立即将"特别通行证"发放到执行任务的运输企业和车辆。"特别通行证"必须一车一证,填写车牌号,加盖市级交通主管部门印章。对持有"特别通行证"的车辆,一律免予检查和收取车辆通行费。此后,各地交通部门相继从当地主要运输企业抽调技术状况良好、装有GPS全球卫星定位系统的厢式运输车辆作为非典医药用品的应急运力。

第四,民航运输货舱的调剂。

2003年4月22日、25日、28日,民航总局连续三次向各地区管理局和各航空公司下发通知,要求高度重视防治"非典"的运输保障工作,确保重点和优先发运全国各地的防治非典药品及相关物品的航空运输。工作部署细致到机场、各航空公司分支机构的一线人员。

受航空旅客减少的影响,国内客运航班已有缩减,而同时企业的正常生产基本依旧,货运舱位往往就出现不足。在各航空公司已优先保障运送了大部分"非典"物资的情况下,也要积极地为各企业运送货物,这里就需要科学合理地进行货物的调运。

(资料来源:原文详见http://www.e3356.com/gb/news_detail.jsp? nid=123719。)

思考题

名词解释
国民经济物流　　　国民经济动员　　　国家物资储备　　　动员物资储备

问答题
1. 近些年来我国关于国民经济物流有哪些重大举措?
2. 请阐述国民经济物流的主要任务。
3. 如何认识物流业是支撑国民经济发展的基础性、战略性产业?
4. 为什么物流业已成为国民经济的重要组成部分?
5. 我国物流业发展总体水平还不高主要体现在哪些方面?
6. 《物流业发展中长期规划(2014—2020年)》的主要原则是什么?
7. 《物流业发展中长期规划(2014—2020年)》确定了哪些发展重点?
8. 请谈谈落实《物流业发展中长期规划(2014—2020年)》的保障措施。

第十二章

国 际 物 流

学习目的

国际物流属大宏观物流,深刻理解国际物流的含义和意义。

技能要求

掌握国际物流的特点;了解国际物流通关所涉及的口岸、自由港和保税区、海关监管、商品检验等相关知识;掌握集装箱进场、堆存和保管与集装箱出场等业务活动;掌握国际航运的主要特点、国际航运的商务构架、国际航运系统的组成。

国际贸易是国际物流的前提。国际物流是指物资进口国与物资出口国之间形成的物流,属大宏观物流。

第一节 国际物流概述

一、国际物流的含义

（一）国际物流的概念

中华人民共和国国家标准《物流术语》（GB/T 18354-2006）将国际物流（international logistics）定义为"跨越不同国家（地区）之间的物流"。即供应和需求分别处在不同的国家（地区）时，为了克服供需时间上和空间上的矛盾而发生的商品物质实体在国家与国家之间跨越国境的流动。

国际物流的实质是按照国际分工的原则，依照国际惯例，利用国际化的物流网络、物流设施和物流技术，实现货物在国际间的流动与交换，以促进区域经济的发展和全球资源的优化配置。

国际物流是国内物流的跨国延伸，是伴随着国际贸易的发展而发展的。国际物流不仅是国际贸易最终实现的基础，而且也是以国际市场作为企业经济运行的价值链的基本环节。从另一个侧面还可以看到，国际物流不仅使各国之间的国际商务活动得以顺利实现，为跨国经营企业带来新的价值增值，而且成为企业全球化背景中的"第三利润源"。

国际物流的目标是为国际贸易和跨国经营提供物流服务，即以选择最适合用户的服务水平、最理想的物流方式、最佳的路径，最少的费用和最小的风险，保质保量、适时地将货物从某国的供应方送达另一国的需求方。

从国际物流的结构上观察，国际物流是由多个收、发货的"节点"和它们之间的"连线"以及相伴随的信息流动构成的。收发货节点是指物资进、出口过程中所涉及的国内外的各层口岸、保税区、车站、码头、仓库等。国际贸易商品就是通过这些节点的停留、收进和发出，克服生产时间和消费时间上的背离，促进国际贸易系统和国际交往的顺利进行。

连线是指连接上述国内外众多收发货节点的运输连线，如各种海运航线、铁路线、飞机航线及联合运输线路。从广义上讲，连线包括国内连线和国际连线。这些连线代表库存货物的移动、运输的路线与过程。信息流动通常包括国内外邮件或某些电子媒介，其信息网络的节点，则是各种物流信息汇集及处理之处，包括国际订货单据、大量出口单证、库存量的记录等。

国际物流是跨国进行的物流活动，以出口商的物流运作为例，主要包括发货、报关、国际间运输、到达目的地的报关和送货等，由包装、储存、运输、检验、外贸加工和其前后的整理、再包装及国际配送等子系统构成。

国际物流的流通速度和合理化除与供需双方所采取的物流业务流程和组织密切相关外，更与出口国和进口国的海关、商检、银行、码头等关系方的运作机制密切相关，如图12-1 所示。

（二）物流全球化的背景

在过去的二十多年里，随着全球资本市场的成长和整合，信息和通信技术的进步创造出一个正在成长的全球市场，即原来分割型的国家或区域市场正在逐渐演变成一个统一

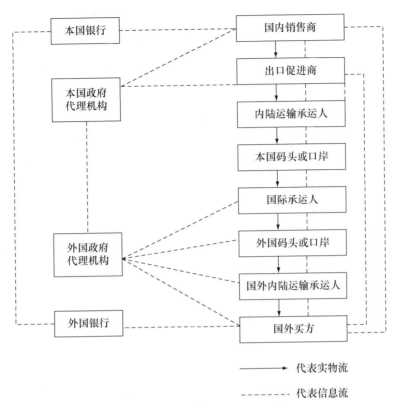

图 12-1 出口商品的物流关系方

的全球市场。

与市场全球化相对应,企业间的竞争也在全球范围内展开,企业在世界市场上的竞争地位决定它在国内市场上的竞争地位已成为一种普遍的现象。一个企业要获得竞争优势,就必须在全球范围内分配利用资源,开展经营活动,这样随着市场的全球化和竞争的全球化,全球跨国企业也应运而生。全球跨国企业为了获得竞争优势和增加赢利,必须在全球范围分配利用资源,协调其生产和流通活动,全球跨国企业最基本的战略是通过采购、制造、流通等方面的规模经济效益减少成本,同时通过开拓新市场和开发现有市场来扩大销售,实现企业的增长和效益的增加。对跨国企业全球物流活动的有效管理必定会成为企业全球经营能否成功的关键因素之一。产品和服务范围的增加,产品生命周期越来越短,全球市场的成长和全球供销渠道大量增加都导致全球物流活动会更加复杂,从而要求企业对全球供应链的物流活动进行管理协调和控制。

国际贸易的模式和复杂性在最近的 20 年中发生了很大的变化,越来越多的出口商采取外包的方式生产其产品,从而能够获得高科技和低成本的优势。如果我们对世界商品贸易结构进行分析,就不难发现,全球的出口商都在搜寻新市场和更低成本的过程中采用了全球性的战略,而这种全球性战略中包括了对传统国际物流的整合和改造。

20 世纪 50 年代后,国际物流主要经历了三个阶段。

第一阶段:从 20 世纪 50 年代至 80 年代初。在这一阶段,物流设施和物流技术得到了极大的发展,建立了配送中心,广泛运用电子计算机进行管理,出现了自动化仓库,一些国家建立了本国的物流标准化体系等。物流系统促进了国际贸易的发展,它已经超出了一国的范围,但国际物流还没有得到人们的重视。

第二阶段:从20世纪80年代初至90年代初,随着经济技术的发展和国际经济往来的日益扩大,物流全球化趋势开始成为世界性的共同问题。美国密歇根州立大学教授唐纳德·鲍尔索克斯认为,进入80年代,美国经济已经失去了兴旺发展的势头,陷入长期衰退的危机之中。因此,必须强调改善国际物流管理,降低产品成本,改善服务,扩大销售,在激烈的国际竞争中获得胜利。与此同时,日本正处在成熟的经济发展期,以贸易立国,要实现与其对外贸易相适应的物流国际化,并采取了建立物流信息网络和加强物流全面质量管理等一系列措施,提高国际物流的效率。这一阶段的国际物流重心局限在美日欧的一些发达国家。

第三阶段:从20世纪90年代初至今,这一阶段国际物流的概念和重要性已为各国政府和外贸部门所普遍接受。贸易伙伴遍布全球,必然要求物流设施国际化、物流技术国际化、物流服务国际化、货物运输国际化包装国际化和流通加工国际化等。世界各国广泛开展国际物流理论和实践方面的大胆探索,并已达成共识:只有广泛开展国际物流合作,才能促进世界经济繁荣。由于物流全球化发展趋势明显,因此,国际物流已经逐渐成为世界各国经济建设普遍关注的问题之一,也成为当今经济竞争中的一个焦点。

二、国际物流的特点

(一)市场广阔、过程复杂

全球约有224个国家和地区,人口约70亿,这样一个范围和人口的市场是任何一个国家或区域市场都不能相比的。由于世界各国在经济发展水平和民族习惯方面的差异,使国际物流要面对多层次、多样化的市场。市场的广阔也代表着国际物流的管理与运作较其他物流形式的管理要复杂得多。

国际物流系统不仅辐射的空间和地域范围大、手续复杂、物流过程长,而且在整个物流过程中涉及的因素多、操作过程难度大、风险强。国际物流标准化不仅可以有效地降低物流过程的复杂性,降低风险,而且对提高物流系统的效益将产生直接的影响。但是国际物流标准的制定与执行难度也非同一般。

(二)物流环境的差异性

各国物流环境的差异是国际物流一个非常显著的特点,尤其是物流软环境的差异:

(1)不同国家和地区的物流适用法律、法规不同,使国际物流的复杂性远远高于一国的国内物流,甚至会因其而阻断国际物流。

(2)不同国家和地区由于经济和技术发展水平的不同会导致各国物流技术的开发和应用也处于不同的条件和环境之下。因此,国际物流难以形成完整的、统一的系统,甚至有些地区根本无法应用某些技术而迫使国际物流系统水平下降。

(3)不同国家和地区使用不同的物流技术标准、不同的物流操作规程,这也造成国际间"接轨"的困难。

(4)不同国家和地区的风俗文化、人文、习俗、语言、环境,无疑也会增加物流的难度和系统的复杂性。

（三）国际物流必须有国际化信息系统的支持

国际化信息系统是国际物流，尤其是国际多式联运的重要支持手段。建立技术先进的信息网络系统已成为发展现代国际物流的关键，国际上的物流中心城市本身就是一个发达的信息枢纽港。在国际物流领域中信息电子化传输不仅极大地便利了贸易，提高了物流速度，而且在强大的国际货运需求面前，增强了对运输方式、路线、时间等的优化选择，提高了商流、物流与资金流的速度。

但是，建立国际化信息系统一是管理困难，二是投资巨大，而且由于世界上有些地区物流信息水平较高，有些地区较低，所以会出现信息化水平失衡，使信息系统的建立更为困难。建立国际物流信息系统一个较好的办法就是与各国海关的公共信息系统联网，以及时掌握有关各个港口、机场和联运线路、站场的实际情况，为供应和销售物流提供决策支持。

（四）国际物流的标准化程度要求更高

国际物流标准化不仅可以有效地降低物流过程的复杂性，降低风险，而且对国际物流的畅通、提高物流系统的效益将产生直接的影响。目前，国际物流系统中主要货运单证的国际通用性已很强，适用法规的国际统一性也非常高，但是，国际物流标准的制定与执行难度非同一般。要使各国物流系统完全接轨，从而提高全球供应链系统效率的目标依然被许多障碍限制，其中需要从根本上解决的技术问题是要建立国际物流标准体系，如国际基础标准、安全标准、卫生标准、环保标准及贸易标准的制定等工作。

（五）国际物流以远洋运输为主，并由多种运输方式组合而成

国际物流运输方式有远洋运输、铁路运输、航空运输、公路运输及由这些运输手段组合而成的国际复合运输方式等。国际运输方式的选择和组合不仅关系到国际物流交货周期的长短，还关系到国际物流总成本的大小。运输方式选择和组合的多样性是国际物流一个显著的特征。海运是国际物流运输中最普遍的方式，特别是远洋运输，它是国际物流的重要手段。谁能提高远洋运输效率，降低远洋运输成本，谁就能在国际物流竞争中占有优势地位。在国际物流活动中，门到门的运输方式越来越受到货主的欢迎，使得能满足这种需求的国际复合运输方式得到快速发展，逐渐成为国际物流中运输的主流。全球复合运输方式的目的是追求整个物流系统的效率化和缩短运输时间。

第二节 国际物流中的通关

通关手续又称为报关手续，是指出口商或进口商向海关申报出口或进口，接受海关的监督与检查，履行海关规定的手续。办完通关手续，经海关同意，货物方可通关放行。

一、口岸

（一）口岸的含义

口岸原指由国家指定的对外通商的沿海港口。现在，口岸已不仅仅是经济贸易往来

（即通商）的商埠，还包括政治、外交、科技、文化、旅游和移民等方面的往来港口。改革开放以来，我国外向型经济由沿海逐步向沿边、沿江和内地辐射，使得口岸也由沿海逐渐向边境、内河和内地城市发展。现在，除了对外开放的沿海港口之外，口岸还包括：国际航线上的飞机场，山脉国境线上对外开放的山口，国际铁路、国际公路上对外开放的火车站、汽车站，国界河流和内河上对外开放的水运港口等。

（二）口岸的分类

口岸可以从不同的角度进行分类，常用的分类方法如下：

1. 按批准开放的权限划分

（1）一类口岸是指由国务院批准开放的口岸，包括中央管理的口岸和由省、自治区、直辖市管理的部分口岸。

（2）二类口岸是指由省级人民政府批准开放并管理的口岸。

2. 按出入国境的交通运输方式划分

（1）港口口岸是指国家在江河湖海沿岸开设的供人员和货物出入国境及船舶往来停靠的通道。它包括港内水域及紧接水域的陆地。港内水域包括进港航道、港池和锚地。

（2）陆地口岸是指国家在陆地上开设的供人员和货物出入国境及陆上交通运输工具停站的通道。陆地口岸包括国（边）境及国家批准内地可以直接办理对外进出口经济贸易业务往来和人员出入境的铁路口岸和公路口岸。

（3）航空口岸又称空港口岸，是指国家在开辟有国际航线的机场上开设的供人员和货物出入国境及航空器起降的通道。

此外，在实际工作中，还经常使用边境口岸、沿海口岸、特区口岸、重点口岸、新开口岸和老口岸等提法。

二、自由港和保税区

（一）自由港

自由港又称为自由口岸、自由贸易区等。无论是自由港或自由贸易区都是划在关境之外，对进出口商品全部或大部分免征关税，并且准许在港内或区内的商品自由储存、展览、拆散、改装、重新包装、整理、加工和制造等业务活动。许多自由贸易区都直接经营转口贸易，因其具有优越的地理位置和各种方便及优惠的条件，所以大量货物都是在流经自由贸易区后投放世界市场的。各国的自由贸易区普遍豁免关税和减免其他税收，还在土地使用、仓库、厂房租金，水电供应，劳动工资等方面采取低收费的优惠政策，这是大量商品、物品聚集于此的重要原因。自由贸易区各种功能的发挥，促进了国际贸易的发展。

许多国家对自由港或自由贸易区的规定很多，但都大同小异，归纳起来主要有三点：

1. 关税方面的规定

对于允许自由进出自由港或自由贸易区的外国商品，不必办理报关手续，免征关税。少数已征收进口税的商品，如烟、油等再出口，可退还进口税。但是，如果港内和区内的外国商品转运入所在国的国内市场上销售，则必须办理报关手续，缴纳进口税。

2. 业务活动的规定

对于允许进入自由港或自由贸易区的外国商品,可以储存、展览、拆散、分类、分级、修理、改装、重新包装、重新贴标签、清洗、整理、加工和制造、销毁、与外国的原材料或所在国的原材料混合、再出口或向所在国国内市场出售。

3. 禁止和特别限制规定

许多国家通常对武器、弹药、爆炸品、毒品和其他危险品及国家专卖如烟草、酒、盐等禁止输入或凭特种进口许可证才能输入;有些国家对少数消费品的进口要征收高关税;有些国家对某些在港内或区内使用的生产资料也应征收关税等。

(二) 保税区

保税区又称保税仓库区。它是海关所设置的或经海关批准注册的,受海关监督的特定地区和仓库。国外商品存入保税区内,可以暂时不缴纳进口税。如再出口,不缴纳出口税,运入区内的货物可以进行储存、改装、分类、混合、展览、加工和制造。

1. 指定保税区

指定保税区是为了在港口或国际机场简便、迅速办理报关手续,为外国货物提供装卸、搬运或暂时储存的场所。指定保税区的主要目的,在于使外国货物简便和迅速地办理报关手续。因此,在该区内储存的商品的期限较短,限制较严,运入的货物不得超过一个月。

2. 保税货棚

保税货棚是指经海关批准、由私人企业设置的用于装卸、搬运和暂时储存进口货物的场所。保税货棚的职能与指定保税区相同,二者区别在于指定保税区是公营的,而保税货棚是私营的。

3. 保税仓库

保税仓库是经海关批准、外国货物可以不办理进口手续和连续长时间储存的场所。保税仓库是为了使货物能在较长时间内储存和暂时不缴纳关税而建立的。在保税仓库内储存货物一般期限为两年,如有特殊需要还可以延长。

4. 保税工厂

它是经海关批准,对外国货物可以进行加工、制造、分类及检修等业务活动的场所。保税工厂和保税仓库都可储存货物,但储存在保税工厂中的货物可作为原材料进行加工和制造。许多厂商广泛地利用保税工厂,对外国材料进行加工制造,以适应市场的需要。外国货物存在保税工厂的期限为两年,如有特殊需要可以延长。如果外国货物需要在保税工厂以外进行加工和制造,必须事先取得海关的批准和在不妨碍海关监督的情况下进行。提交保税工厂以外进行加工和制造的货物,由保税工厂负责。

5. 保税陈列场

它是经海关批准,在一定期限内用于陈列外国货物进行展览的保税场所。这种保税场所通常设在本国政府、外国政府、本国企业组织或外国企业组织等直接举办或资助举办的博览会、展览会和样品陈列所中。

三、海关

（一）海关的宗旨与任务

1. 海关宗旨

海关是国家的进出境监督管理机关,海关代表国家对进出境活动实施监督管理。海关的宗旨是依据《中华人民共和国海关法》(以下简称《海关法》)《中华人民共和国进出口关税条例》(以下简称《关税条例》)等法规、条例的规定,依法对进出境活动实施监督管理,维护国家的主权和利益,促进对外经济贸易和科技文化交往,保障社会主义现代化建设。

2. 海关的主要任务

（1）监督管理。对各类进出口运输工具、所有进出口货物及对所有进出境旅客携带的和通过国际邮寄渠道进出的商品,进行监督管理。

（2）征收关税。包括征收进口关税、出口关税和海关代征的增值税、产品税等其他税费。

（3）查缉走私。打击各种走私违法犯罪活动,维护进出口环节的正常秩序。

（4）编制海关统计。及时、准确地统计国家进出口的数量、品种等数据,为国家经济决策提供参考。

（二）海关对进出境货物的监管

1. 海关监管货物的种类

凡应受海关监管的进出境货物和物品,统称海关监管货物。海关监管货物主要包括:进出口贸易货物;进口保税货物;寄售代销、展销、维修、租赁的进口货物;来料加工,来件装配,来样加工,补偿贸易和合作,合资经营进口的料、件、设备及出口的产成品;过境货物、转运货物、通运货物;进出口展览品、样品、广告品和进口捐赠物资等。

2. 海关监管货物的范围

海关对进口货物的监管自货物进境起,到海关放行止;对出口货物的监管自出口方向海关申报起,到出境止;对加工装配、补偿贸易进口的料、件、设备,生产的产成品,以及寄售代销、租赁、保税货物的监管自货物进境起,到海关办妥核销手续止;对过境货物、转运货物、通运货物的监管自货物进境起到出境止。

3. 海关监管过程

海关监管的基本制度就是通过审单、查验、放行三个基本环节,依照国家规定的政策法令、规章制度,对进出境货物、运输工具和行李物品执行实际监督管理。

（1）审单。进出口的货物,必须由货主或其代理人,向海关申报并交验海关规定的单证。海关在接受申报时,应认真检查单据是否完备、项目是否齐全、填写是否清楚。对于申报的内容,更需要认真审核是否符合有关政策规定。申报要求经过审核后合乎要求,海关方予批准。

（2）查验。查验是审单环节进行单证监管的继续,通过对进出口货物的检查,核实单货,防止非法进出。查验货物一般在码头、车站、机场的仓库、堆场等海关监管场所进行,或者在货物的装卸过程中进行。在特殊情况下,经货主申请,根据需要和可能,也可以到有关公司或生产单位的仓库去查验。

(3) 货物放行。放行货物时必须严肃认真地对全部申报单证、查验记录等进行全面的复核,审查是否符合政策规定,单证、单货是否相符,应税货物是否已纳税款。在一切海关手续完备的前提下,在提单、运单、装货单上,盖海关放行章以示放行。收、发货人据以向港口、民航、车站、邮局办理提取或托运手续。

货物放行后,还需要进行进口载货清单的核销和出口的复核验关等工作。

(三) 关税管理

中华人民共和国准许进出口的货物(除国家另有规定的以外),应当由海关按照《中华人民共和国海关进出口税则》(以下简称《进出口税则》)征收进口税或者出口税。

根据《关税条例》,进口税设普通税率和最低税率。对产自与我国未订有关税互惠条款贸易条约或者协定的国家的进口货物,按照普通税率征税;对产自与我国订有关税互惠条款贸易条约或者协定的国家的进口货物,按照最低税率征税。

进口货物以海关审定的正常成交价格为基础的到岸价格作为完税价格。出口货物应当以海关审定的货物售价与境外的离岸价格,扣除出口税后,作为完税价格。进出口货物的收发货人或者其代理人,应当在海关填发税款缴纳证明次日起7日内(星期日和节假日除外)向指定银行缴纳税款。

关税的减免分为法定减免、特定减免和临时减免。凡按照《海关法》《关税条例》和《进出口税则》的规定给予的关税减免为法定减免。

除征收关税外,海关对进口应税货物根据有关条例规定,代征产品税(或增值税)或工商统一税,进口车辆由海关代征车辆购置附加费。

(四) 查禁走私

查禁走私是海关的三大任务之一。其基本任务是:维护国家对外贸易管理、进出口物品管理和关税管理政策的贯彻实施,制止一切通过口岸或非设关地方非法进出货物、货币、金银及其他物品的行为,打击和制止破坏社会主义经济秩序的走私活动,维护国家利益。

四、商检

商品检验是进出口商品检验机构为了鉴定商品的品质、数量和包装是否符合合同规定的要求,以检查卖方是否按合同履行了交货义务,并在发现卖方所交货物与合同不符时,买方有权拒绝接受货物或提出索赔。

(一) 商品检验的范围

我国进出口商品检验的范围主要包括以下几个方面:

(1) 现行的《商检机构实施检验的进出口商品种类表》所规定的商品。该表是由国家商品检验局根据对外经济贸易发展的需要和进出口商品的实际情况制定的,并不定期地加以调整和公布。

(2)《中华人民共和国食品卫生法(试行)》和《进出境动植物检疫法》所规定的商品。

(3) 船舶和集装箱。

(4) 海运出口的危险品的包装。

(5) 对外贸易合同规定的由商检局实施商品检验的进出口商品。

我国进出口商品实施检验的范围除以上所列之外,根据《中华人民共和国进出口商品检验法》规定,还包括其他法律、行政法规规定需经商检机构或其他检验机构实施检验的进口商品或检验项目。

(二) 商品检验的时间和地点

在对外贸易合同中,关于商品检验的时间和地点有三种不同的规定:

第一种规定是以离岸品质和重量为准。即出口国装运港的商品检验机构在货物装运前对货物的品质、数量及包装进行检验,出具检验合格证书为交货的最后的依据。也就是说,货物到达目的港后,买方无权复验,也无权向卖方提出异议。此规定显然对卖方单方面有利。

第二种规定是以到岸品质和重量为准。即货物的品质、数量及包装由到达目的港的商品检验机构检验,并出具检验合格证书为货物的交接依据。此规定对买方十分有利。

第三种规定是两次检验、两个证明、两份依据。即以装运港的检验证书作为交付货款的依据;在货物到达目的港之后,允许买方公证机构对货物进行复验并出具检验证书作为货物交接的最后的依据。这种做法兼顾了买卖双方的利益,在国际上采用较多。

为使检验顺利进行,预防产生争议,买卖双方应将商品检验的时间和地点在合同条款中具体说明。

(三) 商品检验机构

国际贸易中的商品检验工作,一般是由专业的商品检验部门或检验企业来办理的,它们或称为"公正鉴定人"(authentic surveyor),或称为"宣誓衡量人"(sworn measurer),统称为商检机构或公证行。

从事商品检验的机构主要有:

(1) 官方机构,这是由国家设立的检验机构;

(2) 非官方机构,这是由私人和同业公会、协会等开设的检验机构;

(3) 工厂企业、用货单位设立的化验室、商品检验室。

在我国,从事进出口商品检验的机构,根据《商检法》的规定,是国家设立的商检部门和设在全国各地的商检局。中国进出口商品检验总公司及其设在各地的分公司根据商检局的指定,以第三者的地位办理进出口商品的检验和鉴定工作。

第三节 国际货运输送方式

一、国际集装箱场站管理

(一) 国际集装箱场站

国际集装箱场站是指经国际集装箱堆存、保管、装箱、拆箱、中转、修理和清洗业务的国际集装箱场站。场站经营人必须与国际集装箱班轮公司或船箱代理人签订有关协议,并按照协议的规定,代为妥善保管、按时接收、发放集装箱,并向集装箱班轮公司或船箱代理人提供进场、出场的集装箱及装箱、拆箱和集装箱堆存情况。同时,国际集装箱场站还必须经海关认可。

国际集装箱场站应具备的条件如下:

(1) 场地应设置在交通便利的地点;
(2) 场站地面必须平整并能承受堆存3—4层重箱的压力,具有良好的排水条件;
(3) 场站应有必要的消防设施、足够的照明设施和通道,并且应备有必要的交通和通信设备;
(4) 场地应有围墙、门卫和检查设施;
(5) 场地应有足够的集装箱专用机械设备;
(6) 场地应有计算机管理设备;
(7) 场地应有足够的专业管理人员和操作人员。

(二) 集装箱进出场站管理

1. 集装箱进场

(1) 国际集装箱班轮公司(海上承运人)向场站运送、调出集装箱,必须提前一个工作日通知场站,并及时提供有关业务资料,其中主要包括"出口订仓单"或"出口集装箱预配清单"等;

(2) 集装箱进入场站,必须严格执行设备交接制度,由船箱代理人与场站经营人办理设备交接,并签署"进场设备交接单"。"进场设备交接单"由船箱代理人提供,场站经营人负责填制;

(3) 场站经营人应每日向国际集装箱班轮公司或船箱代理人提供前一天的"集装箱进场(站)日报"。

2. 集装箱的堆存与保管

(1) 集装箱进入场站,场站经营人按双方协议的规定,按不同的国际集装箱班轮公司将它们的重箱、空箱、特种集装箱分别堆放。空箱应按好箱、破损箱、自有箱、租箱分别堆放。

(2) 集装箱进入场站并经双方签署"进场设备交接单"后,场站经营人应对其保管的集装箱及集装箱设备和集装箱货物负责。如有损坏或丢失,应由场站经营人承担责任。

(3) 未经国际集装箱班轮公司或船箱代理人同意,场站经营人不得以任何理由占用、套用、改装和出租其堆存的集装箱,否则应负经济责任。

(4) 场站经营人每日应向集装箱代理人报送"集装箱堆存日报"信息。

3. 集装箱出场

(1) 国际集装箱班轮公司或船箱代理人从场站调出空、重集装箱,除双方协议另有规定外,必须提前一个月通知场站经营人,并提供有关业务资料。

(2) 场站经营人应按船箱代理人的要求按时发放集装箱。

(3) 从场站调出集装箱,必须严格执行设备交接制度。由国际集装箱班轮公司或船箱代理人与场站经营人办理交接,并签署"出场设备交接单"。"出场设备交接单"由船箱代理人提供,场站经营人负责填写。

(4) 场站经营人必须每日向船箱代理人提供前一天的"集装箱出场日报"。

(三)集装箱的装箱与拆箱

1. 集装箱的装箱

(1)场站集装箱装箱,应凭国际集装箱班轮公司或船箱代理人签发的"设备交接单"提取空箱。

(2)在货物装箱前,装箱人应认真检查箱体,对集装箱进行目测检查,对不适合装货的集装箱,不能继续使用,并应及时与船箱代理人取得联系。船箱代理人应继续提供适合装载货物的集装箱,并重新办好设备交接手续。

(3)装箱人应按规定的要求进行装箱积载,如果因为货物装箱不当而在运输、装卸过程中造成集装箱的损坏和其他损失,由装箱人负责。

2. 集装箱的拆箱

(1)场站经营人应按照国际集装箱班轮公司的要求拆箱。拆箱后必须对集装箱进行一般性的清扫,并除去箱体上原有的各种货物标志。其中特别是对装载过危险货物的集装箱,拆箱以后要由船舶代理人清洗或消毒并除去危险货物的标志。

(2)场站经营人应在拆箱和清扫完毕的次日,向集装箱代理人提供"集装箱拆箱日报"。

(3)拆箱和清扫后的空箱,场站经营人应按照国际集装箱班轮公司或其代理人的要求堆存和调运。

3. 集装箱的中转

(1)场站经营人应根据中转箱发送的不同的目的地,按船、按票集中分别堆放,并严格按照国际集装箱班轮公司或船箱代理人的中转计划安排中转。

(2)场站经营人每月应向船箱代理人提供"中转集装箱盘存报告"。

(四)国际集装箱的交接

1. 国际集装箱的交接的单证和交接制度

集装箱及集装箱设备的发放、归还和交接,用箱人或其代理人和船箱代理人应根据"出口订仓单""出口集装箱预备清单""集装箱设备交接单",并依据这些单证所载明的集装箱交付条款,对集装箱进行交接。

2. 国际集装箱的交接的地点

(1)海上承运人与港口交接以船边为界。

(2)经水路集疏运的集装箱,水路承运人与港口交接以船边为界。

(3)经船—船(驳)直取作业的集装箱,水路承运人与港口交接以船边为界。

(4)在国内中转的集装箱,水路承运人与港口交接以船边为界。

(5)经公路集疏运的集装箱,场站经营人与公路承运人代表货主或货运代理人,交接以场站大门为界。

(6)经铁路集疏运的集装箱,交接地点以装卸现场的车皮为界。

3. 国际集装箱交接的责任

(1)采取交接前和交接后各自承担其所管辖的集装箱及集装箱货物的灭失、损坏赔偿责任的原则。

（2）交接前，由交方承担集装箱和集装箱货物的灭失或损坏的赔偿责任。

（3）交接后，由接方承担集装箱和集装箱货物的灭失或损坏的赔偿责任。

（4）如果在交接后180天内，接方能提出证明交接后的集装箱或集装箱货物的灭损或损坏是由交方的原因造成的，则交方按有关规定，负赔偿责任。

4. 国际集装箱的交接标准

（1）重箱交接标准。箱体完好，箱号清晰，封志完整无误；特种集装箱的机械和电器装置运转正常，并符合进出口文件记载的要求。

（2）空箱交接标准。核对箱号是否与"设备交接单"记载相符，并目测检查箱体；对集装箱外部进行检查，检查集装箱外表有无损伤、变形和破口等；对集装箱内部进行检查，检查集装箱内侧六面是否有漏水、水迹、漏光、气味、锈蚀和油污残留物；对集装箱门的检查，检查箱门有无变形，能否270度开启；对特种集装箱空箱的检查，除上述的检查外，还要检查其机械、电器装置有无异常。

（3）交接时异常情况的批注。双方交接时，如发现集装箱有下列情况之一的，都应在"设备交接单"上批注：箱号及装载规范不明、不全和封志破损、脱落、丢失、无法辨认或与进出口文件记载不符；擦伤、破洞和漏光；箱门变形或无法关启；焊缝爆裂；凹损超内端3厘米，凸损超角配件外端面；箱内污染或有虫害；装过有毒有害的货物而未经处理；箱体外贴有前一次危险品标志而未经处理；集装箱附属件损坏或灭失；特种集装箱机械、电器装置异常；集装箱安全铭牌丢失等。

二、陆路输送

陆路输送是指陆地相邻国家，使用铁路和公路完成的进出口货物的物流方式。有时，在多式联运过程中，托运人分别与铁路公司、汽车公司或支线轮船公司签订运输合同中的陆地运输部分，也可称为陆路输送。

（一）国际铁路货物联运

国际铁路货物联运是指在两个或两个以上国家铁路运送中，使用一份运送单据，办理货物的全程运送，在由一国铁路向另一国铁路移交货物时，无须发、收货人参加。

国际铁路货物联运是通过几个国家不间断地运送或不同的运输方式运到目的地，其特点是：涉及面广，车、票、证都必须符合有关规章和规定，办理手续也较复杂。国际铁路货物联运是在国际上通过有关国家之间的协商，订立国际铁路货物联运协定或协议，使得相关国家在货物运输组织上相互衔接，为国际贸易货物的交流提供了一种便捷的运输方式。

（二）国际公路货物运输

国际公路货物运输是指国际货物借助一定的运载工具，沿着公路跨及两个或两个以上国家或地区的移动过程。

（三）大陆桥运输

大陆桥运输是指"用横贯大陆的铁路或公路作为中间桥梁，将大陆两端的海洋运输连接起来的连贯运输方式"（GB/T 18354-2006）。

大陆桥运输多采用集装箱专用列车,使集装箱船和专用列车结合起来,达到运输迅速和降低物流成本的目的。

西伯利亚大陆桥(Siberian Land Bridge)把太平洋远东地区与前苏联波罗的海、黑海沿岸及西欧大西洋沿岸连接起来,是世界上最长的大陆桥。目前,这条大陆桥运输路线的西端已从英国延伸到了包括西欧、中欧、东欧、南欧、北欧的整个欧洲大陆和伊朗、中东各国,其东端也不只是到日本,而发展到了韩国、菲律宾、中国内地和香港、台湾等地区。

迄今,经过西伯利亚往返于欧亚之间的大陆桥运输路线主要有三种形式。

(1) 铁/铁路线。由日本、中国香港等地用船把货箱运至俄罗斯的纳霍德卡和东方港,再用火车经西伯利亚铁路运至白俄罗斯西部边境站,然后继续运至欧洲和伊朗或相反方向。

(2) 铁/海路线。由日本等地把货箱运至俄罗斯纳霍德卡和东方港,再经西伯利亚铁路运至波罗的海的圣彼得堡、里加、塔林和黑海的日丹诺夫、伊里切夫斯克,再装船运至北欧、西欧、巴尔干地区港口交收货人。

(3) 铁/卡路线。由日本等地把货箱装船运至俄罗斯纳霍德卡和东方港,经西伯利亚铁路运至白俄罗斯西部边境站布列斯特附近的维索科里多夫斯克,再用卡车把货箱运至德国、瑞士、奥地利等国。

新亚欧大陆桥东起中国连云港,经陇海线、兰新线接北疆铁路,出阿拉山口,最终抵达荷兰鹿特丹,全长10 800公里。途经中国、哈萨克斯坦、俄罗斯、白俄罗斯、波兰、德国、荷兰等7国,辐射30多个国家和地区。新亚欧大陆桥于1992年12月正式投入营运,为亚欧联运提供了一条便捷、快速和可靠的运输通道,能更好地促进世界经济与技术的交流与合作。

小陆桥运输比大陆桥的海/陆/海运输缩短了一段海上运输,成为海/陆或陆/海形式。美国小陆桥(U.S. min-land bridge)运输将远东至美国东部大西洋沿岸或美国南部墨西哥湾沿岸的货物,可由远东装船运至美国西海岸,转装铁路(公路)专列运至东部大西洋或南部墨西哥湾沿岸,然后换装内陆运输运至目的地。

微型陆桥运输比小陆桥更缩短了一段运输距离,它只用了部分陆桥,故又称半陆桥(semi-land bridge)运输。如美国微型陆桥(U.S. micro-land bridge)将远东至美国内陆城市的货物装船运至美国西部太平洋沿岸,换装铁路(公路)集装箱专列可直接运至美国内陆城市。

三、国际航空货物运输

(一) 国际航空货物运输的经营方式

1. 班机运输方式

班机运输方式是指在固定的航线上定期航行的航班。这种航班固定始发站、目的地和途经站。

2. 包机运输方式

当货物批量较大,班机不能满足需要时,一般就采用包机运输。

包机运输分为整机包机和部分包机。整机包机是指航空公司和包机代理公司,按与租机人双方事先约定的条件和运价,将整架飞机租给租机人,从一个或几个航空站装运货物至指定目的地的运输方式。部分包机可能是几十家航空货物运输代理人(或发货人)联合包租一架飞机,或者由包机公司把一架飞机的舱位分别卖给几家航空货物代理公司。

(二) 国际航空货物运输的组织方法

1. 集中托运方式

集中托运方式是指航空货物代理公司把若干批单独发运的货物组成一整批,向航空公司办理托运,采用一份总运单集中发运到同一到站,或者运到某一预定的到站,由航空货物代理公司到目的地指定代理收货,然后再报关并分拨给各实际收货人的运输方式。这种集中托运方式在国际航空运输业中开展得比较普遍,也是国际航空货运代理的主要业务之一。

2. 联合运输方式

联合运输方式是包括空运在内的两种以上运输方式的联合运输。具体的做法有陆空运输、陆空陆联运等。

四、国际航运(海上货物运输)

在国际物流中,航运货物在物流量中占的比重最大,因而国际航运被认为是国际物流中最主要的输送方式。

(一) 国际航运的主要特点

国际航运如同航运一样,除具有其他运输方式所具备的投资小、成本低、能耗少、运量大、运输范围广、运输距离长等特点外,国际航运比国内航运还具备以下特征:

1. 运输风险大

国际航运的船舶长时期在海上航行,靠泊的港口主要在国外。自然灾害、战争、罢工、封锁等原因,以及船长、船员的疏忽和过失都会给船舶和货物带来严重的损害。由于海运单船运量大,一旦发生事故,损失十分严重。因此,在国际航运业中逐渐形成一系列比较特殊的制度。如共同海损制度、海上保险制度、承运人责任限制制度和船舶所有人责任限制制度等,都是为适应运输风险大的特点而制定的。

2. 国际性

国际航运的国际性主要体现在:

(1) 对国际航运市场的依赖性。从事国际航运的船舶除了承担本国进出口货物的运输外,为了更充分地利用船舶运力,取得更好的经济效益,还需要进入国际航运市场,积极开展第三国运输。

(2) 主要货运单证的国际通用性。国际航运的货运单证种类繁多。国际航运船舶往来于不同国家的港口之间,单证的内容和编制方法必须适应国际公约和国际惯例的要求,使之能为各关系方承认和接受。

(3) 适用法规的国际统一性。国际航运发生事故涉讼各方可能分属不同国籍,涉讼地点也会发生在不同国家,在处理这些问题时,就出现了适用哪一个国家法律的问题。为此,国际上谋求制定一系列能为各国所接受并共同遵守的国际公约,有关国家批准该系列公约后,再相应进行国内立法,以求得国际的统一。

3. 非贸易创汇

国际航运业是非贸易创汇的重要源泉,各航运国家均在为本国船队能多承揽国际运输货物而竞争。在世界航运市场争夺货源的斗争中,逐渐形成了国际惯例。

(二) 国际航运商务构架

(1) 商品出售者和购买者之间的购销合同。

(2) 商品经适当包装后成为货物。

(3) 运输合同。

(4) 货物拥有者的凭证。

(5) 货款和运费等费用的支付。

就运输领域来说,购销合同条款中最重要的是要确定谁是负责运输的责任方:是商品出售者,还是购买者？最常见的方式有:

CIF(cost insurance and freight):售价中包括商品的价格、保险费用、航运费用和与航运有关的装卸费用。这样,出售者是负责运输的责任方,是托运人。

FOB(free on board):售价中不包括运输,但负责装运上船。购买者负责航运和到达地的陆路运输,在这种方式中,购买者是托运人。

购销合同条款中的另一个重要内容是费用包括的项目和支付的方式。

(三) 商品与货物

1. 海运商品分类

海运商品可按价值、物理形态和包装式样来分类。

(1) 商品的价值。商品价值通常以单位重量的货币金额表示。海运费率的一条重要原则是,高价值商品的运费率要高于低价值商品的运费率。这是因为,高价值商品对运费的承受能力比低价值商品的大;高价值商品需要专门的装卸、保管和快速的发运,装卸高价值商品所花的成本比低价值商品的高。

(2) 物理形态。商品的物理形态显著地影响着商品的包装式样和储存、装卸、运输方式。气态和液态商品可以装在集装箱内或桶内,也可以不用包装而用管道和专门的船舶运输。气态商品通常是低温液化后装到特殊的船舶上,同时还需要有专门的码头和装卸设备配合。固体类商品有的需要包装,有的不需包装(如矿石),有的需要冷冻(如肉类),有的需要冷藏(如水果),有的需要快速运输(如花卉),有的需要通风(谷物),有的要防自燃(煤炭)。凡此种种都对储藏、装卸和运输方式有不同的要求。

2. 商品转化为货物

(1) 货物的运输形态。托运人在将商品转化为货物时,要关注的是货物的运输形态。货物的运输形态可分为散件货、成组货、集装箱货、散货、液体货、浆状货等。同一种商品可以呈现不同的运输形态(如小麦),可以是袋装的散件货,也可以是袋装的成组货,还可以是无包装的散货。煤炭和矿粉可以是散货,也可以用水混合成为浆状货。

(2) 货物的包装和标记。托运人将属于件杂货的商品转化为货物时需要对商品进行包装。包装的货物必须按照规定的标准进行。没有统一规定包装标准的,应在保证运输安全和货物质量的原则下进行包装。需要随附备用包装的,应提供备用包装。

包装上应正确绘制货物运输标志和指示标志。标志应包括装卸货指示标志、危险品货物标志等。

(四) 国际航运系统

1. 国际航运系统

一个完整的国际航运系统通常包括五个组成部分。

(1) 本国港口的集疏运输,包括公路运输、铁路运输、内河运输、沿海运输。在某些情况下还包括管道运输。

(2) 本国港口的有关设施,如码头、拖轮、仓库、货场、货物装卸设备等。

(3) 远洋运输船舶。货物在本国港口装上远洋运输船舶,其中包括本国船舶和悬挂国旗的船舶。

(4) 外国卸(装)货港口的有关设施。

(5) 外国港口的集疏运输。

2. 港口作业

港口是国际航运中的主要物流设施。就港口的运输功能,港口的主要任务是要完成货物在远洋运输船舶与其他运输方式之间的换装。为了实现换装,货物通常要在港口和库场进行保管。

港口的工作对象包括货物和船舶两个方面:货物方面,港口要进行货物在库场的收发、保管、整理和在码头的装卸及在船舱内的堆码;船舶方面,港口要提供引航、拖轮、修理、供水、供燃料、供应生活用品等服务。除此之外,国家机构,如海关、边防、卫生检验、港务监督、商品检验的工作及理货公司的工作等也都要在港口完成。

▶ 课外阅读

新丝绸之路经济带

站在欧亚大陆东端、太平洋西岸朝东西张望,有一大战略历史性地将张骞曾经出使过的西域和郑和造访过的西洋雄心勃勃地联系在了一起,这就是"丝绸之路经济带"和"21世纪海上丝绸之路",亦称为"一带一路"。"一带一路"是2014年中央经济工作会议提出的区域经济发展倡议。"一带一路"沿线大多是新兴经济体和发展中国家,总人口约44亿,经济总量约21万亿美元,分别约占全球的63%和29%。

1997年4月,国际道路联盟提出复兴丝绸之路的倡议。古丝绸之路起源于中国,是中华民族对世界文明的巨大贡献。它东起中国古都长安(今西安),在中国境内有4 000多公里;西到印度、伊朗等国及地中海东岸,并可直达古罗马,总长达7 000多公里。它是沟通古代东、西方之间经济、文化交流的重要桥梁,把古代的中华文化、印度文化、波斯文化、阿拉伯文化和古希腊、古罗马文化连接了起来,对促进东西方文明之间的交流发挥了极其重要的作用。

21世纪以来,中央先后部署了"西部大开发""中部崛起"等重大战略,西部地区建设的步伐明显加快,丝绸之路复兴的前景日渐光明。

2013年9月7日上午,中国国家主席习近平在哈萨克斯坦纳扎尔巴耶夫大学作重要演讲,提出共同建设"丝绸之路经济带"。习近平主席完整阐述了新丝绸之路经济带的构想,这一构想既与古老的丝绸之路一脉相承,又充分体现了时代特点。

2013年10月3日上午,习近平在印度尼西亚国会发表重要演讲时强调中国愿同东盟国家共建21世纪"海上丝绸之路"。

2013年11月12日,十八届三中全会《中共中央关于全面深化改革若干重大问题的决定》提出,加快同周边国家和区域基础设施互联互通建设,推进"丝绸之路经济带"和"海上丝绸之路"建设,形成全方位开放新格局。

2014年索契冬奥会期间,习近平主席和普京总统就俄罗斯跨欧亚铁路与"丝绸之路经济带"和"海上丝绸之路"的对接问题达成了战略共识。

新丝绸之路经济带,是在古丝绸之路概念基础上形成的一个新的经济发展区域,包括:西北五省区(陕西、甘肃、青海、宁夏、新疆)和西南四省区市(重庆、四川、云南、广西)。新丝绸之路经济带,东边牵着亚太经济圈,西边系着发达的欧洲经济圈,被认为是"世界上最长、最具有发展潜力的经济大走廊"。

陆上"丝绸之路经济带"东端连着充满活力的亚太地区,中间串着资源丰富的中亚地区,西边通往欧洲发达经济体;"海上丝绸之路"将中国和东南亚国家临海港口城市串起来,通过海上互联互通、港口城市合作机制及海洋经济合作等途径,最终形成海上"丝绸之路经济带",不仅造福中国与东盟,而且能够辐射南亚和中东。

"渝新欧"国际物流通道利用南线欧亚大陆桥这条国际铁路通道,从重庆出发,经西安、兰州、乌鲁木齐,向西过北疆铁路,到达边境口岸阿拉山口,进入哈萨克斯坦,再经俄罗斯、白俄罗斯、波兰,至德国的杜伊斯堡,全长11 179公里。这是一条由沿途6个国家的铁路、海关部门共同协调建立的铁路运输通道。

2014年9月22日,中国商务部发布的《关于促进商贸物流发展的实施意见》中指出,"以'丝绸之路经济带'和'海上丝绸之路'沿线区域物流合作为重点,在'一带一路'国内外沿线主要交通节点和港口建设一批物流中心。积极开展务实、高效的国际区域物流合作,推进国际物流大通道建设。支持建设商贸物流型境外经济贸易合作区,鼓励有条件的商贸物流企业'走出去'和开展全球业务。"

(资料来源:作者依据材料整理而成。)

思考题

名词解释

国际物流	保税区	指定保税区	保税货棚
保税仓库	保税工厂	保税陈列场	商品检验
国际铁路货物联运	大陆桥运输	CIF	FOB

问答题

1. 谈谈你对物流全球化的认识。
2. 简述国际物流的特点。

3. 国际物流经营方面有哪些新趋势?
4. 何为口岸?口岸是怎样分类的?
5. 何为自由港?有关对自由港的规定主要有哪些?
6. 海关对进出境货物是如何实现监管的?
7. 在对外贸易合同中,商品检验的范围和商品检验的时间和地点是如何规定的?
8. 国际集装箱场站应具备哪些条件?
9. 集装箱进场、堆存与保管和集装箱出场都有哪些业务活动?
10. 国际集装箱的交接责任和交接标准是如何规定的?
11. 谈谈国际航运的主要特点。
12. 简述国际航运商务构架。

第十三章

绿色物流

学习目的

  深刻理解绿色物流的丰富内涵和广泛外延,凡是以降低物流过程的生态环境影响为目的的一切手段、方法和过程都属于绿色物流的范畴。

技能要求

  掌握绿色物流的概念,认识绿色物流的特征;了解逆向物流的概念、特点和流程;认识废旧物资物流的形成、形式和特征;深刻认识运输与环保的关系,以及城市汽车运输对环境的污染;了解我国交通运输的节能减排方面的措施。

  绿色物流(green logistics)是一种融合了环境保护观念的物流决策模式,是连接绿色制造和绿色消费之间的纽带,也是企业降低资源消耗和能源消耗、减少污染、提高竞争优势的一项具有长远利益的"战略武器"。

第一节　绿色物流的内涵

一、绿色物流的概念

20世纪90年代，全球兴起了"绿色浪潮"。以可持续发展为目标的"绿色"革命，正成为各国政府、企业和公众广为关注和共同追求的事业。各种冠以绿色的名词层出不穷，如绿色产品、绿色消费、绿色设计与绿色制造、绿色流通等。绿色物流正是这种绿色化运动向物流领域的渗透。

绿色物流是指在物流过程中抑制物流对环境造成危害的同时，实现对物流环境的净化，使物流资源得到最充分的利用。为了实现可持续发展战略，环境共生型的物流就是要形成一种能促进经济发展和人类健康发展的物流系统，即向绿色的物流、循环型物流转变。

绿色物流实际上是一个内涵丰富、外延广泛的概念，凡是以降低物流过程的生态环境影响为目的的一切手段、方法和过程都属于绿色物流的范畴。

二、绿色物流的内涵

1. 绿色物流的最终目标是可持续发展

一般的物流活动主要是为了实现企业的盈利、满足客户需求、扩大市场占有率等，这些目标最终均是为了实现某一主体的经济利益。而绿色物流的目标是在上述经济利益的目标之外，还追求节约资源、保护环境这一既具经济属性又具有社会属性的目标。尽管从宏观角度和长远的利益看，节约资源、保护环境与经济利益的目标是一致的，但对某一特定时期、某一特定的经济主体却是矛盾的。按照绿色物流的最终目标，企业无论在战略管理还是战术管理中，都必须从促进经济可持续发展这个基本原则出发，在创造商品的时间效益和空间效益以满足消费者需求的同时，注重按生态环境的要求，保持自然生态平衡和保护自然资源，为子孙后代留下生存和发展的空间。实际上，绿色物流是可持续发展原则与现代物流理念相结合的一种现代物流观念。

2. 绿色物流的活动范围涵盖产品的整个生命周期

产品在从原料获取到使用消费，直至报废的整个生命周期，都会对环境有影响。绿色物流既包括对从原材料的获取、产品生产、包装、运输、分销，直至送达最终用户手中的前向物流过程的绿色化，也包括对退货品和废物回收逆向物流过程的生态管理与规划。因此，其活动范围包括了产品从生产到报废处置的整个生命周期。

生命周期不同阶段的物流活动不同，其绿色化方法也不相同。从生命周期的不同阶段看，绿色物流活动分别表现为绿色供应物流、绿色生产物流、绿色分销物流、废弃物物流和逆向物流；从物流活动的作业环节来看，一般包括绿色运输、绿色包装、绿色流通加工、绿色仓储等。

3. 绿色物流的理论基础包括可持续发展理论、生态经济学理论、生态伦理学和循环经济理论

第一，物流过程不可避免地要消耗资源和能源，产生环境污染，要实现长期、持续地发

展,就必须采取各种措施,形成物流环境之间共生发展模式。

第二,物流系统既是经济系统的一个子系统,又通过物料流动建立起了与生态系统之间的联系和相互作用。绿色物流正是通过经济目标和环境目标之间的平衡,实现生态与经济的协调发展。

第三,生态伦理学告诉我们,不能一味地追求眼前的经济利益而过度消耗地球资源,破坏子孙后代的生存环境,绿色物流及其管理战略将使人们对物流中的环境问题进行反思和控制。

第四,以物质闭环流动、资源循环利用为特征的循环经济,是按照自然生态系统物质循环和能量流动规律构建的经济系统,其宗旨就是提高环境资源的配置效率,降低最终废物排放量。绿色物流要实现对前向物流过程和逆向物流过程的环境管理,也必须以物料循环利用、循环流动为手段,提高资源利用效率,减少污染物排放。

4. 绿色物流的行为主体包括公众、政府及供应链上的全体成员

产品从原料供应,生产过程,产品的包装、运输及完成使用价值而成为废弃物后,即在产品生命周期的每一阶段,都存在着环境问题。专业物流企业对运输、包装、仓储等物流作业环节的绿色化负有责任和义务。处于供应链上的制造企业,既要保证产品及其包装的环保性,还应该与供应链的上下游企业、物流企业协同起来,从节约资源、保护环境的目标出发,改变传统的物流体制,实现绿色产品与绿色消费之间的连接,制定绿色物流战略和策略。此外,各级政府和物流行政主管,在推广和实施绿色物流战略中具有不可替代的作用。

由于物流的跨地区和跨行业特性,绿色物流的实施不是仅靠某个企业或在某个地区就能完成的,也不是仅靠企业的道德和责任就能主动实现的,它需要政府的法规约束和政策支持。例如,对环境污染指标的限制、对包装废弃物的限制、对物料循环利用率的规定等,都有利于企业主动实施绿色物流战略,最终在整个经济社会建立起包括生产商、批发商、零售商和消费者在内的循环物流系统。

公众是环境污染的最终受害者。公众的环保意识能促进绿色物流战略的实施,并对绿色物流的实施起到监督作用。因而,也是绿色物流不可缺少的行为主体。

三、绿色物流的特征

绿色物流除了具有一般物流所具有的特征外,还具有学科交叉性、多目标性、多层次性、时域性和地域性等特征。

1. 学科交叉性

绿色物流是物流管理与环境科学、生态经济学的交叉。由于环境问题的日益突出及物流活动与环境之间的密切关系,在研究社会物流和企业物流时必须考虑环境问题和资源问题。由于生态系统与经济系统之间的相互作用和相互影响,生态系统也必然会对物流这个经济系统的子系统产生作用和影响。因此,必须结合环境科学和生态经济学的理论、方法进行系统的管理、控制和决策,这也正是绿色物流的研究方法。学科的交叉性使得绿色物流的研究方法非常复杂,研究内容十分广泛。

2. 多目标性

绿色物流的多目标性体现在企业的物流活动要顺应可持续发展的战略目标要求,注重对生态环境的保护和对资源的节约,注重经济与生态的协调发展,即追求企业经济效益、消费者利益、社会效益与生态环境效益四个目标的统一。系统论观念告诉我们,绿色物流的多目标之间通常是相互矛盾、相互制约的,一个目标的增长将以另一个或几个目标的下降为代价,如何取得多目标之间的平衡,这正是绿色物流要解决的问题。从可持续发展理论的观念看,生态环境效益保证将是前三者效益得以持久保证的关键所在。

3. 多层次性

绿色物流的多层次性体现在三个方面:

(1)从对绿色物流的管理和控制主体看,可分为社会决策层、企业管理层和作业管理层三个层次的绿色物流活动,也可以说是绿色物流的宏观层、中观层和微观层。其中,社会决策层的主要职能是通过相关政策和法规的手段传播绿色理念,约束和指导企业物流战略;企业管理层的任务则是从战略高度,与供应链上的其他企业协同,共同规划和管理企业的绿色物流系统,建立有利于资源再利用的循环物流系统;作业管理层主要是指物流作业环节的绿色化,如运输的绿色化、包装的绿色化、流通加工的绿色化等。

(2)从系统的观点看,绿色物流系统是由多个单元(或子系统)构成的,如绿色运输子系统、绿色仓储子系统、绿色包装子系统等。这些子系统又可按空间或时间特性划分成更低层次的子系统,即每个子系统都具有层次结构。不同层次的物流子系统通过相互作用构成一个有机整体,实现绿色物流系统的整体目标。

(3)绿色物流系统还是另一个更大系统的子系统,这个更大的系统就是绿色物流系统赖以生存发展的外部环境。这个环境包括了促进经济绿色化的法律法规、人口环境、政治环境、文化环境、资源条件、环境资源政策等方面,它们对绿色物流的实施将起到约束作用或推动作用。

4. 时域性和地域性

绿色物流的地域性体现在两个方面:一是由于经济的全球化和信息化,物流活动形成跨地区、跨国界的发展趋势,相应对物流活动绿色化的管理也具有跨地区、跨国界的特性;二是指绿色物流管理策略的实施需要供应链上所有企业的参与和响应,这些企业很可能分布在不同的城市,甚至不同的国家。例如,欧洲有些国家为了更好地实施绿色物流战略,对于托盘的标准、汽车尾气的排放标准、汽车燃料的类型等都进行了规定,其他欧洲国家对不符合标准要求的货运车辆将不允许其进入本国。跨地域、跨时域的特性也说明了绿色物流系统是一个动态的系统。

第二节 逆向物流与回收物流

一、逆向物流

逆向物流又称反向物流,指"物品从供应链下游向上游的运动所引发的物流活动"(GB/T 18354-2006)。

（一）逆向物流的主要表现

1. 退货

退货形成的原因很多，主要有：

（1）产品使用期过期造成的退货。

（2）产品不合格导致的退货。由于目前的生产系统还不能保证100%的产品合格率，因此大规模的生产也会带来次品数量的增加。

（3）产品运输不合理形成的退货。这是由于运输系统的不完善，在运输过程中可能造成产品被盗、缺件、功能受损或包装受损导致客户不满意而形成的退货。

（4）订单处理疏忽造成产品的重复运输、错误运输所形成的退货。

（5）由于产品有危害导致客户不满意的退货。

（6）无理由的退货等。

2. 产品召回

产品创新是许多企业追求的目标，但创新产品生产体系和生产工艺的不成熟，增加了产品缺陷的风险。世界上许多大型企业如IBM、英特尔、福特等都有过产品召回的历史。随着产品召回制度的形成，产品召回的次数和数量呈增长趋势。产品召回的过程亦是逆向物流产生形成的过程。

3. 废旧产品回收

随着社会环保意识的不断加强，废旧产品的回收处理、再利用受到社会的普遍重视。

（二）逆向物流的特点

1. 逆返性

逆返性即产品或报废产品通过逆向物流渠道从消费者流向经销商或生产商。

逆向物流中退回的产品或报废产品的流动与正常的商品流的方向刚好相反。逆向物流更加趋向于反应性的行为与活动，其中实物和信息的流动基本都是由供应链尾端的成员或最终消费者引起的，即消费者→中间商→制造商→供应商。图13-1为一个逆向物流图，从中我们可以更清楚地看到逆向物流的逆向性。

2. 依赖性

逆向物流的依赖性源于正向物流和逆向物流是循环物流系统的两个子系统。逆向物流是在正向物流运作过程中产生和形成的，没有正向物流，就没有逆向物流；逆向物流的流量、流向、流速等特性是由正向物流属性决定的。如果正向物流利用效率高、损耗小，则必然逆向物流流量小、成本低，反之则流量大、成本高。此外，正向物流与逆向物流在一定条件下可以相互转化。正向物流管理不善、技术不完备就会转化成逆向物流；逆向物流经过再处理、再加工、改善管理方法制度，又会转化成正向物流，被生产者和消费者再利用。

3. 价值性

逆向物流中的产品所涉及的成本内容广泛，而且由于产品"返回"的原因各不相同，对于各种产品的价格与成本的核算标准也就不尽相同。对于部分产品，在逆向渠道中还要进行适当的处理之后才能够再次出售，这就会生成一部分的附加成本。

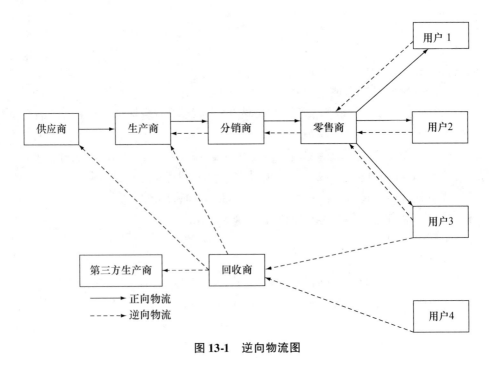

图 13-1　逆向物流图

对于退货和召回产品,具有价值递减性,即产品从消费者流向经销商或生产商,其中产生的一系列运输、仓储、处理等费用都会冲减回流产品的价值。

对于已报废产品,具有价值递增性,即报废产品对于消费者而言没有什么价值,随着逆向回流,报废产品在生产商终端可以实现价值再造。

4. 不可控性

这里指的不可控并不是绝对的不可控,而是个相对的概念。在逆向物流的流程运行过程中,客户处于主动地位,企业处于对客户需要的响应地位。因此,客户发出退货要求的地点、时间和数量都是企业预先未知的,而且企业经常是非经济批量回收,甚至是单件产品回收。

(三) 逆向物流流程

逆向物流从消费者流向生产商的过程可以分为三级:第一级是零售商,第二级是配送中心,第三级是生产商。逆向物流的业务流程主要体现为回收、检验、分类、处理四个过程。

1. 回收

回收分为内部回收和外部回收,前者主要指报废零部件及边角材料的回收;后者主要指退货、召回产品、报废产品回收。

2. 检验

各级节点对于流经该节点的逆向物流要做检验,以控制逆向物流的不合理形成。如零售商通过检验退货,控制客户的无理由退货;配送中心通过检验,决定产品是否再分销。

3. 分类

在每个检验的过程中,都需要分类,确定产品回流的原因,以便对流经该级节点的逆向物流进行分流处理。

4. 处理

对流经各级节点的逆向物流,经各级节点分类后,先由自身节点处理,对不能处理的向下一级节点转移,由下一级节点处理,直到生产商终端。零售商对逆向物流中的可再销售产品继续转销,对无法再销售产品交由配送中心处理;配送中心对可再分销产品继续分销,无法销售产品转移到生产商处理;生产商对可维修产品进行维修,然后再销售,对不可维修产品、回收报废产品及零部件、生产中的报废零部件及边角材料,通过分拆、整理重新进入原料供应系统;对召回产品通过分拆,进行更换零部件或技术改造等补救措施,重塑产品价值;对于产品包装物,以及分解后的不可再利用部件,要采取填埋、机械处理等环保方式处理。

从以上分析可以看出,供应链的各个节点都会涉及逆向物流业务。因此,企业应该成立专门的逆向物流管理部门,管理逆向物流过程中产生的资金流、信息流、实物流,并通过与正常的供应链系统共享信息,协调供应链各节点的逆向物流业务,减少与供应链业务的冲突。

二、废旧物资物流

(一) 废旧物资

1. 生产过程中产生的废旧物资

生产过程中产生的废旧物资包括:

(1) 生产企业的工艺性废料。这是指生产企业在生产产品的工艺过程中产生的废料,如金属轧钢生产过程中产生的切头、切尾、汤道、钢渣、炉底等废弃物;采矿生产中剥离的废料、尾矿排泄物;金属加工工业的废屑、边角余料等。

(2) 生产过程中产生的废品。生产过程中产生的废品并非工艺本身的必然产物,但无论是成品、半成品和各种中间产品等都有一定数量的废品产生。

(3) 生产中损坏和报废的机械设备。机械设备的损坏多数是生产过程中各种不同的事故造成的。而机械设备的报废则是设备经过长期使用,磨损到极限后必须更新而退出生产。

(4) 生产维修后更换下来的各种废旧零件和废旧材料。

(5) 原材料和设备的各种包装物。

2. 流通过程中产生的废旧物资

在流通过程中也会出现不少废旧物资,如:

(1) 由于装卸、运输、储存等不慎,物资被摔坏、压坏、震坏等产生的废旧物资。

(2) 在保管过程中由于保管不善或储存时间过长而丧失或部分丧失使用价值的物资。

(3) 在流通领域使用的设备、工具,因长期使用而报废和损坏的废旧设备和工具等。

(4) 各种原材料及机电设备的各种包装物。

(5) 各种维修活动产生的废旧物资等。

3. 生活消费中产生的废旧物资

在人们生活中,每天都会产生各种各样的废旧物资。生活消费产生的废旧物资可以分为以下几类：

(1) 生活消费品的各种包装物，如各种纸、塑料、玻璃、铁制品等；

(2) 家用设备的更新、损坏而产生的废旧物资；

(3) 文化、娱乐产生的废旧物资，如报纸、杂志、唱片等。

4. 由于精神磨损而产生的废旧物资

精神磨损也称为无形磨损，它是指由于劳动生产率的提高、科学技术的进步而造成某些物资(设备)不经济的现象。当今是一个科学技术飞速发展的时代，新技术转化为新产品的时间不断缩短，受精神磨损而被淘汰的产品也越来越多。应当指出，由于精神磨损而淘汰的物资的使用价值一般是没有失去的。因此，受精神磨损的物资是否可称为废旧物资是有一定限度的，当某种物资在较大范围内没有了使用价值时，便可称为废旧物资。

即使是完全丧失了原有使用价值的物资，尤其是设备，也不可认为是完全废弃的物资。这是因为使用价值的理想角度不同的缘故。例如，一台机床在其不能正常运转、切削功能完全失去的情况下，可以认定为完全报废。但是，作为机床实体本身也许还存在不少的使用价值，如机床的电机仍能担负电能转变为机械能的工作，机床的钢制骨架还可作为冶炼的材料等。从上述例子中可以看到，使用价值的理想角度不同，物资丧失使用价值的程度亦不同。废旧物资这种潜存使用价值的特性，正是废旧物资回收的原因。物流循环过程如图13-2所示：

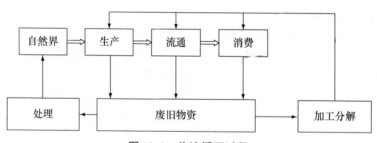

图 13-2 物流循环过程

(二) 废旧物资的使用价值分析

废旧物资的使用价值是与科学技术和人们的能力紧密相连的。某种废旧物资，在一定时期的科学技术基础上，可能成为完全丧失了使用价值的"废物"。但当科学技术的进步使其重新使用成为可能，当人们认识到它潜存的使用价值时，废旧物资就成为一种新的资源了。

1. 废旧物资残存着原物资的使用价值

物资的使用价值在使用过程中有两种情况：一是原有物资经使用失去原来的化学形态，而形成了新的物资，如木柴、石油等燃烧产生热能后，木柴化为灰烬，石油化为乌有。二是部分和大部分使用价值丧失，但尚有小部分使用价值得以残存。

2. 物资在某一方面的使用价值丧失，但其废旧物资在另一方面的使用价值尚存

这种情况主要表现为废旧物资与原物资没有发生本质的变化，即可按其原来的属性发挥其效用。如金属材料、麻、布等物资的边角余料，在原使用方向可能规格、尺寸、形状等都不能满足要求，但在另一个使用方向上其使用价值可充分发挥。

3. 废旧物资经简单加工或不经加工就可恢复其使用价值

对于一些经回收的废旧物资,在既不改变使用方向,也不减少其使用价值的情况下,就可重新投入使用。如回收的包装箱,如其质量完好、清洁,即可重新投入使用;又如回收的酒瓶、酸罐等,只要简单加工清洗,就可重新发挥其原有的效能。

4. 废旧物资经深加工,可恢复其原始的形态和原有的使用价值

废旧物资的深加工是相对简单加工和浅加工而言,它通常采用物理的、化学的方法,使回收的废旧物资恢复到最初的原始形态。如从电子器件触点中提炼回收金,从洗相废液中提取白银等。被重新提取的金、银可在原使用方向或新使用方向发挥其原有的使用价值。

(三) 废旧物回收物流

当物资失去或部分失去了原有的使用价值以后,为了发挥其潜存使用价值的效能,将其回收,再经加工或完全不加工重新投入使用。废旧物资的这一实物运动过程就形成了废旧物回收物流。

1. 废旧物回收物流的形式

根据废旧物回收物流形成的特点,废旧物回收物流可分为三种不同的形式。

(1) 以生产领域为始点的废旧物回收物流。在产品的生产过程中,各个生产环节都有可能出现产品的报废、不合格等情况。这一现象一旦确定,某种废旧物资的流通便开始了。

下面以机械制造业的基本生产过程为例,分析从生产领域为始点的废旧物资流过程。机械制造业的基本生产过程大体可分为毛坯制造、机械加工、装配三个过程。三者之间依靠运转、搬运被连成一个整体(如图13-3所示)。在每一个基本生产过程中都包含有若干道工序,如毛坯制造包括有铸造、毛坯加工等;机械加工包括刨、铣、车、钳、磨等工艺过程;装配包括部件装配、整机装配等环节。上述每个基本生产过程当中的每个环节、每道工序都有可能出现废品,同时,在生产中相应产生出废弃物资,如铸造冒口、车、铣、刨、磨的各种金属切屑等。于是,相应的废旧物资物流便产生了。应说明,在厂内物资运输、搬运、储存等各环节中也有出现废旧物资的可能,同样汇入以生产领域为始点的废旧物资物流中。

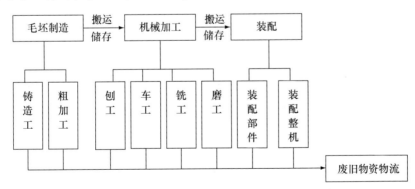

图13-3 以生产领域为始点的废旧物资物流

(2) 以流通领域为始点的废旧物回收物流。这种废旧物资物流指废旧物资是在流通领域产生形成的,如图13-4所示。

图 13-4　以流通领域为始点的废旧物资物流

这种废旧物资物流是在流通环节产生的,也可称为物流中的废旧物资物流。由于包装不符合要求或装卸作业不慎而造成物资的挤压变形、摔碰损失;运输作业中的碰撞震动、储存过程中的日晒雨淋、保管不善、流通加工的失误等,都会产生大量的废旧物资。应特别指出,处在储存环节中的物资往往是这股废旧物资物流形成的最大来源。

(3) 以生活消费开始的废旧物回收物流。生活消费是指人们日常为满足衣、食、住、行、娱乐等活动,对各种物质的需要过程。这个过程每日每时都在发生,因此大量的废旧物资也随之而生。生活消费可产生大批的包装物及家用废旧物品、纸张等,但也会产生几乎完全不可回收利用的垃圾。因为生活消费具有广泛性、多样性,因而废旧物资的数量也相当可观。

2. 废旧物回收物流的特征

(1) 分散性。废旧物回收物流的产生过程,或始于生产领域,或始于流通领域,或始于生活消费,正是这种多元性,使其具有分散性。废旧物资物流涉及任何领域、任何部门、任何个人,在社会的每个角落都在日夜不停地发生。从废旧物回收物流的形式上看,人们不难发现,开始的时候数量少、种类多,只有在不断汇集的情况下才能形成较大的流动规模。正是这一特点,使废旧物回收物流的可利用性常常为人们所忽视。

(2) 缓慢性。产品流动是沟通产品生产与产品消费的桥梁和纽带,无论从生产者还是从消费者来看,都希望这一流动过程越快越好。但是废旧物资物流则不同,尽管废旧物资还潜存有这样或那样的使用价值,但是人们把使用价值的需求往往不放在废旧物资上。废旧物资的产生也往往不能立即满足人们的某些需要。废旧物资需要经过加工、改制等环节,甚至只能作为原料使用,这一系列过程的时间是较长的。同时,废旧物资的收集和整理也是一个较复杂的过程。这一切都决定了废旧物回收物流缓慢性这一特点。

(3) 混杂性。产品流的单一性较强,如可分为钢材流、木材流、煤炭流、建筑材料流等。废旧物资流在形成阶段是很难分产品的,因为各种废旧物资常常是混杂在一起的。当然,在某些产品单一的部门,其废旧物资的产生可能具有一定的单一性,但从整个社会角度来看,废旧物资物流则具有极大的混杂性。应指出,废旧物资回收后经人们的归类、集中,在再次使用前,采用分品种的形式,使废旧物回收物流的混杂性随着废旧物资的产生至结束逐渐衰退。

3. 废旧物资的加工

废旧物资的加工是指对回收的废旧物资在投入使用前的一系列改变或补充其使用功能的劳动过程。由于废旧物资在重新投入使用前大多数需要进行必要的准备工作,如分类、集合、必要的包装、外形的修整、重修及装配等,这便构成了废旧物资的加工。

废旧物资加工的种类可根据不同的角度进行不同的分类。

(1) 按加工的目的不同,废旧物资加工可分为:① 为了方便物资回收、装卸、运输等物流作业而进行的加工。这种加工活动的主要目的是为提高物流速度,如废旧物资的捆扎、压缩、集合等。② 为方便废旧物资投入使用的加工。这种加工的目的是为了扫除废旧物资在使用前的障碍,如废旧设备的修理、弯曲变形材料的整形等。

（2）废旧物资加工的深度不同可分为:① 基本上不改变废旧物资形态的加工。这种加工形式基本保持了废旧物资的原有形态或只有较小的形态变动。因此,这种加工也可称为浅加工。② 改变废旧物资形态的加工。这种加工形式无论从加工用的设备、工具,还是从加工技术上,都要比上一种加工形式复杂得多。它通常使被加工的对象有较大的形态变动,或完全改变原有的形态。这种加工也可称为深加工,如废旧贵金属的冶炼、从废旧物资中运用化学或物理方法提取有用的物质等。

（3）加工的对象不同可分为:① 废旧金属的加工,它的加工对象是各种有色或黑色金属;② 废旧建材的加工;③ 废旧化工材料加工;④ 废旧设备加工。

三、废弃物物流

（一）废弃物

废弃物是指在生产、流通和消费过程中产生的基本上或完全失去使用价值,无法再重新利用的最终排放物。废弃物物流与废旧物资物流的最大差别在于废弃物物流的终点是废物的寿终正寝。废弃物的概念不是绝对的,只是在现有技术和经济水平条件下,暂时无法利用的。目前,许多发达国家的最终废弃物为原垃圾的50%以下。我国也在加强这方面的研究,如我国许多地区将生活垃圾用于堆肥、制肥,尽可能地使之资源化,如图13-5所示:

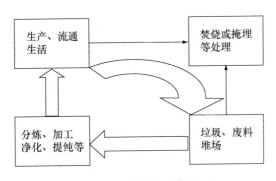

图 13-5　最终废弃物处理

（二）企业废弃物的种类及物流特点

1. 固体废弃物

固体废弃物也被称为垃圾,其形态是各种各样的固体物的混合杂体。这种废弃物物流一般采用专用垃圾处理设备处理。

2. 液体废弃物

液体废弃物也称为废液,其形态是各种成分的液体混合物。这种废弃物物流常采用管道方式。

3. 气体废弃物

气体废弃物也称为废气,主要是工业企业,尤其是化工类型工业企业的排放物。多种情况下是通过管道系统直接向空气排放。

4. 产业废弃物

产业废弃物也称为产业垃圾。产业废弃物通常是指那些被再生利用之后不能再使用的最终废弃物。

5. 生活废弃物

生活废弃物也称生活垃圾。生活废弃物排放点分散,所以需用专用的防止散漏的半密封的物流器具储存和运输。

6. 环境废弃物

企业环境废弃物一般有固定的产出来源,主要来自企业综合环境中。环境废弃物产生的面积大、来源广泛,对环境危害大。

(三) 废弃物的几种物流方式

1. 废弃物掩埋

大多数企业对企业产生的最终废弃物,是在政府规定的规划地区,利用原有的废弃坑塘或用人工挖掘出的深坑,将其运来、倒入,表面用好土掩埋。掩埋后的垃圾场,还可以作为农田进行农业种植,也可以用于绿化或作建筑、市政用地。这种物流方式适用于对地下水无毒害的固体垃圾。其优点是不形成堆场、不占地、不露天污染环境,可防止异味对空气污染;缺点是挖坑、填埋要有一定投资,在未填埋期间仍有污染。

2. 垃圾焚烧

它是指在一定地区用高温焚毁垃圾。这种方式只适用于有机物含量高的垃圾或经过分类处理将有机物集中的垃圾。有机物在垃圾中容易发生生物化学作用,是造成空气、水及环境污染的主要原因,因其本身又有可燃性,因此,采取焚烧的办法是很有效的。

3. 垃圾堆放

在远离城市地区的沟、坑、塘、谷中,选择合适位置直接倒垃圾,也是一种物流方式。这种方式物流距离较远,但垃圾无须再处理,通过自然净化作用使垃圾逐渐沉降风化,是低成本的处置方式。

4. 净化处理加工

对垃圾(废水、废物)进行净化处理,以减少对环境危害的物流方式。尤其是废水的净化处理是这种物流方式有代表性的流通加工方式。在废弃物流领域,这种流通加工是为了实现废弃物无害排放的流通加工,因而特点显著。

第三节 运输与环保

一、大气环境质量标准

环境标准是进行环境保护工作的技术规则,又是进行环境监督、评价环境质量、实施环境管理的重要依据。大气中各种污染物的浓度值是进行大气污染监测评价的最主要指标。当大气污染物浓度达到一定的数值时,就会构成对人群健康的威胁。

为了控制和改善大气质量,创造清洁的环境,保护人民的健康,防止生态破坏,我国相继制定了大气环境质量标准。在1982年(GB 3095-82)和1996年(GB 3095-1996)环境空气质量标准的基础上,新的《环境空气质量标准》(GB 3095-2012)规定自2016年1月1日起在全国实施。环保部提出新标准要分期实施:2012年,京津冀、长三角、珠三角等重点区域及直辖市和省会城市率先实施;2013年,113个环境保护重点城市和国家环保模范城市同步实施;2015年,所有地级以上城市贯彻实施;2016年1月1日,全国全面实施新标准。

(一) 新标准与老标准相比的变化

新标准与老标准相比,变化主要在两个方面:

(1) 增加了臭氧(O_3)和细颗粒物($PM_{2.5}$)两项污染物的控制标准。

(2) 进一步严格了可吸入颗粒物(PM_{10})、二氧化氮(NO_2)等污染物的限值要求。对于自动监测系统的运转要求也相应提高了。

新标准中二氧化硫(SO_2)的标准限值没有变化。

(二) 空气质量新标准中污染物基本项目的浓度限值

新标准规定了大气环境中污染物基本项目的浓度限值,如表13-1所示。它是大气污染的评价依据,也是制定汽车排放物标准的准则。

表13-1 各项污染物基本项目的浓度限值

序号	污染物项目	平均时间	浓度限值	单位
1	二氧化硫(SO_2)	年平均	60	$\mu g/m^3$
		24小时平均	150	
		1小时平均	500	
2	二氧化氮(NO_2)	年平均	40	
		24小时平均	80	
		1小时平均	200	
3	一氧化碳(CO)	24小时平均	4.0	mg/m^3
		1小时平均	10.0	
4	臭氧(O_3)	日最大8小时平均	160	$\mu g/m^3$
		1小时平均	200	
5	可吸入颗粒物(PM_{10})	年平均	70	
		24小时平均	150	
6	细颗粒物($PM_{2.5}$)	年平均	35	
		24小时平均	75	

(三) 空气质量指数

空气质量指数(air quality index,AQI)是用来定量描述空气质量状况的。它是一个无量纲数值。

把新标准中 6 项污染物实测浓度值按规定方法与新标准相应限值进行比较,就得出了各项污染物的空气质量分指数(individual air quality index,IAQI),在 6 项污染物中 IAQI 数值最大的即为 AQI。当 AQI 值大于 50 时,6 个 IAQI 中数值最大的污染物就是首要污染物。

AQI 将空气质量分为一至六级,分别用绿、黄、橙、红、紫和褐红等不同颜色表示,AQI 数值越大、级别越高、表征的颜色越深,说明空气污染状况越严重,对人体的健康危害也就越大。公众借助 AQI 数值的大小或表征颜色,就可以了解空气质量,并参考新标准中提出的各个级别对健康的影响或防护建议安排自己的生活出行等。

AQI 与以前的空气污染指数(air pollution index,API)有很大的区别,主要表现在:

1. 参与评价的污染物种类不同

API 评价的污染物为二氧化硫(SO_2)、二氧化氮(NO_2)和可吸入颗粒物(PM_{10})3 项;而 AQI 的评价对象包括 6 项污染物,除原来的 3 项外,还增加了细颗粒物($PM_{2.5}$)、一氧化碳(CO)和臭氧(O_3)3 项,监测和控制的污染物种类更多。

2. 称谓不同

老标准中的 API 称作"空气污染指数",新标准中的 AQI 称作"空气质量指数"。

3. 表征空气质量状况的级别增加

新标准的 AQI 将空气质量分为 6 个级别,而老标准的 API 只有 5 个级别。

4. 评价时间段不一样

AQI 可衡量小时空气质量和日空气质量,而 API 只作每天 12 时至次日 12 时的空气质量评价。

5. 评价结果不同

如一天的二氧化氮(NO_2)浓度是 100 微克/立方米,用 AQI 评价是 3 级,为超标;但用 API 评价是 2 级,为达标。从中也可看出新标准更加严格。表 13-2 反映出我国空气质量标准中颗粒物浓度限值的演变历程。

表 13-2 我国空气质量标准中颗粒物浓度限值的演变历程

标准制定时间	考核指标	考核时间	浓度限值($\mu g/m^3$)			实施日期
			一级标准	二级标准	三级标准	
1996 年 1 月 18 日旧国标(GB 3095-1996)	TSP	年均	80	200	300	1996 年 10 月 1 日
		24 小时	120	300	500	
	PM_{10}	年均	40	100	150	
		24 小时	50	150	250	
2012 年 3 月 1 日新国标(GB 3095-2012)	TSP	年均	80	200		2016 年 1 月 1 日
		24 小时	120	300		
	PM_{10}	年均	40	70		
		24 小时	50	150		
	$PM_{2.5}$	年均	15	35		
		24 小时	35	75		

注:TSP 为固体颗粒物污染。

二、城市汽车运输对环境的污染

随着运输业和城市交通的发展,在它带给人们诸多好处的同时,也给人们带来了巨大的烦恼,甚至影响到人们生存的环境。

因运输造成的环境污染在城市环境污染中所占的比例很大,并且危害严重。经测算,在现代化的工业大城市中,尤其是车流高峰期间,CO 含量较高,可达 50—100 ppm。[①] 在交通繁忙的运输枢纽地带,CO 水平可达 100 ppm,通常高达 8—14 ppm,高于允许标准 7—13 倍。大气中将近 80% 的 CO 是由汽车排放的。城市空气中 80%—90% 的 CO,70%—80% 的 NO_x 等污染物,均来自汽车尾气。

(一) 由汽车本身运行造成的污染

汽车本身运行造成的污染主要包括汽车尾气污染和固体颗粒物污染。

汽车尾气是指内燃机的排气行程中排出的燃烧残余的混合气体,由排气管(尾气管)排到大气中。汽车尾气主要含有二氧化碳(CO_2)、一氧化碳(CO)、二氧化硫(SO_2)、氮氧化物(NO_x)、碳氢化合物(CH)等有害气体。

固体颗粒物污染(TSP)包括飘尘(PM)和降尘。飘尘也叫可吸入尘,指粒径小于 10 微米的悬浮颗粒物,包括煤烟、烟气及二次颗粒物和硫酸盐、硝酸盐颗粒物等,其中相当大部分比细菌(0.75 微米)还小。粒径在 0.1—10 微米之间的悬浮微粒,一般由运载气体中的燃烧产物和水蒸气结成气体,很难沉降。扬尘指空气中粒径大于 10 微米的固体颗粒物,成分复杂,随来源不同,其性质有很大差异,主要来源于地面扬尘和燃料燃烧产物。汽车造成的固体颗粒物的污染主要是地面扬尘及尾气中的飘尘。地面扬尘与地面情况和汽车行驶速度有关。

(二) 在货物运输过程中货物本身造成的污染

有些货物本身就含有有害物质,一旦处理不当或发生交通事故,有害物质的扩散就会对环境造成严重的污染,特别是在人口高度密集的城市里对人的健康危害更大。导致有害物质扩散的原因,除了交通意外事故外,管理不当也是一个重要原因,如遗撒问题。在运输水泥、沙石等粉状、沙状固体时,因振动、狂风、暴雨等因素引起的地面扬尘而造成环境污染。

(三) 汽车运输对环境的污染和对社会的危害

1. CO

CO 是大气的主要污染物之一,对人体的健康危害性较大。CO 被人体吸入而后进入血液时,它能取代血红蛋白中的氧。它与血红蛋白结合比氧亲和力大 200—300 倍,形成碳氧血红蛋白(CO-Hb),使血液失去输氧能力,从而导致血液中氧浓度大大下降,血液的输氧功能严重受挫,致使机体的各种缺氧症状。

2. SO_2

SO_2 为无色带有很强刺激性气味的有害气体。空气中含有 0.3—1 ppm 的 SO_2 时即可

[①] ppm 即一百体积的空气中所含污染物的体积数。

使人感受到。通常认为当空气中 SO_2 水平超过 0.5 ppm 时,就会对人体产生不利的影响。连续吸入 SO_2 污染的空气不仅有刺激作用,而且会增加呼吸道的阻力,严重时甚至造成呼吸困难。当空气中 SO_2 浓度大于 500 ppm 时有致命的危险性。

3. NO_x

NO_x 是燃烧过程中形成的多种氮氧化物。NO 是一种无色无味的气体,只有轻度刺激性,毒性不大,高浓度时会造成中枢神经有轻度障碍。NO 与 CO 性质差不多,能与血红蛋白结合,一般在空气中的浓度远远不如 CO,对人体的危害性有限。

4. CH

CH(也称烃)包括未燃和未完全燃烧的燃油、润滑油及其裂解产物和部分氧化物,如苯、醛、酮、烯、多环芳香族碳氢化合物等 200 多种复杂成分。饱和烃危害不大,不饱和烃危害性很大。当甲醛、丙烯醛等醛类气体浓度超过 1 ppm 时就会对眼、呼吸道和皮肤有强刺激作用,浓度超过 25 ppm 时,会引起头晕、呕心、红白球减少、贫血,超过 1 000 ppm 会急性中毒。

5. TSP

TSP 对人体健康的危害和微粒的大小及其组成有关。它除了对人体的呼吸系统有害外,由于颗粒物能黏附 SO_2、未燃 CH、NO_2 等有毒物质或致癌物,因而对人体健康造成更大的危害。

燃用有铅汽油的发动机排出的污染物中有铅化物微粒,它对人体有极大的危害,细微粒通过肺部、消化器官、皮肤等途径在人体内沉积,妨碍血液中红细胞的生长,对骨骼、神经系统有损害。

6. 光化学烟雾与酸雨

酸雨是因空气中的二氧化硫、氮氧化物等酸性物质与空气中的水和颗粒物结合,通过降雨的形式落到地面,有很强的腐蚀性、对动植物和材料都有很大的危害。

7. 噪音

40 分贝是正常的环境声音,一般被认为是噪音的卫生标准。在此以上便是有害噪音,会影响睡眠和休息,干扰工作,妨碍谈话,使听力受损。

三、运输环保的治理措施

(一)汽车污染物排放限值标准

汽车尾气排放污染问题主要来自三个方面:尾气排放、燃油蒸发排放和曲轴箱通风。相对尾气排放而言,通常燃油蒸发排放和曲轴箱通风所造成的 CO、NO_x 的排放量占总排放量的 1%—2%,CH 为 20% 左右。因此,汽车排放主要来自于发动机燃烧产生的尾气。

国家政策和法规的执行是机动车污染防治行业发展的主要推动力量,政策法规方向和执行力度对机动车污染防治行业的发展起着至关重要的作用。国家及地方近几年出台的有关法规、政策方面的工作,显示出政府有关部门对机动车污染防治工作的重视和关注,并取得了显著的成绩。同时,相关促进行业发展的重要政策、法规也频频出台,机动车污染防治行业得到了快速发展。

为贯彻落实《中华人民共和国环境保护法》《中华人民共和国大气污染防治法》和《大

气污染防治行动计划》(国发〔2013〕37号),保护环境,保障人体健康,防治大气污染,国务院批准《轻型汽车污染物排放限值及测量方法(中国第五阶段)》(GB 18352.5-2013)。该标准具有强制执行的效力,自2018年1月1日起,所有销售和注册登记的轻型汽车应符合本标准要求,并替代了《轻型汽车污染物排放限值及测量方法(中国第Ⅲ、Ⅳ阶段)》(GB 18352.3-2005)。但在2023年1月1日之前,第Ⅲ、Ⅳ阶段轻型汽车的"在用符合性检查"仍执行GB 18352.3-2005的相关要求。新标准是参考欧洲标准制定的,数值基本一样。由表13-3,可见,国Ⅴ比国Ⅳ主要提高了NO_x的标准,另外还规定了PM值。

表13-3 国标欧洲标准对照表

排放标准		欧Ⅲ	国Ⅲ	欧Ⅳ	国Ⅳ	欧Ⅴ	国Ⅴ
排放限值(g/km)	CH	0.200	0.200	0.100	0.100	0.100	0.100
	CO	2.300	2.300	1.000	1.000	1.000	1.000
	NO_x	0.150	0.150	0.080	0.080	0.060	0.060
	PM					0.005	0.005

欧盟已经从2009年起开始执行欧Ⅴ标准,其对NO_x、CH、CO和PM等机动车排放物的限制更为严苛。从国Ⅰ提至国Ⅳ,每提高一次标准,单车污染减少30%至50%。新发布的机动车排放国Ⅴ标准进一步提高了排放控制要求,其中NO_x排放限值收缩25%—28%、颗粒物排放限值收缩82%,并增加了污染控制新指标PM数量。国Ⅴ标准适用最大总质量小于3.5吨的汽车,包括汽油车、柴油车、气体燃料车、两用燃料车及混合动力车等,适用于新车定型、生产和销售环节,不涉及已经使用的在用车辆。

实施国Ⅴ标准将大幅削减新车排放量,经测算,实施5年可减排9万吨NO_x、2万吨PM;此外,与实施国Ⅴ标准同步供应高品质燃油,可带动大量在用机动车减排,每年可减排NO_x约30万吨、PM约3万吨。

(二) 提高汽车燃料质量标准和推广清洁燃料

石油几乎是当今世界上主要的运输燃料源。作为石油产品的汽油是目前城市用车的主要燃料。随着汽车工业的发展和日益严格的排放标准的实施,实现汽油无铅化,改进汽油中苯、芳烃、烯烃、硫、磷、锰、硅含量等性质,提高汽油质量,已是摆在石油工业面前的一项艰巨的任务。汽油机与柴油机排放的污染物如表13-4所示。

表13-4 汽油机与柴油机排放的污染物比较

污染物	汽油机	柴油机
CO(%)	0.1—6	0.05—0.5
CH(ppm)	2 000	200—1 000
NO_x(ppm)	2 000—4 000	700—2 000
PM(μg/m)	0.005	0.15—0.30

汽油机污染物主要是CO、CH和NO_x,而柴油机污染物主要是PM和NO_x。显然,CH的排放方面,汽油机比柴油机要高,但柴油机排放的PM要比汽油机高出30—60倍,而且成分复杂。

根据美联邦实验规范 FTP 方式测试的实验结果，天然气汽车可使 CH 总量、NO_x、CO 及 CO_2 分别降低 19.5%、34.5%、17.4% 及 22.7%（体积分数）。天然气汽车在降低排放方面有较大潜力。使用代用的清洁燃料都不同程度地降低了以上各种主要污染物的排放，但是有一些增加了其他有害有机物的排放，如醛类的排放。

表 13-5 是几种燃料燃烧排放的污染物与汽车性能的比较。

表 13-5 燃料燃烧排放的污染物与汽车性能的比较

	排放特性					能量储存	输出动力性能	续行里程	燃油携带性	使用方便性
	CH	CO	NO_x	PM	CO_2					
汽油车	一般	一般	一般	一般	一般	一般	一般	一般	一般	一般
柴油车	一般	一般	一般	差	良	良	较差	良	一般	一般
液化石油气车	一般	一般	一般	一般	一般	较差	较差	较差	一般	一般
天然气车	一般	一般	一般	一般	良	较差	较差	差	较差	较差
奥托型甲醇车	一般	一般	一般	一般	一般	一般	良	差	较差	较差
笛塞尔甲醇车	一般	一般	较差	一般	一般	一般	较差	差	较差	较差
电动车	优	优	优	优	优	优	差	差	差	一般

注：表中以汽油车为基准作为"一般"进行比较，好坏的次序为优、良、一般、较差、差。

（三）交通运输的节能减排

交通运输是我国节能减排的三大重点领域之一，交通运输行业的能源消费量约占全社会能源消费总量的 8%。

为此交通运输部先后出台了《中华人民共和国防治船舶污染内河水域环境管理规定》《中华人民共和国航运公司安全与防污染管理规定》《内河运输船舶标准化管理规定》《中华人民共和国船舶交通管理系统安全监督管理规则》《港口建设管理规定》等一系列相关的部门规章制度。

同时，交通运输部初步制定了行业节能减排的目标：到 2020 年，力争在结构性节能减排和技术性节能减排两个方面取得显著效果，形成交通运输节能减排长效机制。为实现以上目标，交通运输部 2008 年 9 月 23 日印发了我国交通运输行业第一个《公路水路交通节能中长期规划纲要》，建立健全以《公路、水路交通行业贯彻〈中华人民共和国节约能源法〉实施细则》为核心的相关配套法律规章。加快研究、制定和实施完善市场准入和退出监管体系。建立强制性的退出制度，坚决淘汰高耗能、高排放的运输工具和设备。认真落实国务院确定的交通运输节能减排重点工作：

1. 严格实行营运车辆燃料消耗量准入制度

自 2011 年 3 月 1 日起，所有申办营运资格的新购车辆（含进口车辆）必须符合燃料消耗量限值标准要求，不符合标准的车型不得投入营运。

2. 严格实行客运运力调控政策

对于年平均实载率低于 70% 的县际以上客运班线，一律不得新增运力。对一类客运班线、与高速铁路和城际轨道交通平行的客运班线，原则上不再审批新增运力。对与现有班线重复里程在 70% 以上的二类以上客运班线，严格控制新增班线和运力。

3. 开展甩挂运输

交通部与国家发展和改革委员会联合印发了《关于确定甩挂运输首批试点项目(单位)的通知》。截止到2012年6月,全国首批实施26个试点项目,建设40个甩挂运输场站,完成建设投资18.5亿元;新购置牵引车和半挂车4 225辆,总投资8.2亿元,甩挂运输推荐车型占新购置车辆的83%;试点项目共投入甩挂运输车辆9 453辆,开通一定规模的甩挂运输作业线路130多条,已辐射到全国20多个省份。通过试点,甩挂运输模式较传统运输模式平均单位运输成本下降了10%—20%,单位运输周转量能耗下降了15%—20%。

▶ 课外阅读

环境保护部发布《2013年中国机动车污染防治年报》

环境保护部有关负责人向媒体通报,环境保护部日前发布的《2013年中国机动车污染防治年报》(以下简称《年报》),公布了2012年全国机动车污染排放状况。年报显示,我国已连续四年成为世界机动车产销第一大国,机动车污染已成为我国空气污染的重要来源,是造成灰霾、光化学烟雾污染的重要原因,机动车污染防治的紧迫性日益凸显。

我国机动车保有量持续增长,与2011年相比,全国机动车保有量增加了7.8%,达到22 382.8万辆;其中,汽车10 837.8万辆,低速汽车1 145.0万辆,摩托车10 400.0万辆。按排放标准分类,达到国Ⅳ及以上标准的汽车占10.1%,国Ⅲ标准的汽车占51.5%,国Ⅱ标准的汽车占15.7%,国Ⅰ标准的汽车占14.9%。其余7.8%的汽车还达不到国Ⅰ标准。按环保标志分类,"绿标车"占86.6%,高排放的"黄标车"仍占13.4%。

随着机动车保有量的快速增长,我国城市空气开始呈现出煤烟和机动车尾气复合污染的特点。由于机动车大多行驶在人口密集区域,尾气排放直接影响着群众健康。2012年,全国机动车排放污染物4 612.1万吨,但四项污染物排放总量与2011年基本持平,其中氮氧化物(NO_x)640.0万吨,颗粒物(PM)62.2万吨,碳氢化合物(CH)438.2万吨,一氧化碳(CO)3 471.7万吨。汽车是污染物总量的主要贡献者,其排放的NO_x和PM超过90%,CH和CO超过70%。按车型分类,全国货车排放的NO_x和PM明显高于客车,其中重型货车是主要贡献者;而客车CO和CH排放量则明显高于货车。按燃料分类,全国柴油车排放的NO_x接近汽车排放量总量的70%,PM超过90%;而汽油车CO和CH排放量则较高,超过排放总量的70%。按排放标准分类,占汽车保有量7.8%的国Ⅰ前标准汽车,其排放的四种主要污染物占排放总量的35%以上;而占保有量61.6%的国Ⅲ及以上标准汽车,其排放量还不到排放总量的30%。按环保标志分类,仅占汽车保有量13.4%的"黄标车"却排放了58.2%的NO_x、81.9%的PM、52.5%的CO和56.8%的CH。

2013年9月,国务院批准发布《大气污染防治行动计划》,对大气中细颗粒物($PM_{2.5}$)治理工作提出了更高的要求,机动车污染防治成为关键领域。针对移动源排放已成为影响中国空气质量突出因素的现状,《大气污染防治行动计划》提出要加强城市交通管理,北京、上海、广州等特大城市要严格限制机动车保有量。同时提升燃油品质,加速黄标车和老旧车辆淘汰,到2017年,全国范围"黄标车"基本淘汰。此外,要强化车辆环保监管,加速推进低速汽车转型升级,大力推广使用新能源汽车。各地区和有关部门纷纷制订机动车污染防治计划,从新车环境准入、"黄标车"加速淘汰、车用燃料清洁化等方面采取综合措施,扎实推进工作。在机动车保有量比2011年增长7.8%的情况下,四项污染物排放总量与2011年基本持平,取得了初步成效。

环境保护部今后将继续加大工作力度,全面实施机动车污染控制,进一步加强机动车生产、使用、淘汰等全过程环境监管;同时与有关部门密切协助,从行业发展规划、城市公共交通、清洁燃油供应等方面采取综合措施,协调推进"车、油、路"同步发展,大力防治机动车尾气排放对大气环境的影响。

(资料来源:摘自2014年1月26日中华人民共和国环境保护部官网 www.zhb.gov.cn。)

思考题

名词解释

绿色物流　　　　逆向物流　　　　精神磨损　　　　废旧物资物流
废弃物　　　　商品包装回收

问答题

1. 请谈谈你对绿色物流的内涵的认识。
2. 简述绿色物流的特征。
3. 谈谈逆向物流的主要表现有哪些?
4. 简述逆向物流的特点。
5. 简述废旧物资的产生。
6. 如何看待废旧物资的使用价值?
7. 简述废旧物回收物流的形式。
8. 废旧物回收物流具有哪些特征?如何理解?
9. 废弃物有哪几种物流方式?请加以说明。
10. 请阐述企业废弃物的物流合理化。
11. AQI与API有哪些区别?
12. 分析说明汽车运输是怎样对环境形成了污染。

第十四章

电子商务与物流

学习目的

深刻理解电子商务与物流的关系;对电子商务下的物流系统有全面的了解;对各种电子商务模式与物流支持有广泛的认知。

技能要求

掌握电子商务的概念与电子商务运行的条件;了解生产制造企业、商贸企业、直销企业的电子商务运行与物流的运作;深刻理解电子商务下的物流作业流程;掌握 B2B、B2C、O2O 电子商务模式的含义与物流配送。

近些年来随着电子商务环境的改善及电子商务具备的巨大优势,电子商务受到了政府、企业界的高度重视。我国的电子商务开始于 20 世纪 90 年代初的电子数据交换,1998 年进入了基于互联网的发展阶段。在这一发展过程中,人们发现作为支持有形商品网上商务活动的物流,不仅成为有形商品网上商务的一个障碍,而且也已成为有形商品网上商务活动能否顺利进行的一个关键因素。因为没有一个有效的、合理的、畅通的物流系统,电子商务所具有的优势就难以发挥;没有一个与电子商务相适应的物流体系,电子商务也难以得到有效的发展。

第一节 电子商务与物流的关系

一、电子商务概述

(一) 电子商务的概念

电子商务(electronic commerce,EC)是经济和信息技术发展并相互作用的必然产物。目前,电子商务的基本概念有两层含义,狭义的电子商务和广义的电子商务。

1. 狭义的电子商务

狭义的电子商务一般是指基于数据(可以是文本、声音、图像)的处理和传输,通过开放的网络(主要是 Internet)进行的商业交易。包括企业与企业、企业与消费者、企业与政府等之间的交易活动。

2. 广义的电子商务

广义的电子商务是指一种全新的商务模式,利用前所未有的网络方式,涉及内部网(Intranet)等领域,将客户、销售商、供应商和企业员工连在一起,将有价值的信息传递给需要的人们。

(二) 电子商务概念模型

电子商务的任何一笔交易均需要包括资金流、物流和信息流。对于大多数情况来说,物流可能仍然经由传统的销售渠道,而对有些商品来说,可以直接以网络传输的方式进行递送服务,如电子出版物、信息咨询服务等。资金流主要是指资金的转移过程,包括付款、转账、兑换等过程。信息流包括商品信息的提供、促销营销、技术支持、售后服务等内容,也包括诸如询价单、报价单、付款通知单等商业贸易单证,还包括交易方的支付能力、支付信誉、中介信誉等。对于每一个交易的主体来说,它所面对的是一个电子市场,它必须通过电子市场选择交易的内容和对象。因此,电子商务的概念模型可以抽象地描述为每个交易主体和电子市场之间的交易事物关系,如图 14-1 所示。

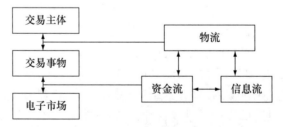

图 14-1 电子商务概念模型

(三) 电子商务运行的条件

1. 电子商务的必要条件

根据对电子商务基本概念的认识,电子商务应具备的条件有:

(1) 具备掌握现代信息技术及商务管理与实务的人才是电子商务最必要的条件。电子商务是人与电子工具交合的有机系统,而人是起决定作用的关键条件;电子商务是现代高科技的结晶,要保证系统硬件的安全、可靠的运行,没有一批高技术人才是办不到的;电子商务活动是商务活动与现代电子技术的有机结合,必然需要既懂商务理论与实践,又懂电子应用的复合型人才。

(2) 电子通信工具的现代化。电子商务的开展要依赖于电子通信工具、电子网络的支持。

(3) 电子商务软件的开发。电子商务软件是指提供管理者、使用者使用的标准化、安全、可靠、易操作的计算机软件。

(4) 商品信息化。所谓商品信息化是指将商品的各种特征、属性信息化,用一组数据,如大类、品名、规格、型号、单价、厂家、品牌、使用说明、使用期限等来描述,还可以用图形、图像、声音等多媒体等来描述。如果没有商品信息化,就不可能进行互联网上的商品信息传递,就不可能开展真正的电子商务活动。

2. 电子商务的充分条件

必要条件具备了就可以开展电子商务工作。但要很好地开展电子商务活动还必须具备一些充分条件。

(1) 商品信息标准化。商品信息的规范化和标准化的数据格式,便于收、发双方理解和认可,这样才不至于发生误解或双方理解不一致,才便于商品信息的使用、统计,使管理者口径一致,做好各方面的工作。

(2) 商品交易规范化。电子商务的规范化要比人工商务规范化的要求高得多。这是因为电子商务的速度快、实效强、交易时间大大缩短,买卖双方一旦作出决定后即需确认,确认后不允许后悔,故交易的规范显得尤为重要。电子商务的透明性,也要求建立健全规程,否则交易者容易出现失误和混乱,以及引起纠纷。

(3) 安全保证。网上交易安全性是一个至关重要的问题。要做到安全应满足以下几方面:交易双方身份的确认;保证信息在网上传输过程中未被篡改;保证敏感信息的隐私权;确信买方不能假称已经支付或卖方假称未支付等。电子商务的必要条件和充分条件奠定了电子商务开展的基础。

二、电子商务条件下商流和物流的一般流程

由于科学技术的进步和流通活动的发展,商品流通过程中四流地位的转变,首先是商品的买卖,然后是商业、贸易行业的兴起,再是商业贸易的管理,进而联系着商品的生产者与消费者。现代商务活动是联系产、供、销,联系社会再生产各个环节的纽带。电子商务条件下商流与物流的分离形成了历史上从未有过的极端表现,而物流的特殊地位要求人们必须用现代化的技术、手段武装物流和管理物流才能适应电子商务的发展。

电子商务条件下商流和物流的一般流程如图14-2所示,并可简要表述如下:

(1) 企业将商品信息通过网络展示给客户,客户通过浏览器访问网站,选择需要购买的商品,并填写订单。

(2) 厂方通过订单确认客户,告知收费方法,同时通知自己的应用系统组织货源。

(3) 客户通过电子结算与金融部门交互执行资金转移。

(4) 金融部门通过电子邮件(或其他方式)通知买卖双方资金转移的结果。

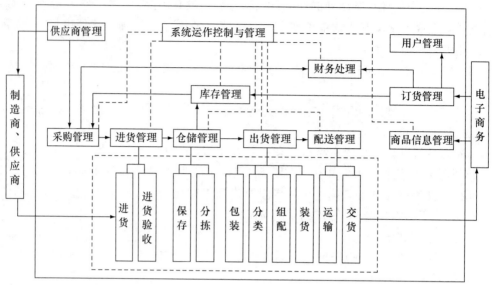

图 14-2 电子商务条件下商流和物流的一般流程

(5) 厂方组织货物,并送达客户手中。

从上述电子商务的实际流程中,我们可以看到,电子商务是集信息流、商流、资金流、物流于一身,是整个贸易交易过程。但是我们必须看到,信息流、商流、资金流在电子工具和网络通信技术支持下,可通过轻轻点击鼠标瞬息完成。而物流、物质资料的空间位移,即具体的运输、储存、装卸、配送等各种活动是不可能直接通过网络传输的方式来完成的。物流是电子商务的组成部分,缺少了现代化的物流系统,电子商务过程就不完整,电子商务的发展将会受到巨大的制约。

三、电子商务运行与物流

(一) 生产制造企业的电子商务与物流

作为商品生产企业,它首先要千方百计地了解市场的需求,于是商务活动由此开始:调查市场的商品情况,预测生产前景,生产什么,为谁生产等。电子工具在此方面具有无可比拟的优越性。利用计算机网络、E-mail、电话、传真等工具对市场进行调查、对用户进行访问等,收集方方面面有关本企业的生产需求信息,实现按合同进行生产。

在决定了生产什么商品以后,要制订原材料、设备的采购计划。为了使成本尽可能降低,企业希望采购到质量好、价格优的原材料,它们要借助电子工具来进行价格、质量的调查、比较、分析,并通过筛选实现订货。

生产制造出产品以后,企业要按销售合同将产品送交收货人或客户。如果还有未按合同和订单生产的产品,则可通过电子手段,如发信息、做电子广告等向社会推销。当商品需求方按合同要求配送或自行提货时,必须进行资金支付,电子货币的网上支付手段投入使用。生产企业的财务部门会同开户银行及时进行货款结算和电子货币结算。

在生产制造企业的电子商务中有三部分物流包含其中:其一是企业采购、供应物流,即企业生产前的原材料、设备的准备;其二是在生产过程中的生产制造物流,即原材料、半成品及产成品的企业内部物流;其三是产品以销售为目的的销售物流,在现代物流中它是以物资配送为主要方式进行的。

（二）商贸企业的电子商务与物流

在市场经济条件下,商贸企业要非常审慎地根据市场的要求组织进货,即根据市场需要决定商品采购。根据生产企业或客户的订货和供货要求,商贸企业要接受订货,并最终将实物送交收货人交割。在商贸企业的一系列活动中,将电子工具与人结合,电子商务活动主要由下列活动构成:市场需求调查,市场需求统计,制订商品采购计划,实现商品采购,商品库存,商品配送到商店(零售商),商品销售,售后服务。

由于商贸企业没有生产环节,所以商贸企业的电子商务活动几乎覆盖了整个企业的经营管理活动,是利用电子商务最多的企业。通过电子商务,商贸企业可以及时获得消费者信息,准确订货;通过电子网络促进销售,从而提高效率、降低成本;通过库存、配送等物流活动,达到用户最终消费的目的。

（三）消费者电子商务与物流

消费者能够足不出户却可货比三家,然后通过电子支付、电子结算货款,供货商配送而获取商品。其商务活动为:对所需商品在网上的查询;发表对某种商品的质量、性能、价格的意见,准备购买某商品;正式购买商品;接受供应商配送或送货的商品;接受售后服务。

在此有必要强调的是,随着生产力水平和人民生活水平的提高,以及消费者的物资需求的多样化和个性化,与此相适应的生产方式是多品种、小批量生产。在这样的生产与需求条件下,电子商务具有特别的优势。

（四）直销企业的电子商务与物流

直销被公认是电子商务将来的发展趋势之一。直销企业在其直销网站上,提供了一个跟踪和查询消费者订货状况的窗口,供消费者查询,从发出订单到订货送到消费者手中。对待任何消费者都采用定制的方式销售其产品,其物流服务也配合这一政策而实施。

直销企业的直销过程可分为以下三个阶段、八个步骤:

1. 订货阶段

第一步:接受消费者的订单。消费者可以直接向销售人员订货,也可以通过浏览网上商店进行网上订货。接到网上订货后,订货人员会对订货进行初步检查。首先检查项目是否填写齐全,然后检查订单的付款条件,并按付款条件将订单分类。当确认支付完订单款项的订单后会立即自动发出订货确认信息,并转入生产数据库中,生产部门进行下一步作业。

用户订货后,可以对产品的生产制造过程、发货日期,甚至运输公司发货状况进行跟踪。根据用户发出订单的数量,用户需要填写单一订单或多重订单状况查询表格。提交后,通过互联网将查询结果传送给用户。

第二步:预生产。在正式开始生产前,需要等待零部件的到货,这就是预生产。预生产的时间因消费者所订的系统不同而不同,主要取决于供应商的仓库中是否有现成的零部件。订货确认一般通过两种方式,即电话和电子邮件。

2. 生产阶段

第三步:配件准备。当订单转到生产部门时,所需的零部件清单也就自动生成,将有的零部件备齐通过传送带送到装配线上。

第四步:装配。组装人员将装配线上传来的零部件组装成整机,然后进入测试过程。

第五步:测试。对组装好的整机进行测试,通过测试后,将整机送到包装车间。

第六步:包装。测试后的整机被装进包装箱中,同时装入相关配件及其他文件,如产品说明书等。

3. 发运阶段

第七步:送货准备。根据订单和用户的具体要求完成送货准备,如分拣、配货、备车等。准备时间长短则根据订单大小及是否些需要特殊装运作业而定。

第八步:发运。将客户所订货物发出,并按订单上的日期送到指定地点。

决定直销系统成功与否的关键是要建立一个覆盖面较大、反应快速、成本有效的物流网络和系统。这种依赖准确的需求预测进行网上或电话订货,然后组织生产和配送的形式,蕴藏着较高的市场、生产及物流风险,是具有较大难度的。

第二节　电子商务下的物流作业流程

一、电子商务下的物流系统

(一) 电子商务下的物流系统的概念

电子商务下的物流系统是指在实现电子商务特定过程的时间和空间范围内,由所需位移的商品、包装设备、装卸搬运机械、运输工具、仓储设施、人员和通信设施等若干相互制约的动态要素所构成的具有特定功能的有机整体。

电子商务下的物流系统的目的是实现电子商务过程中商品的空间效益和时间效益,在保证商品满足供给需求的前提下,实现各种物流环节的合理衔接,并取得最佳经济效益。

电子商务下的物流系统与一般系统一样,具有输入、转换和输出三大功能。通过输入、输出使物流系统与电子商务系统及社会环境进行交换,并相互依存。输入包括人、财、物和信息;输出包括效益、服务、环境的影响及信息等;实现输入到输出转换的则是电子商务的物流的管理活动、技术措施和信息处理等。

(二) 电子商务下的物流系统的特征

如果我们将物流系统比作一条生产线的话,每个物流过程犹如一道工序,在软件系统的控制下工作。在电子商务物流系统中,起决定作用的已不再是物流设施的设备的处理能力,而是物流信息系统在物流过程中进行信息采集、管理、分析和调度,并根据反馈情况及时调整的软件系统。

与传统物流系统相比,电子商务下的物流系统具有以下特征:

1. 整个系统具有无限的开放性

由于电子商务是构建在互联网上的,整个物流系统的物流节点都通过公司网络互相连接,与合作节点互换信息,协同处理业务。基于互联网的开放性,节点的量几乎可以无限多。每个节点可以与其他节点发生联系,快速交换数据。某个节点的变动不会影响其他节点,整个系统具有无限的开放性和拓展能力。

2. 物流节点普遍实行信息化管理

物流连接社会生产、生活的各个部分,使之成为一个有机整体,每个参与物流过程的环节都构成物流系统化的基础。信息化管理在电子商务条件下不仅仅是广泛利用自动化、机械化设备操作,更重要的是利用自动化设备收集和处理商流和物流过程中产生的信息,并对物流信息进行分析和挖掘、最大限度地利用有效的信息对物流进行指导和管理。

3. 信息流在物流过程中起引导和整合作用

信息流贯穿于商务活动的始终,引导着商务活动的发展。物流要完成商流活动中物资实体的流通过程,它同样需要信息流的引导和整合。在紧密联系的网络系统中,每个节点回答上游节点的询问,向下游节点发出业务请求,根据上下游请求和反馈,提前安排货物输送。信息流在物流过程中起到了事先测算流通路程、即时监控输送过程、事后反馈分析的作用。

4. 系统具有明显的规模优势

网络将各个分散的节点联结为紧密联系的有机整体,在一个相当广泛的区域内发挥作用。在电子商务系统中,系统不以单个点为中心,系统功能分散到多个节点处理,各节点间交叉联系,形成网状结构。大规模联合作业降低了系统的整体运行成本,提高了工作效率,也降低了系统对单个节点的依赖性,抗风险能力明显增强。如果某个节点出现意外,其他节点可以很快替补。

应当指出,电子商务下网络物流的美好未来召唤我们去努力实现。

(三) 电子商务下物流系统的要求

物资配送经历了三次革命:初期阶段是送物上门,即为了改善经营效率,许多厂家较为广泛地采用了把货物送到买主手里的方式,这是商务的第一次革命;第二次革命是伴随着电子商务的出现而产生的一次脱胎换骨的变化,不仅影响到物资配送本身,也影响到上下游的各方面,包括供应商和消费者;第三次革命就是物流配送的信息化及网络技术的广泛运用所带来的种种影响,将使物流配送更有效率。以计算机网络为基础的电子商务催化着传统物流配送的革命。电子商务的发展对物流系统提出了多方面的要求。

1. 电子商务下物流系统要求物流的运作方式——信息化、网络化

电子商务要求物流处理的全过程处于受控状态,能够采集、处理运输、递送等各个环节的信息,并通过信息网络进行汇集,对网络实施有效的控制,实现物流的集约化。同时要求通过互联网络实现一个地区、一个国家直至全球范围整体的、系统的实时控制。

2. 电子商务下物流系统要求提高物流的运作水平——标准化、信息化

标准化、信息化是现代物流发展的基础。信息社会要求所有的物品以致运输工具都要采用标准的标识码技术,对盛装容器、运输包装等进行标准规范,便于信息的自动采集和自动处理。另外,要求配置机械化、自动化设备,对各种物品和容器实施高效的自动化分拣处理,缩短物品的流通时限。

3. 电子商务下物流系统要求提高物流的快速反应能力——高速度、系统化

物流系统的快速反应能力是物流发展的动力之一,速度就是效率和效益,这是电子商务制胜的关键。用户轻松地进行网上交易之后,商流和资金流以电子速度在网上流动;它要求实物商品从受理、分拣、配送、运输,直至递送到用户手中也能高速流动,这就要求物流系统拥有较高效的配送中心和快捷的运输方法。

4. 电子商务下物流系统要求提高物流动态调配能力——个性化、柔性化

电子商务创造了个性化的商务活动,在网络营销过程中,它可以考虑各个用户不同的产品和服务。在这样的背景下,作为支持电子商务的物流必须也能根据用户的不同要求,提供个性化的物流服务,要求物流系统具有动态调配能力和柔性化的组织水平。

5. 电子商务下物流系统要求改变物流的经营形态——社会化、全球化

传统的物流业中某种物流系统往往是由某一企业来进行组织和管理,而电子商务有跨行业、跨时空的特点,要求从社会化的角度对物流实行系统的组织和管理,实现物流经营的社会化和全球化。要求物流企业相互联合起来,在竞争中形成一种协同作业;同时要求物流业向第三方综合代理多元化、综合化的方向发展。

二、电子商务下的物流流程

电子商务的本质特征是生产者与消费者的关系是直接的,减少了中间环节,拉近了企业与用户之间的距离。电子商务利用互联网技术,将供应商、企业、用户及其他商业伙伴连接到现有的信息技术上,实现信息共享,彻底改变现有的业务作业方式及手段,达到充分利用资源、缩短商业环节及周期、提高效率、降低成本、提高服务水平的目的。

电子商务下整个供应链是由供应商、制造商、物流中心和客户所组成的,供应商、制造商、物流中心和客户通过互联网共享需求信息,供应商根据客户的需求,生产所需要的原材料,原材料经过制造商的加工、包装等一系列作业后,将产品集中到物流中心,物流中心根据客户的订单情况,将货物送到客户手中,如图 14-3 所示。

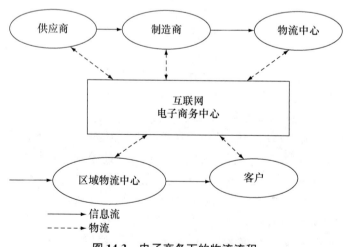

图 14-3 电子商务下的物流流程

与传统商务相比,供应链环节减少了,物流中心的作用变得越来越显著,物流中心既

是制造商的仓库,又是客户的实物供应仓库。如果上述流程再简化一下,就变成电子商务环境下生产企业与用户之间的物流运行过程(如图 14-4 所示)。可以看出,用户通过网上的虚拟商店购物,并在网上支付,信息流和资金流的运作过程很快就能完成,剩下的工作就只有实物的物流处理了,物流中心成为所有企业和供应商对用户的唯一供应者,可见,物流中心的作用越来越突出。

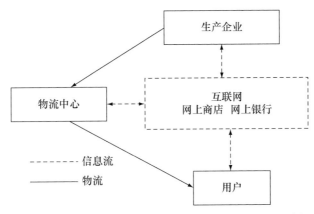

图 14-4　电子商务下生产企业与用户之间的物流运行过程

三、电子商务下制造企业的物流业务流程

在电子商务环境下,上下游企业之间、企业内部的各个部门之间、企业与用户之间通过互联网共享需求信息。对于供应商而言,不是被动地等待需求方订货后再安排生产,而是根据互联网上制造企业的需求信息,提前安排生产。

在制造企业内部,销售部、生产管理部、采购部、生产部对于订货信息的获得没有先后顺序;当用户通过互联网发出订单后,生产管理部制订生产计划,采购部根据订单上所需货物的种类、数量,利用采购软件自动制订采购计划,并将采购信息通过互联网向供应商发布,供应商与采购部经过一系列的网上交易,达成协议后,由供应商将原材料送到企业的原材料仓库,由生产管理部安排生产,生产部门经过一系列的生产工序后,将完工的信息反馈给销售部,销售部将供货的信息传递给用户,同时完成供货过程;由财务部结算后,根据事先协议完成电子支付过程。

在电子商务环境下,因企业与企业之间、企业与用户之间实现信息共享,使信息的传递更加顺畅、准确,提高了企业的生产效率;同时,对于制造业的物流作业和工艺流程也提出了更高的要求,要求其电子化、自动化。电子商务环境下制造企业的物流作业流程和传统商务环境下制造企业的物流作业流程的区别如图 14-5 和图 14-6 所示。

电子商务下制造业的业务流程可划分为如下步骤:

(1) 各个批发商根据自己的销售情况,确定所需货物的品种和数量,给企业的销售部门下达订单,下达订单的方式是通过互联网进行的。

(2) 销售部门收到订单以后,开始对下达订单的批发商进行信用审计,信用审计的方式一般是通过调查它的财务状况进行。如果信用良好,销售部门便处理这些需求信息,如

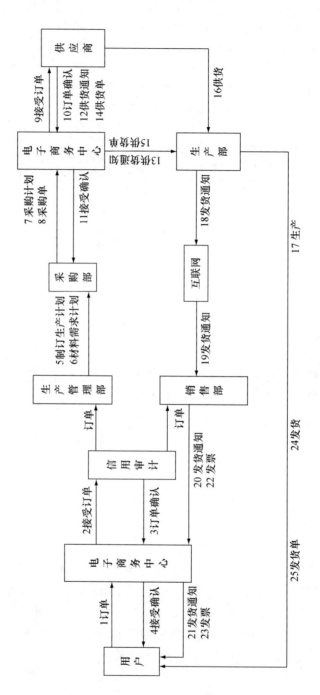

图 14-5 电子商务环境下制造企业的物流作业流程

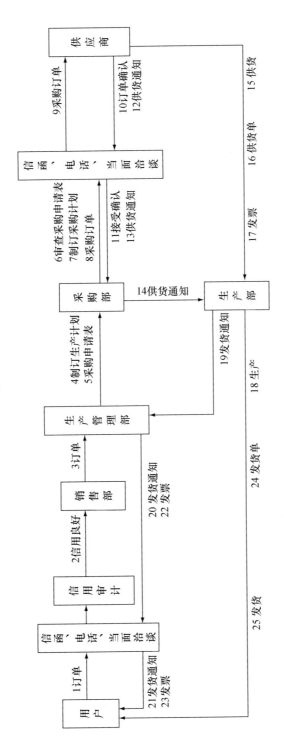

图 14-6 传统商务环境下制造企业的物流作业流程

订货的品种、数量、交货期等,根据双方的协商签订供需合同。如果信用审计结果不好,便无法形成供需。

(3) 销售部签订好合同后,将订单上的信息传递给生产管理部,生产管理部接到任务后,如果仓库里有存货,可以直接发给用户;如果没有存货,要根据计划组织新的生产。

(4) 在组织新的生产之前,生产管理部根据销售部传来的指令,制订生产计划,根据生产计划,由管理软件直接编制采购计划。这个过程是由计算机自动完成的。

(5) 采购部门将采购计划进行必要的调整,确定所需原材料的品种和数量。

(6) 采购部确定采购计划后,通过互联网向原材料供应商发布采购信息,确定原材料供应商。

(7) 采购部通过互联网向原材料供应商发出采购订单,原材料供应商收到订单后,也要进行信用审计,即确认订单的过程。

(8) 原材料供应商通过互联网向采购部发出供货通知,采购部收到通知后,准备接货和办理结账手续。

(9) 原材料供应商开始供货,同时准备好供货单和发票。生产部收到原材料后,进行验货和办理货物入库手续。

(10) 原材料到库后,生产管理部根据事先安排好的生产任务,由生产部开始组织生产。经过一系列的生产工艺,生产出所需的产品。

(11) 生产部将完工的信息通过互联网将信息同时反馈给生产管理部、销售部和用户,用户收到信息以后准备接货和办理结账手续。

(12) 生产部开始供货,同时准备好供货单和发票。用户收到货物后,进行验货和办理货物入库手续。

四、电子商务下物流企业的物流业务流程

现代物流企业一般由物流业务管理部门和仓储中心组成,为了详细说明其业务流程,将其作业过程分为三个部分讨论:第一部分为采购作业流程;第二部分为销售作业流程;第三部分为仓储中心作业流程。

(一) 采购作业流程

采购作业过程是物流业务管理部门根据用户的要求及库存情况通过电子商务中心向供应商发出采购订单,供应商收到采购订单以后,通过网络加以确认,物流管理部门再确认一下是否订货,如果订货,确认一下订货的种类及数量,业务管理部和供应商分别通过互联网向仓储中心发出发货的信息,仓储中心根据货物的情况安排合适的仓库,同时供应商将发货单通过互联网向供应商发送,货物通过各种运输手段送至仓储中心,如图14-7所示。

为了进一步说明采购作业流程,我们将采购作业的业务过程分成如下步骤:

(1) 业务管理部门根据仓储中心的商品库存情况,向指定的供应商发出商品采购订单。

(2) 电子商务中心将业务管理部的采购订单通过互联网传递给供应商。

(3) 供应商在收到采购订单后,根据订单上的要求,通过电子商务中心进行订单确认,即确定订货的品种、数量及交货期。

(4) 电子商务中心将供应商发出的采购订单确认信息发送至业务管理部。

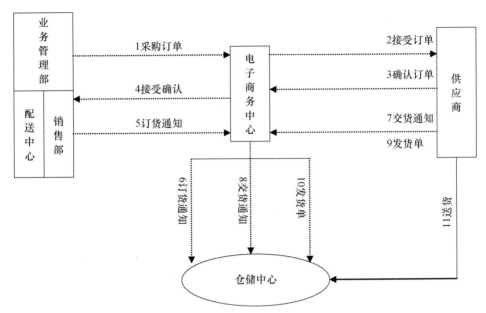

图 14-7 电子商务环境下的采购作业流程

(5) 业务管理部根据采购订单的确认,向供应商发出订货信息。

(6) 同时,业务管理部向仓储中心发出订货通知,以便仓储中心安排检验和仓储空间。

(7) 供应商收到业务管理部的订货通知后,通过电子商务中心向仓储中心发出供货通知和供货单。

(8) 仓储中心收到供货通知和供货单。

(9) 供应商开始供货。

(10) 货物送达后,仓储中心根据供应商发来的供货单进行商品检验,二者相符后,安排入库或根据配送要求进行备货。

(二) 销售作业流程

销售作业过程是客户通过互联网向业务管理部发出购物订单,业务管理部收到订单后,对订单加以确认,客户也确认订货后,业务管理部向仓储中心发出配送通知,仓储中心根据发货种类及数量向客户发出配送通知,确定配送时间和配送数量,同时发出送货单并送货,如图 14-8 所示。

为了进一步说明销售作业流程,我们将销售作业的业务过程分成如下步骤:

(1) 客户通过电子商务中心向业务管理部发出订单。

(2) 电子商务中心将客户的订单通过互联网传递给业务管理部。

(3) 业务管理部在收到订单后,根据订单上的要求,通过电子商务中心进行订单确认,即确定订货的品种、数量及交货期。

(4) 电子商务中心将业务管理部发出的订单确认信息发送给客户。

(5) 业务管理部在订单确认后,向仓储中心发出配送信息。

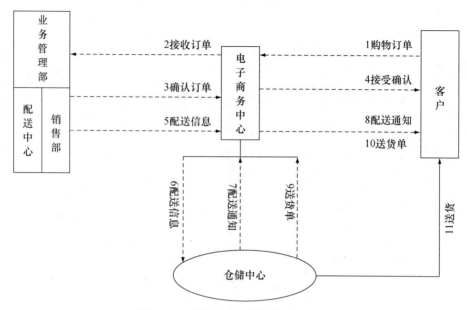

图 14-8　电子商务下的销售作业流程

（6）仓储中心通过电子商务中心收到配送信息,安排配送。

（7）仓储中心收到业务管理部的配送通知后,通过电子商务中心向客户发出送货通知和送货单。

（8）客户收到送货通知和送货单。

（9）仓储中心开始根据订货情况进行配送。

（10）货物送达后,客户根据仓储中心发来的送货单进行商品检验,核实数量和质量。

（三）仓储中心作业流程

仓储中心受业务管理部的统一管理,它的主要作业区是收货区、拣货区和发货区。当仓储中心收到供应商的送货单和货物后,在进货区对新进入的货物通过条码扫描仪进行货物验收,确认发货单与货物一致后,对货物进行进一步处理(如验收不合格要退货),一部分货物直接放入发货区,属于直通型货物;另一部分货物属于存放型货物,要进行入库处理,即进入拣货区,拣货通过自动分拣输送系统、自动导向系统自动完成,货物进入自动化仓库。当货物需要发货时,根据发货单上的显示,通过自动分拣输送设备将货物送到相应的装车线,对货物进行包装处理后,装车送货如图14-9所示。

为了进一步说明仓储中心作业流程,我们将仓储中心作业的业务过程分成如下步骤：

（1）供应商将商品送到仓储中心后,卸在指定的进货区,在进货区对进入的商品进行商品验收手续,然后对验收合格的商品办理入库手续;对于验收不合格的商品办理退货或调换手续。

（2）对于验收合格的商品,要填写验收合格单和入库单(包括商品的名称、数量、存放期限、存放位置等信息)。

（3）对于即将入库的商品,一部分是直通型商品,一部分是存放型商品。直通型商品是指不在仓库中停留、直接发货的商品。

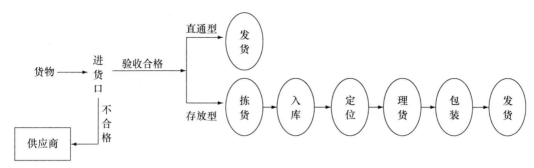

图 14-9　仓储中心作业流程

（4）对于存放型的商品，利用电子化的物流设施送入指定存放区的库位。

（5）当仓库收到配送中心的配货清单后，按照清单的要求开始备货。

（6）备货结束后，开始送货。同时，将配送信息反馈给配送中心，以便配送中心进行库存量统计。

（7）商品送到用户手中后，用户有检验商品的过程，如果商品与送货单不符或者商品出现破损等情况时，用户要求退货。对于退货的商品要送回仓储中心进行处理。

第三节　电子商务运行方式及物流支持

电子商务其核心的服务内容没有变化，依然是满足消费者各类层次的需求，包括传统的物质需求、服务需求，同时也出现了由于传统技术的局限不能满足消费者的需求而现在能够满足的需求。

一、企业对企业的电子商务

(一) 企业对企业的电子商务模式的含义

企业对企业(business-to-business，B2B)的电子商务模式指的是企业与企业之间进行的电子商务活动。例如，工商企业利用计算机网络向它的供应商进行采购，或利用计算机网络进行付款等。这一类电子商务已经存在多年。特别是企业通过私营或增值计算机网络(value-added network，VAN)采用 EDI 方式所进行的商务活动。

尽管网上企业直接面向客户的销售方式发展势头强劲，但为数众多的分析家认为企业间的商务活动更具潜力。Forrester 研究公司预计企业间的商务活动将以三倍于企业—个人商务的速度发展。电子商务，尤其是企业间的电子商务将是电子商务业务中的重头戏。电子商务最热心的推动者是商家，因为相对来说，企业间的交易才是大宗的，是通过引入电子商务能够产生大量效益的地方。就目前发展看，B2B 电子商务仍将持续发展，是推动其他类型电子商务活动的主要动力之一。

(二) B2B 电子商务的通用交易过程

1. 电子商务过程与传统商务过程的区别

传统商务过程大致为：需求量调查→材料采购→生产→商品销售→收款→货币结算

→商品交割。

当引入电子商务时,这个过程变成:以电子查询的形式进行需求调查→以电子单证的形式调查原材料信息,确定采购方案→生产→通过电子广告促进商品销售→以电子货币的形式进行资金接收→同电子银行进行货币结算→商品交割。

2. B2B 电子商务的通用交易过程

B2B 电子商务通用交易过程可以分为四个阶段:

(1) 交易前的准备阶段:买卖双方和参加交易各方在签约前做好交易准备;

(2) 交易谈判和签订合同阶段:双方可通过通信设备进行谈判,利用 EDI 签订电子合同;

(3) 办理交易进行前的手续阶段:与有关各中介方如银行、税务系统、运输公司等办理完向买方发货的一切手续;

(4) 交易合同的履行和索赔阶段。

3. 支持企业间电子商务的常用技术——EDI 技术

EDI 技术是指机构之间通过计算机网络所进行的统一结构和标准信息的交换。该技术支持计算机系统之间信息的直接交换,因此,可以最大限度地减少甚至消除人为因素的介入和信息录入工作。目前,EDI 主要在行业内部开展得较为成功。

(三) B2B 电子商务平台

B2B 电子商务平台以交易服务中心、商务服务中心、信息服务中心、客户服务中心为基本构架。

1. 交易服务中心

为企业提供商品目录、采购、销售、合同管理、物流配送等一整套的交易管理服务。

2. 商务服务中心

为企业进行商品交易之外的商务活动提供服务,对市场策划、销售管理等进行全面支持。通过数据交换功能使本电子商务服务平台能够与企业 ERP 系统和其他(国内、国外)交易中心进行通信和数据共享,完成与外贸、海关、商检、税务、银行、保险等服务平台的数据接口。

3. 信息服务中心

为企业提供政策法规、市场信息、行业动态、咨询服务等各种信息。

4. 客户服务中心

以关系管理为客户服务为核心,建立平台的统一客户档案,定期进行客户的信用评估,会员企业在接受中心提供服务的同时,通过平台的客户关系管理为自己的客户进行有效的管理与服务。

在电子商务服务平台进行商品及服务的买卖交易;通过平台与 CA 认证中心和银行的连接,进行身份认证,完成交易支付;企业可以通过电子商务服务平台向外贸、海关、商检、税务、银行、保险等机构申请交易需要的各种外贸单证;通过平台提供的数据交换功能,实现电子商务服务平台与企业 ERP 系统的连接,实现电子商务服务平台的交易信息与企业供应链、销售链的信息进行交换,形成完整的供应链管理。

二、企业对消费者的电子商务

（一）企业对消费者的电子商务的含义

企业对消费者（business-to-consumer，B2C）的电子商务，指的是企业与消费者之间进行的电子商务活动。这类电子商务主要是借助于国际互联网所开展的在线式销售活动。最近几年随着国际互联网的发展，这类电子商务的发展异军突起。例如，在国际互联网上目前已出现许多大型超级市场，所出售的产品一应俱全，从食品、饮料到电脑、汽车等，几乎包括了所有的消费品。

B2C 电子商务是近年来各类电子商务中发展较快的。其主要原因是：

（1）国际互联网的发展为企业和消费者之间开辟了新的交易平台。随着全球上网人数的不断增多，国际互联网的使用者已经成为企业进行电子商务的主要对象。

（2）从技术角度看，企业上网面对广大的消费者，并不要求双方使用统一标准的单据传输。在线零售和支付行为通常只涉及信用卡、电子货币或电子钱包。

（3）开展 B2C 电子商务，障碍最少，应用潜力巨大。互联网所提供的搜索浏览功能和多媒体界面，使消费者更容易查找适合自己需要的产品，并能够对产品有更深入的了解。

（二）B2C 的物流配送支持方式

1. 建立相对完善的配送体系

这是具有雄厚实力的电子商务公司常采取的物流策略。青岛海尔股份有限公司成立的电子商务有限公司，投资一亿多人民币，依靠雄厚的财力和以前形成的营销网络，建立了一套相对完善的配送体系，在完成对海尔服务的同时还能为其他企业提供配送服务。

2. 电子商务公司不拥有自己的任何物流实体

电子商务公司主要从事信息中介等商务活动，将商品采购、存储和配送都交由第三方完成，充分发挥自己网络技术和信息优势，在自己的核心竞争优势上抢占先机，为客户提供独特的电子商务服务。这类电子商务公司应将自己的核心业务定位在网络服务的创新、产品的多样化、鲜明的个性特征，以及和第三方物流配送企业的关系处理上。

3. 自营与外包相结合的配送模式

这类电子商务公司一般来说拥有一部分物流资源，但是不能满足商务扩展的需要。由于建立自己的配送体系投资太大、资金不足，再加上对市场估计不足而害怕承担太大的风险。配送体系建设周期太长，不能满足自己的赢利期望等是导致采取自营与外包相结合的配送模式的主要原因。

电子商务要想取得稳定、快速的发展，应同第三方配送企业的关系从目前普遍存在的业务关系转变为战略伙伴关系，建立起适合自己的供应链渠道，并通过供应链网上各方的共同努力，增强供应链的竞争能力。

（三）现阶段我国 B2C 物流配送存在的一些问题

1. 配送规模较小，发展不平衡

配送的优越性在达到一定规模和一定水平，形成规模经济以后才能充分发挥出来。

然而我国长期以来受行业限制、地域分割的影响，物流网点没有统一布局，小、散、差的分散状态普遍存在，层层设库、行行设库的现象严重，造成物流的不合理布局。在此基础上建造的配送中心，规模达不到提高社会总体效益的程度，形成不了规模优势，导致配送双方的积极性受挫。此外，以企业集团内部为对象的专业化配送发展较快，而面向社会的区域性配送发展比较滞后，这就形成了社会配送资源的闲置与重复配置的突出矛盾。

2. 配送中心现代化程度低

现阶段，首先，我国配送中心计算机的应用程度较低，仅限于日常事务管理，而对于物流中的许多重要决策问题，如配送中心的选址、货物组配方案、运输的最佳路线、最优库存控制等方面，仍处于半人工化决策状态，适应具体操作的物流信息系统的开发滞后。其次，机械化程度低，基本上是原有物流设施转过来的，无论是技术还是设备都比较陈旧，有的配送中心实质上等于原来的仓库，功能也仅限于原有仓库的储存、保管上，同国外以机电一体化、无纸化为特征的配送自动化、现代化相比，仍有相当的差距。最后，整体物流技术水平比较落后，具体体现在运输技术、储存保管技术、装卸搬运技术、包装技术、流通加工技术及物流各环节都密切相关的信息处理技术，与国外先进技术相比，差距也不小。

3. 配送中心的功能不健全

配送是集诸多流通功能于一体的现代化流通，而且尤其强调各功能的协调和一体化。目前我国配送中心的功能比较单一或不足，尚不能形成集配货、分拣、装配、包装、加工、仓储、运输等多项功能的协调配合，建立一套相对完善的配送体系尚待时日。

三、"线上到线下"的电子商务

(一)"线上到线下"的电子商务的含义

"线上到线下"（online to offline, O2O）的电子商务的概念最早源于美国，泛指在互联网和物联网时代，在传统电子商务交易和网购的基础模式之上，企业和品牌更注重和倾向于建设"线上营销+线下体验"的新型营销模式和交易方式。

O2O的概念非常广泛，只要产业链中既可涉及线上，又可涉及线下，就可通称为O2O，也有人将其理解为"线下到线上"。O2O模式的本质，是使商品与消费者彼此之间可以更便捷地发现，让购物、交易、搜索与发现无处不在，让买卖和交易无处不在。

简单地讲，只要你能利用网络（互联网或移动互联网）把用户在线下的实际需求由线下传递到或引导到线上，同时又能把传递到线上的需求再返回到线下去提供具体服务的实体，就实现了O2O应用模式。图14-10就描述了O2O模式中的需求传递和价值传递过程。

(二) O2O所包含的四个要素

O2O所包含的四个要素，主要指以下几个方面：

1. 要有一个完整的体验

随着用户对一个产品或服务的接触点从线下实体店服务延伸到通过各种终端设备的虚拟接触点上之后，商家的服务界面就无限地扩展了，这时候商家是从整体上去考虑给用户的体验和品牌影响力，而不仅仅是从物理上考虑。

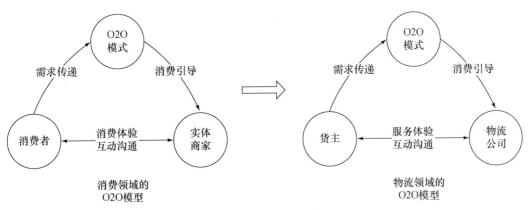

图 14-10　O2O 的电子商务

其实这也是电商和 O2O 的一个重要区别,电商主要依靠物流快递把消费体验送到消费者手中,但 O2O 是必须依靠线下的服务过程才能构成消费者的一个完整体验,也就是说线下服务体验是整个环节中必不可少也是最核心的一部分。如果说价格是电商的关键词,那体验就是 O2O 的关键词。

2. 随时随地和用户沟通

受益于移动设备的日益普及,用户随时在线,无论用户的使用感受还是对一些问题的反馈,都可以和商家进行互动沟通。

3. 以用户为中心

商家真正以用户为中心来打造自己的服务体系,而不是以产品为中心。在商家不断扩大新客户群的同时,还通过一些工具和手段留住老客户,因为商家的绝大多数利润来自于那些真正的老客户。

4. 用户消费行为从可追踪到可衡量再到可预测

O2O 的精髓是用户消费行为从可追踪到可衡量再到可预测。所有用户在线上到线下的行为都能够记录和衡量,最终形成基于海量用户消费行为的数据库,进一步通过对这些数据的挖掘与分析来预测相应营销行为对用户的影响。

以上要素为 O2O 的几个关键点,它们既可以互相关联,也可以拆成多个小点。这些理念对于整个商业生态的影响将是长期和渐进的,而整个信息技术的进步包括智能手机、电子支付、云服务、大数据等,都是这些理念实践的重要基础。

(三) 物流企业与 O2O

O2O 模式在电子商务企业和互联网企业的应用十分广泛,如团购网、外卖网、社交网等,较早实现了线上购买消费、线下享受服务的互动体验式消费模式。近一两年 O2O 模式的火热,让这种方式逐渐为物流企业所关注、重视、尝试。

1. O2O 模式有利于物流企业提供更灵活、更高效、更实时的物流服务

当前,物流企业面对越来越多的客户业务出现的多品种、小批量、多批次、长周期的物流服务需求,这需要物流企业能不断提供更灵活、更高效、更实时的服务体验。因此,客户的现实需求和更高的服务要求,让物流企业必须以客户为中心、能够最大限度地覆盖客户

营业网点,需要物流企业必须拥有和掌握更多的分拨中心、干线资源、落地配套资源等线下的物流资源。对于大量的中小型物流企业而言,很难有能力自建这些物流资源和整合这些资源,更需要通过一种新的模式联合或第三方企业整合这些资源,分享给中小物流企业使用,共同满足客户日益增长的多样性和个性化的需求。

2. 新型物流人才为物流企业开展 O2O 服务奠定了基础

物流企业从业者越来越年轻化,越来越能接受互联网和移动互联网,这成为物流企业尝试 O2O 模式良好的群众基础。更为关键的是,O2O 模式是基于智能手机端的应用,物流领域是天然适合移动应用的行业,无论是货物还是司机、从业者,基本都是在移动中处理业务。因此,物流企业更适合采用 O2O 的运营模式。

3. O2O 模式有利于整合物流资源

基于移动互联网的 O2O 模式,能够让物流公司的车辆定位不再依赖于车载终端,灵活实现对货物的跟踪、监控、管理,从而能够让物流公司快速与合作物流资源企业建立沟通和互动,高效率地整合物流资源,共同协作完成物流业务操作。O2O 运营模式,能够提前让线下的服务走到线上,提前协调各方资源,为业务操作作准备,避免各个交接环节的时间浪费,明显提高协调性和工作效率。

4. O2O 模式使物流公司的业务操作逐渐摆脱了传统的管理方式

O2O 模式能够加强货主与物流公司之间的互动,直接提高货主的消费体验度。基于智能手机端和移动互联网,货主能够随时联络到物流公司的工作人员,及时沟通业务需求,及时反馈业务信息,有效地改善货主的服务体验。物流公司的业务操作逐渐摆脱了传统的传真、电话、邮件的沟通方式,取而代之的是微信、APP 客户端、物流群等自媒体为主的交流方式,每时每刻都可以进行交流和协作处理业务。O2O 模式更适合绝大部分时间在移动当中的卡车司机,能够让物流公司与司机之间的互动交流随时进行。司机可随时了解物流公司的用车信息,物流公司则可随时了解司机车辆的空闲状态;不必再像传统的方式下物流公司打电话找司机、司机打电话问物流公司需不需要用车。

5. O2O 模式有利于物流企业之间的合作

O2O 模式能够实现物流企业之间的业务协作和支持,随时能够让物流公司组织起来共同完成客户的某一项业务。物流公司之间通过手机 APP 软件或微信平台,随时保持信息的沟通和交流,能在极其短的时间之内建立起业务协作关系,互相配货、互相配合、互相支援,以最经济、最便捷的方式形成联盟。

O2O 运营模式虽然首先在消费行业和互联网行业出现并盛行,但是基于物流企业的业务特点和不断移动的性质,天然与 O2O 模式有着契合点,未来物流企业的变革之路和发展方向将会是由 O2O 运营模式代替传统的物流运作模式。

三、其他电子商务模式

（一）消费者对消费者模式

消费者对消费者(consumer-to-consumer, C2C)的电子商务,简单说就是消费者本身提供服务或产品给消费者,最常见的形态就是个人工作者提供服务给消费者。C2C 是通过为买卖双方提供一个在线交易平台,使卖方可以主动提供商品上网拍卖,而买方可以自行选择商品进行竞价。

(二) 企业对企业对消费者模式

企业对企业对消费者模式(business-to-business to consumer, B2B2C)是一种新的网络通信销售方式。第一个 B 指广义的卖方,即成品、半成品、材料提供商等;第二个 B 指交易平台,即提供卖方与买方的联系平台,同时提供优质的附加服务;C 即指买方。卖方不仅仅是公司,也可以包括个人,即一种逻辑上的买卖关系中的卖方。平台绝非简单的中介,而是提供高附加值服务的渠道机构,拥有客户管理、信息反馈、数据库管理、决策支持等功能的服务平台。买方同样是基于逻辑上的买卖关系,可以是内部的也可以是外部的。B2B2C 定义包括了现存的 B2C 和 C2C 平台的商业模式,并更加综合化,可以提供更优质的服务。

(三) 面向市场营销的模式

面向市场营销(business-to-marketing, B2M)的模式是电子商务公司以客户需求为核心建立起的营销型站点,并通过线上和线下多种渠道对站点进行广泛的推广和规范化的导购管理,从而使得站点成为企业的重要营销渠道。相对于拥有站点的简单电子商务模式,B2M 注重的是网络营销市场,注重的是企业网络营销渠道的建立,是针对网络市场营销而建立的电子商务平台。通过接触市场、选择市场、开发市场,而不断地扩大对目标市场的影响力,从而实现销售增长、市场占有,为企业通过网络找到新的经济增长点。

相对于 B2B、B2C、C2C 的电子商务模式而言,B2M 是一种全新的电子商务模式。而这种电子商务相对于以上三种模式有着本质的不同,其根本的区别在于目标客户群的性质不同:前三者的目标客户群都是作为一种消费者的身份出现,而 B2M 所针对的客户群是该企业或者该产品的销售者或者为其工作者,而不是最终消费者。

(四) 经理人对最终消费者模式

经理人对最终消费者模式(manager-to-consumer, M2C)是针对于 B2M 的电子商务模式而出现的延伸概念。在 B2M 中,企业通过网络平台发布该企业的产品或者服务,职业经理人通过网络获取该企业的产品或者服务信息,并且为该企业提供产品销售或者企业服务,企业通过经理人的服务达到销售产品或者获得服务的目的。M2C 是 B2M 的延伸,也是 B2M 这个新型电子商务模式中不可缺少的一个后续发展环节。

(五) 代理商、商家和消费者模式

它是新型电子商务模式的一种,是由代理商(agents)、商家(business)和消费者(consumer)共同搭建的集生产、经营、消费为一体的电子商务平台。商家通过 ABC 平台发布产品;消费者通过购买 ABC 平台上的产品而获得积分,积分累加到一定数额,即可提升为"代理商",同时享受购买折扣;成为"代理商"的消费者可向其他消费者推销 ABC 平台上的产品,若达成交易,可从中获取提成,同时,当其引荐的消费者的购买积分达到成为代理商的要求时,便自动成为其线下成员。三者之间可以转化,大家相互服务,相互支持,形成一个利益共同体。

(六) 企业、联盟和企业模式

企业、联盟和企业(business alliance business, BAB)电子商务模式是基于 B2B 提出的

新的电子商务模式,该模式把网络提供的技术手段和依靠有信誉的代理商提供保证结合起来,把身份认证、信息服务、网上支付、物流配送等各个环节集成起来,提供统一的、可靠的平台,从而真正实现了"三流合一"(信息流、资金流、物资流),为企业之间的电子商务提供了必要的服务和基础条件。

(七)消费者对政府模式

消费者对政府(consumer-to-government,C2G)的电子商务指的是政府对个人的电子商务活动。这类的电子商务活动目前还没有真正形成。然而,在个别发达国家,政府的税务机构已经通过指定私营税务或财务会计事务所用电子方式来为个人报税。这类活动虽然还没有达到真正的报税电子化,但是,它已经具备了消费者对行政机构电子商务的雏形。随着商业机构对消费者、商业机构对行政机构的电子商务的发展,政府将会对社会的个人实施更为全面的电子方式服务。政府各部门向社会纳税人提供的各种服务,如社会福利金的支付等,将来都会在网上进行。

(八)企业对政府模式

企业对政府(business-to-government,B2G)的电子商务指的是企业与政府机构之间进行的电子商务活动。例如,政府将采购的细节在国际互联网络上公布,通过网上竞价方式进行招标,企业也要通过电子的方式进行投标。目前这种方式仍处于初期的试验阶段,但会发展很快。因为政府可以通过这种方式树立政府形象,通过示范作用促进电子商务的发展。除此之外,政府还可以通过这类电子商务实施对企业的行政事务管理,如政府用电子商务方式发放进出口许可证、开展统计工作,企业可以在网上办理交税和退税等。政府在推动电子商务发展方面起到重要的作用。我国的金关工程就是要通过商业机构对行政机构的电子商务,如发放进出口许可证、办理出口退税、电子报关等,建立我国以外贸为龙头的电子商务框架,并促进我国各类电子商务活动的开展。

▶ 课外阅读(一)

京东自建电商物流运作模式

2014年5月,京东商城成功登陆美国纳斯达克市场,其拥有的庞大自建物流网络基础成为上市成功的重要亮点。过去几年,京东投入巨资,建立了一套完整的覆盖全国的物流仓储配送体系。截至2014年6月30日,京东在全国已建成97个大型仓库,总面积约为180万平方米,并拥有1808个配送站和715个自提点和自提柜。强大的物流基础网络优势支撑着京东独树一帜的"仓配一体"的电商物流运作模式,其核心理念是减少物品流动,使货物离消费者更近,降低搬运次数,提升整个产业链效率。根据京东公开的IPO数据显示,2013年,京东年度成交总额GMV为1255亿元人民币,总体运营费用占营业收入的10.3%,其中,物流占比为5.8%;库存周转天数为32天,远低于其他电商库存周转70—90天的水平。

(资料来源:原文详见http://tech.hexun.com/2014-09-09/168287450.html。)

▶ **课外阅读(二)**

菜鸟网络对电商物流领域产生重要影响

菜鸟网络加速在全国铺设自建仓库网络,发力打造"地网"。继2013年天津项目建成,招商、金华项目开工后,2014年8月,武汉项目首期400亩土地正式开工,预计投资60亿元。

菜鸟网络利用物联网、云计算技术建立物流数据应用平台,充分发挥"天网"对物流数据利用和资源整合方面的实力。菜鸟网络推出云栈计划,即菜鸟和聚石塔、开放平台合作推出的一系列物流云服务,其中包含电子面单、智能筛单、物流推荐等,通过云计算和大数据技术不断地提高商家和物流服务商效率,降低成本,提升消费者购物体验。

2014年5月,"菜鸟版"电子面单上线试运营。该电子面单建立了行业统一的标准格式,菜鸟网络提供技术和系统支持,不参与商家与快递公司的价格谈判过程,只提供快递费用指导价。菜鸟网络主导推动电子面单的普及,并对商家和快递企业免费,这一举动必将对第三方快递企业和其他电商企业产生重要影响。一方面,电子面单的使用有利于企业降低劳动成本,释放卖家生产力,并推动快递企业作业流程的优化;另一方面,菜鸟网络增强了对快递企业的控制力。在其信息系统与菜鸟网络全面对接后,快递企业的用户信息及快递总部与网点间结算的关键信息也将为菜鸟网络所掌控,这样一来难免会出现快递企业过度依赖菜鸟网络的局面,同时冲击加盟制企业建立在传统面单基础上的管控体制,削弱总部对网点的影响力。

菜鸟网络的"大数据+自建仓储网络+资源整合"模式改变了阿里巴巴原有的单一的第三方物流模式,物流短板的局面正在逐步扭转,"天网+地网"的结合给电商物流的运作和服务模式带来了更多的想象空间,被互联网深深影响的电商物流行业正在遭遇一场巨大的"变革"。

(资料来源:原文详见 http://tech.hexun.com/2014-09-09/168287450.html。)

▶ **课外阅读(三)**

O2O升温,物流迎来新挑战

O2O模式正在成为线下企业电商化的发展趋势。自从2013年开启实体门店互联网化进程后,苏宁推动线上线下融合的O2O模式在2014年上半年初显成效,遍布全国的1600家苏宁实体门店都成为其物流配送网点,为线上销售平台提供落地化的本地服务,成为最新推出"急速达"服务强有力的支撑基础。2014年7月初,1号店在上海300个"全家便利店"开通订单包裹自提服务。天猫、京东等电商在社区的布局则更早,O2O脚步加快。

此外,非电商企业也在切入电商领域。2014年5月,顺丰快递在社区开"嘿客",试水O2O,抢占社区资源。第三方支付平台"拉卡拉"也进军社区电商O2O,以社区为核心,"开店宝"为终端载体,连接供货源与社区,消费者通过"开店宝"完成选购、支付和收货流程。未来，拉卡拉将自建区域仓、中心店，以"前店后仓"的形式运营，形成"前端交易＋后端仓储＋落地配送"的全渠道构架。邮乐网作为中国邮政旗下的电商平台，其策略是通过O2O模式让网点成为电商落地点。一方面，这会形成"活动推动＋村邮站代购＋目录营销＋投递配送"的工业品下乡模式；另一方面，此举亦在尝试"农产品加工企业＋邮政网点＋邮乐网""农户＋村邮站＋邮乐网"的农产品进城模式。

(资料来源：原文详见 http://tech.hexun.com/2014-09-09/168287450.html。)

▶ 课外阅读（四）

跨境电商成行业热点

跨境电商成为市场热点之一。据商务部统计数据显示，2013年中国跨境电子商务交易额突破3.1万亿元，到2016年将增至6.5万亿元，年均增速接近30%。蓬勃增长的市场为跨境电商提供了无限的发展空间，跨境电商物流迎来发展契机，物流服务转型升级势在必行。

政策红利刺激不断。在进出口稳中有升的大环境下，随着国家对跨境电商政策支持力度的加大，跨境电商成为我国对外贸易的新增长点。2014年以来，广州、杭州、郑州、深圳、哈尔滨、长春等地先后获批"国家跨境电子商务试点城市"，试点城市将通过"规范贸易制度、制定贸易标准、强化在线支付、完善跨境物流、电商出口退税"等五个方面给予政策支持。流程监管创新、通关便利化加速跨境电商的发展。全国首个统一版海关总署跨境电商通关服务平台于2014年7月1日在广东东莞正式上线运营。2014年7月29日，海关总署"56号文""57号文"相继出台，通过电子商务交易平台实现跨境交易的企业和个人接受海关监管，推广"清单核放、汇总申报"的便利模式，解决了跨境电商货品以个人物品通过行邮的方式出境所存在的难以快速通关、结汇、退税难等问题。

海外仓成趋势。海外仓的广泛使用将改变跨境电商零售出口产业的物流生态，能够实现本地发货，加快商品配送速度，提升商品的销售速度。国内企业加快海外仓储布点和国际业务的布局。跨境电商的迅速崛起也对跨国快递和物流企业提出了新的要求，国内快递企业也纷纷"出海"发展国际业务。

(资料来源：原文详见 http://tech.hexun.com/2014-09-09/168287450.html。)

思考题

名词解释

电子商务下的物流系统　　B2B电子商务模式　　B2C电子商务模式
B2G电子商务模式　　　　C2G电子商务模式

问答题

1. 通过电子商务概念模型，请谈谈你对电子商务的理解。
2. 请简要描述电子商务环境中的主要层面。
3. 相对传统商务活动，电子商务有哪些特征和优点？为什么？

4. 电子商务的必要条件和电子商务的充分条件各包括哪些内容?
5. 简述电子商务环境下商流和物流的一般流程。
6. 简述生产制造企业的电子商务与物流。
7. 简述直销企业的电子商务与物流。
8. 与传统物流系统相比,电子商务环境下的物流系统具有哪些特征?
9. 请阐述电子商务的发展对物流系统提出了哪些方面的要求。
10. 请说明电子商务环境下物流企业的物流业务流程。
11. 简述电子商务主要的运行方式有哪些。
12. 请阐述B2C下的物流配送支持方式。
13. 请说明O2O的电子商务模式。

第十五章

第三方物流

学习目的

加强对"第三方物流"是现代物流社会化和专业化的先进形式的理解；全面认识第三方物流的理论与实践；加强对各类物流企业的了解。

技能要求

掌握第三方物流的概念、特点和优势；了解国外现代物流企业的运营模式与特点；了解我国传统物流业和我国现代物流业的发展状况；了解《物流企业分类与评估指标》(GB/T 19680-2013)；掌握物流外包的概念和企业实施物流业务外包的原因；掌握企业物流外包和物流服务承包的形式；了解物流外包的运作应注意的问题。

社会化的物流需求是物流资源配置非常重要的动力，它的结果是物流活动的社会化。物流服务的出现，标志着物流活动的专业化，无论是系统的物流活动，还是局部领域的物流活动，都通过社会化的物流服务而变成一个专门的行业。

从当前社会经济发展水平来看，能提供最高水平的物流服务的是能够为物流需求承担完整的物流服务商，现在一般称为"第三方"。"第三方物流"是现代物流社会化和专业化的先进形式。

第一节 第三方物流的概念与内涵

一、第三方物流的概念

对于第三方物流(third party logistics)的概念,国内外有多种理解方式。

中华人民共和国国家标准《物流术语》中给出的第三方物流的概念是"独立于供需双方,为客户提供专项或全面的物流系统设计或系统运营的物流服务模式"(GB/T 18354-2006)。第三方就是指给物流交易双方提供部分或全部物流功能的外部服务提供者。

第三方物流是随着物流业发展而发展的物流专业化的重要形式。1988年,美国物流管理委员会的一项客户服务调查中首次提到"第三方物流提供者",这种新思维被纳入客户服务职能中。物流业发展到一定阶段必然会出现第三方物流,而且第三方物流的占有率与物流产业的水平之间有着非常规律的相关关系。西方国家的物流业实证分析证明,独立的第三方物流要占社会的50%,物流产业才能形成。所以,第三方物流的发展程度反映和体现着一个国家物流业发展的整体水平。

第三方物流通常又称为契约物流或物流联盟,是指从生产到销售的整个流通过程中进行服务的第三方,它本身不拥有商品,而是通过签订合作协定或结成合作联盟,在特定的时间段内按照特定的价格向客户提供个性化的物流代理服务。其具体内容包括商品运输、储存配送及其他附加的增值服务等。它以现代信息技术为基础,实现信息和实物的快速、准确的协调和传递,提高仓库管理、装卸、运输、采购订货及配送发运的自动化水平。

和社会经济领域的许多经济概念一样,第三方物流也有广义和狭义的理解,因而在不同的领域涵盖的范围也就不同:

广义的第三方物流是相对于自营物流而言的,凡是由社会化的专业物流企业按照货主的要求,所从事的物流活动都可以包含在第三方物流范围之内。中华人民共和国国家标准《物流术语》(GB/T 18354-2001)给出的"第三方物流是指由供方与需方以外的物流企业提供物流服务的业务模式"即是广义的第三方物流。至于第三物流是从事的是哪一个阶段的物流,物流服务的深度和服务的水平如何,要看货主的要求。

狭义的第三方物流主要是指能够提供现代的、系统的物流服务的第三方的物流活动。对于执行第三方物流的第三方其具体标志是:

(1) 有提供现代化的、系统物流服务的企业素质;

(2) 可以向货主提供包括供应链物流在内的全程物流服务和定制化服务的物流活动;

(3) 不是货主向物流服务商偶然的、一次性的物流服务购销活动,而是采取委托—承包形式的业务外包的长期物流活动;

(4) 不是向货主提供的一般性物流服务,而是提供增值物流服务的现代化物流活动。

在第三方物流基础上发展起来的第四方物流实际上是供应链整合。美国安德森咨询公司提出并注册的第四方物流的概念是:"第四方物流是指集成商们利用分包商来控制与管理客户公司的点到点式供应链运作。"

第四方物流的作用是集合及管理包括第三方物流在内的物流资源、物流技术设施,依托现代信息技术和管理技术来提供完整的供应链解决方案。由于供应链的复杂性和多元性,作为一个横向的构筑者,第三方物流可以以自有资源进入供应链。但是由于利益的冲突和第三方物流的局限性,难以对复杂的供应链,尤其是全球供应链提供可信的构筑方案。这就要求有更为"中立"的服务形态,这边是第四方物流服务得以产生和发展的原因。所以,第四方物流是在第三方物流架构基础上发展起来的、涵盖面更广的、能够克服第三方物流所产生的问题并使供应链得以改善的一种组织形态。此外,第四方物流还有一些独特的优势,那就是可以在更大范围整合资源,充分发挥外包物流和自有物流的优势,构建更大规模的、覆盖面更广的物流信息平台。

二、第三方物流的特点

(一) 信息网络化

信息流服务于物流,信息技术是第三方物流发展的基础,在物流服务过程中,信息技术发展实现了信息实时共享,促进了物流管理的科学化,提高了物流服务的效率。

(二) 关系合同化

一方面,第三方物流是通过合同的形式来规范物流经营者和物流消费者之间的关系的。物流经营者根据合同的要求,提供多功能直至全方位一体化的物流服务,并以合同来管理所有的物流服务活动及其过程。

另一方面,第三方发展物流联盟也是通过合同形式来明确各物流联盟参与者之间的关系。

(三) 功能专业化

第三方物流公司所提供的服务是专业化的服务,对于专门从事物流服务的企业,它的物流设计、物流操作过程、物流管理都应该是专业化的,物流设备和设施都应该是标准化的。

(四) 服务个性化

不同的物流消费者要求提供不同的物流服务,第三方物流企业根据消费者的要求,提供针对性强的个性化服务和增值服务。

三、第三方物流所具有的优势

在当今竞争日趋激烈和社会分工日益细化的大背景下,第三方物流物流具有明显的优越性,具体表现在:

(一) 企业集中精力于核心业务

由于任何企业的资源都是有限的,很难成为业务上面面俱到的专家。为此,企业应把自己的主要资源集中于自己擅长的主业,而把物流等辅助功能留给物流公司。

(二)灵活运用新技术,实现以信息换库存,降低成本

当科学技术日益进步时,专业的第三方物流供应商能不断地更新信息技术和设备,而普通的单个制造公司通常一时间难以更新自己的资源或技能;不同的零售商可能有不同的、不断变化的配送和信息技术需求,此时,第三方物流公司能以一种快速、更具成本优势的方式满足这些需求,而这些服务通常都是制造商一家难以做到的。同样,第三方物流供应商还可以满足一家企业的潜在客户需求的能力,从而使企业能够接洽到零售商。

(三)减少固定资产投资,加速资本周转

企业自建物流需要投入大量的资金购买物流设备,建设仓库和信息网络等专业物流设备。这些资源对于缺乏资金的企业特别是中小企业,是个沉重的负担。如果使用第三方物流公司不仅可以减少设施的投资,还解放了仓库和车队方面的资金占用,加速了资金周转。

(四)提供灵活多样的客户服务,为客户创造更多的价值

如果你是原材料供应商,而你的原材料需求客户需要迅速的货源补充,你就要有地区仓库。通过第三方物流的仓储服务,你可以满足客户需求,而不必因为建造新设施或长期租赁而调拨资金,并在经营灵活性上受到限制。如果你是最终产品供应商,利用第三方物流还可以向最终客户提供超过自己提供给他们的更多样的服务品种(如提供本企业一时不能满足客户要求的暂时缺货、短时的仓储管理等服务),为客户带来更多的附加价值,使客户满意度提高。

当然,与自营物流相比较,第三方物流也会给企业带来一些不利,如企业不能直接控制物流职能等。

四、对第三方物流企业的评价

当企业不具备自营物流的能力时,就要将物流业务外包出去。企业可以将物流业务外包给一家第三方物流企业,也可以外包给多家第三方物流企业。要想选择好第三方物流企业,就必须对第三方物流企业进行合理的评价。

(一)第三方物流供应商的核心竞争力

在挑选第三方物流供应商时,应首先考虑第三方物流供应商的核心竞争力是什么,例如,美国联邦快递和联合包裹服务公司最擅长的服务是包裹的限时速递;中国储运总公司的核心竞争力在于其有大量的仓库和巨大的储存能力。

(二)第三方物流供应商是自拥资产还是非自拥资产

使用一家自拥资产还是非自拥资产的第三方物流供应商都各有优缺点。自拥资产的公司具备较大的规模、丰富的人力资源、雄厚的客户基础、先进的系统,但是它们的工作倾向于自己决定,需要较长的决策周期。非自拥资产的公司在运作上更加灵活,对于企业所提出的服务内容可以自由组合,调配第三方物流供应商。但是因为其资源有限,物流服务

价格会偏高。

（三）第三方物流供应商服务的地理范围

第三方物流供应商按照其所服务的地理范围可分为全球性、全国性和区域性等。选择第三方物流供应商时要与本企业的业务范围相一致。

（四）第三方物流服务的成本

物流总成本可用下列数学公式表示如下：

$$D = T + S + L + F_w + V_w + P + C \qquad (15\text{-}1)$$

式（15-1）中，D 为物流系统总成本；T 为该系统的总运输成本；S 为库存维持费用，包括库存管理费用、包装费用及返工费；L 为批量成本，包括物料加工费和采购费；F_w 为该系统的总固定仓储费用；V_w 为该系统的总变动仓储费用；P 为订单处理和信息费用，指订单处理和物流活动中广泛交流等问题所发生的费用；C 为客户服务费用，包括缺货损失费用、降价损失费用和丧失潜在客户的机会成本。

在计算第三方物流服务的成本时，要弄清自营物流的成本，然后两者对应起来进行比较。

（五）第三方物流的服务水平

在评价第三方物流的服务服务水平时，评价方法与分析企业的物流系统中的评价方法相同。

评价第三方物流的主要指标是物流服务水平和物流成本。值得一提的是，某协会在全国范围内的物流供求状况调查表明：在采用第三方物流的需求企业中，有67%的生产企业和54%的商业企业对第三方的物流服务感到满意，有23%的生产企业和7%的商业企业对第三方的物流服务不满意。不满意的原因中，首先是因为作业速度慢和物流信息不及时准确，其次是作业差错率高、运作成本高，从中可看出生产企业和商业企业对第三方物流服务首先关心的是运作质量和包含物流信息在内的运作能力问题，其次才是成本。

第二节 物 流 业

一、物流企业与物流业

中华人民共和国国家标准《物流术语》（GB/T 18354-2006）中关于物流企业的定义是"从事物流基本功能范围内的物流业务设计及系统运作，具有与自身业务相适应的信息管理系统，实行独立核算、独立承担民事责任的经济组织"。

物流业系指物流企业的集合。

（一）我国传统物流业

1. 我国传统物流企业的分类

我国传统的物流企业大致可以分为以下几类：

（1）中央直属的专业性物流企业。如专营生产资料的物资储运总公司、商业储运总公司和外贸运输总公司等。仓储主要针对本系统，因此商流和物流分离，受行业行政控制。

（2）地方专业性物流企业。地方物资系统、商业系统的储运公司及粮食仓储系统，受当地行政领导。

（3）兼营性物流企业。集商流与物流为一体的流通企业，比重大，数量多。多以商流带动物流业务活动。

2. 我国传统物流业的结构组成

我国传统物流业的结构组成，从大行业的角度来看，可分为交通运输业、储运业、配送业等。如进一步进行行业细分，则可划分成以下 16 个行业，即铁道运输业、汽车货运业、海洋货运业、内河船运业、航空货运业、集装箱联运业、仓库业、中转储运业、快递业、托运业、运输代办业、起重装卸业、拆船业、拆车业、集装箱租赁业、托盘联营业等。

3. 我国传统物流业的运营模式及其弊端

长期以来，由于受计划经济的影响，传统物流业采用的是单一的职能型运作模式，而能提供综合物流服务的企业几乎没有。

除了计划经济影响外，造成单一职能型运营的原因主要还有以下三点：

（1）技术力量薄弱。计算机技术和定量化技术应用的水平还较低，在这种条件下，很难将物流的各项功能综合起来，即使是简单的综合，也难以提高整体效益。

（2）传统物流的核心是企业的生产制造。由生产出发去考虑如何以最低的成本将商品送到消费者手中，生产是物流的推动力，企业以追求更高的利润为目标。这一时期，企业在管理上更多注重的是降低和控制生产成本，对于总成本的控制还没有全面综合的认识。

（3）难以对可能取得的投资报酬进行量化，收益具有不确定性。

（二）国外现代物流企业的运营模式与特点

国外物流企业随着电子商务的出现呈现出多种物流形式相互融合的发展趋势，企业的运营模式也出现了多样化。近些年来欧洲还出现了专门从事废料处理，提供回收物流服务的企业。

1. 美国联邦快递（Federal Express，FedEx）

该公司 1973 年开始运营，是全球最大的快递运输公司。FedEx 拥有整合式的全球网络，员工超过 14.5 万人，有 4.35 万个送件点、648 架货机、4.45 万辆货运车，在全球 36 座大小机场拥有航权。该公司运营的第一个特点是充分利用并充分发挥电子信息与网络化技术，如它拥有 FedEx Powerships、FedEx Ships、FedEx Internet Ships 等 3 个信息系统，其中第一个系统全球超过 10 万套，第二、三个系统全球超过 200 万套。公司通过信息系统与全球上百万客户保持密切的联系。第二个特点是物流服务面广，该公司物流服务范围达 210 多个国家和地区，平均每天处理货件量达 330 万件，每天货运量达 2 650 万磅，平均处理通信次数为 50 万次/天，电子传输量 6 300 万份/天。第三个特点是作出了"让客户 100% 满意"的承诺，在 24—48 小时内提供户到户准时的清关服务。FedEx 的营业理念是"服务、技术和客户协同拓展市场"。

2. 美国联合包裹公司(united parcel service,UPS)

UPS 是世界上最大的配送公司,拥有 15.7 万辆地面车辆、610 架自有或包租飞机,全球员工 33 万人,年营业额 270 亿美元。该公司每个工作日可处理包裹 130 万件,每年运送 30 亿件各种包裹和文件。UPS 建立了庞大的电子跟踪系统,可以跟踪每天 130 万件包裹的运送情况。公司的卡车司机人手一部能接收和发送送货信息的信息获取器,同时使用全球卫星定位系统(GPS),根据包裹运送量的数据,随时通知司机更换行车路线。1998 年,UPS 还成立了拥有 30 亿美元的联合包裹金融公司,提供信用担保和库存融资服务,使 UPS 在电子商务活动中同时充当中介人、承运人、担保人和收款人四者合一的关键角色。

3. 天地集团

天地集团是一家超级大型的跨国公司,服务遍及全球 200 多个国家和地区,总部设在荷兰(荷兰邮政)。天地集团以其 6 万多雇员、2 万多部大型车辆、150 架专用飞机为世界各国提供物流服务。

该公司还可根据客户要求进行仓储、运输、配送及信息等一系列的系统化的物流管理方案设计与规划。天地集团曾被《亚洲货运》杂志评为亚洲最优秀的货运公司,该公司的业务已进入中国市场(天地上海快运是该公司的一个独立部分)。

4. 美国沃尔玛公司

美国沃尔玛公司是美国零售业的著名企业。该公司以快速供应为主要特色。20 世纪 80 年代初期,美国纺织服装进出口量急剧增加,为了促进美国国产纺织品的销售,它们和纺织品制造企业合作,建立了快速物流供应系统(quick response,QR),共享信息资源。80 年代中期,沃尔玛和美国服装制造企业 Seminole 公司及面料生产企业 Milliken 公司合作,在采用销售时点信息系统的基础上又开始建立 EDI 系统。通过 EDI 系统发出订货详细清单和受理付款通知来提高订货速度和准确性,并降低了相关的运行成本。为了促进行业内电子商务的发展,沃尔玛公司与行业内的其他商家共同成立一个工业通信标准委员会,并指定了统一的 EDI 标准和商品识别标准。通过 EDI 供应方和沃尔玛公司可以实时沟通商品生产销售信息,把握需求动向,调整生产计划和物流供应计划。沃尔玛公司的物流快速供应模式零售商与生产厂建立了伙伴关系,利用 EDI 技术进行经营信息交换,用多频度、小批量配送方式连续补充商品,以实现缩短供应周期、减少库存的目标。

我们发现在上述世界几大成功的物流企业中,以空运、快递、陆运等业务为主要背景的公司居多,且拥有巨大的潜力。绝大部分是资产密集型企业,大多数拥有物流设施和网络,业务的地区性集中化程度高。这些高水平的专业物流企业通常都设有运作管理系统、质量保证系统、信息管理系统和客户管理系统。

目前,世界大型物流公司大多采取总公司与分公司体制,采取总部集权式物流运作,实行业务垂直管理,实际上就是一体化经营管理模式。

(三) 我国现代物流业的发展

我国目前的市场经济日益发达,但物流总体水平明显滞后。我国从 1992 年开始了物流配送中心的试点工作,原国内贸易部印发了《关于商品物流(配送)中心发展建设的意见》，提出大中型储运企业要发挥设施和服务优势，改造、完善设施，增加服务项目，完善服务功能，向社会化的现代物流中心转变。

原国内贸易部于1996年发出了《关于加强商业物流配送中心发展建设工作的通知》，指出了发展建设物流配送中心的重要意义，提出发展建设的指导思想和原则等。同时，还印发了《商业储运企业进一步深化改革与发展的意见》，提出了"转换机制、集约经营、完善功能、发展物流、增强实力"的改革与发展方针，确定以向现代化物流配送中心转变、建设社会化的物流配送中心、发展现代物流网络为主要发展方向。

1996年10月11日，原国内贸易部颁发的《关于进一步深化国有商业改革和发展的意见》里，特别强调了要"发展建设以商品代理和配送为主要特征，物流、商流、信息流要有机结合的社会化物流配送中心"。

中国共产党十五届五中全会指出：要大力发展现代物流，促进第三产业持续发展，这是我国经济发展战略高度提出的一个重大问题。我国"十五"计划也把物流列入战略目标。2001年由国家经济贸易委员会、原铁道部、交通部、信息产业部、对外贸易经济合作部、中国民用航空总局等部委发布了《关于加快我国现代物流发展的若干意见》（以下简称《意见》）。在《意见》中具体提出了关于现代物流发展的指导思想和总体目标。

2004年12月，全国发展和改革工作会议上提出加快经济结构调整，并进一步指出："优先发展现代金融、现代物流、信息服务等新兴服务业"。在2006年发布的《中华人民共和国国民经济和社会经济发展第十一个五年规划纲要》中提出要"推广现代物流管理技术，促进企业内部物流社会化，实现企业物资采购、生产组织、产品销售和再生资源回收的系列化运作。培育专业化物流企业，积极发展第三方物流。建立物流标准化体系，加强物流新技术开发利用，推进物流信息化。加强物流基础设施整合，建设大型物流枢纽，发展区域性物流中心"。中央和地方政府相继建立了推进现代物流业发展的综合协调机制，出台了支持现代物流业发展的规划和政策。

2009年3月，国务院印发了《物流业调整和振兴规划》的通知。文件指出："当前，国际金融危机对我国实体经济造成了较大冲击，物流业作为重要的服务产业，也受到较为严重的影响。制定实施物流业调整和振兴规划，不仅是促进物流业自身平稳较快发展和产业调整升级的需要，也是服务和支撑其他产业的调整与发展、扩大消费和吸收就业的需要，对于促进产业结构调整、转变经济发展方式和增强国民经济竞争力具有重要意义。"

2014年9月12日，国务院发布国发〔2014〕42号《物流业发展中长期规划（2014—2020年）》文件。文件指出："物流业是融合运输、仓储、货代、信息等产业的复合型服务业，是支撑国民经济发展的基础性、战略性产业。加快发展现代物流业，对于促进产业结构调整、转变发展方式、提高国民经济竞争力和建设生态文明具有重要意义。"

自此，我国物流产业的发展进入了一个崭新的阶段。

二、我国物流企业的主要类型

(一) 物流企业分类与评估指标

1. 国家标准分类

2005年,由中华人民共和国国家质量监督检验检疫总局和中国国家标准化管理委员会发布了《物流企业分类与评估指标》(GB/T 19680-2005)。本标准规定了物流业的分类原则、物流企业类型与评估指标。自2005年第一次开展A级物流企业评估工作以来共有3 000多家物流企业评级。考虑到我国物流企业的蓬勃发展和经营水平的不断提高,2013年12月31日重新修订后的《物流企业分类与评估指标》(GB/T 19680-2013)发布,并于2014年7月1日实施。

(1) 运输型物流企业。运输型物流企业应同时符合以下要求:① 以从事运输业务为主,具备一定规模;② 可为客户提供运输服务及其他增值服务;③ 自有一定数量的运输工具和设备;④ 具备信息服务功能,应用信息系统可对运输货物进行状态查询、监控。

(2) 仓储型物流企业。仓储型物流企业应同时符合以下要求:① 以从事仓储业务为主,具备一定规模;② 可为客户提供分拨、配送、流通加工等服务,以及其他增值服务;③ 自有一定规模的仓储设施、设备,自有或租用必要的货运运输工具;④ 具备信息服务功能,应用信息系统可对仓储货物进行状态查询、监控。

(3) 综合型物流企业。综合型物流企业应同时符合以下要求:① 从事多种物流服务业务,可以为客户提供运输、仓储、货运代理、配送、流通加工、信息服务等多种物流服务,具备一定规模;② 可为客户制订系统化的物流解决方案,可为客户提供综合物流服务及其他增值服务;③ 自有或租用必要的运输工具、仓储设施及相关设备;④ 具有一定市场覆盖面的货物集散、分拨、配送网络;⑤ 具备信息服务功能,应用信息系统可对物流服务全过程进行状态查询和监控。

2. 三类物流企业评估指标

表15-1、表15-2、表15-3分别列出的是运输型物流企业、仓储型物流企业和综合型物流企业的评估指标。评估指标分为六个方面,即经营状况、资产、设施设备、管理及服务、人员管理和信息化水平。每种类型的物流企业各分为五个等级,从高到低分别为AAAAA级、AAAA级、AAA级、AA级和A级。在评估指标中,有些是企业达到评估等级的必备指标项目,即表中标注*的,其他为参考指标项目。

表15-1 运输型物流企业评估指标

评估指标		级别				
		AAAAA级	AAAA级	AAA级	AA级	A级
经营状况	1. 年物流营业收入(元)*	16.5亿以上	3亿以上	6 000万以上	1 000万以上	300万以上
	2. 营业时间(年)*	5年以上	3年以上		2年以上	
资产	3. 资产总额(元)*	11亿以上	2亿以上	4 000万以上	800万以上	300万以上
	4. 资产负债率*	不高于70%				

(续表)

	评估指标	级别				
		AAAAA 级	AAAA 级	AAA 级	AA 级	A 级
设施设备	5. 自有货运车辆(辆)*或总载重量(吨)*	1 500 以上(7 500 以上)	400 以上(2 000 以上)	150 以上(750 以上)	80 以上(400 以上)	30 以上(150 以上)
	6. 运营网点(个)	50 以上	30 以上	15 以上	10 以上	5 以上
管理及服务	7. 管理制度*	有健全的经营、作业、财务、统计、安全、技术等机构和相应的管理制度				
	8. 质量管理	通过国家或行业相关认证			具有规范的质量管理体系	
	9. 业务辐射面*	跨省区以上			—	
	10. 物流服务方案与实施	提供物流系统规划、资源整合、方案设计、业务流程重组、供应链优化、物流信息化等方面服务			提供整合物流资源、方案设计等方面的咨询服务	
	11. 客户投诉率(或客户满意度)	≤0.05%(≥98%)		≤0.1%(≥95%)	≤0.5%(≥90%)	
人员管理	12. 中高层管理人员*	80%以上具有大专及以上学历,或全国性行业组织物流师认证		60%以上具有大专以上学历,或全国性行业组织物流师认证	30%以上具有大专以上学历,或全国性行业组织物流师认证	
	13. 基层物流业务人员	60%以上具有中等以上学历或物流职业资格		50%以上具有中等以上学历或物流职业资格	30%以上具有中等以上学历或物流职业资格	
信息化水平	14. 信息系统*	物流经营业务全部信息化管理			物流经营业务部分信息化管理	
	15. 电子单证管理	90%以上		70%以上	50%以上	
	16. 货物物流状态跟踪*	90%以上		70%以上	50%以上	
	17. 客户查询*	建立自动查询和人工查询系统			建立人工查询系统	

注:1. 标注*的指标为企业达到评估等级的必备指标项目,其他为参考指标项目。
2. 物流营业收入指企业通过物流业务活动所取得的收入总额,包括提供运输、仓储、装卸、搬运、包装、流通加工、配送、信息等基本服务及其他相关增值服务所取得的业务收入。
3. 运营网点是指在企业市场覆盖范围内,可以承接并完成企业基本业务的分支机构和联盟伙伴。
4. 客户投诉率是指在年度周期内客户对不满意业务的投诉总量与企业业务总量的比率。
5. 客户满意度是指在年度周期内企业对客户满意情况的调查统计。
6. 基层物流业务人员是指从事物流业务执行活动的企业成员。

表 15-2　仓储型物流企业评估指标

评估指标		AAAAA 级	AAAA 级	AAA 级	AA 级	A 级
经营状况	1. 年物流营业收入(元)*	7.2 亿以上	1.2 亿以上	2 500 万以上	500 万以上	200 万以上
	2. 营业时间(年)*	5 年以上	3 年以上		2 年以上	
资产	3. 资产总额(元)*	11 亿以上	2 亿以上	4 000 万以上	800 万以上	200 万以上
	4. 资产负债率*			不高于 70%		
设施设备	5. 自有仓储面积(平方米)*	20 万以上	8 万以上	3 万以上	1 万以上	4 000 以上
	6. 自有/租用货运车辆(辆)或总载重量(吨)*	500 以上 (2 500 以上)	200 以上 (1 000 以上)	100 以上 (500 以上)	50 以上 (250 以上)	30 以上 (150 以上)
	7. 配送客户点(个)	200 以上	150 以上	100 以上	50 以上	30 以上
管理及服务	8. 管理制度*	有健全的经营、作业、财务、统计、安全、技术等机构和相应的管理制度				
	9. 质量管理*	通过国家或行业相关认证			具有规范的质量管理体系	
	10. 物流服务方案与实施	提供物流系统规划、资源整合、方案设计、业务流程重组、供应链优化、物流信息化等方面服务			提供整合物流资源、方案设计等方面的咨询服务	
	11. 客户投诉率(或客户满意度)	≤0.05% (≥98%)		≤0.1% (≥95%)		≤0.5% (≥90%)
人员管理	12. 中高层管理人员*	80% 以上具有大专以上学历,或全国性行业组织物流师认证		60% 以上具有大专以上学历,或全国性行业组织物流师认证		30% 以上具有大专及以上学历,或全国性行业组织物流师认证
	13. 基层物流业务人员	60% 以上具有中等及以上学历或物流职业资格		50% 以上具有中等及以上学历或物流职业资格		30% 以上具有中等及以上学历或物流职业资格
信息化水平	14. 信息系统*	物流经营业务全部信息化管理			物流经营业务信息部分信息化管理	
	15. 电子单证管理*	100% 以上		70% 以上		50% 以上
	16. 货物物流状态跟踪	90% 以上		70% 以上		50% 以上
	17. 客户查询*	建立自动查询和人工查询系统			建立人工查询系统	

注:1. 标注 * 的指标为企业达到评估等级的必备指标项目,其他为参考指标项目。
2. 物流营业收入指企业通过物流业务活动所取得的收入总额,包括提供运输、仓储、装卸、搬运、包装、流通加工、配送、信息等基本服务及其他相关增值服务所取得的业务收入。
3. 客户投诉率是指在年度周期内客户对不满意业务的投诉总量与企业业务总量的比率。
4. 客户满意度是指在年度周期内企业对客户满意情况的调查统计。
5. 配送客户点是指企业当前的、提供一定时期内配送服务的、具有一定业务规模、客户所属的固定网点。
6. 租用货运车辆是指企业通过合同等方式可进行调配、利用的货运车辆。
7. 基层物流业务人员是指从事物流业务执行活动的企业成员。

表15-3 综合型物流企业评估指标

评估指标		级别				
		AAAAA级	AAAA级	AAA级	AA级	A级
经营状况	1. 年物流营业收入(元)*	16.5亿以上	2亿以上	4 000万以上	800万以上	300万以上
	2. 营业时间(年)*	5年以上	3年以上		2年以上	
资产	3. 资产总额(元)*	5.5亿以上	1亿以上	2 000万以上	600万以上	200万以上
	4. 资产负债率*			不高于75%		
设施设备	5. 自有/租用仓储面积(平方米)	10万以上	3万以上	1万以上	3 000以上	1 000以上
	6. 自有/租用货运车辆(辆)或总载重量(吨)*	1 500以上(7 500以上)	500以上(2 500以上)	300以上(1 500以上)	200以上(1 000以上)	100以上(500以上)
	7. 运营网点(个)*	50以上	30以上	20以上	10以上	5以上
管理及服务	8. 管理制度*	有健全的经营、作业、财务、统计、安全、技术等机构和相应的管理制度				
	9. 质量管理	通过国家或行业相关认证			具有规范的质量管理体系	
	10. 业务辐射面	跨省区以上			—	
	11. 物流服务方案与实施*	提供物流系统规划、资源整合、方案设计、业务流程重组、供应链优化、物流信息化等方面服务			提供整合物流资源、方案设计等方面的咨询服务	
	12. 客户投诉率(或客户满意度)	≤0.05%(≥99%)		≤0.1%(≥95%)		≤0.5%(≥90%)
人员要求	13. 中高层管理人员*	80%以上具有大专以上学历,或全国性行业组织物流师认证		70%以上具有大专以上学历,或全国性行业组织物流师认证		50%以上具有大专及以上学历,或全国性行业组织物流师认证
	14. 基层物流业务人员	60%以上具有中等及以上学历或物流职业资格		50%以上具有中等及以上学历或物流职业资格		40%以上具有中等及以上学历或物流职业资格
信息化水平	15. 信息系统*	物流经营业务全部信息化管理			物流经营业务部分信息化管理	
	16. 电子单证管理*	100%以上		80%以上		60%以上
	17. 货物物流状态跟踪*	100%以上		80%以上		60%以上
	18. 客户查询*	建立自动查询和人工查询系统			建立人工查询系统	

注:1. 标注*的指标为企业达到评估等级的必备指标项目,其他为参考指标项目。
2. 物流营业收入指企业通过物流业务活动所取得的收入总额,包括提供运输、仓储、装卸、搬运、包装、流通加工、配送、信息等基本服务及其他相关增值服务所取得的业务收入。
3. 运营网点是指在企业市场覆盖范围内,可以承接并完成企业基本业务的分支机构和联盟伙伴。
4. 客户投诉率是指在年度周期内客户对不满意业务的投诉总量与企业业务总量的比率。
5. 客户满意度是指在年度周期内企业对客户满意情况的调查统计。
6. 租用货运车辆是指企业通过合同等方式可进行调配、利用的货运车辆。
7. 租用仓储面积是指企业通过合同等方式可进行调配、利用的仓储总面积。
8. 基层物流业务人员是指从事物流业务执行活动的企业成员。

(二) 当前我国物流企业的主要类型

1. 由传统运输公司或仓储公司演变的区域性物流企业

这里所指的是地区的商业储运公司,它们一般依托原来的仓储系统,并拥有自己的车队,在本地区提供基本的物流服务和部分增值服务。虽然与其他地区的原兄弟公司有联系,但还不够紧密,尚不能形成网络。这类企业的物流设施相对比较陈旧,采用先进的物流技术存在较大的难度。在管理方法和对物流服务的认识上,多数企业还局限于传统、分离、单一的基本业务。由于历史遗留的体制问题,多数企业负担沉重。随着市场竞争的加剧,它们正不断提高自己的能力,以适应客户的需求。从物流技术方面,它们也正在加紧改造,以与现代物流的发展相适应。

2. 由某一传统领域全国性的国有企业演变成的物流企业

这些公司规模都比较大,资金实力较雄厚,物流设施相对先进,在各自行业中处于领先或垄断地位。它们大多是全国性的公司,但地方的子公司都是独立核算,因此除非是很大的用户,多数客户很难享受到较为全面的配合和统一的协调。这类企业一般都能提供全部的基本物流业务和部分的增值服务,但价格较商业公司稍高。在服务观念上和物流效率上与现代物流的要求尚有差距,有的还存有"行业老大"的思想,以致对客户需求不够重视,灵活性也较差。

3. 大型外资跨区域物流企业

目前,这类外资物流企业在绝对数量上不多,但是它们在物流行业中极具影响力。这些公司在新设备投资、资金实力、人才、观念、经验和管理方法上,都具有很大的优势。它们往往能提供较为全面的、跨地区的服务。但是这类企业大多集中于东部沿海大城市,且服务对象主要是"三资"企业。随着我国经济的高速发展和物流需求的不断提高,有些企业已开始向内地渗透,并极具潜力。值得注意的是,它们之中的部分企业并不拥有车辆、仓库等物流设施,主要是提供代理服务,通过转租、联营等方式寻求中方物流企业的合作。这样,一方面可以充分利用国内的闲置资源,降低其固定资产的投入,从而可以降低运营成本;另一方面,因其中方合作伙伴的能力、收费及双方的沟通,也会给外资物流企业的服务质量和收费水平造成影响。

4. 新兴内资跨区域的物流企业

作为后进入市场者,多是顺应市场需求和物流发展的趋势而建立的,而且要想在市场中立足并求得发展,必须要优于传统企业。因此新兴物流企业的定位一般都比较高,专业化程度强。为了能在短期内打入市场,回避物流设施投资大、回收期长的风险,很多新兴物流企业都采取了非资产型的第三方物流代理模式。新兴内资跨区域的物流企业的物流服务能力和水平与大型的外资跨区域物流企业很相近,但服务地域要广些,不仅仅局限于大城市和沿海地区。无论在业务规模、设备投资,还是在价格上,这些新兴内资的物流企业,已具备与外资物流企业相竞争的能力。特别是在当地市场的物流运作上,这些公司更具有适应性和灵活性。但是,它们在服务或管理方法及现代信息处理技术的应用方面还略显不足。同时,由于受资金的限制,这些物流服务商的物流作业并不能完全依靠自身的资源,常常与当地其他物流企业建立合作伙伴关系,以共同完成物流委托服务。

上述几种物流企业在物流目标和优劣势的对比如表15-4所示。

表 15-4　各种物流企业的比较

	由传统运输公司或仓储公司演变的物流企业	新兴内资跨区域的物流企业	大型外资跨区域物流企业
优势	大多数属于国有企业，拥有全国性的网络和运输体系及仓储资产；与中央和政府关系很好	属于私有或内资为主的合资企业，一般在某一区域对客户服务具有明显优势；效率相对高，增长速度快	有很强的海外网络；有丰富的专业知识和物流运营经验；与国际物流客户有良好关系；有先进的IT系统；有来自总部的强有力的财务支持
劣势	冗员比例高，效率低，注重内部的企业文化，而对以客户和绩效为导向的物流服务欠缺	拥有有限的固定资产，市场扩张时缺乏有力的财务支持，内部管理是高速增长的主要障碍	在中国缺少网络系统，业务量有限，运作成本相对较高
目标	借助广泛的网络和资产优势，推进物流快速增长；通过重组以增加功能，提高效率	依靠引入战略合作伙伴或投资商，来保持高增长率	通过收购和合作，加强在中国市场的地位

除上述物流企业外，目前活跃在物流市场上的还有大量的、在某些方面具有特色的、专业化很强的物流企业，如专业配送企业、快件递送企业、集装箱服务企业及提供综合物流服务的企业等。

三、第三方物流企业所具有的优势

（一）具有专业水平和相应物流网络

通过专业化的发展，第三方物流公司已经开发了信息网络并且积累了针对不同物流市场的专业知识，包括运输、仓储和其他增值服务。许多关键信息，如卡车运量、国际通关文件、空运报价和其他信息等，通常是由第三方物流公司收集和处理。对于第三方物流公司来说，获得这些信息更为经济，因为它们的投资可以分摊到很多的客户头上。对于非物流专业公司来讲，获得这些专长的费用就会非常昂贵。

（二）拥有规模经济效益

由于拥有较强大的购买力和货物配载能力，一家第三方物流公司可以从运输公司或者其他物流服务商那里得到比它的客户更为低廉的运输报价，可以从运输商那里大批量购买运输能力，然后集中配载很多客户的货物，大幅度地降低单位运输成本。

（三）有助于减少资本投入

通过物流外包，制造企业可以降低因拥有运输设备、仓库和其他物流过程中所必需的投资，从而改善公司的赢利状况，把更多的资金投在公司的核心业务上。许多第三方物流公司在国内外都有良好的运输和分销网络。希望拓展国际市场或其他地区市场以寻求发展的公司，可以借助这些网络进入新的市场。

（四）资源优化配置

第三方物流企业还能使企业实现资源优化配置，将有限的人力、物力、财力集中于核心业务，进行重点研究，发展基本技术，努力开发出新产品参与竞争。第三方物流提供者利用完备的设施和训练有素的员工对整个供应链实现合理化运作，减少物流的复杂性。

第三方物流通过"量体裁衣"式的设计，制订出以客户为导向、低成本高效率的物流方案，为企业在竞争中取胜创造有利条件。

（五）第三方物流公司的信息技术优势

许多第三方物流公司与独立的软件供应商结盟或者开发了内部的信息系统，使得它们能够最大限度地利用运输和分销网络，有效地进行货物追踪、电子交易，生成提高供应链管理效率所必需的报表和进行其他相关的增值服务。与合适的第三方物流公司合作，可以使企业以最低的投入充分享用更好的信息技术。

第三节 物流外包

物流外包是指"企业将其部分或全部物流的业务合同交由合作企业完成的物流运作模式"（GB/T 18354-2006）。

企业业务外包即在供应链管理环境下，企业的主要精力放在其关键业务上，即充分发挥企业的核心竞争力，同时与全球范围内的合适企业建立合作伙伴关系，将企业中的非核心业务交给合作伙伴来完成。

一、企业物流业务外包的原因

自 20 世纪 80 年代以来，外包已成为商业领域中的一大趋势。企业越来越重视集中自己的主要资源与主业，而把辅助性功能外包给其他企业。因为物流一般被工商企业视为支持与辅助功能，所以它是一个外部化业务的候选功能。

在供应链管理环境下，企业如何做好资源配置是至关重要的，如果企业能以更低的成本获得比自制更高价值的资源，那么企业就选择业务外包。

企业实施物流业务外包的原因主要有以下几点：

（一）集中精力发展核心业务

在企业资源有限的情况下，为取得竞争中的优势地位，企业只掌握核心功能，即把企业知识和技术依赖性强的高增值部分掌握在自己手里，而把其他低增值部门虚拟化。通过借助外部力量进行组合，其目的就是在竞争中最大效率地利用企业资源。如像耐克、可口可乐等企业就是这样经营的，它们没有自己的工厂，通过把一些劳动密集型的部门虚拟化，并把它们转移到许多劳动成本低的国家进行生产，企业只保留核心的品牌。

（二）分担风险

企业可以通过外向资源配置分散由政府、经济、市场、财务等因素产生的风险。因为企业本身的资源是有限的，通过资源外向配置，与外部合作伙伴分担风险，企业可以变得更有柔性，更能适应外部变化的环境。

（三）加速企业重组

企业重组需要花费很长的时间，而且获得效益也需要很长的时间，通过业务外包可以加速企业重组的进程。

（四）辅助业务运行效率不高、难以管理或失控

当企业内出现一些运行效率不高、难以管理或控制的辅助业务时，需要进行业务外包。值得注意的是，这种方法并不能彻底解决企业的问题，相反这些业务职能可能在企业外部更加难以控制。在这种时候，企业必须花时间找出问题的症结所在。

（五）使用企业不拥有的资源

如果企业没有有效完成业务所需的资源，而且不能赢利时，企业也会将业务外包。这是企业业务临时外包的原因之一，但是企业必须同时进行成本/利润分析，确认在长期情况下这种外包是否有利，由此决定是否应该采取外包策略。

（六）实现规模效益

外部资源配置服务提供者都拥有能比本企业更有效、更便宜地完成业务的技术和知识，因而它们可以实现规模效益，并且愿意通过这种方式获利。企业可以通过外向资源配置避免在设备、技术、研究开发上的大额投资。

二、企业物流外包和物流服务承包的形式

（一）企业物流外包的形式

1. 物流业务完全外包

物流业务完全外包是最彻底的外包形式。如果企业不具有自营物流的能力，即会采取这种物流业务外包的形式。如果企业具有自营物流的能力，但企业进行物流系统的评价时，评价的结果倾向于外包，就应该关闭自己的物流系统，将所有的物流业务外包给第三方物流供应商。

2. 物流业务部分外包

企业将物流业务分成两大部分：一部分是可以自营的业务，一部分是非自营业务，企业将非自营业务或者低效的自营业务外包给第三方物流供应商。例如，美国的 Sun 公司自己开展物流业务时，客户们等待交货的时间有几个星期。当它关闭了在全世界的 18 个配送中心，将业务交给联邦快递公司后，配送的效率大大提高。

3. 物流系统接管

物流系统接管是企业将物流系统全部卖给或承包给第三方物流供应商，也叫物流社会化。第三方物流供应商接管企业的物流系统并采用原企业的员工。

4. 战略联盟

企业与第三方物流供应商或其他企业合资，企业保留物流设施的部分产权，并在物流作业中保持参与。同时，物流合同商提供了部分资本和专业服务，企业也为合资者提供特色服务，达到资源共享的目的。

5. 物流系统剥离

物流系统剥离是指企业将物流部门分离出去，使其成为一个独立的子公司，允许其承担其他企业的物流业务。

6. 物流业务管理外包

物流业务管理外包是指企业拥有物流设施的产权，将管理职能外包出去。

（二）物流服务承包者的类型

由于物流服务种类的多样性和企业物流外包的多样性，物流服务提供者的类型是多种多样的。对于物流服务承包者的类型有多种划分方法，如按照所提供的物流服务种类划分和按照所属的物流市场划分。

1. 按照提供物流服务的种类划分

（1）以资产为基础的物流服务提供者。该提供者自己拥有资产，如运输车队、仓库和各种物流设备，通过自己的资产提供专业的物流服务，如 UPS 公司。

（2）以管理为基础的物流服务提供者。该服务提供者通过系统数据库和咨询服务为企业提供物流管理或者提供一定的人力资源。这种物流服务提供者不具备运输和仓储设施，只是提供以管理为基础的物流服务。

（3）综合物流服务提供者。该服务提供者自己拥有资产，并能提供相应的物流管理服务，同时，它可以利用其他物流服务提供者资产，提供一些相关的服务。

2. 按照所属的物流市场进行分类

（1）操作性的物流公司。该物流公司以某一项物流作业为主，一般擅长于某一项或某几项的物流操作。在自己擅长的业务上，具有成本优势，往往是通过较低的成本在竞争中取胜。

（2）倾向性的物流公司。行业倾向性公司又称为行业性公司，它们通常为满足某一特定行业的需求而设计自己的作业能力和作业范围。

（3）客户化的物流公司。客户化的物流公司面向的对象是专业需求用户，物流服务公司之间竞争的焦点不是费用而是物流服务。

（4）多元化的物流公司。一些相关性的物流服务，这种物流服务是综合性的。

三、物流外包的运作

虽然"外包"具有很多优点，但并不是每一家企业都应该选择外包。企业应深入分析内部物流状况，并探讨物流是否是企业的核心能力，物流是否能为企业带来外部战略经济利益，外包的物流功能是否能进行有效的监控等进行综合的判断。

（一）严格筛选物流供应商

在选择供应商时，要深入分析企业内部物流状况，调查供应商管理深度和幅度、战略导向、信息技术支持能力、自身的可塑性和兼容性、行业运营经验等，其中战略导向尤为重要。对于外包的承诺，尤其是涉及政府政策或供应商战略方面的项目，必须来自供应商企业的最高管理者，避免在合约履行过程中出现对相关条款理解不一致的现象。

（二）明确列举服务要求

许多外包合作关系不能正常维持的主要原因是服务要求模糊。由于服务要求没有量化或不明确，导致供需双方理解出现偏差，供应商常常认为需求商要求过高，需求商认为供应商未认真履行合约条款。供应商在没有充分了解货物流量、货物类别、运输频率的情况下就提交了外包投标书，或者供应商缺乏应有的专业理论知识，不能对自身的物流活动予以正确的、详细的描述等。需求商应该详细列举供应商应该具备的条件：生产能力、服务水平、操作模式和财务状况。

（三）合理选择签约方式

合理选择签约方式会有效协调沟通，确保与供应商签订的合约满足各方的需求，实现各自目标。合约不可能对环境变化作出全面准确的预测，签订前后的各种情况会有所不同，诸如行业政策、市场环境、供应商内部发展状况等。在某种情况下，即使供应商的操作方式或理念比较超前，也并不一定适合需求商发展的需要。

（四）共同编制作业流程

需求商不能认为外包作业是供应商单方面的工作，应与供应商一起制定作业流程，确定信息渠道，编制作业计划供双方参考使用。双方对口人员在作业过程中应步调一致，为检验对方作业是否符合外包要求提供标准和依据。

（五）积极理顺沟通渠道

一般而言，导致外包合作关系失败的首要原因是计划错误，然后是沟通不畅。建立正确的沟通机制，双方应就矛盾产生的根源达成一种共识，即矛盾和冲突是业务本身产生的，还是工作人员主管原因导致的。当问题出现时，应理性对待，给对方考虑和回复的时间。同时在履行合约的过程中，花费一定的时间和精力相互沟通了解，探讨合约本身存在的问题及合约以外的问题对维持双方的合作关系是很重要的，这一点常常容易被忽视。

（六）明确制定评估标准

对供应商服务水平的评估是基于合约条款，而合约条款多数只对结果作出描述，因此对外包业务过程不能进行有效的评估，也不能建立适宜的持续改进机制。随着时间的推移，当需求商准备向供应商增加外包项目时，才发现供应商已不符合企业进一步发展的要求。不能有效考核的工作，正是管理薄弱的环节，当建立合作关系后，依据既定合约详细列举绩效考核标准，并对此达成一致。绩效评估和衡量机制不是一成不变的，应该不断更新以适应企业总体战略的需要，促进战略的逐步实施和创造竞争优势。绩效考核标准应立足实际，不能过高而使供应商无法达到，同时要有可操作性。

▶ 课外阅读

2013 年第三方物流发展状况

第三方物流市场稳步成长，两业联动向高层次发展

随着中国经济面临的发展、环境、资源、人口矛盾不断突出，市场、渠道、需求、供给在不断变化，制造业、分销业面临着越来越大的竞争压力。过去通过招标方式不断压低物流直接成本的方式已经难以为继，成本压无可压。2013 年，客户对供应链在降低总成本中的作用的认知不断提升，供应链物流服务外包需求显著增加，制造业、分销业与第三方物流的关系逐步转变，开始形成协同共赢的伙伴关系，供应链优化与供应链物流效率提升成为共识，外资与合资企业成为这一转变的领军企业。

2013 年是第三方物流企业客户供应链体系变化频繁的一年，很多跨国企业所属的各

个事业部及多家工厂均根据所处的能源、房地产、电子、医疗、机械、自动化、家电、装备、快销、服装等各个市场的需求变化,从需求、网络、布局、设施、外包、信息、商流等各个角度进行着供应链的调整,这也从一个侧面说明了中国经济结构正在发生变化。

2013年第三方物流企业接到的供应链链主的物流招标邀请有较大幅度的增长,这些招标要求已经从单一产品的简单基础性物流(运输、仓储)向供应链物流一体化方向发展,跨供应链的整合与优化已经开始成为大型跨国企业供应链优化的模式之一。原来一直相对处于封闭状态的欧洲跨国公司的信息系统也出现开放对接、提高供应链整体效率的趋势。在直接成本无法降低的情况下,客户希望通过供应链整合进一步降低物流成本,提高供应链效率。这些趋势为我国的第三方物流企业带来了新的市场机遇。

第三方物流企业变革创新

两业联动自2007年起经历了6年的发展,已经从初期的简单操作外包向融合与协同发展,正在进入第三方物流供应链物流一体化服务的阶段,跨界竞合成为趋势。在制造业、物流业联动的基础上,流通业、金融业等多业联动进一步深化。

领导型物流服务:中国邮政集团与中国重汽集团建立了车辆采购、物流服务和金融合作三方面的战略性合作,领导型物流服务体系(LLP)进入到实际实施的领域。

平台+基地的产业链服务:淮矿物流2013年从"传统商贸+第三方物流"的模式,向"电子商务+供应链运营"方向发展,全面推进了新型的基于"平台+基地"全流程管理下的在线结算和在线金融的供应链管理模式,站在全供应链的系统上为相关企业提供高效、低成本的全功能服务,为钢铁企业开设品牌专场,整体交易能力突破1000万吨。

专业创新,制造—物流融合模式:太原钢运物流在传统钢材物流的基础上进一步发挥专业物流的特点,通过将客户制造工艺与物流技术的融合对接,将一批拥有自主知识产权的专利技术投入应用,推进生产物流领域技术创新。

第三方物流平台模式:中外运集团在整合企业内部资源的基础上成立第三方物流服务平台,进一步整合社会物流资源,共同为客户提供供应链物流服务。

供应链私有物流云服务模式:德利得物流在为供应链链主提供供应链物流服务的同时,利用信息化优势,与上海菱通软件合作,为客户打造了充分满足客户供应链物流服务需求的个性化专属物流云平台,为客户服务的多家物流企业共同使用该平台,大幅度提升整体供应链物流服务效率,降低总成本。

面向产业集群的供应链服务模式:中捷环洲供应链集团,面对当地玉环汽摩配产业集群中众多的中小规模企业,改变了仅仅面对链主的供应链物流服务模式,建立了采购、加工、物流、金融四个供应链服务平台,提供面向采购和生产的物流集成服务,面向供应链的全程服务,融入供应链的集成服务三种模式,实现了产业集群的供应链优化与提升。

多种供应链物流服务模式不断创新,第三方物流依托原有的外包物流服务,沿着客户的供应链向两头延伸,整合金融、信息、商流的各种资源,物流向制造业、分销业渗透(VMI—线边物流—售后物流),创新供应链物流服务已经从模式到实践全方面推进。

第三方物流企业稳步发展

2013年,我国第三方物流发展的需求基础在中国经济的调整中渐渐稳固,整体物流业的产业地位进一步提升。2013年,我国物流业运行总体平稳增长,新设立的中国物流业景气指数(LPI)全年保持在50%以上,全年社会物流总额197.8万亿元,同比增长9.5%。物流业增加值3.9万亿元,同比增长8.5%,快于同期GDP增速。

随着中国经济发展结构的调整,专业第三方物流企业的主要客户群——外资、合资与中资领先企业率先调整业务发展结构,在2013年的变革中取得了较好的业绩,除了日资企业业务量受中日关系影响有所下降之外,整体客户业务量稳中有增,特别是快速消费品、国家重点建设所需装备、涉及社会民生的医疗医药等行业,呈现出越好的企业增长越快的"马太效应"。

2013年第三方物流企业在承受市场和成本两大压力的环境下,更加注重精益物流的发展,不断在物流服务实践中尽可能找出浪费,消灭浪费。在整个精益化物流思想的指导下,逐步消除物流操作的浪费、物流管理的浪费、物流规划的浪费、供应链的浪费是第三方物流企业和客户共同的诉求与努力方向。

国家政策密集出台,经营环境有所改善,但仍然严峻

2013年,国家重视物流产业的发展,密集出台了一系列物流相关产业政策,包括运通运输、税收、仓储、城市配送等相关产业政策和指导意见,国家物流标准的制定和实施不断推进,为物流产业健康有序发展奠定了坚实的基础。但由于中国社会诚信建设、物流相关法制建设的滞后、现代物流市场尚未成熟和产业集中度不高等多种原因,第三方物流企业的经营环境在2013年虽然有所改善,但仍然十分严峻。

增值税转型全面实施,第三方物流企业运输业务税负普遍上升。物流业营业税向增值税转型是理顺物流税收体系,从根本上消除重复纳税,促进物流产业长期健康发展的大趋势,物流企业支持国家的"营改增"工作。但是在实施过程中,第三方物流企业运输业务执行11%的交通运输业增值税,由于进项税取得困难,验证繁琐,各地虽然都对"营改增"的税负上升部分给予财政补贴,但是手续复杂,税务部门核查困难,补贴到位时间长,企业的财务成本有较大的增加,实际税负均大幅度上升。同时物流企业对增值税的理解远远达不到制造业和分销业的水平,由此而形成的涉税风险增加。

人力资源成本继续大幅度上涨。调查部分第三方物流企业显示,企业平均人力资源成本已经连续三年上涨20%以上。随着我国社会保险改革重点的变化,原来外地农民工以工伤、医疗为主的社会保险向工伤、医疗、失业、养老、生育五险转型,以外地农民工为主体的物流企业操作人员的社会保险成本大幅度上涨。同时外地农民工由于目前保险不能转移,政策不明朗等原因不愿意上全险的情况依然存在。劳务外包大量涌现,但政策性的不确定因素增多。

各种资源要素成本不断上升。物流企业运行所需的燃油等成本不断上升,土地、仓储等物流基础设施资源紧缺,价格高涨。随着我国城市化进程的加快,一线城市的物流基础仓储、配送中心的设施不断外迁,配送半径不断增加,受制于城市交通管制造成的配送效率不断降低,准点准时率低,商家与物流企业不得不采取增加最低库存的方法保证供应,造成库存增加。仓储设施等物流资源越来越紧缺,成本大幅度上升,进而增加客户供应链的整体成本。

市内配送效率低下长期无法解决。由于大城市将货运车辆作为城市交通的拥堵源之一进行管控,城市往往没有货车停车卸货点,主要商业区货运车辆禁行、限行,造成城市配

送效率低下,成本高企。同时造成了客车载货违法现象严重,影响了城市功能的健康、平衡、有序发展,路难行、车难停、货难卸、证难求的问题没有得到有效解决。同时由于配送中心不断外移,配送半径加大,也不断加大物流成本,对环境、交通也造成较大压力。

执法不严,有法不依造成守法吃亏的尴尬境地。随着中国物流相关法制的不断完善,相关超载、超限、安全等具体的法律和法规已经有明确的规定,但是执法部门采取了选择性执行的方式。2011年7月1日《公路安全保护条例》正式实施,但一直没有彻底执行。有法不依,执法不严,造成了行业管理的混乱和市场的混乱,也催生了公路三乱,严重影响了物流行业的健康发展。物流行业相关标准还存在制定多、执行少的问题。

(资料来源:中国物流与采购联合会、中国物流学会,《中国物流发展报告》(2013—2014),中国财富出版社,2014。)

思考题

名词解释

第三方物流　　物流企业　　物流业　　企业业务外包　　物流服务水平

问答题

1. 第三方物流为什么通常被称为契约物流或物流联盟?
2. 比较广义的第三方物流和狭义的第三方物流的含义。
3. 简述第三方物流的特点。
4. 请分析第三方物流具有哪些优势。
5. 如何计算物流总成本?
6. 怎样评价第三方物流企业?
7. 了解我国《物流企业分类与评估指标》(GB/T 19680-2013)。
8. 目前我国物流企业有哪几种主要类型?对比各种物流企业在物流目标和优劣势方面的区别。
9. 第三方物流企业具有哪些优势?为什么?
10. 请阐述企业实施物流业务外包的原因。
11. 企业物流外包和物流服务承包有哪些形式?各种形式的含义是什么?
12. 物流服务承包者有哪些类型?
13. 请阐述物流外包的运作过程。

21世纪经济与管理规划教材

物流管理系列

第十六章

供应链管理

学习目的

高度认识供应链管理是一种新的管理理念和管理措施；深刻理解供应链管理与传统的企业管理的区别；掌握供应链和供应链管理的基本知识。

技能要求

掌握供应链、供应链管理的概念；掌握供应链的特征、供应链管理的要点；了解供应链管理所涉及的主要领域；了解影响供应链设计的主要影响因素与供应链设计的过程；认识供应链战略管理所涉及的集中型控制战略和分散型战略、推动型供应战略和拉动型供应战略、供应链联盟战略等。

供应链管理是近些年来在国内外备受重视的一种新的管理理念。供应链管理的研究最早是从物流管理开始的，起初人们把库存控制、物资供应、物资分销等供应链管理的局部性研究作为重点。随着经济全球化和知识经济时代的到来及全球制造的出现，供应链管理得到了普遍的应用。

第一节 供应链与供应链管理

一、供应链的概念

中华人民共和国国家标准《物流术语》(GB/T 18354-2006)中将供应链的概念定义为"生产及流通过程中,涉及将产品或服务提供给最终用户所形成的网链结构"。如图16-1所示。

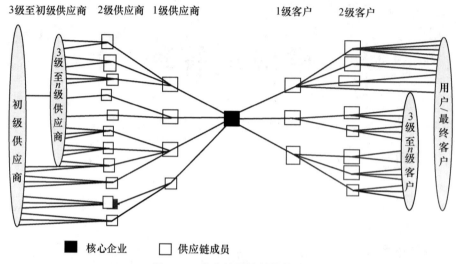

图16-1 供应链网络结构模式

（一）供应链的特征

1. 供应链的每个节点都是供应链的必不可少的参与者

从范围上观察,供应链把对成本有影响的和在产品满足客户需求的过程中起作用的每一方都考虑在内:从供应商、制造商、分销商、零售商,物流服务商直到最终用户。供应链上的节点企业间是供需协调、物流同步的关系。

2. 供应链是一条物流链、信息链、资金链、增值链

供应链不仅仅是一条连接从供应商直到最终用户的物流链、信息链、资金链,而且是一条增值链,使所有供应链的参与者受益。物流在供应链上因加工、包装、运输、配送等过程增加了其价值,给相关企业带来了收益,如图16-2所示。

图16-2 供应链中相关企业的关系

3. 供应链是由若干供应链集成的网链结构

一个企业可以是一条供应链的成员,同时又是另一条供应链的成员,众多的供应链形

成交叉结构。供应链往往由多个、多类型,甚至多国企业构成。

(二) 供应链的类型

根据不同的视角,供应链划分方法有以下几种:

1. 根据范围不同

根据范围不同,可划分为内部供应链和外部供应链:内部供应链是指企业内部产品生产和流通过程中所涉及的采购部门、生产部门、仓储部门、销售部门等组成的供需网络;外部供应链则是指企业外部的,与企业相关的产品生产和流通过程中涉及的原材料供应商、生产厂商、储运商、零售商及最终消费者组成的供需网络。

2. 根据复杂程度不同

根据供应链复杂程度不同,可以划分为直接型供应链、扩展型供应链和终端型供应链:直接型供应链是在产品、服务、资金和信息在往上游和下游的流动过程中,由公司、此公司的供应商和客户组成的供需网络;扩展型供应链把直接供应商和直接客户的客户包含在内,左右这些成员均参与产品、服务、资金和信息往上游和下游的流动过程;终端型供应链包括参与产品、服务、资金、信息从终端供应商到终端消费者的所有往上游和下游的流动过程中的所有组织。

3. 根据稳定性不同

根据供应链存在的稳定性不同,可以将供应链分为稳定的供应链和动态的供应链。基于相对稳定、单一的市场需求而组成的供应链稳定性较强,而基于相对频繁变化、复杂的需求而组成的供应链动态性较强。在实际管理运作中,需要根据不断变化的需求,相应地改变供应链的组成。

4. 根据容量与需求关系的不同

根据供应链容量与用户需求的关系的不同,可以划分为平衡的供应链和倾斜的供应链。

一个供应链具有相对稳定的设备容量和生产能力(所有节点企业能力的综合,包括供应商、制造商、运输商、分销商、零售商等),但用户需求处于不断变化的过程中,当供应链的容量能满足用户需求时,供应链处于平衡状态;而当市场变化加剧,导致供应链成本增加、库存增加、浪费增加等现象时,此时企业不是在最优状态下运作,供应链则处于倾斜状态。平衡的供应链可以实现各主要职能(采购/低采购成本、生产/规模效益、分销/低运输成本、市场/产品多样化和财务/资金运转快)之间的均衡。

5. 根据功能模式不同

根据供应链的功能模式(物理功能、市场中介功能和客户需求功能)不同,可以把供应链划分为有效性供应链和反应性供应链:有效性供应链主要体现供应链的物理功能,即以最低的成本将原材料转化成零部件、半成品、产品,以及在供应链中的运输等;反应性供应链主要体现供应链的市场中介的功能,即把产品分配到满足用户需求的市场,对未预知的需求作出快速反应等。

6. 根据企业地位不同

根据供应链中企业地位不同,可以将供应链分为盟主型供应链和非盟主型供应链:盟主型供应链是指供应链中某一成员的节点企业在整个供应链中占据主导地位,对其他成员具有很强的辐射能力和吸引能力,通常称该企业为核心企业或主导企业;非盟主型供应链是指供应链中企业的地位彼此差距不大,对供应链的重要程度基本相同。

二、供应链管理的概念

供应链管理是"对供应链涉及的全部活动进行计划、组织、协调与控制"(GB/T 18354-2006)。

(一)供应链管理的基本理念

供应链管理的基本理念是在满足期望的服务水平的同时,使系统在成本最小的目标下把供应商、制造商、分销商、仓库、零售商和客户有效地结合成一体来生产商品,并将正确数量的商品在正确的时间送达正确的地点。

1. 供应链管理的职能

将管理的基本职能运用到供应链管理中,对产品生产和流通各个环节所涉及的物流、信息流、资金流和价值流,以及相关的业务活动进行的计划、组织、指挥、协调、控制,以实现供应链的最佳组合和最高效率。

2. 供应链管理的全面性

供应链管理把对成本有影响和在产品满足客户需求的过程中起作用的每一方都考虑在内。供应链中的每一参与者都是管理者,同时也都是被管理的对象,它们对供应链的业绩都具有影响。

3. 供应链管理的层次性

供应链管理是围绕着把供应商、制造商、分销商、仓库、零售商和客户有效率地结合成一体来展开的,这说明供应链管理具有整体性。但是,供应链管理还具有多层次性,如分战略决策层、运作管理层和执行控制层管理等。

4. 供应链管理的目的性

供应链管理的目的在于追求效率和整个系统的费用的有效性,使系统总成本达到最小。这个成本包括从运输和配送成本到原材料、在制品和产成品的库存成本。供应链管理的重点不在于简单地使运输成本达到最低或减少库存,而在于采用系统方法来进行总成本控制。

(二)供应链管理所涉及的主要领域

从图 16-3 中可以看出供应链管理所涉及的主要领域有:供应(supply),生产计划(schedule plan),物流(logistics),需求(demand)。

供应链管理是以同步化、集成化生产计划为指导,以各种技术为支持,尤其以 Internet/Intranet 为依托,围绕供应、生产作业、物流、满足需求来实施的。供应链管理主要包括计划、合作、控制从供应商到用户的物料和信息。

在以上四个领域的基础上,我们可以将供应链管理细分为职能领域和辅助领域。职能领域主要包括:产品工程、成品技术保证、采购、生产控制、库存控制、仓储管理、分销管理等;辅助领域主要包括:客户服务、制造、设计工程、会计核算、人力资源、市场营销等。

供应链管理关心的并不仅仅是物料的实体在供应链中的流动,除了企业内部与企

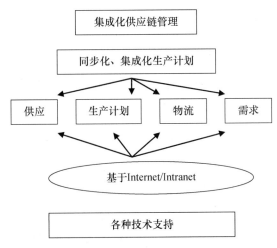

图 16-3　供应链管理所涉及的主要领域

之间的运输问题和实物分销以外,供应链管理还包括以下内容:

(1) 战略性供应商和用户合作伙伴关系管理;
(2) 供应链产品需求预测和计划;
(3) 供应链的设计(全球节点企业、资源、设备等的评价、选择和定位);
(4) 企业内部之间物料供应与需求管理;
(5) 基于供应链的用户服务和物流(运输、库存、包装等)管理;
(6) 基于供应链管理的产品设计与制造管理、生产集成化计划、跟踪和控制;
(7) 企业间资金流管理(汇率、成本等问题);
(8) 基于 Internet/Intranet 的供应链交互信息管理等。

供应链管理注重总的物流成本与用户服务水平之间的关系。为此把供应链各个职能部门有机地结合在一起,从而最大限度地发挥出供应链整体的力量,达到供应链企业群体获益的目的。

(三) 供应链管理的四个要点

第一,供应链是一个单向过程,链中各环节不是彼此分割的,而是通过链的联系成为一个整体。

第二,供应链管理是全过程的战略管理,从总体来考虑,如果只依赖于部分环节信息,由于信息的局限或失真,可能导致计划失真。

第三,不同链节上的库存观不同,在物流的供应链管理中,不把库存当做维持生产和销售的措施,而将其看成是供应链的平衡机制。

第四,供应链管理采取新的管理方法,诸如用解除最薄弱环节寻求总体平衡,用简化供应链的方法防止信号的堆积放大,用经济控制论方法实现控制等。

供应链管理在欧洲较为盛行,这和欧洲对物流的认识有关。在欧洲的物流观念中,始终强调综合的观念而不大强调分离的观念。英国采用的新的综合物流观念强调总体战略目标,而不是某一环节如何先进。许多企业通过直接控制供应链的效益显著。

三、供应链管理的合作关系

(一) 供应链合作关系与传统企业关系的区别

在新的竞争环境下,供应链合作关系研究强调直接的、长期的合作,强调共同努力实现共有的计划和解决共同的问题,强调相互之间的信任与合作。这与传统的关系模式有着很大的区别,如表 16-1 所示。

从表 16-1 二者关系的对比中,我们可以总结出以下两点:

(1) 供应链中合作成员要通过信息公开、信息共享、计划共有、业务共同化等,积极为合作者提供利益。

(2) 合作成员的风险分担对消除供应链瓶颈,取得合作利益具有积极意义。

表 16-1 供应链合作关系与传统企业关系的区别

比较要素	传统企业关系	供应链合作关系
相互交换的主体	物料	物料、服务、技术等核心资源
供应商选择标准	价格、投标	多标准评估(交货的质量、准时性、可靠性、服务)
稳定性	变化频繁	长期、稳定、互信
合同性质	单一	开放的长期合同
供应批量	小	大
供应商数量	多	少
供应商规模	小	大
信息交流	信息专用、严格保密	信息共享
质量控制	输入检验控制	制造商的标准管理和供应商的全面质量管理
选择范围	投标评估	广泛评估可增值的供应商

(二) 供应链合作伙伴的选择的原则

供应链合作伙伴关系是指同一供应链中上下游实体之间达成的一种长期合作的战略关系。建立良好的供应链伙伴关系有利于成本的降低、反应时间的缩短及新市场价值的创造等,其核心问题是如何选择理想的合作伙伴。

在合作伙伴的选择过程中,应根据不同的供应链组成形式和具体任务制定不同的选择原则和标准,一般的通用性原则如下:

1. 核心能力原则

该原则即要求参加供应链的合作伙伴,必须具有并能为供应链贡献自己的核心能力,而这一核心能力也正是供应链所确实需要的,从而避免重复投资。

2. 总成本核算原则

该原则即实现供应链总成本最小化,实现多赢的战略目标,要求伙伴之间具有良好的信任关系,连接成本较小。

3. 敏捷性原则

供应链管理的一个主要目标就是把握快速变化的市场机会,因此要求各个伙伴企业具有较高的敏捷性,要求对来自供应链核心企业或其他伙伴企业的服务请求具有一定的快速反应能力。

4. 风险最小化原则

供应链运营具有一定的风险性,只不过在个体伙伴之间得到了重新分配,因为伙伴企业面临不同的组织结构、技术标准、企业文化和管理观念,所以必须认真考虑风险问题,尽量回避或减少供应链整体运行风险。

违反上述原则将会极大地影响供应链的效率。违反核心能力原则和总成本原则,难以满足供应链"外部经济性"的要求;违反敏捷性原则,则不能保证快速迎合市场机遇的目的;而忽视风险最小化原则,会为供应链的运营埋下巨大的隐患。因此在选择供应链合作伙伴时,必须全面认真地考虑以上四个基本原则。

上述四个原则只是供应链合作伙伴选择的一般性原则或基本原则。由于具体问题的不同,以及供应链核心企业具体目标的差异,在选择合作伙伴时可能并不只限于四条基本原则,还要考虑很多其他方面的因素。

四、供应链系统

供应链是一个系统,是由相互作用、相互依赖的若干组成部分结合而成的具有特定功能的有机整体。供应链的系统特征主要体现在以下几点:

(一) 供应链的整体功能

整体功能是组成供应链的任一成员企业都不具有的特定功能,是供应链合作伙伴间的功能集成,而不是简单叠加。如果要打造一个真正的以全程供应链为核心的市场能力,就必须从最前端的供应控制开始,到最末端的消费者为止。在整个全程供应链上,不断优化、不断建设、不断集成这些外部资源。供应链系统的整体功能集中表现在供应链的综合竞争能力上,这种综合竞争能力是任何一个单独的供应链成员企业都不具有的。

(二) 供应链系统的目的性

如何有效地降低库存,加速物流、资金流、信息流的流转,提高企业生产及商流的效率,迅速对市场进行快速反应等,都成为企业迫切需要解决的问题。供应链系统有着明确的目的,即在复杂多变的竞争环境下,以最低的成本、最快的速度、最好的质量为用户提供最满意的产品和服务。通过不断提高用户的满意度来赢得市场,供应链管理这一目的也是供应链各成员企业的共同目的。

(三) 供应链合作伙伴间的密切关系

供应链中主体之间具有竞争、合作、动态等多种性质的供需关系。这种关系是基于共同利益的合作伙伴关系。供应链系统目的的实现,受益的不只是一家企业,而是一个企业群体。供应链管理改变了企业的竞争方式,强调核心企业通过与供应链中的上下游企业之间建立战略伙伴关系,使每个企业都发挥各自的优势,在价值增值链上达到多赢互惠的效果。因此,各成员企业均具有局部利益服从整体利益的系统观念。

(四) 供应链系统的环境适应性

在经济全球化迅速发展的今天,企业面对的是一个迅速变化的买方市场,用户在时间方面的要求也越来越高,用户不但要求企业要按时交货,而且要求的交货期越来越短,这就要求企业能对不断变化的市场作出快速反应,不断地开发出定制的"个体化产品"去占领市场以赢得竞争。供应链具有灵活快速响应市场的能力,通过各节点企业业务流程的快速组合,加快了对用户需求变化的反应速度;各主体通过聚集而相互作用,以期不断地适应环境。

(五)供应链系统的层次性。

供应链的运作单元、业务流程、成员企业、运作环境构成了不同层次上的主体,每个主体具有自己的目标、经营策略、内部结构和生存动力。供应链各成员企业分别都是一个系统,同时也是供应链系统的组成部分。供应链是一个系统,同时也是它所从属的更大系统的组成部分。从系统层次性的角度来理解,相对于传统的基于单个企业的管理模式而言,供应链管理是一种针对更大系统(企业群)的管理模式。

第二节 供应链设计

物流科学一经形成便被注入了系统的思想,因为分散的功能要素集合成一个物流系统,这是物流的根本意义所在。物流各功能要素的效益背反关系的解决,是系统管理的重要操作。物流科学对解决这一问题的传统方法是沿着形成物流的供应链,在各种效益背反、相互矛盾的主要功能要素环节之间,权衡利弊,协调关系,寻求两条背反趋势曲线的合成曲线的最优范围。这种处理办法在物流系统变得更大、更复杂之后,往往不再有效。"供应链管理"决策便是针对这一状况出现的新管理思想。

一、影响供应链设计的主要影响因素

(一)供应链设计与物流系统因素

物流系统是供应链的物流通道,是供应链管理的重要内容。物流系统设计是指原材料和外购件所经历的采购—存储—投料—加工—装配—包装—运输—分销—零售等一系列物流过程的设计。物流系统设计(也称为通道设计)是供应链设计中最主要的工作之一。供应链设计不等同于物流系统设计,供应链设计是企业规模的设计,它从更广泛的思维空间——企业整体的角度勾画企业蓝图,是扩展的企业模型。它既包括物流系统,也包括信息和组织及价值流和相应的服务体系建设。在供应链设计中,创新性的管理思维和观念极为重要。要把供应链的整体思维观融入供应链的构思和建设之中,企业间要有并行的设计才能实现并行的运作模式,这是供应链设计中最为重要的思想。

(二)供应链设计与环境因素

一个设计精良的供应链在实际运行中并不一定能按照预想的那样,甚至无法达到设想的要求,这是主观设想与实际效果的差距,原因并不一定是设计或构想得不完美,而是环境因素在起作用。构建和设计一个供应链,环境因素极为重要。环境因素包括供应链的运作环境,如地区、政治、文化、经济等因素;同时还应考虑未来环境的变化对供应链的影响。因此供应链设计的柔性化程度是提高供应链对环境适应能力的保证。

(三) 供应链设计与企业因素

从企业的角度来看,供应链的设计是一个企业的改造问题。因为供应链管理引进的是一种新的思想,要按照这种思想重构企业的运作框架和战略系统,就要对原有的管理架构进行反思,必要时要进行一些革命性的变革。所以,供应链系统的建设也就是企业或者是企业群体进行业务流程的重构过程。要从管理思想革新的角度,以创新的观念武装企业(如动态联盟与虚拟企业、精细生产)。

(四) 供应链设计与制造模式因素

供应链设计既是从管理新思维的角度去改造企业,也是先进制造模式的客观要求和推动的结果。如果没有全球制造、虚拟制造这些先进的制造模式的出现,集成化供应链的管理思想是很难得以实现的。正是先进制造模式的资源配置沿着"劳动密集—设备密集—信息密集—知识密集"的方向发展才使得企业的组织模式和管理模式发生相应的变化,从制造技术的技术集成演变为组织和信息等相关资源的集成。供应链管理适应了这种趋势,因此,供应链的设计应把握这种内在的联系,使供应链管理成为适应先进制造模式发展的先进管理思想。

二、供应链设计的原则

设计一个有效的供应链,对于链上的每一位成员来说,都是至关重要的。它不仅可以减少不必要的损失和浪费,而且可以显著地改善客户服务水平,降低运营成本,赢得竞争优势。为了保证供应链的设计能满足供应链思想顺利实施的要求,供应链设计过程中应遵循必要的原则。

(一) 战略性原则

供应链的建模应有战略性观点,通过战略的观点考虑减少不确定的影响。应从全局的角度来规划和设计供应链,使供应链的所有环节都朝着同一个目标运转。另外,在供应链竞争时代,企业的发展战略是依托供应链战略来实现的,供应链的设计应与企业的战略规划保持一致,并在企业战略指导下进行。

(二) 创新性原则

创新设计是系统设计的重要原则,没有创新性思维,就不可能有创新的管理模式,因此在供应链的设计过程中,创新性是很重要的一个原则。要敢于打破各种陈旧的思维框架,用新的角度新的视野审视原有的管理模式和体系,进行大胆的创新设计。进行创新设计,要注意几点:一是创新必须在企业总体目标和战略的指导下进行,并与战略目标保持一致;二是要从市场需求的角度出发,综合运用企业的能力和优势;三是发挥企业各类人员的创造性,集思广益,并与其他企业共同协作,发挥供应链整体优势;四是建立科学的供应链和项目评价体系及组织管理系统,进行技术经济分析和可行性论证。

(三) 系统性原则

供应链设计是一项复杂的系统工程。在设计中,必然会牵涉方方面面的关系,尤其是要考虑战略合作伙伴关系的选择、链上成员如何在以后的实践中实现协同、如何实现共赢的目标、如何进行成本分摊和利益分配等具体问题。此外,在供应链设计中,还要系统地研究市场竞争环境、企业现状及发展规划、供应链设计目标等战略性问题。

（四）协调和互补原则

供应链涉及众多的成员和复杂的供求关系,在设计供应链时,应注意强调供应链的内部协调和优势互补。供应链业绩好坏取决于供应链合作伙伴关系是否和谐,因此建立战略伙伴关系的合作企业关系模型是实现供应链最佳效能的保证。只有和谐而协调的系统才能发挥最佳的效能。供应链各个节点的选择应遵循强强联合的原则,达到实现资源外用的目的。

（五）发展原则

供应链构建之后不可能一成不变。随着市场环境的变化,链上合作伙伴关系的调整,企业内部组织和其他因素的改变,原有的供应链可能会存在这样或那样的问题。同时,企业常常不只参与一个供应链,并且在不同的供应链中担当不同的角色,供应链中某个企业角色的变化必然会带来供应链的波动甚至构建上的变化。这些都要求在设计供应链时,尽量留有余地。另外,所设计的供应链应具有一定的自适应和自修补能力,能够随着市场环境的变化而自我调整、自我优化。

（六）客户中心原则

供应链是由众多的有上下游关系的企业根据市场竞争的需要构建而成的,供应链在成员组成及相互关系方面虽然可以本着发展的原则进行动态的调整,但是,无论如何,都应当自始至终地强调以客户为中心的供应链设计理念。供应链在运作中一般包括的新产品开发和设计、原材料采购和产品制造、运送、仓储、销售等活动,虽然是由供应链上不同的成员去做,但都应当围绕客户这个中心来展开。

三、供应链设计的过程

供应链的设计分为八个作业过程,如图16-4所示。

（一）分析市场竞争环境

分析市场竞争环境的目的是找到针对哪种产品市场开发供应链才有效。为此,必须回答:现在的产品需求是什么?产品的类型和特征是什么?用户想要什么?用户在市场中的分量有多大?以确认用户的需求和因卖主、用户、竞争产生的压力。第一过程的输出是按重要性排列的每一产品的市场特征。同时对于市场的不确定性要有分析和评价。

（二）分析企业现状

分析企业现状主要分析企业供需管理的现状(如果企业已经有供应链管理,则分析供应链现状)。这一过程的目的不在于评价供应链设计的重要性和合适性,而是着重于研究供应链开发的方向,分析寻找企业存在的问题及影响供应链设计的因素。

（三）提出供应链设计项目

提出供应链设计项目是在针对企业存在的问题作出的。分析其必要性和可行性是其重点。

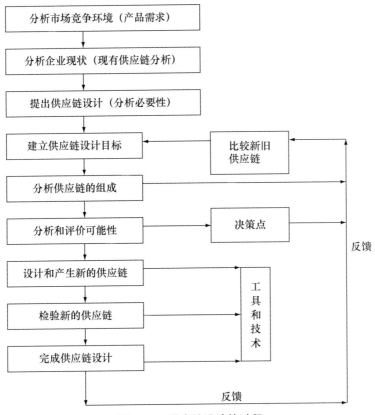

图 16-4 供应链设计的过程

(四) 建立供应链设计目标

根据基于产品的供应链设计策略提出供应链设计目标。目标分为主要目标和一般目标。主要目标在于获得高水平用户服务与低库存投资和低单位成本两个目标之间的平衡。一般目标包括:进入新市场,开发新产品,开发新分销渠道,改善售后服务水平,提高用户满意程度,降低成本,提高工作效率等。

(五) 分析供应链的组成

分析供应链的组成,提出组成供应链的基本框架。供应链中的成员组成分析主要包括制造工厂、供应商、分销商、零售商及用户等。如何选择供应链的组成成员,确定选择和评价标准是非常重要的。

(六) 分析和评价供应链设计的技术可能性

在可行性的基础上,结合本企业的实际情况为开发供应链提出技术选择建议和支持。方案可行与否是进一步进行设计的基础,如不可行则必须重新设计。

(七) 设计和产生新的供应链

在设计供应链时,人们必须借助各种技术手段和科学方法解决以下问题:

(1) 供应链的成员的组成,包括供应商、设备、工厂、分销中心的选择和定位及流转计

划和控制等;

(2) 原材料的来源,包括供应商、供应量、供应价格、运输方式、物流量和供应服务质量、服务费用等;

(3) 生产设计问题,包括需求目标预测、产品生产品种、生产能力、生产计划、生产作业计划、供应路径、库存管理、跟踪控制等;

(4) 分销任务和能力设计,如产品服务哪些市场、运输方式、价格的问题;

(5) 信息管理系统设计;

(6) 物流管理系统设计。

(八) 检验新的供应链

供应链设计完成后,要通过科学的方法和技术对供应链进行测试、检验和试运行。其结果会出现三种情况:一是供应链不能运行,则要回到第四阶段,即重新提出供应链设计的目标;二是供应链运行顺畅,这样新的供应链即可运行了;三是供应链在某些环节还存在一些问题,要根据具体问题进行修改或补充。此工作也可在供应链运行过程中进行。

第三节 供应链战略管理

一、集中型控制战略和分散型战略

在一个集中型的系统中,中心机构为整个供应链作出决策。通常情况下,决策目标在于在满足某种程度的服务水平的要求下系统的总成本最小。显然,单个组织拥有整个网络时属于这种情况,在包括许多不同组织的集中型系统中也是正确的。在这种情况下,必须利用某种契约机制在整个网络中分配成本节约额或利润。在一般情况下,集中型控制能够导致全局最优。而在一个分散型系统中,每一个机构都寻找出最有效的战略,而不考虑对供应链其他机构的影响。因此,分散型系统只能导致局部优化。上述观点是较容易理解的。

从理论上讲,一个集中型销售网络至少和分散型销售网络一样有效,这是因为集中型决策者能够作出分散型决策者所作出的全部决策,而且还可以考虑为网络不同地方所作决策的相互作用。

在一个各机构只能获得自己信息的物流系统中,集中型战略是行不通的。然而,随着信息技术的发展,集中型系统中的所有机构都能获得同样的信息。在这种情况下,不管在供应链任何地方、不管使用何种查询方式或不管谁在查询,它们所获得的信息是一样的。因此,集中型系统允许共享信息,更重要的是利用这一信息降低了"牛鞭效应",提高了预测的准确性。

集中型系统允许整个供应链使用协调控制战略,降低系统成本和提高服务水平战略。当然,有时一个系统不能够"自然"地集中。零售商、制造商和分销商可能都有不同的所有者和不同的目标。在这种情况下,通常实用的方法是形成伙伴关系来达到共享信息的目的。

二、推动型供应战略和拉动型供应战略

供应链战略经常可划分为推动型战略和拉动型战略。它来源于20世纪80年代的制造业革命。

（一）推动型供应链战略

在一个推动型供应链中（如图16-5所示），根据长期预测进行生产决策。一般来说，制造商利用从零售商仓库接到的订单来预测客户需求。因此，推动型供应链对市场变化作出反应需要很长的时间，由此可能会导致：

（1）当某些产品的需求消失时，供应链库存将过时；

（2）从分销商到仓库接到的订单的变动性要比客户需求的变动性大得多，即牛鞭效应；

（3）由于需要大量的安全库存而引起过多库存；

（4）更大和更容易变动的生产批量；

（5）无法让人接受的服务水平。

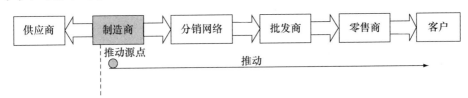

图 16-5　推动型供应链

具体来说，牛鞭效应将导致资源的无效率利用，因为这时的计划和管理要困难得多。例如，当制造商不清楚应该如何确定生产能力，即生产能力是根据需求峰值确定，还是根据平均需求确定时，前者意味着大多数时间内制造商有大量和高额的资源闲置，而后者意味着要准备需求高峰时的额外生产能力。同样，对运输能力进行计划时是根据需求峰值还是平均值，也很难决策。因此，在一个推动型供应链中，人们经常发现由于紧急生产转换而引起运输成本增加、库存水平增高和制造成本增加。

（二）拉动型供应链战略

拉动型供应链中，生产是由外部需求驱动的，因此生产是根据实际客户需求而不是预测需求进行协调的（如图16-6所示）。为此，供应链使用快速信息流机制把客户需求信息传送给制造企业。这将导致：

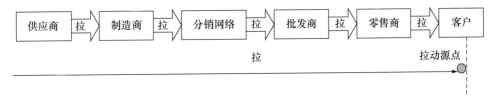

图 16-6　拉动型供应链

(1) 通过能够更好地预测零售商的订单而缩短提前期;
(2) 零售商库存减少,因为零售商的库存水平随着提前期的增减而增减;
(3) 由于提前期缩短,系统变动性减小,尤其制造商面对的变动性变小了;
(4) 由于变动性的减小,制造商的库存降低了。

因此,在一个拉动型供应链中,人们通常看到系统库存水平明显下降,而管理资源的能力明显加强,与相应的推动型战略相比,系统成本降低了。

从另一个方面观察,当提前期很长,以至于无法切合实际地对需求信息作出反应时,人们经常难以实施拉动型战略。同样,在拉动型战略中,更难以利用制造和运输的规模经济,因为系统并不是提前很多时间进行计划安排。在某些情况下,推动型战略适合于供应链的一部分,而拉动型战略则适合于供应链的其余部分。

三、供应链联盟战略

供应链联盟战略是指共享收益和共担风险的企业之间那种典型的多方位、目标导向的长期合作关系。供应链联盟战略会为合作双方带来长期战略利益。

零售商与其供应商之间建立战略联盟在许多行业中十分普遍。传统零售商—供应商合作关系中,零售商对供应商需求的变动远大于零售商看到的需求变动。此外,供应商比零售商更了解自身的提前期和生产能力。故而,当客户满意度变得愈发重要时,在供应商与零售之间开展合作来平衡双方的认识是非常意义的。

(一) 零售商—供应商联盟战略

零售商—供应商伙伴关系的联盟战略可以看做一个连续体。一头是信息共享,零售商帮助供应商更有效地计划;另一头是寄售方式,供应商完全管理和拥有库存直到零售商将其售出为止。在快速反应条件下,供应商从零售商处获得销售点数据,并使用该信息来协调其生产、库存活动与零售商的实际销售情况。根据这一战略,零售商依旧准备单个订单,而供应商使用销售点数据来改善预测和计划。

零售商—供应商联盟战略面临的主要问题是:
(1) 使用先进技术,而这些技术往往比较昂贵;
(2) 必须在原先可能相对抗的供应商与零售商关系中建立起相互信任;
(3) 在战略合作中,供应商往往比以前承担更多责任,这可能迫使供应商增加员工、增加成本,以满足相关责任的要求;
(4) 零售商—供应商联盟战略中,随着管理责任的增加,供应商的费用往往逐渐上升。因此,有必要建立契约性关系,使供应商与零售商共享整体库存成本下降的利益。

(二) 第三方物流联盟战略

由第三方物流供应商来接手部分或全部物流职能的做法是当前很普遍的选择。第三方物流是真正的战略联盟,它集中体现了战略联盟的优势,即集中核心竞争力,体现技术和管理的灵活性等。

在实施第三方物流联盟战略时,购买物流服务的公司必须明确,成功的合作关系需要什么,并能向第三方物流提供特定的绩效衡量与需求。物流服务供应商必须诚实、彻底地考虑和讨论这些需求,包括其现实性和关联问题。双方都必须承诺投入时间和精力来实现合作的成功。这是一个互惠互利、风险共担、回报共享的第三方联盟。

物流供需双方是合作者,有效的沟通对任何外购项目走向成功都是必要的。对雇主公司来说,管理者必须确切地沟通、明确为什么外购?从外购过程中期盼得到什么?这样,所有相关部门才能站在同一位置上,并恰当地参与其中。

在与第三方物流供应商合作时应注意的问题:

(1) 第三方及为其提供服务的企业必须尊重雇主公司所提供的信息的保密性;
(2) 必须对特定的绩效衡量方式协商一致;
(3) 关于附属合同的特定标准;
(4) 在合同达成前考虑争议仲裁问题;
(5) 协商合同中的免责条款;
(6) 确保通过物流供应商的定期报告来实现绩效目标等。

(三) 经销商一体化战略

经销商拥有客户需求和市场的大量信息,成功的制造商在开发新产品时会重视这些信息,这主要体现在经销商与最终用户之间的特殊关系上。

经销商一体化联盟战略可用来解决与库存、服务等相关的问题。在库存方面,经销商一体化可用来创造一个覆盖整个经销网络的库存基地,使总成本最低而服务水平最高。同样,通过将有关需求引导到最适合解决问题的经销商那里,经销商一体化可用于满足客户的特殊技术服务要求。

传统上利用增加库存来满足非正常的需求。在经销商一体化中,每个经销商可以查看其他经销商的库存来确定所需产品和零部件。经销商们有契约性义务,在一定条件下交换零部件并支付一致同意的报酬。这种方法改善了每一个经销商的服务水平,并降低了整个系统所需库存的总成本。当然,这种类型的一体化安排只有在下述情况下才是可能的:有先进的信息系统,允许经销商互相查看库存。

四、电子商务下供应链战略管理

电子商务正在改变工业化时代企业客户管理、采购、定价及衡量内部运作的模式。消费者开始要求能在任何时候、任何地点、以最低价格和最快速度获得产品。为了满足这一需求,企业不得不调整客户服务驱动的物流运作流程,实施与业务合作伙伴(供应商、客户等)协同作战的供应链管理。供应链管理模式是利用一连串有效的方法,配合现代信息技术手段来整合供应商、制造商、分销商、零售商和服务提供商,使得商品可以按市场需求的准确数量生产,并在准确的时间配送到准确的地点。三个"准确",目的只有一个,就是在一个令人满意的服务水准下,使得企业整体系统的成本最小化。

在企业运作中,物流被看成是企业与其供应商和客户相联系的能力。一个企业的物流,其目的在于按最低的总成本创造客户价值。物流作业可分成三个领域:配送、制造和采购。这三个领域的结合使在特定位置和地点、供应源和客户之间进行材料、半成品和成品等运输的综合管理成为可能。企业通过存货的移动(存货流)使物流过程增值。

电子商务环境下,B2B 运营模式的不同主体形式,生产商、批发商、零售商所面对的物流问题是不一样的。因此,不可能存在统一的物流模式。

(一)厂商的物流系统

1. 采购物流的高度化

厂商的物流可分为采购物流、制造物流和销售物流。采购物流指的是原材料、零部件的采购与调拨;制造物流涉及生产运作管理;销售物流是将生产出的产品销售给批发商、零售商传递的物流。

采购物流高度化的基本思想是为了削减商品制造过程中大量零部件的库存占用费用,提高企业的竞争能力,即"在必要的时间,对必要的零部件从事必要量的采购"。在具体方法上,厂商以时间为单位来划分各时间段所需的零部件,相应零部件的订货单位也小型化,以此为基础向部件生产商订货,并要求在指定的时间内送到装配工厂。

2. 销售物流的高度化

许多厂商正考虑构筑自身的物流系统,向位于流通最后环节的零售店直送产品。构筑厂商到零售业者的直接物流体系中一个最明显的措施是实行厂商物流中心的集约化,即将原来分散在各地或中小型物流中心的库存集中在大型物流中心。通过数字化设备或信息技术实现进货、保管、在库管理、发货管理等物流活动的效率化、省力化和智能化,实现由厂商销售公司专职从事销售、促进订货等商流服务。从配送的角度看,物流中心的集约化造成了成本上升,但是它削减了与物流关联的人力费、保管费、在库成本等,达到了从整体上提高了物流效率的目的。

3. 流通信息网络与零售支持的高度化

厂商以现代物流为基础,从产、销、物一体化的试点出发,设计实施从产品设计(包装尺寸)开始,物流系统有机运转,追求总体效率化的信息系统和网络。在现代厂商的物流管理中,另一个明显的发展趋势是零售支持型的物流活动,对本企业在零售店的订货方式、商品系列方式、储藏等活动予以支持和指导。

(二)批发商的物流系统

批发业的职能大致可以划分为五种类型:备货机能、物流机能、信息机能、金融机能、零售店经营支援机能。随着信息化的发展,在电子商务环境下,现代批发也开始从原来作为厂商销售代理人的地位向零售购买代理人的地位转变。从总体上看,现代批发业的物流系统构筑表现为:

1. 备货范围广泛化,配送行为快速化

批发商扩大备货范围和幅度,利用自己在物流服务上的经验和完善的物流设施,快速联系厂商和零售商,消除他们在商品配送要求上的差异。批发商越来越向"订货少量化""少量化多频度配送""在库时间缩短"等方向发展,这表明针对零售业的配送要求,充实灵活的物流能力是批发业的发展趋势。

2. 建立高度化的物流系统

对于物流需求多频度、少量化的状况,建立高度现代化的物流中心,积极采用计算机在库管理、自动化的作业手段,推动物流中心现代化。这是备货范围广泛化、配送行为快速化的物质基础。

3. 物流中心的机能化

随着商品消费的多样化及企业营销战略差异化的发展，对于不同商品种类、不同商品品种或同一商品的不同销售方式、不同生命周期，物流管理的在库要求、配送要求是不一致的。如果将这些不同要求的产品的物流管理集中在一起进行，增加了批发企业物流管理的复杂性和难度，不利于管理效率提高，又难于灵活应对零售业物流活动及物流服务质量的不同要求。根据物流要求，流通特性等标准进行适当划分，在物流中心内成立单独的物流机能是目前批发业为适应物流发展而进行的组织机能变革的重要措施。经过机能分化后，在物流作业自动化、机械化的基础之上，争取客户信赖，渐渐使物流活动向无检查进货发展。

4. 向零售支持型发展

努力确保客源是当今批发业物流发展战略的重要课题。其中，扩大不同企业批发商批发商品的范围、打破产业界限、实行零售支持和共同配送是电子商务环境下批发业的一个重要发展趋势。

(三) 零售业的物流革新

零售业自20世纪80年代以来，急速地向信息系统化方向发展，通过POS系统实行单品管理，把握每个商品的需求动向。然后将信息预定发货作业联系在一起，并使整个物流系统协同运转、综合应用，实现适时的备货和在库成本的削减。其中，24小时连锁店的物流系统的设计管理零售业电子商务物流系统发展战略的标志。

24小时连锁店实行的是在有限的空间陈列大量商品，为了使店铺销售面积实现最大化，就必须尽可能地把补充商品的库存空间压缩到最小限度。所以，24小时连锁店基本上是通过配送来实现补充进货，而不是通过仓储来补充商品。另外，在销售进货管理上，必须避免店铺中出现客户预购商品断货的现象。为了防止断货发生，24小时连锁店实行对售完商品频繁订货的制度，与此同时，24小时连锁店本部，在了解各店铺订货状况的基础上，实行高频度的商品配送。为适应店铺经营的特征，必须对多品种、少量化商品实行多频度、小单位配送。因此，为支持多频度、小单位物流，相应的系统必须实现商品调度的集约化。在商品调度集约化的基础之上，在物流方面开展独自的共同配送并建设高度自动化的配送中心成为趋势。从现在零售业物流系统更新的发展状况看：

(1) 通过物流中心，配送中心实现效率化；

(2) 商品配送的计划化和集约化；

(3) 物流系统设置成本的合理分担，成为电子商务环境下零售业物流支持系统的变革方向。

▶ **课外阅读**

西门子公司的供应链管理

德国西门子集团是大型跨国集团，业务范围涉及能源、电子电气、通信技术、医疗设备等。2010年集团实现销售额760亿欧元，盈利41亿欧元，全球员工有40.5万人。

西门子每年在全球采购130多个大类货物，价值400多亿欧元，超过年销售额的一半。其中,约230亿欧元用于采购同工业、能源和医疗技术这三个事业部生产相关的"直接产品",即半成品和零部件;170亿欧元用于采购集团通用产品,信息产品和市场营销产品等"间接产品"采购额为100亿欧元。在2008年之前,西门子的供应链是垂直型的,各事业部都有自己的供应链。

2008年4月,集团制定了供应链管理倡议。11月,董事会专门设立了负责供应链管理、可持续发展和全球服务事务的董事一职。供应链董事下设管理团队,共有100多名员工,其中的高管包括集团三个事业部的采购总经理、工业财务总监、中国地区总裁和英国地区总裁。供应链管理团队分为财务、直接材料采购、间接材料采购、战略和计划及全球价值采购等几个部门。其本身是集团最高采购决策机构,也是集团新战略的运营核心之一。西门子供应链管理的口号是更快、更好、更具创新和更环保。

西门子没有实行完全统一的集中化的采购,而制定了供应链管理"60—25—20"战略,具体为:

2010年年底前全部采购的60%实行统一采购,剩下的各事业部门仍有采购权力,但集团内部形成了集约化供应链管理网络,各采购部门相互协作。

中期来看,在新兴市场的采购比例要从目前的20%提高到25%,供应商数量要减少20%。2009年3月,西门子开始实行供应链瘦身计划,削减了20%的供应商,即74 000家企业。集团认为,供应商应该更紧密地、更早地同西门子的产品开发相结合。集团实施供应链管理后针对间接产品的采购实行了集中采购,集中的订单压低了采购成本。据麦肯锡咨询公司估计,实行供应链管理后西门子的采购成本至少降低了5%。

西门子的供应链中有1 000家左右的大供应商,它们背后有自己的供应链。这些大供应商可以看作西门子供应链的分链条。西门子一贯的选择原则是精益求精。

西门子实施全球采购管理基于以下六大理念:降低采购成本,促进向当地转让技术和投资,降低货币汇兑风险,提高采购安全性,缩短供应链和提升西门子全球形象。

由于新兴国家的市场规模迅速增长,西门子的供应链管理战略中十分重视新兴市场。西门子在新兴国家的销售额占全部销售额的30%,但在新兴国家的采购额只占全部采购额的20%。为了降低成本而增强竞争力,西门子不断加大在这些国家的采购力度。

西门子的供应链管理还十分重视绿色环保,履行企业社会责任。集团在2012年年底前投资1亿欧元打造绿色生产,并派环境专家检查供应商的环保情况,使供应链每年节能1.7亿欧元,降低CO_2排放150万吨。

(资料来源:原文详见http://www.tradetree.cn/content/2508/20.html,有删减。)

思考题

名词解释

供应链　　　　供应链管理　　　　供应链联盟战略

问答题

1. 请谈谈形成供应链管理思想的社会经济背景。
2. 请阐述供应链管理的基本理念。
3. 供应链合作成员间两大关系是什么?

4. 供应链类型的划分方法有哪些?
5. 供应链管理的四个要点是什么?
6. 简述供应链合作伙伴的选择原则。
7. 供应链设计的六大原则是什么?
8. 供应链设计的八个作业过程是什么?
9. 请分析说明推动型供应战略和拉动型供应战略的区别。
10. 谈谈你对供应链联盟战略的认识。

参 考 书 目

1. 崔介何.电子商务与物流[M].中国物资出版社,2002。
2. 崔介何.企业物流[M].北京大学出版社,2008。
3. 崔介何.物流学[M].北京大学出版社,2003。
4. 崔介何.现代物流管理教程[M].华文出版社,2004。
5. 〔美〕戴夫·纳尔逊,帕特里夏·E.穆迪,乔纳森·斯特格纳.供应链管理最佳实践[M].机械工业出版社,2003。
6. 邓凤祥.现代物流成本管理[M].经济管理出版社,2003。
7. 丁俊发.中国物流[M].中国物资出版社,2002。
8. 纪红任,游战清等.物流经济学[M].机械工业出版社,2007。
9. 林毅夫.发展战略与经济发展[M].北京大学出版社,2004。
10. 刘凯.现代物流技术基础[M].北京交通大学出版社,2004。
11. 〔英〕马丁·克里斯托弗.物流竞争——后勤与供应链管理[M].北京出版社,2001。
12. 〔英〕马丁·克里斯托弗.物流与供应链管理——创造增值网络(第三版)[M].电子工业出版社,2006。
13. 马士华、林勇、陈志祥.供应链管理[M].机械工业出版社,2000。
14. 齐二石.物流工程[M].天津大学出版社,2001。
15. 〔美〕罗纳德·H.巴卢.企业物流管理——供应链的规划、组织和控制[M].机械工业出版社,2002。
16. 荣朝和.探究铁路经济问题[M].经济科学出版社,2004。
17. 汝宜红.物流学[M].高等教育出版社,2009。
18. 〔美〕森尼尔·乔普瑞.供应链管理——战略、规划与运营[M].社会科学文献出版社,2003。
19. 宋则,常东亮.中国物流成本前沿问题考察报告[M].中国物资出版社,2005。
20. 宋则,郭冬乐,荆林波.中国流通理论前沿(4)[M].社会科学文献出版社,2006。
21. 〔美〕唐纳德·J.鲍尔索克斯,戴维·J.克劳斯,M.比克斯比·库泊.供应链物流管理[M].机械工业出版社,2004。
22. 汪鸣.物流产业发展规划理论与实践[M].人民交通出版社,2014。
23. 吴清一.物流系统工程[M].中国物资出版社,2006。
24. 中国物流学会.中国物流发展报告[M].中国财富出版社,2013。
25. 中国物流学会.中国物流学术前沿报告[M].中国财富出版社,2014。

教师反馈及教辅申请表

北京大学出版社本着"教材优先、学术为本"的出版宗旨,竭诚为广大高等院校师生服务。为更有针对性地提供服务,请您按照以下步骤在微信后台提交教辅申请,我们会在 1~2 个工作日内将配套教辅资料,发送到您的邮箱。

◎手机扫描下方二维码,或直接微信搜索公众号"北京大学经管书苑",进行关注;

◎点击菜单栏"在线申请"—"教辅申请",出现如右下界面:

◎将表格上的信息填写准确、完整后,点击提交;

◎信息核对无误后,教辅资源会及时发送给您;
如果填写有问题,工作人员会同您联系。

温馨提示:如果您不使用微信,您可以通过下方的联系方式(任选其一),将您的姓名、院校、邮箱及教材使用信息反馈给我们,工作人员会同您进一步联系。

我们的联系方式:

通信地址: 北京大学出版社经济与管理图书事业部北京市海淀区成府路 205 号,100871
联 系 人: 周莹
电　　话: 010-62767312 /62757146
电子邮件: em@pup.cn
Q Q: 5520 63295(推荐使用)
微信: 北京大学经管书苑(pupembook)
网址: www.pup.cn